性别与法律研究 续编

XINGBIE
YU FALV YANJIU
XUBIAN

◇◇◇◇◇◇◇◇ 刘 梦 蔡 锋 主编

对妇女儿童权益保障法、婚姻家庭法、监护制度、反家庭暴力法，从社会性别理论视角进行了比较深入的探讨与研究，揭示了以上现行法律制度运行中的一些盲点，为消除各种制度化的性别歧视、确立更具性别敏感的立法与政策提供了诸多的认识和建议，引起了妇女研究界、婚姻法学研究界，尤其是立法机构、司法界的关注，产生了相当好的社会、学术影响。

光明日报出版社

图书在版编目（CIP）数据

性别与法律研究续编 / 刘梦，蔡锋主编 . -- 北京：
光明日报出版社，2018.1
ISBN 978 - 7 - 5194 - 3920 - 0

Ⅰ. ①性… Ⅱ. ①刘…②蔡… Ⅲ. ①男女平等—法律
—研究 Ⅳ. ①D913.04

中国版本图书馆 CIP 数据核字（2018）第 016779 号

性别与法律研究续编

XINGBIE YU FALV YANJIU XUBIAN

主　　编：刘　梦　蔡　锋

责任编辑：曹美娜　郭思齐　　　　责任校对：赵鸣鸣
封面设计：中联学林　　　　　　　责任印制：曹　诤

出版发行：光明日报出版社

地　　址：北京市西城区永安路 106 号，100050

电　　话：010 - 63131930（邮购）

传　　真：010 - 67078227，67078255

网　　址：http：//book. gmw. cn

E - mail：caomeina@ gmw. cn

法律顾问：北京德恒律师事务所龚柳方律师

印　　刷：三河市华东印刷有限公司

装　　订：三河市华东印刷有限公司

本书如有破损、缺页、装订错误，请与本社联系调换

开　　本：170mm×240mm

字　　数：447 千字　　　　　　　印　　张：26.5

版　　次：2019 年 1 月第 1 版　　　印　　次：2019 年 1 月第 1 次印刷

书　　号：ISBN 978 - 7 - 5194 - 3920 - 0

定　　价：95.00 元

性别与法律研究续编

主　编　刘　梦　蔡　锋

副主编　秦　飞　董力婕　张艳玲

　　　　　杨　春　贾春春

序　言

斗转星移，岁月如梭。自我刊 2010 年出版《性别与法律研究》一书后，转眼又度过六年有余的时间。六年来，我刊的"女性与法律"栏目建设更是进入了一个很好的发展时期。可喜的是，在《性别与法律研究》一书出版后不久，在学校的建设经费强力支持下，为提升"女性与法律"栏目学术性与现实指导性，编辑部加强了对"女性与法律"栏目的重点建设。不仅聘请了全国婚姻法学领域著名的专家担任栏目的主持人，主抓并推动栏目学术前沿的建设与发展，而且，在全国范围内形成了一支由我校和中国法学会婚姻法学研究会专家学者为主的作者队伍，还为从整体上提升栏目的稿件水平，始终着力于栏目的约稿组稿工作，注重婚姻法学领域的重大理论和现实问题选题的策划。经过三年多的探索创新和努力，栏目建设取得喜人的成绩，2014 年春天，经过几轮评选，"女性与法律"栏目顺利进入教育部名栏建设序列这一学术期刊国家级平台，并获得教育部经费资助，为栏目的进一步建设奠定了基础，也对学报的未来发展具有重要的开拓意义。

六年多来，我刊不仅按照教育部名栏工程建设的要求大力建设"女性与法律"栏目，还在建设的过程中陆续发表了 110 余篇高质量、颇有影响的婚姻法学类文章。更值得一提的是，在所刊发的文章中，专家学者如同以往的研究一样，继续针对妇女儿童权益保障法、婚姻家庭法、监护制度、反家庭暴力法的立法，从社会性别理论视角进行了比较深入的探讨与研究，揭示了以上现行法律制度运行中的一些盲点，为消除各种制度化的性别歧视、确立更具性别敏感的立法与政策提供了诸多的认识和建议，引起了妇女研究界、婚姻法学研究界，尤其是立法机构、司法界的关注，产生了相当好的社会、学术影响。

反对家庭暴力的立法问题，一直都是党和国家及人民群众深切关注的社会问题。自 2012 年反家庭暴力立法被全国人大常委会纳入立法工作计划，反家庭暴力专项立法工作步入正轨。继之，2014 年国务院法制办公布《反家庭暴力法（征求意见稿）》后，引起了婚姻法学界诸多专家学者的热烈讨论。我刊出于推动我国反家庭暴力法的科学立法、民主立法，有效实现预防和制止家庭暴力、保护受害人的合法权益的立法目的，在栏目中先后策划了两次反家庭暴力立法的专题研讨，分别从家庭暴力的概念、家庭暴力的定位、立法的原则及其必要性、公权力对家庭暴力的干预等方面，对征求意见稿中的热点问题进行了既有深度又有广度、既有理论又有实证研究的分析与探讨，为反家庭暴力立法完善提供了较好的学术理论支持。

并且，我刊在"女性与法律"栏目中，还围绕儿童保护、妇女权益保障、性别歧视、婚姻家庭法研究、监护制度的完善等热点现实问题，组织专家学者针对夫妻财产法、反性骚扰立法、反就业性别歧视法律机制研究、未成年人监护制度研究等开展了一系列专题探讨。例如，在婚姻家庭法的实证研究方面，学者们关注离婚法条款的实施的规律与具体的社会环境，分析法律实施中的推力基础、依据和理由，不但能够很好地指导司法实践，而且为制定、完善婚姻家庭制度提供了理论依据。栏目也非常重视对未成年人监护制度的研究，毕竟我国现在仍然有 3 亿多未成年儿童的照顾和看护处于残缺状态，需要从社会建设角度给予对策研究和制度的关怀，它也是民法典编纂中的一个重要部分。为此，专家学者对未成年人监护制度的演进规律、制度反思和财产管理等方面进行了实证层面的研究，既为婚姻法学界研究监护制度提出了新的观察视角和思考路径，又为国家立法机构改进其相关政策和监护制度的法律完善提供了有益的参考。

目前，我刊的"女性与法律"名栏建设工程进入了关键性的建设阶段，为了达到通过建设这一教育部名栏，快速推进我刊整体学术水平，早日建成高质量的学术刊物的目的，从其栏目 2011 年至 2016 年发表的 110 余篇中评选出了 30 篇优秀论文，集结成册，命名为《性别与法律研究续编》，予以刊发，以推动婚姻法学性别建设，并吸引更多的优秀学者参与到我们的研究队伍中，共同奋斗，将"女性与法律"栏目建设成极富女性特色、具有重要影响的国家级性别与法律研究的学术平台。

刘　梦

2017 年 10 月

目　录
CONTENTS

01

法律的社会性别分析

法律的社会性别分析框架

黄 列

（中国社会科学院法学研究所）

一、法律的社会性别分析框架的提出

（一）问题的发现

男女平等是我国的一项基本国策，同时我国按照联合国《消除对妇女一切形式歧视公约》（以下简称《消歧公约》）的规定，向消除对妇女歧视委员会（以下简称"消歧委员会"）提交了数次国别报告。近年来，在推进法律领域社会性别主流化方面，也取得一些进步。但在社会各领域、各层级中仍比较普遍地存在着对女性的歧视。从已有利用性别视角审视我国法律决规的研究成果中，我们发现，一定程度上存在概念模糊的问题，如许多著述和文章在指出性别歧视问题时，会使用法律的性别盲点/盲视、直接/间接歧视、制度性歧视等不同的表述。以性别盲点/盲视和间接歧视为例，二者之间有没有区分？如果从农村土地承包 30 年不变的政策着手，这是属于在两性间"不做区分"的性别盲点/盲视范畴，还是属于"明显中立"但因实际上给妇女造成不利而构成间接歧视？实际上，似乎不同歧视形式间存在一定程度的重合，而区分的关键恐怕在于必须从具体语境和个案着手，尽可能掌握不同歧视概念的内涵和判断标准，这样才会有利于促进法律对妇女的保护，推动两性平等。由此，有必要在以性别视角审思法律时，厘清性别歧视概念的微妙区别，从而识别出歧视背后的深层原因或制度性原因。这促使我们尝试以框架形式对法律中存在的主要性别歧视形式加以区分。当然，本文探讨的框架只是从社会性别视角分析法律的方法之一，不排除还有其他方法、工具和路径可以利用。

（二）框架的理论依托

根据近现代女权主义法律学说，从女性与法律的遭遇、对法律的认知和累积的经验出发，法律被认为包括三个维度，即规范性法律文件、司法/执法和作为法律的支持环境的习俗/传统文化。[①] 具体地讲，规范性法律文件指经由法律程序颁布、正式制定的法律；司法/执法部分指法院、行政机构、公安及所有执法部门对法律规则的选择、适用和解释，及其赋予法律的内容，而这些内容本身又会被转化为法律；习俗/传统文化则指传统文化、知识与现实赋予法律及法律实施的内容及我们对法律规范和执法的态度及认知、对法律的利用和法律法规与习惯法之间的关系。以妇女参政权为例，只有当妇女解构了法律的公/私领域的划分，同时有意愿也有能力参政时，只有当为妇女提供更多参与机会的配额制不被司法/执法者视为违反两性平等原则时，此项权利才有可能成为真正的权利。法律的三个维度相互联系，相互影响。（见图1）

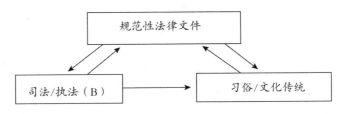

图1 法律的三个维度

强调法律的三个维度使我们能够从不同层面、不同维度审思法律，尽量充分客观地考量法律的所及范围、影响和作用。对妇女而言，这种对法律的扩大式概念化和解读尤其意义重大，它包括并非由国家正式颁布的法律的"私"领域，即父权制限制妇女生活的场域，从而使习俗和文化作为法律的支持性环境

---

① 有关对法律的扩大性学理解读，主要参见朱迪斯-贝尔著，熊湘怡译：《女性的法律生活：构建一种女性主义法学》（北京大学出版社，2010 年），凯利·D. 阿斯金、多萝安·M. 科尼格编，黄列、朱晓青译：《妇女与国际人权法》（第一卷）（生活·读书·新知三联书店，2007 年），凯利·D. 阿斯金、多萝安·M. 科尼格编，黄列、朱晓青译：《妇女与国际人权法》（第二卷）（生活·读书·新知三联书店，2009 年），沈奕斐：《被建构的女性：当代社会性别理论》（上海人民出版社，2005 年），Rebecca Cook 著、黄列译：《妇女人权：国家和国际的视角》（中国社会科学出版社，2001 年），Mary Becker, etc 著：《女权主义法学：认真对待妇女》（*Feminist Ju-risprudence：Taking Women Seriously*）（*West Group*，2001），C. A. Forell & D. M. Mathews 著：《妇女的法律》（*A Law of Her Own*）（New York University Press，2000）等论著。

成为法律的一个组成部分，为我们从社会性别视角剖析法律和法律制度提供了更为宽广的空间。

二、法律的社会性别分析框架初探

（一）性别歧视的主要形式与边界

1. 直接性别歧视

根据《消歧公约》，"对妇女的歧视"指"基于性别而做的任何区别、排斥或限制。其影响或其目的均足以妨碍或否认妇女（不论已婚未婚）在男女平等的基础上认识、享有或行使在政治、经济、社会、文化、公民或任何其他方面的人权和基本自由"。

从法律规定上，"直接性别歧视"按照欧洲议会和欧洲理事会 2006 年有关《实施机会平等原则和就业及职业领域男女待遇平等指令》》①，指在相似情况下，某人因性别较另一人受到、曾受到或将受到不利的对待。

在欧盟和欧洲国家层面及在诸如美国、澳大利亚等国，尤其在就业领域，依照以上界定，又通过判例法的发展，对于直接性别歧视的法律判断标准——某人相较另一性别的人受到不利对待，不论有否歧视动机或意图——及举证责任和制裁办法不断得到完善。如在就业领域中，直接性别歧视主要涉及以性别、以适合/归属于受害人性别的某一特征如婚姻状况、怀孕或怀孕可能性、产假和家庭责任为由的歧视行为。

我国法律上早已为男女形式平等提供了保障，民众对男女平等也有了一般的意识，法律中的公开/直接性别歧视并没有多少生存空间，如有关法律法规中对于男女不同龄退休的规定，多年来不仅在消歧委员会针对我国提交的国别报告做出的结论性意见中被质疑，而且也在国内法律界受到质疑，在社会上引起广泛关注和讨论。但法律上杜绝直接性别歧视能否真正保证男女实质上的平等，

---

① 欧洲议会和欧洲理事会 2006 年《关于实施机会平等原则和就业及职业领域男女待遇平等指令》 [Directive 2006/54/EC of the European Parliament and of the Council of 5 July 2006, on the Implementation of the Principle of Equal Opportunities and E-qual Treatment of Men and Women in Matters of Employment and Occupation（Recast）], Official Journal of European Union L 204/23。鉴于作为一个区域性实体的欧盟在反性别歧视方面有着相对成熟的经验，特别在法律实践上，对欧盟范围内外相关国家推动男女平等的努力都产生了一定的影响，因此本文以其最新的关于基于性别的直接歧视和间接歧视的规定为例。

是否现实中就不存在直接性别歧视现象呢？

对照我国就业领域现实情况，一直以来，直接性别歧视的行为屡见不鲜。据中国政法大学宪政研究所公布的报告披露，我国司法系统中存在公开的性别歧视——按照性别对工作岗位进行划分。① 而在基于婚姻状况、怀孕或怀孕可能性的歧视行为方面，北京大学法学院妇女法律研究与服务中心课题组发布的报告显示，问题同样严重。② 无论是基于性别的职业、岗位划分，还是基于"适合或归属于某一性别的人"的独有的特征，如怀孕与生育，都使女性"因性别原因较之另一性别者而受到不利对待"。如此公然的性别歧视行为大行其道，且往往是实施歧视的单位、机构或雇主不会被追究任何法律责任。究其原因，从社会性别视角审思后发现，首先，尽管我国加入了《消歧公约》、国际劳工组织《对男女工人同等价值的工作付予同等报酬公约》及《消除就业和职业歧视公约》，我国劳动法、就业促进法、妇女权益保障法等全国性立法及大量地方性法规也都禁止就业中的性别歧视，但法律上对性别歧视始终缺少明确定义，这在很大程度上导致直接性别歧视普遍存在的现象；其次，已有法律法规往往立足消极禁止，没有从女性所处的历史和现实不利地位出发，采取暂行特别措施来促进两性，包括就业领域在内的一切领域的实质平等；最后，缺乏两性就业平等理念的更新，就业领域的相关法律法规对女性出于生理上的考虑的过度保护有可能构成直接性别歧视，从而在一定程度上限制女性的工作机会、职业/岗位选择和晋升。

2. 间接性别歧视

根据前述《消歧公约》"对妇女的歧视"定义，其定义中既包括"基于性

---

① 中国政法大学宪政研究所《2011年国家公务员招考中就业歧视调查报告》指出："在人民法院系统的3005个岗位中，性别歧视占全部岗位的31.2%；人民检察院系统中的2232个岗位中，性别歧视占全部岗位的32.7%。"该调查报告呼吁消除制度性歧视。参见中国新闻网，http://www.chinanews.com/gn/2011/11-21/3473381.shtml，2011年11月24日。

② 根据北京大学法学院妇女法律研究与服务中心发布的《中国职场反性别歧视调查报告》，有4.1%和3.4%的被调查者被迫签订过"禁婚""禁孕"条款，有超过五分之一（20.9%）的被调查者表示其所在单位存在"三期"（怀孕、产假及哺乳期）内强迫女性调岗降薪的情况，而"三期"内遭到强迫解雇的情况也占到了11.2%。同时，更有15.0%的被调查者明确表示其所在单位存在男女同工不同酬的现象。参见中华女性网，http://www.china-woman.com/rp/main? fid = open&fun = show_news&from = view&nid = 45932，2010年1月4日。

别"而做区分的直接性别歧视，也包括"其影响和目的"妨碍妇女享有权利的间接性别歧视。

根据欧洲议会和欧洲理事会 2006 年有关《实施机会平等原则和在就业和职业领域男女待遇平等指令》①，"间接性别歧视"定义为："明显中立的规定、标准或做法使某一性别的人较之另一性别的人处于特定的不利状况，除非那一规定、标准或做法在客观上证明合理正当，有合法目的，且达到目的的手段为适当和必需。"

英国性别歧视法指出："如某项要求或条件平等适用于男女，但可以满足那一条件的某一性别的人远远少于另一性别的人，即构成间接性别歧视，除非可证明所提条件对于工作属必需。"[1]

澳大利亚性别歧视法中有关间接歧视的规定如下：如雇主实施明显中立的规定、条件或做法作为就业条件，其会使某一群体的人较之另一群体的人（关涉其性别、种族、残疾、性取向、宗教或信仰）处于特定不利地位，除非雇主可证明其规定、标准或做法在客观上合理正当，有合法目的，且达到目的的手段为适当和必需。出于本法目的，某人（歧视者）基于性别对他人（受害人）施以歧视，如果歧视者规定或打算规定条件、要求或做法，已经或有可能使与受害人同一性别的人处于不利地位。[2]

依据以上有关间接性别歧视的定义，我们可尝试分析 2003 年生效的农村土地承包法，虽然该法明确规定妇女在农村土地承包中与男子享有平等的权利，但中立的立法和政策对于农村女性从家庭的传统角色分工进入承担农村男性的种地责任的农业女性化趋势，对于她们受到的多重性歧视（社会性别等级制度、传统文化的制约和城乡二元制度的歧视），对于农村普遍和广泛存在的"从夫居"而致使女性丧失土地承包的机会及家庭户主大多为男性的现实，都缺少社会性别敏感的认知，因此难免造成宏观和中立的法律实际上对农村女性产生不利影响的后果。

综上，间接性别歧视概念揭示：首先，歧视不单单以明显、公开或直接的

---

① 欧洲议会和欧洲理事会 2006 年关于《实施机会平等原则和就业及职业领域男女待遇平等指令》［Directive 2006/54/EC of the European Parliament and of the Council of 5 July 2006, on the Implementation of the Principle of Equal Opportunities and Equal Treatment of Men and Women in Matters of Employment and Occupation（Recast）］, Official Journal of European Union L 204/23.

方式表现出来，往往还隐蔽在看似平等适用于所有人的立法和做法之中；其次，尽管规范或做法没有明确提及性别，但规定的条件往往有利于单一性别。任何法律，尽管在制定时"其目的"无意歧视妇女，但只要其后果、影响导致对妇女的歧视或使妇女较之另一性别者处于不利境况，即为歧视性立法。从直接性别歧视发展到间接性别歧视的意义在于，它有助于触动和挑战制度/结构性的性别歧视，它不仅致力于在法律保护上达到两性的形式平等，同时也致力于达到两性间的实质平等。

3. 多重性歧视

多重性歧视得到法律界和学界关注的时间并不算长。[①] 在联合国层面，《公民和政治权利国际公约》（以下简称 ICCPR）和《经济、社会和文化权利国际公约》的相关条款都默示地论及多重性歧视。如这些条款的歧视定义均为开放性，承认多种理由的歧视可剥夺平等享有权利。ICCPR 第 26 条规定："法律应禁止任何歧视并保证所有人得到平等和有效保护，以免受基于种族、肤色、性别、语言、宗教、政治或其他见解、国籍或社会出身、财产、出生或其他身份等任何理由的歧视。"有专家和学者指出，"或其他身份"一词使我们有可能将禁止

---

① 参见 Kimberle Crenshaw 著：《种族与性别的去边缘化：一个黑人女权主义者对反歧视学说、女权主义理论和反种族歧视政治的批判》(*Demarginalising the Intersection of Race and Sex：A Black Feminist Critique of Anti-Discrimination Doctrine，Feminist Theory and Anti-Racist Politics*)，载于 Feminist Legal Theory：Foundations，ed. D Kelly Weisberg（Philadelphia：Temple University Press，1993）；欧洲联盟少数人与歧视调查：《焦点报告中的数据——多重歧视》(*European Union Minorities and Dis-crimination Survey，Data in Focus Report-Multiple Discrimination*)，FRA，2010，p16；Fredman，Sandra 著：《双重麻烦：多重歧视与欧盟立法》(*Double Trouble：Multiple Discrimination and EU law*，2005)，European Antidiscrimination Law Review，No. 5，P13～18；平等与多元论坛：《歧视的多种维度：所有人的正义》(*Equality and Diversity Forum，Multi-Dimensional Discrimination：Justice for the Whole People*)，平等与多元论坛网址，http：//www. edf org. uk；Makkonen Timo 著：《多种复合与交叉式歧视：让最边缘者的经历得到关注》(*Multiple Compound and Intersectional Discrimination：Bringing the Experiences of the Most Marginalised to the Fore*)，2002，Institute for Human Rights，Abo Akademi University；Moon，Gay 著：《多重性歧视：共同形成问题还是找到解决办法？》(*Multiple Discrimination-problems Compounded or Solutions Found？*)，JUSTICE Journal，P86－102.

歧视的保护延扩到新的歧视理由，其灵活措辞为纳入多重性歧视提供了空间。①

第四次世界妇女大会的成果文件《行动纲领》是第一个明确承认多重性歧视的文件。② 而联合国的不同条约机构则是在相关报告和一般性意见/建议中最经常提及多重性歧视的。如消歧委员会在其一般性建议 28 号中指出："交叉性是理解《消歧公约》第二条中缔约国总体义务范围的基本概念。针对妇女的性别歧视和其他影响女性的因素是紧密相关的，这些因素包括：种族、族群、宗教信仰、健康、婚姻状况、年龄、阶层、种姓、性倾向与性别身份。基于生理性别和社会性别的歧视对上述群体的女性所造成的影响，在程度上和方式上都不同于男性，而多重/交叉性歧视恰恰揭示了两个或更多形式的歧视或各种女性屈从制度之间的相互作用及因此导致的结构性后果。缔约国必须从法律上认定并防止这些形式交错的歧视及它们之于相关女性的多重负面影响。缔约国还必须制定和贯彻能够消除此类现象的政策及规划，包括与本公约第四条第 1 款及与一般性建议 25 号相符的暂行特别措施。"[3]此处使用的"交叉性"和"形式交错的歧视"即指多重性歧视，只是用词有所不同而已。

欧洲议会同样强调多重性歧视问题，呼吁欧盟成员国"检审一切与多重歧视现象相关的政策的实施"。③ 其涵盖性别、种族、残疾、宗教或信仰、性取向和年龄歧视的诸项指令虽然没有明确要求，但也没有阻止成员国立法纳入预防多重性歧视的条款。有关种族歧视的指令和就业平等指令都承认不同理由的歧视会产生交叉作用，都论及"妇女往往是多重性歧视的受害人"。这些指令都强调，成员国可引入或保留比本指令所规定的更有利于平等对待原则的规定。④ 据

---

① Burri, S. and Schiek, D. 著：《欧盟立法中的多重歧视：针对交叉式性别歧视的法律回应的机会？》（*Multiple Discrimination in EU Law: Opportunities for Legal Responses to Intersectional Gender Discrimination?*），European Network of Legal Experts in the Field of Gender Equality, European Commission, 2009.

② 联合国 1995 年《北京宣言》第 32 段（UN 1995, *Beijing Declaration*），at http://www.un.org/womenwatch/daw/beijing/platform/declar.htm.

③ 欧洲反对种族歧视网络，ENAR 概况 33 号：《多重性歧视》（*European Network against Racism, ENAR Factsheet 33, Multi-ple Discrimination*）；概况 44 号：《多重性歧视的法律含义》（Factsheet 44, *the Legal Implication of Multiple Discrimination*），2011 July.

④ Burri, S. and Schiek, D. 著：《欧盟立法中的多重歧视：针对交叉式性别歧视的法律回应的机会？》（*Multiple Discrimination in EU Law: Opportunities for Legal Responses to Intersectional Gender Discrimination?*），European Network of Legal Experts in the Field of Gender Equality, European Commission, 2009.

此，成员国可消除不必要的程序障碍，对多重性歧视提供救济。

但从严格意义上讲，多重性歧视目前仍是现实中存在的一种歧视形式，从国际和欧洲层面的法律发展看，当前尚无明确的多重性歧视法律定义，也难以将其确立为一种法律禁止的歧视理由，因此一些国家提出，对于多重性歧视定义可采取开放进路——任何列举的性别歧视理由及经过认定再增加的理由，都可放在一起构成多重性歧视，或对已有规定做扩大解释①，以应对多重性歧视现象。在司法实践方面，欧洲法院已接触到与多重性歧视相关的诉讼②，但同样是尚未确立可行的判断标准。

在我国，同样存在多重性歧视现象。对妇女的基于性别的歧视可与其他歧视理由共同存在，如以经济或社会地位、社会身份、地域、婚姻状况、家庭构成、残疾或年龄为由的区别对待。有学者分析，在目前的养老保险制度中，既有在工人群体、干部群体和知识分子群体中的男女不同退休年龄的性别歧视，也有在具中级职称的专业技术人员群体中针对女性存在的身份歧视。③ 对于后者，她们面临的歧视即具多重歧视性质，即包括基于性别的歧视和身份歧视。同样，在应对我国特有的女性农民工问题上，可以说尚未认识到女性面对多重歧视时产生的交叉作用。退一步，即使法律上有所规定，女性农民工真正获得法律上的平等保护、真正融入城市还需要包括经济、户籍、社会保障、医疗、

---

① Hannett，Sarah 著：《十字路口的平等：立法和司法在解决多重性歧视上的失败》（*E-quality at the Intersections：The Leg-islative and Judicial Failure to Tackle Multiple Discrimination*），Oxford Journal of Legal Studies，vol 23，No1，P65-86；Burri，S and Schiek，D. 著：《欧盟立法中的多重歧视：针对交叉式性别歧视的法律回应的机会？》（*Multiple Discrimination in EU Law：Op-portunities for Legal Responses to Intersectional Gender Discrimination？*），European Network of Legal Experts in the Field of Gender Equality，European Commission，2009：29，47，77. 在该报告中，丹麦、法国、冰岛、马耳他、荷兰、挪威、葡萄牙、西班牙、瑞典等国的专家都认为本国立法可包容多重性歧视的权利诉求。

② 如在 Coleman v Attridge Law 案中，欧洲法院考虑了原告因负有照顾残疾儿子的责任而被解雇的情况。法院认为存在残疾歧视，因原告受到以残疾为由的歧视。但大多数对残疾人负有照顾责任的人是妇女，法院从未考虑到这是否也是以性别为由的歧视，ECJ Case C 303/06。另外在 Bahl v. The Law SocietV 案中，原告为亚裔女性，就业法庭认定被告实施了无意识的直接性别歧视和种族歧视，虽然就业上诉法庭撤销了下级法院的认定，但该案是不多的以一个以上歧视理由提起诉讼的例子。参见：http：//lexisweb. co. uk/ca-ses/2003/july/bahl-v-law-society，2011 年 10 月 3 日。

③ 参见刘明辉：《论我国社会保险制度中的歧视问题》。该文指出，强迫这些女性专业技术人员提前退休的理由是，这些女性的人事档案中记载的身份是工人。http：//www. china-gad. org/Infor/，2011 年 12 月 1 日。

教育等相关制度的配套改革。这便将我们的注意力转移到结构/制度性性别歧视上，对于后者，则需要采取制度性的解决办法。

4. 结构/制度性性别歧视

在过去的二十余年中，在消除性别歧视、推进社会性别平等方面，一些国家已将关注点从消除法律中的直接性别歧视与间接性别歧视转向多重性歧视，特别是结构/制度性性别歧视。早在 20 世纪 90 年代初期，在论及形式平等难以真正有效应对妇女所处不利地位时，经济合作与发展组织（OECD）即在其报告中指出：虽然男女平等待遇权是达到性别平等的必要条件，但反性别歧视和平等机会措施的有限影响使我们意识到基于性别不平等的制度性质及系统解决办法的必要性。① 近年来，国内一些研究性别与法律的学者在论文中也使用了制度性性别歧视概念，但有关制度性性别歧视的界定还有待探讨。

《消歧公约》第一条虽然没有明确论及结构/制度性性别歧视，但其第五条第一款在规定缔约各国义务时，要求缔约各国采取一切适当措施"改变男女社会和文化行为模式，以消除基于因性别而分尊卑观念或基于男女定型角色的偏见、习俗和一切其他方法"。该条目的在于消除长久以来深嵌在社会结构和制度中的社会性别差异，为消除对妇女的歧视提供了一个法律工具，用以审视结构/制度性性别歧视。缔约国因此需认识到，性别定型观念不仅是态度/观念问题，同时它还内嵌于法律及社会和法律结构之中。按照女权主义法律理论，这一现象被称为"制度性性别歧视"或"结构性性别歧视"。必须改变这样的结构和制度以使男女两性都可自由选择为其个人（社会）性别身份和生活方式赋予自己希望的内容。②

在司法实践方面③，加拿大 20 世纪 90 年代初的一个判例对结构/制度性性别歧视做出阐释："制度性性别歧视概念难以界定，正如这样的歧视难以辨识一

① 参见：《经济合作与发展组织 1991 年报告》第 8 页。

② 参见 Rikki Holtmaat：《走向不同的法律与公共政策：〈消除一切形式对妇女歧视公约〉第 5 条第 1 款对消除结构性性别歧视的意义》（*Towards Different Law and Public Policy：The Significance of Article 5a CEDAW for the Elimination of Structural Gender Discrimination*）。Http://rikkiholtmaat.nl/Towards_Different_Law_and_Public_Policy.pdf，2011 年 8 月 4 日。

③ 在可获得的资料范围内，加拿大和荷兰都有关涉结构/制度性性别歧视的判例，具体讨论参见黄列《社会性别视角下的法律》一文，载陈明侠、黄列主编：《性别与法律研究概论》第 56~58 页。

样。从概念上讲，它与间接歧视有所区别。间接歧视关涉表面上并未以法律禁止的理由而加以歧视的要求和条件，但这样的要求/条件影响到依据受禁止理由可以辨识的具体群体，对这一群体造成歧视后果。虽然间接歧视在运作过程中会相当微妙，但其后果常常明显无误——制度性性别歧视概念强调最微妙形式的歧视，它承认长期确立的社会和文化道德/习俗本身即潜蕴了导致歧视的价值假定，而这些价值假定实质上或完全是隐蔽和难以察觉的。因此，贬低妇女工作的历史经验通过以下假定得以延续和保留，即传统上由妇女从事的一些类型的工作在重要性/价值上固有地不如传统上由男性承担的一些类型的工作。"①

参考《消歧公约》、相关司法机构和学者的阐析，结构/制度性性别歧视概念似主要指基于性别定型观念的体制（诸如家庭、宗教组织或种姓制度、政治和法律结构、经济和教育制度及大众媒体）和社会结构所建构的歧视形式。这一歧视形式支持并强化男女两性之间现有的不平等的权利关系。也有将其描述为"渗透在体制和社会结构中、具有歧视后果的不具体的歧视及普遍性歧视"。②

在法律语境下，结构/制度性性别歧视似应主要涉及两方面：一是习俗、传统文化中存在的结构/制度性性别歧视及其与法律的互动，二是作为社会体制一部分的法律/法律制度中存在的结构/制度性性别歧视。有关前者，消歧委员会强调文化及传统建构男女思维与行为、进而限制妇女行使权利的可能。对于法

---

① 加拿大公共服务联盟及人权委员会诉加拿大（财政部）（1991）14（5），Canadian Human Rights Reporter D/341，D/349。另参见澳大利亚新南威尔士省提高妇女地位部对制度性性别歧视的描述：制度性性别歧视以有关妇女在社会中的适当角色的假定和定型观念及维护妇女从属地位的理念为基础。制度性性别歧视无处不在，不利于妇女，因它反映了对作为一个群体的妇女的态度和偏见，而且不能完全借助个人的反歧视救济得到纠正，Ministry for the Status and Advancement of Women NSW Sub-mission 350。转引自澳大利亚法律改革委员会《法律面前的平等：妇女的公正》第 69 号报告第一部分（The Law Reform Com-mission, *Equality Before the Law: Justice for Women*, Report No. 69）（Commonwealth of Australia, 1994）第 47～48 页。

② 参见 Rikki. Holtmaat：《走向不同的法律与公共政策：〈消除一切形式对妇女歧视公约〉第 5 条第 1 款对消除结构性性别歧视的意义》（*Towards Different Law and Public Policy: The Significance of Article 5a CEDAW for the Elimination of Structural Gender Discrimination*）. Http: //rikkiholtmaat. nl/Towards_ Different_ Law_ and _ Public_ Policy. pdf, 2011 年 8 月 4 日；澳大利亚法律改革委员会：《法律面前的平等：妇女的公正》第 69 号报告第一部分；R. J. 库克编、黄列译：《妇女的人权：国家和国际的视角》（中国社会科学出版社，2001 年）第 11～12 页。

律中存在的结构/制度性性别歧视，消歧委员会一般性建议第 25 号强调缔约各国践履义务，消除存在于法律、法律制度及社会结构和体制中的普遍存在的不平等的性别关系及基于社会性别的定型观念。

家庭与工作的平衡是理解结构/制度性性别歧视的路径之一。妇女承担大部分家务，尤其是照顾长者和幼小子女，如果再考虑妇女内化了社会性别角色，在平衡工作与家庭上她们与男性明显不同。分析我国年轻职业女性的工作生活现状，她们面临的选择包括：不结婚或晚结婚、不要孩子或晚要孩子、在子女身上花很少的时间，或减少职业活动放弃晋升机会。以上每个选择都反映了性别特权制度的约束而不会代表女性的自由选择。不论是选择为工作放弃家庭还是选择兼职或常常因家庭责任需请假的妇女，都面临一个"复杂的制度和相互关联的障碍——迫使她们做出完全不同于男性的'选择'，既关涉妇女的职业发展也关涉妇女的个人生活"。妇女完全没有体制上的支持。而男性则不然，八小时工作模式和加班要求都假设，也确实是有其他家庭成员为其承担家庭责任。

由此，工作、职场，就是这样在结构上、在制度上安排的，同时也是人们普遍接受的、认为是理所当然的。那么，我们要挑战由于法律或法律实施所造成的这种社会、经济或政治安排及因此形成的种种结构，就需要审视在整个法律框架中是否将规范和解释视为普遍性、一般性或中立性的，而实际上这些普遍、一般和中立却大多反映的是男性抱持的价值观、规范和男性生活的范示，这也就意味着社会性别关系和男女定型观念潜藏在法律制度之中。

（二）司法/执法中的性别问题

在司法语境下，性别偏见指影响裁决的一种态度、成见或看法。性别偏见基于性别定型观念和文化界定的男女适当的社会角色①，这些观念更为微妙、更为根深蒂固地内嵌在文化规范之中，忽视两性生活的现实，极有可能导致在司法领域对女性的不利对待。自 20 世纪 80 年代以来，消除司法/执法中存在的性别偏见在美国、加拿大、澳大利亚等一些国家已形成规模运动，主要由法院系统组成的"性别偏见特别工作组"主动开展的调研和相关报告证明，司法领域

---

① 有关妇女的普遍存在的文化假定，也因此形成性别偏见的是，妇女及妇女的工作不如男人和男人的工作重要；大多数妇女是也应当是经济上依附于男人；行为不同于传统模式的女性是不正常的。有关男人的普遍存在的偏见是，男人应当是家庭的经济支柱，男人不如女人更善于照顾幼小子女。由于性别偏见建立在长期存在的且往往是没有明确表达的文化假定之上，消除这种偏见即面临巨大挑战。

的性别偏见在这些国家普遍存在，"司法裁决受到有关男女的相对价值和性别特质及角色的带有偏见的态度、性别定式、荒谬说法和错误概念的影响"[4]499；"只要法官坚持那些带有性别偏见的神话、歧视和定型观念，法律的意图便会由于法官行使司法裁断权而受到损抑或破坏"[5]135。运动推进至 90 年代末，仅美国即有 45 个州和多数联邦巡回上诉法院都成立了"性别偏见特别工作组"，负责监督、培训和出版相关教材和手册。① 进入 21 世纪以来，美国绝大多数州的最高法院将"性别偏见特别工作组"制度化为"实施/常设委员会"，运动的重点随之转移到落实和实施相关报告提出的建议和确立监督及保障实施的机制。[5]135~140[6][7]

　　根据中国社会科学院法学研究所性别与法律研究中心在七省/市的 14 个市/县级基层法院、检察院和个别中级人民法院开展的调研情况看，在我们的司法/执法系统，一定程度上也存在着性别偏见。② 如司法人员在强奸案座谈中使用"受害人去了被告家，随后有了性关系"的表述。"有了性关系"和"遭受强奸"的两种表达方法，不能不说传递了检察官的态度和立场。语言是法庭上最有力的工具，法官、检察官使用的语言有超出表面意思的作用，可影响态度、行为和对事实的认定。"有了性关系"会暗含受害人方面或同意或合作或默认，如果我们还注意到其他用语，如"常给受害人买东西"，"两人常有性接触"，都有暗示"受害人同意发生性关系"之嫌，这样的表述可以说能够列入基于两性定型角色的性别偏见范畴。

　　再比如，有关"熟人/恋爱强奸"，案件卷宗中记录着被告辩护人认为法院应考虑从轻处罚的理由包括：被告与被害人之间存在恋爱关系、同居关系；或被告只是因怀疑被害人与他人有染，即伤害了男人自尊，因而发泄痛苦和愤怒；

---

① 美国许多州和联邦层面的司法系统成立了由各州法院院长牵头的特别工作小组旨在调查存在于法院中的性别偏见。这些工作小组的报告以文件形式记录下性别歧视，其受害人中女性往往多于男性。报告指出，多数基于性别的偏见行为是无意识的，偏见的表现虽然很微妙，但根深蒂固地渗透在司法制度之中，包括歧视性法律裁决、政策和做法。由各州法院首席法官、州司法行政管理者及州律师协会会长组成的小组参与有关性别偏见危险的全国司法教育项目，确立法官和律师行为准则，明确禁止法庭上具性别偏见的行为。参见 http：//www. legalmomentum. org/our-work/vaw/njep-task-forces. html，及http：//legal-dictio-nary. thefreedictionary. com/Sex + Discrimination，2010 年 11 月 2 日。

② 相关案例及分析，参见中国社会科学院法学研究所性别与法律研究中心：《法律检审调研报告》（2008）（未发表）。

法院应对"陌生人强奸"与"熟人/恋爱强奸"区别对待。此类辩护意见充分反映出性别偏见，即男权思想对强奸认定的影响及完全从男性视角体察强奸行为，如有恋爱关系便可在强奸罪成立和量刑时"考虑从轻处罚"；自己热恋的女人与他人有染即伤害男人自尊，法院也应"予以考虑"；"陌生人强奸"与"熟人强奸"对女性被害人造成不同的损害后果，伤害程度不同，法院在量刑时也应"予以考虑"，但全然不考虑不论何种强奸，对受害女性的身体与精神、对她们的经历与感受，都造成同等严重的伤害。①

此外，近期发生的"带避孕套不算强奸"的说法[8]，也是个很好的例子。除涉案警察对于强奸定义的狭义解读（应伴随暴力、非暴力乃自愿）外，其背后的深层含义在于：女性的性是可以被男人利用的，男人为了"娱乐"（不致怀孕）目的而利用女人的性就可以不适用强奸法，可以受到不甚严格的限制。

（三）作为法律的支持环境的习俗/文化传统中的性别问题

从本框架有关法律的学理上的扩大解读看，我们将存在于法律的支持环境中的性别问题主要聚焦在习俗与文化传统维度。文化和传统的力量以陈规定型的观念习俗及男女社会和文化行为模式②的形式出现，从而使提高妇女在法律、政治和经济领域的地位受到限制。若干国际人权公约承认文化和传统的影响限制妇女享有和行使其基本权利。《消歧公约》第二条承认，法律的改变只有处在支持性的环境中才是最有效的。例如，随着法律上的变化，经济、社会、政治和文化领域也同时发生变化。为此，《消歧公约》第二条第 6 款要求缔约各国不仅要修改法律，而且要努力消除歧视性的习俗和惯例。该公约第五条承认，即使妇女的法律平等得到了保障，并且为促进其事实上的平等而采取了特别措施，但为实现妇女真正的平等，还需要另一方面的变化。各国应努力消除使性别角色方面的陈规旧俗长期存在的旧的社会、文化和传统模式，并创造一个促进妇女充分实现其权利的良好的社会整体环境。消歧委员会第 19 号一般性建议强调，认为妇女从属于男子或拥有陈规定型角色的传统态度助长了广泛存在的一

---

① 参见黄列：《东北部地区某省某市调研报告》，载中国社会科学院法学研究所性别与法律研究中心《法律检审调研报告（2008）》第 161～162 页（未发表）。

② 论及改变男女社会和文化行为模式，笔者曾在央视的一个品牌栏目"在路上"的一个专门针对年轻人的讲座上，听到主讲人侃侃而谈：男的陪女的去超市，女的想买东西，男的赶快掏钱包。这是在我们主流媒体上反映出的男女行为模式，尽管仅是主讲人无意中流露出的定型观念，但说明改变不利于两性平等的习俗/传统文化仍面临巨大挑战。

些涉及暴力或强制的做法。[9]在强调消除习俗、惯例、文化和社会行为模式中的结构/制度性性别歧视的同时，该委员会还指出，为实现事实上的两性平等，不能仅仅依赖法律规范与标准的确立，立法或法律改革尚需支持性环境。

经济、社会和文化权利委员会在论及有害传统习俗时指出，各国有具体法律义务采取有效和适当的措施，废除影响儿童，特别是女孩健康的有害传统习俗，包括早婚、女性生殖器切割、优先喂养和照顾男孩。[10]

儿童权利委员会强烈敦促缔约各国"制定和实施旨在改变流行态度的措施，消除助长有害传统习俗的性别角色和陈规定型观念"。[11]

以上相关规定在法律消除性别定型观念的功能（我国近代史上既有成功的先例，如对于妇女缠足、男人纳妾的不利于妇女发展的有害习俗，法律的强力禁止发挥了积极有效的作用）和修改那些支持习俗/传统文化中的定型观念的法律之间确立了联系，同时也让我们看到在绵延不绝的性别定型观念与一些法律无意或暗示地强化此类观念之间有着直接的关联。这种更为微妙的对传统性别角色和关系的利用与支持不仅存在于家庭之中，同时也存在于就业和社会许多领域之中，构成前述结构/制度性性别歧视。

在中国语境下，可以初步分析以下有害习俗/传统文化。

由于妇女的生育角色（怀孕、生子和母性）而导致的一系列歧视做法，原因在于将妇女仅仅作为生儿育女的工具对待。例如，法律通过父权式的保护突出和强化为人母的角色而单纯视妇女为生育者和养育者。这样的保护日渐被认定为是有损于妇女的平等权利的。诚然，与女性不同，男性不能生子，但他们完全应当也可以养育子女，男女双方平等承担和履行家庭责任是改变不利于女性发展的重要因素之一。我们已看到这方面的变化，法律上的转变是从规定母亲休产假演变为父母休产假。这是区分生物性别与社会性别之间的差异的重大一步。一个最近的进步是，有相关项目在调研基础上提出"女职工劳动保护规定修订草案"（修改稿）①，在设计父母产假制度上，该修订草案鼓励并且要求父亲承担照顾母婴的责任，提出父亲"陪护假"的设想，从而有可能减少或有助于消除在法律中存在的定型观念的负面影响，有利于消除就业领域和法律中

---

① 参见全国妇联妇女研究所《女职工劳动保护规定》修改课题组：《〈女职工劳动保护规定〉修改调查总报告》第五部分（2011），资料在笔者处存档。

存在的结构/制度性性别歧视。①

习俗中仍存在着的男尊女卑、重男轻女的定型观念。在前述七省/市基层法院/检察院的调研中，遇到这样一桩诉讼。育有一对双胞胎的夫妻离婚后，男方和与其生活的孩子所分土地份额高于女方和与其生活的孩子的土地份额，前者有村民待遇，后者没有。村委会认为女孩早晚要出嫁，所以其权利被剥夺。显然，定型观念、以男性为中心的婚嫁习俗从负面影响了有关土地承包男女权利平等的规定，尽管在此方面，还不乏要求特别保护农村女性土地权利的法律和法律性文件。可喜的是，此案法院能够摒弃男女定型观念的羁绊，冲破传统习俗的约束，判决村委会侵权，从而保障该案女方当事人和双胞胎子女平等享有土地使用权与村民待遇。[12]164

胎儿性别选择性人工堕胎及家庭暴力，也是我国典型的基于习俗/传统文化的严重侵犯妇女权利的例子。前者虽有相关法律规定严禁非医学目的的胎儿性别鉴定，但普遍存在的传宗接代和重男轻女的定型观念阻碍了法律有效发挥作用；而后者则由于男尊女卑、公/私领域的划分、诉诸司法渠道的不畅通及缺少对家庭暴力的明确法律定义，致使这种侵害妇女权利的犯罪行为难以得到法律的有效制裁。

显然，在消除法律中存在的定型观念和男女社会及文化行为模式方面，所采取的任何措施须致力于消除结构/制度性性别歧视，其出发点在于是否有益于提升妇女在现实中的地位。也就是说，任何基于《消歧公约》第五条而采取的措施应确定其是否对妇女的生活环境和人权享有产生真正的积极影响。如果我们以国家的积极义务、消极义务来分析，应该说，《消歧公约》不仅要求缔约各国承担消极义务，消除一切法律和做法中不利于妇女的性别定型观念，还需积极承担义务，即通过立法和采取其他措施挑战结构/制度性性别歧视行为、定型观念和有害的习俗/传统文化，促进男女两性在行为和观念上的改变，使男女两性均可自主选择地担当不同而不是传统或刻板的性别角色。从这个意义上讲，消除定型观念和习俗/传统文化与法律之间的负面互动关系

---

① 据不完全统计，我国已经有26个省、市、自治区在地方性法规或政策中规定了"男方照顾假"。在世界范围内，已有36个国家在法律中明文规定男性分担生育事务的权利和义务，在生育保险等法律中明确男性劳动者的生育护理假或父母产假。这证明，从法律上改变男女定型观念与男女社会和文化行为模式的努力在我国及其他一些国家均有践行，法律与习俗/传统文化的互动关系得到了积极的利用。

的努力也可定义为消除存在于社会各个领域和现实生活中及存在于法律中的结构性/制度性性别歧视。

三、结语

在探讨确立法律的社会性别分析框架时，面对法律，我们需要抱持一种宽广的法律概念的立场，即法律有着不同但相互影响相互作用的维度，制定法、司法/法律的执行及传统习俗和文化相互作用，建构和确立了很大程度上以男性为中心的法律文化和法律制度。

性别歧视法律定义在缓慢地流变和发展之中，显见的是在确定是否构成性别歧视时，注重和重新审视法律与社会普遍赞同的一些基本文化假定及价值假定，如社会性别差异对男女两性产生的不同含义和引致的后果等。对于不同形式的性别歧视的进一步区分涉及针对个人的孤立的直接/间接性别歧视和针对某一群体的制度性歧视；而关注点则从辨识与纠正孤立的针对个人的性别歧视转变为通过暂行特别措施（或采取积极行动政策）致力于纠正和消除制度性性别歧视。

（本文写作受益于法学研究所性别与法律研究中心同人的数次讨论和法学研究所刑法室邓子滨研究员的启发，在此深表谢意。）

【参考文献】

[1] 英国 1975 年性别歧视法 ［EB/OL］. http：//www. eurofound. europa. eu/emire/U-NITED% 20KINGDOM/SEXDISCRIMINATIONACT1975SDA1975 – EN. htm. 2009 – 08 – 14.

[2] 澳大利亚人权委员会. 性别歧视法（第四章）［EB/OL］. 联邦歧视法在线，ht-tp：//www. humanrights. gov. au/legal/hml，2011 – 11 – 22.

[3] 消除对妇女歧视委员会一般性建议第 28 号 ［EB/OL］. http：//www2. ohchr. org/english/bodies/cedaw/comments. htm，2011 – 11 – 15.

[4] C·E. 马霍尼. 加拿大对待平等权利与法院里的性别平等的方法 ［A］. R. J. 库克. 妇女的人权：国家和国际的视角 ［M］. 黄列译. 北京：中国社会科学出版社，2001.

[5] 卢炫周. 美国性别偏见特别工作组运动：以法院为主的调查性别偏见的例子 ［A］. 黄列. 性别平等与法律改革：性别平等与法律改革国际研讨会论文集 ［C］. 北京：中国社会科学出版社，2009.

[6] 新墨西哥州律师协会妇女及法律职业委员会和新墨西哥州最高法院. 法院中的性别平等：新墨西哥州及联邦法院指南（2005）［EB/OL］. http：//www. nmbar. org，2011 –

12 - 11.

　　[7] Lynn Hecht Schafran and Norma J. Wikler. 法院中的性别公正：新千年行动（*Gender Fairness in the Courts*：*Action in the New Millennium*）［EB/OL］. http：//www. nawj. org/programs. asp#genderfairness. 2011 - 12 - 11.

　　[8] 腾讯评论. "带套不算强奸" 逻辑的背后［EB/OL］. 腾讯网，http：// view. news. qq. com/zt2011/rapedispute/index. htm，2011 - 08 - 10.

　　[9] 消除对妇女歧视委员会一般性建议第 19 号：关于暴力侵害妇女行为［EB/OL］. http：//www2. ohchr. org/english/bodies/cedaw/com-ments. htm.

　　[10] 经济、社会、文化权利委员会一般性意见第 14 号（2000）：关于享有能达到的最高标准健康权利［EB/OL］. http：//www. unhchr. ch/tbs/doc. nsf/（Symbol）/ 40d009901358b0 e2c125 6915005090be？Opendocument.

　　[11] 儿童权利委员会一般性意见第 4 号（2003）：在《儿童权利公约》框架下青少年的健康和发展［EB/OL］. http：//tb. ohchr. org/de-fault. aspx？SymboI = CRC/GC/2003/4.

　　[12] 陈明侠. 司法人员执法实践与社会性别［A］. 黄列. 性别平等与法律改革：性别平等与法律改革国际研讨会论文集［C］. 北京：中国社会科学出版社，2009.

　　（原文刊载于《中华女子学院学报》2012 年第 6 期，并被中国人民大学《复印报刊资料》全文转载）

对立法进行性别影响评估的实践

——以对《生育保险办法（征求意见稿）》的评估为例

刘明辉

（中华女子学院法学院）

2012 年 11 月 21 日至 12 月 21 日，人力资源和社会保障部就其起草的《生育保险办法（征求意见稿）》（以下简称"征求意见稿"）公开征求意见。笔者尝试对"征求意见稿"进行性别影响评估后，发现其制度设计旨在引导用人单位积极参加生育保险，以发挥生育费用社会化机制遏制就业歧视的功能，消除户籍歧视有助于流动妇女就业。但忽视了男性和灵活就业人员的生育保险需求，生育津贴标准忽视了女性群体中的个体差异，导致其与上位法中的强制性规范相抵触及生育保险基金构成中的国家义务缺位。因此，创设反就业性别歧视的法律评估机制具有必要性，可以防止出现此类制度性歧视，促进社会性别主流化，提高立法的性别公正水准。以下是笔者对"征求意见稿"进行性别影响评估的结论性意见。

一、引导用人单位积极参加生育保险有利于消除就业性别歧视

鉴于生育保险是分散用人单位生育风险的险种，由统筹基金承担职工生育成本取代传统计划经济管理模式中的"企业办社会"，因此成为受用人单位欢迎的险种。但由于其费用与养老、医疗、失业和工伤四类保险捆绑缴纳，而用人单位不参加生育保险的法律责任不明确，导致部分女职工因其所在单位未缴费而权益受损。为了引导用人单位积极参加生育保险，"征求意见稿"确立了以下制度。

其一，从惩戒违法者的角度督促用人单位履行缴纳生育保险费的义务。规

定"因用人单位不依法为职工缴纳生育保险费,造成职工不能享受生育保险待遇的,由用人单位支付其生育保险待遇"。这样,不能享受生育保险待遇的女职工就会通过仲裁等方式要求用人单位支付其生育保险待遇,强化了违法者的民事责任。"征求意见稿"还规定了行政责任,赋予社会保险费征收机构查询其存款账户,申请县级以上有关行政部门做出划拨生育保险费的决定,书面通知其开户银行或者其他金融机构划拨生育保险费等权利。在账户余额不足的情况下,如果用人单位既未足额缴纳生育保险费,又未提供担保,社会保险费征收机构可以申请人民法院扣押、查封、拍卖其价值相当于应当缴纳生育保险费的财产,以拍卖所得抵缴生育保险费。

其二,从均衡企业生育负担、促进企业公平竞争的角度,强调以单位工资总额作为缴费基数,表明单位无论招用男、女职工,都要依法参加生育保险,体现了生育的社会价值。尤其是在女性就业比男性更为困难的背景下,通过建立生育保险制度实现风险共担机制,可以均衡用人单位之间的生育成本以促进其公平竞争,进而消除就业性别歧视。

其三,从减轻企业负担的角度,大幅降低了缴费率。规定缴费比例由《企业职工生育保险试行办法》(劳部发〔1994〕504号)中的"最高不得超过工资总额的百分之一"降到一般不超过0.5%。

二、消除户籍歧视有助于流动妇女实现平等就业权

根据《中华人民共和国劳动合同法》之规定,女职工在孕期、产期、哺乳期,既无严重过错又不在试用期间,用人单位不仅无辞退权,而且无劳动合同期满终止权,依法应当将与"三期"女职工的劳动合同延续到相应情形消失之后再以协商方式处理续订问题。《女职工劳动保护特别规定》将顺产假由90日延长至98日,保留修正前难产增加产假15日的规定。根据地方《人口与计划生育条例》中的奖励假,女职工晚育和作为独生子女母亲可能再增加产假4个月。有资格参加城镇生育保险的职工,个人不缴纳生育保险费,却能享受生育保险基金支付的产前检查费、生育医疗费、计划生育手术费、与生育有关疾病的医药费及产假期间的生育津贴(相当于产假工资)等待遇。而没有资格参加城镇生育保险的职工的这些费用,则由其所在单位负担。

笔者在北京市的访谈结果显示,在不允许外来女(持有北京市工作居住证的除外)参加生育保险的年代(自2005年7月1日至2011年12月31日),女

职工感到深受歧视，她们宁愿自己缴费也要参加生育保险。因为非公企业对其生育待遇采取漠视态度，使绝大多数外来女回乡生育自负生育费用且无产假工资。不能参加生育保险的职工，或者被拒绝录用，或者在孕期遭到排挤。非公企业基于趋利避害的本性减少"性别亏损"，不择手段地规避法定生育成本。

很多单位暗箱操作只要男生，有些单位招录女生却有附加条件："3年内不得怀孕""5年内不准生育"。26岁的李某拒签这种不平等条款，但她跑了许多单位却处处碰壁。究其根源，正是这种违反宪法、劳动法、就业促进法和妇女权益保障法中的平等原则及男女平等基本国策的地方法规或者规章，引发了诸多不和谐事件。2007年6月至2009年12月31日，金晓莲律师参与的90个咨询中有54个问题涉及女职工在孕期、产期、哺乳期期间权益受损。而在这54个问题中，涉及女职工在孕期、产期、哺乳期期间被解除劳动合同关系的占41%，有30%的问题是涉及女职工在孕期、产期、哺乳期期间被减少工资报酬的，有15%的问题涉及女职工的生育保险特别是外埠女职工生育保险，其余14%的问题涉及女职工在孕期、哺乳期期间劳动强度、加班等问题。从这些咨询的问题可以看到，生育保障是困扰职场女性的一大问题。[1]246

2007年，来自上海的邬某在孕期被辞退引发劳动争议，笔者曾为她提供法律援助。发现地处北京的用人单位不得不委托其户籍所在地上海的某劳务派遣公司，以虚假派遣方式为她办理了生育保险手续。邬某在产后从上海的生育保险基金中领取了1.3万余元。更多企业采取了逼迫、引诱孕妇自动辞职的手段来规避生育成本。例如，上海曾发生"史上最贵清洁工案"，原本担任上海某公司资深策划的杨华（化名），在怀孕后从人事部门接到换岗合同，负责清洁厕所、地面和办公设施，包括每天清洗公司全部二十多位员工的水杯，媒体认为这是"史上最毒赶人术"。[2]

可见，作为劳动者从事同样的工作却得到异样的待遇，这种区别对待仅基于户籍而与劳动者的职业素养、技能、经验和业绩等核心竞争力无关。这类将生育保险与户籍挂钩的规定，构成了对外来女的制度性就业歧视。北京和深圳已做出相应变革，而《上海市城镇生育保险办法》自2001年11月1日起实施至今，虽经两次修正却仍然仅适用于"具有本市城镇户籍并参加本市城镇社会保险的从业或者失业生育妇女"，这在法治社会是不允许存在的制度性歧视，也是和谐社会中极强的不和谐音符。

"征求意见稿"遵循社会保险法"广覆盖"的基本原则，不与户籍挂钩，扩大了上海等地方生育保险制度的覆盖面。将生育保险的适用范围确定为国家机关、企业、事业单位、有雇工的个体经济组织及其他社会组织等各类用人单位及其职工。其生效之日即地方立法中仅适用于"本地常住人口"或者"本地户籍"规定成为历史遗迹之日。所有女职工不分户籍地平等享受生育保险待遇，即法定的生育医疗费和产假津贴均纳入生育保险基金支付范围，在北京仅生育津贴一项可免除企业为每名女职工支付的几万元工资。其实施效果必将因减少"性别亏损"而促进女性就业，这是消除对女性的就业性别歧视的有效措施。其蕴含的消除户籍歧视追求公平正义的理念，满足了被边缘化外来女在生育保险方面的平等诉求。此外，"征求意见稿"在女职工获得基本医疗服务方面，弥补了社会保险法的不足，纠正了地方立法中对医疗服务机构的地域限制，便于外来女性选择回乡接受生育医疗服务。

上述进步不仅符合社会保险法的立法精神和《社会保障"十二五"规划纲要》关于加快建立覆盖城乡居民的社会保障体系的要求，而且将成为我国提交执行《消除对妇女一切形式歧视公约》《经济、社会及文化权利国际公约》和《（就业和职业）歧视公约》报告中的亮点。

三、对男性和灵活就业女性构成了制度性歧视

制度性歧视，是指法律、政策或规章制度对某个群体所做的不公平的区别、排斥或限制，足以妨碍或否认该群体在平等的基础上认识、享有或行使在政治、经济、社会、文化等方面的人权和基本自由。"征求意见稿"对男性和灵活就业女性便构成了这种制度性歧视。

（一）对男性生育待遇的排斥

我国生育保险立法对男性生育待遇的排斥可以追溯到1994年原劳动部发布的《企业职工生育保险试行办法》，其确立了企业以"工资总额"为缴费基数，令男职工所在单位亦承担生育保险缴纳义务的制度。2010年公布的社会保险法汲取河北省等地方立法的经验规定："职工未就业配偶按照国家规定享受生育医疗费用待遇。所需资金从生育保险基金中支付。"其受益对象虽有所改变，但仍然立足于女性。将男性本应享有的父育假、节育手术假及其津贴等生育待遇排除在外，在客观上强化了社会性别角色刻板化传统观念，忽视了男性在劳动力再生产和育儿中的重要角色。

忽视男性的生育保险待遇，这不仅滞后于国际潮流，而且不符合联合国

《消除对妇女一切形式歧视公约》序言中"养育子女是男女和整个社会的共同责任"的理念，容易引起男性提起性别歧视诉讼。例如，1990 年，在加拿大曾经发生 Schachter v. Cana-da 案，原告认为其作为父亲不能领取育儿假津贴，违反了《加拿大权利与自由宪章》第 15 条关于两性平等权利之规定，而要求领取育儿假津贴。加拿大最高法院判其胜诉，并命令政府修正该法。因而其《就业保险法》于 1991 年修正为生父与养父均有权领取育儿假津贴。2000 年年底，加拿大政府将父母可领取育儿假津贴周数由 20 周延长到 35 周。[3]125~180 这对于我国的生育保险立法来说是一种值得借鉴的经验。而赋予男性的生育保险权利，不仅可以预防出现男性提起的性别歧视诉讼，而且有助于转变刻板化的性别分工模式及雇主对"女性事儿多"的反感，有利于女性产后的身心复原，亦有利于婴幼儿的健康成长，为适格劳动力的形成奠定基础。而后者则关涉民族的前途和命运，可谓意义重大。

男性享有的生育保险待遇主要是陪产假津贴。立法者贯彻男女平等基本国策，应当顾及两性的意愿和需求，顺应国际潮流——生育保险待遇的受益人由妇女变为两性。据台湾省的谢琪楠教授介绍，在台湾省，在 2009 年对相关规定新订第 10 条第一项第四款及新订第 19 条第二款创建育婴留职停薪津贴制度。参加就业保险劳工不论父或母，只要被保险人于就业保险投保年资合计满 1 年以上，其育有 3 岁以下子女，依《性别工作平等法》的规定而办理育婴留职停薪者，即有申请该津贴的资格。育婴留职停薪津贴给付系按月发给，对于每一子女，父母各得请领最长 6 个月津贴，若父母合计则两人最长可领 12 个月之津贴，然其需父母同为被保险人，而其两人之请领期间不得重叠，方得分别请领。其给付标准为被保险人留职停薪之当月起前 6 个月平均月投保薪资的 60%。

2009 年，笔者参与的中央党校课题组曾对北京、江苏、郑州、西安四省市所做的近 800 份的问卷调查中，有 89.5% 的人表示赞成有关法律明确规定男性陪产假的内容。凤凰资讯网就此项热点问题所做的调查，获得 94% 以上的支持率。在"男性产假"方面，我国地方人口与计划生育立法中已有规定。至少 26 个省、市、自治区在地方性法规或者规章中规定了带薪的"男方照顾假"或称"配偶护理假""男方看护假"等。一般在 5~15 天之间，以 7 天和 10 天居多，上海市最少，只有 3 天；河南省最长，为期 1 个月。不过此类带薪假以晚育为前提，旨在落实计划生育基本国策。只有《广东省职工生育保险规定》将男职工看护假期（法定 10 天）的工资纳入生育津贴支付范围，使男女职工及其所在单位均受益，在不增加用人单位负担的同时引领了先进的性别文化。因此，《生育保险办法》应当规定"职工依法休计划生育奖励假期间的工资从生育保险基金中支付"，以赋予男性应当享有的生育保险权利，并减轻其所在单位的负担。

（二）对灵活就业群体生育保险需求的忽视

"灵活就业"属于"非正规就业"的一部分。"非正规就业"群体往往因其被劳动法和社会保险法边缘化而处于易受伤害的社会底层，所以为联合国专门机构所特别关注。2010年，联合国消除对妇女歧视委员会在审议中国提交的履约报告的《结论性意见》中，提出"很多妇女集中于非正规部门"而缺乏法律保障。不能被强制性纳入社会保障体系是非正规就业区别于正规就业的显著标志。笔者通过访谈得知，未与"员工制"家政服务组织签订劳动合同的家政服务员，"参加社会保险"是其多年的呼声。李多兰作为高薪阶层"月嫂"的代表，曾明确表示宁愿自己承担企业和个人的双份社会保险费，也要参加五项社会保险。但目前不允许"灵活就业人员"自愿缴纳工伤和生育保险费，李多兰在其合理的平等诉求无法满足的情况下，不得不离开了她曾经想干出一番事业的家政服务业。李多兰的经历具有代表性，这是市民对适格家政服务员的需求和缺口均与日俱增的重要原因之一。

"灵活就业人员"一词在社会保险法中出现五次，该法界定其涵盖无雇工的个体工商户、未在用人单位参加职工基本养老和医疗保险的非全日制从业人员等。从该法做出的开放性列举及各地允许自己缴纳职工基本养老、医疗和失业保险全部费用的实际情况来看，还包括"自由职业者"。社会保险法赋予所有灵活就业人员参加职工基本养老和医疗保险的权利，以身份证号码作为个人社会保障号码，可以直接向社会保险费征收机构缴纳相应的社会保险费。地方政府主管部门则明确规定："无雇工的个体工商户、未在用人单位参加基本养老保险的非全日制从业人员及其他灵活就业人员可以参加基本养老保险和基本医疗保险。""征求意见稿"对此并无突破，仍然忽视了女性占多数的灵活就业群体在生育保险方面的平等诉求。

我国生育保险待遇中的"生育医疗费用"可以由"新型农村医疗保险""城镇居民医疗保险"基金承担。因此，立法者应当戒除僵化的职工个人不缴生育保险费的惯性思维，在《生育保险办法》中赋予灵活就业人员自愿选择参加城镇生育保险的权利，对于自愿选择参加城镇生育保险的灵活就业人员，允许她们缴纳本应由雇主承担的生育保险费。在其提供劳动力的统筹地区，政府应当为灵活就业人员开通缴费渠道并提供相应的便民服务。这是实现党的十八大报告关于社会保障"全覆盖"目标的路径之一，也是政府履行反歧视公约的重要举措。

四、生育津贴标准忽视了女性群体中的个体差异

"征求意见稿"第十四条规定："生育津贴是女职工按照国家规定享受产假或者计划生育手术休假期间获得的工资性补偿，按照职工所在用人单位上年度职工月平均工资的标准计发。"而之前的内部"征求意见稿"第十一条曾规定："生育津贴是职工按照国家规定享受产假和计划生育手术休假期间获得的工资性补偿。生育津贴按照职工所在用人单位上年度职工月平均工资计发给用人单位。职工工资低于生育津贴的，用人单位应按生育津贴的标准计发给个人，高于单位月平均工资的部分，由用人单位补足。"这也是《北京市人力资源和劳动社会保障局关于调整本市职工生育保险政策有关问题的通知》（京人社医发〔2011〕334 号）和《海南省城镇从业人员生育保险条例》（2011 年修正）等地方规定且实施的标准。实践证明，此项标准有利于促使用人单位足额为劳动者缴纳生育保险费。

"征求意见稿"修改后的标准将"补高不扣低"改为"用人单位上年度职工月平均工资"，理由是受社会保险法第五十六条和《女职工劳动保护特别规定》第八条所确定标准的掣肘。而后者照抄了前者，前者沿袭了《企业职工生育保险试行办法》第五条之规定。其立法初衷是让多数女职工享受高于个人产前工资的产假津贴待遇，但其实施结果却会减少部分女职工的产假工资。因为此项标准缺乏科学依据——决策者主观地认为女职工 24 岁左右生育时资历和职级较低，因而"用人单位上年度职工月平均工资"均高于女职工生育前的工资，却忽视了女职工生育年龄的差异较大、非公企业缴费工资基数多数不实的现实。凭着人力和经费均不足的监察力量难以核实企业"平均工资"与"平均缴费工资"之间的差额，于是社会保险经办机构便将统计口径统一为"平均缴费工资"。即使统计口径改为"用人单位上年度职工月平均工资"，用人单位的工资以逐年递增为常态，以"上年度"的平均值为计发标准，也会产生差额。这便出现了下位阶法与上位法中的强制性规范相抵触的尴尬局面。因为女白领慑于"生了孩子丢了位子"的潜规则，往往不得不推迟生育年龄。其中高薪阶层女职工的"生育津贴"与产前工资的差距较大。任由用人单位处置会造成非公企业

职工普遍得不到所在单位补差额，与"吃皇粮"的职工相比，落差显著而心理不平衡，纷纷提起仲裁、诉讼的局面，从而增加社会的不和谐因素，加重劳动仲裁及诉讼的压力。

为了减轻用人单位的负担，国家立法亦可采纳"补高扣低设置底线"的标准。例如，《广州市人力资源和社会保障局关于实施职工生育保险有关问题的通知》（穗人社函〔2011〕43 号）规定："女职工按规定享受产假期间的生育津贴，按照本单位上年度职工月人平缴费工资除以 30 天再乘以产假天数计算，由社会保险经办机构拨付到用人单位，用人单位应按职工的实际工资收入发放生育津贴。计算生育津贴的产假天数按自然天数。生育津贴即为产假期间的工资，女职工（含原领取非全额工资者）实际工资收入低于本市最低工资标准的，按本市最低工资标准计发。"如果采纳这种"补高扣低设置底线"的标准，有利于促使用人单位足额为劳动者缴纳生育保险费。至于是否与社会保险法和《女职工劳动保护特别规定》中的生育津贴标准相抵触，则取决于其人权保障标准是否高于上位法，只有低于上位法的规定才属于与上位法相抵触的范畴。

之所以出现此类问题，是因为国内的学术研究惯于从整体上切割两性群体而忽视个体差异，立法者将妇女视为一个整体。正如佟新所言："几乎所有学者都看到市场化为女性带来的负面影响。只有较少的研究看到了变化的复杂性，这就是市场化不仅带来性别间的分化，也带来了女性间的分化，妇女不再是一个统一的整体。这也适用于男性，事实上，市场化将我国带入了阶层分化的时代。"[4]228 美国后现代女性主义者则关注每一性别群体内部的个体差异。女性主义法学通过检验性别如何影响法律发展及男性和女性如何受到法律中权力的不同影响来研究法。[5]xix 大部分女性主义法学家都是法律改革的倡导者，对法律的批判是她们的一个主要工作。[6]43~44 后现代女性主义法学自 20 世纪 90 年代兴盛于美国，受发源于欧洲大陆的后现代思潮的影响，女性主义者从对男女之间差异的关注转为对女性之间差异的讨论，对以往女性主义者为所有女性提出的统一抽象的平等标准表示质疑。她们认为并不存在本质上的"女性"和所谓的女性观念，也没有对所有妇女都有利的单一的理论，没有单一的改革和目标能满足所有妇女的最大利益。因此，寻求统一的适用于所有女性的平等标准是不明智的。[7]243 确实，"妇女也不是一个统一的整体，其主体性是变化和流动的。女人不仅是一种性别，而且和阶级、民族、职业、地域、年龄等交织在一起。不同的女性拥有不同的经验、不同的诉求"[8]69。运用统一抽象的平等标准，把女性作为一个同类群体来对待，必然导致对那些特殊个体的不公平。

　　至于"征求意见稿"规定生育津贴支付的范围仅限于《女职工劳动保护特别规定》中的产假，不含地方人口与计划生育条例规定的晚育假、独生子女父母奖励假和父亲护理假（看护假）等，就意味着上述奖励假的工资（包括奖金）由用人单位支付，其结果将因加重雇用女工多的用人单位的负担而令其不愿雇用女性。这不符合生育费用支付主体由雇主变为社会保险基金、受惠主体由妇女变为两性的国际潮流，亦有悖于男女平等基本国策。为了平衡各方利益，可以借鉴加拿大的经验，允许女职工请求缩短假期。加拿大"许多省皆有劳工请求缩短假期的规定。例如，在曼尼托巴省（Manitoba），请产假受雇劳工需以书面形式通知雇主，根据其所要减少产假的天数，而缩短产假"[9]9。规定女职工有权放弃部分产假，即确认提前返岗的合法性，亦可减轻生育对职业前景的负面影响。

五、基金构成中的国家义务缺位

　　关于国家义务，《消除对妇女一切形式歧视公约》第十一条要求缔约各国应采取一切适当措施，消除在就业方面对妇女的歧视，以保证她们在男女平等的基础上享有相同权利，特别是"实施带薪产假或具有同等社会福利的产假，不丧失原有工作、年资或社会津贴"。我国政府签署并经人大常委会批准的另一个联合国公约《经济、社会和文化权利公约》第九条规定："本公约缔约各国承认人人有权享受社会保障，包括社会保险。"第十条要求缔约国"对母亲，在产前和产后的合理期间，应给以特别保护，在此期间，对有工作的母亲应给以给薪休假或有适当社会保障福利金的休假"。如果生育保险基金构成中的国家义务缺位，就会影响政府的履约业绩，进而有损中国的国际威望。

　　目前，生育保险基金来源中的国家义务缺位。"征求意见稿"第五条将《企业职工生育保险试行办法》中"生育保险根据'以支定收，收支基本平衡'的原则筹集资金"改为"生育保险基金按照'以支定收、收支平衡'的原则筹集和使用"。强化"收支平衡"目标，旨在减轻企业负担。这不同于社会保险法关于养老保险和医疗保险基金构成中有政府补贴等规定，排除了政府责任。财政补贴城镇职工养老保险基金每年1000多亿元，而对于生育保险则分文不补。固然，不同于发达国家和地区急于改变"少子化"局面而鼓励生育的国情，但是，在生育保险基金来源中的国家义务缺位，必然产生诸多负面的社会影响。

其一是政府带头不重视生育保险会引发消极的连锁效应。多年来政府对生育保险的重视程度远低于养老、医疗等社会保险，主要表现在立法和机构设置方面。国家层面的立法严重滞后于现实需求，位阶最低的部颁规章《企业职工生育保险试行办法》竟然试行了16.5年。在人力资源和社会保障部的机构设置方面，有养老保险司、失业保险司、工伤保险司和医疗保险司，生育保险由医疗保险司兼管，导致一些地方政府社会保险经办机构设置中，亦由医疗保险部门兼管生育保险业务。生育保险规定在社会保险法中虽列专章，但在第六章中仅四条区区298个字（在立法过程中险些将其并入医疗保险）。显然，如此笼统的生育保险规定最需要实施细则予以具体化，而人力资源和社会保障部制定的《实施〈中华人民共和国社会保险法〉若干规定》（人力资源和社会保障部令〔2011〕第13号）对生育保险条款未做解释，通篇竟无"生育"一词。更有甚者，北京、上海和深圳的地方法规、规章，曾经出现排斥外来女的条款，明目张胆地实施户籍歧视，导致企业加剧对外来女的就业性别歧视，使怀孕妇女遭受排挤的现象屡见不鲜。

其二是立法选取的"平衡点"过于简单化会影响立法质量。为了减轻企业负担，"征求意见稿"大幅降低了缴费率。其逻辑推导便得出一个与立法初衷相悖的结论：既然扩大支付范围、提高生育津贴标准，就必然导致收支不平衡；既然收支不平衡，就不得不提高用人单位的缴费率；既然不宜提高用人单位的缴费率，就只能限制生育津贴标准及其支付范围。诚然，充分考虑利益冲突群体的不同需求予以协调而谋求符合社会正义的平衡点，这是所有立法均应择取的基本价值取向。但如此选取"平衡点"未免过于简单化，其结果是"谋求符合社会正义的平衡点"，却因其以牺牲部分人利益为前提而显失公平。因为正义是社会制度的首要德行，正像真理是思想体系的首要德行一样。一种理论，无论它多么精致和简洁，只要它不真实，就必须加以拒绝或修正；同样，某些法律和制度，不管它们如何有效率和安排有序，只要它们不正义，就必须加以改造或废除。"每个人都拥有一种基于正义的不可侵犯性，这种不可侵犯性即使以整个社会的福利之名也不能逾越。因此，正义否认为了一些人分享更大利益而剥夺另一些人的自由是正当的，不承认许多人享受的较大利益能绰绰有余地补偿强加于少数人的牺牲。所以，在一个正义的社会里，平等公民的各种自由是确定不移的，由正义所保障的权利绝不受制于政治的交易或社会利益的权衡。"[10]3其实二者的冲突并非不可协调。能否协调此类冲突取决于对国家义务和生育社会价值的认知。

关于生育的社会价值，众所周知，劳动力是社会生产的一个基本要素，劳动力再生产是社会再生产的基本内容之一。妇女生育不仅为家庭传宗接代，而且肩负新一代劳动力再生产的重任，尤其是在劳动力增长动力于2004年后开始弱化，并引发制造业、家政服务业等行业严重缺工的情况下，生育劳动力后备军的功能显得越发重要，乃至关涉民族的前途和命运。中国社科院人口与劳动经济研究所所长蔡昉预测："到2015年劳动年龄人口将转为负增长，随着人口老龄化和人口抚养比的触底反弹，曾贡献约27%人均GDP增长的'人口红利'2013年可能消耗殆尽。"[11] 为了体现国家对生育社会价值的肯定，"征求意见稿"以单位男女职工工资总额作为缴费基数，体现了生育是一个家庭乃至社会责任的理念，特别是在女性就业比男性更为困难的背景下，通过建立生育保险制度实现风险共担机制，均衡用人单位之间的生育成本以促进其参与市场公平竞争，进而达到消除就业性别歧视的目的。如果明确基金构成中的国家义务，则可以充分地体现国家对生育社会价值的认可。

因此，笔者建议将生育保险基金来源渠道改为"生育保险基金按照'以支定收'的原则筹集和使用，生育保险基金出现支付不足时，县级以上人民政府给予补贴"。删去以"收支平衡"确定缴费率的原则，达到既扩大支付范围、提高生育津贴标准，又不提高用人单位的缴费率而达到符合社会公平正义的平衡点。

综上所述，对"征求意见稿"进行性别影响评估，发现其存在诸多问题亟待修改。《生育保险办法》应当消除对男性和灵活就业人员的排斥，将计划生育奖励假期工资等纳入生育津贴支付范围，在生育保险基金构成中增加政府补贴义务以保障生育津贴标准不低于上位法。性别影响评估有助于立法渗透性别意识，防止出现制度性就业性别歧视。因此，建议立法机关创设反就业性别歧视的法律评估机制，以防出现此类性别意识缺失导致的主观动机与客观效果相悖的制度性歧视。

【参考文献】

[1] 金晓莲. 艰难的职场生育——议女职工"三期"权益保护 [A]. 北京市劳动和社会保障法学会. 劳动法与社会保障法前沿问题研究 [C]. 北京：法律出版社，2011.

[2] 周稀银. "最贵清洁工"实为"最毒赶人术"[N]. 海峡导报，2007 - 08 - 03.

［3］谢琪楠.加拿大之育婴假与津贴发放制度［J］.（台湾）政大劳动学报，2006（20）.

［4］佟新.社会性别研究导论（第二版）［M］.北京：北京大学出版社，2011.

［5］Martha Chamallas. Introduction to Feminist Legal Theory［M］. Aspen Publishers, A Wolters Kluwer Company, 2003.

［6］刘小楠.致力于性别平等的女性主义法学［A］.刘明辉.社会性别与法律［C］.北京：高等教育出版社，2012.

［7］Patricia A. Cain. Feminism and the Limits of Equality［A］. Feminist Legal Theory: Foundations［C］. D Kelly Weisberg. Temple U-niversity Press, 1991.

［8］杨静.对中国妇女参政问题的思考——以后现代女权主义为视角［J］.中华女子学院学报，2013（2）.

［9］谢琪楠.加拿大妇女劳工生育与育儿两性共同责任政策［J］.中华女子学院学报，2012（1）.

［10］罗尔斯.正义论（修订版）［M］.何怀宏，何包钢，廖申白译.北京：中国社会科学出版社，2009.

［11］李逸浩.人口红利是否终结——"用工荒"与大学生就业难的困境［J］.人民论坛，2011（3上）.

（原文刊载于《中华女子学院学报》2013 年第 3 期）

废除"嫖宿幼女罪"的研究综述

孙晓梅

（中华女子学院女性学系）

"嫖宿幼女罪"是我国法律中的一项比较特殊的法条。1997 年刑法将嫖宿幼女罪从强奸罪中分离开来，成为一条单独的法律。自此"嫖宿幼女罪"的存废，一直是人们关注的焦点。2008 年至 2012 年在十一届全国人大和全国政协"两会"期间，多名代表和委员提出废除"嫖宿幼女罪"的议案、建议和提案，同时学者对"嫖宿幼女罪"进行了大量的理论研究，在社会上也引起了广泛的关注。现将"嫖宿幼女罪"出台的历史原因、法律依据和现实执行情况进行回顾与思考。

一、废除"嫖宿幼女罪"制定的法律依据

20 世纪 50 年代，中国司法设立"奸淫幼女罪"，80 年代"奸淫幼女罪"又改定为强奸罪，90 年代奸淫幼女行为中的嫖宿幼女行为不再归入强奸罪之下，最终将罪名确定为"嫖宿幼女罪"。"奸淫幼女罪"与"嫖宿幼女罪"的制定有着密切的联系，并且在社会上引起了广泛的争议。

（一）"嫖宿幼女罪"制定的历史回顾

1979 年新中国第一部刑法，只有两个条款是对卖淫行为的规制，即第一百四十条的强迫妇女卖淫罪和第一百六十九条的引诱、容留妇女卖淫罪，并没有嫖宿幼女罪的相关规定。1986 年 9 月 5 日国务院颁布了《中华人民共和国治安管理处罚条例》，其于第三十条明确规定："嫖宿不满十四周岁幼女的，依照刑法第一百三十九条的规定以强奸罪论处。"

1991 年 9 月 4 日全国人民代表大会常务委员会通过了《关于严禁卖淫嫖娼

的决定》，第五条第二款再次强调："嫖宿不满十四周岁的幼女的，依照刑法关于强奸罪的规定处罚。"可见在 1979 年的刑法中，嫖宿幼女行为是作为奸淫幼女行为的一种特殊情况，由强奸罪进行规制的。不管事先幼女是否同意，只要对幼女进行嫖宿的，对嫖宿者一律要按强奸罪从重处罚，其可以适用的最高法定刑是死刑。

在 1997 年刑法的修订过程中，立法机关参考了部分学者的意见并结合社会实际情况，将嫖宿幼女行为从奸淫幼女行为中独立出来，不再归入强奸罪之下，而由刑法第三百六十条第二款做单独规定，后据最高人民法院关于执行《中华人民共和国刑法》确定罪名的规定，最终将罪名确定为嫖宿幼女罪。因此，本罪名脱胎于强奸罪与奸淫幼女型强奸罪，存在特别法与普通法的关系。[1]

2001 年最高人民检察院发布《关于构成嫖宿幼女罪主观上是否需要具备明知要件的解释》，其中规定："行为人知道被害人是或者可能是不满十四周岁幼女而嫖宿的，适用刑法第三百六十条第二款的规定，以嫖宿幼女罪追究刑事责任。"这表明嫖宿幼女罪的主观方面包括直接故意和间接故意，而过失不成立本罪。[2]

（二）嫖宿幼女罪与强奸罪之奸淫幼女的比较研究

我国刑法第二百三十六条第一款规定：以暴力、胁迫或者其他手段强奸妇女的，处三年以上十年以下有期徒刑。第二款规定：奸淫不满十四周岁的幼女的，以强奸论处，从重处罚。嫖宿幼女罪与强奸罪中的奸淫幼女这一情节有许多相似之处，并且嫖宿幼女罪就是从强奸罪的奸淫幼女行为脱胎而来的。嫖宿幼女罪是以财物交易为手段的奸淫幼女的一种特殊形式，与强奸罪中的奸淫幼女的行为存在法条竞合关系，当行为人嫖宿幼女时，同时构成强奸罪与嫖宿幼女罪。

嫖宿幼女罪与强奸罪的奸淫幼女情节在犯罪动机方面可以说是一致的，都是满足犯罪行为人的非法的性需求，基于这种共同的性需求，通过不同的手段实施犯罪。二者在客观方面表现出以下几个不同之处。首先，嫖宿幼女罪要求行为人取得幼女的同意，即使这种同意是形式上的，幼女内心也许并不情愿，如果没有取得幼女的同意，即使给予了幼女钱物，行为人自认为是在"嫖宿"，此时也是构成强奸罪，而不是嫖宿幼女罪；强奸罪的奸淫幼女则是无论行为人是否征得幼女的同意，即使是幼女主动提出发生性行为，只要犯罪行为人明知对方不满十四周岁的身份，均构成本罪。其次，在行为手段方面也体现出不同，嫖宿幼女罪只能采取非暴力手段实施；而强奸罪的奸淫幼女可以采取非暴力方式实施。从法定刑上看，嫖宿幼女罪的量刑为五年以上十五年以下有期徒刑；而强奸罪有两个量刑幅度，处三年以上十年以下有期徒刑和处十年以上有期徒刑、无期徒刑或者死刑，并且奸淫幼女的，应当从重处罚。

从以上看出，嫖宿幼女罪的起点刑较高，而强奸罪的起点刑较低，最高刑较高，这就会造成这样一个现象：如果一个人未征得幼女的同意，以暴力方式强奸了幼女，以强奸罪论，同时其他犯罪情节很轻的情况下，由于强奸罪的起点刑较低，完全有可能被判处五年以下的有期徒刑，而如果他征得了幼女的同意，支付嫖资嫖宿幼女，构成嫖宿幼女罪，反而会被判处五年以上的有期徒刑，显然，后一种行为受到的刑罚更重，但其社会危害性和犯罪情节相对于前者较轻。相应地，在管辖方面，嫖宿幼女罪由基层法院管辖，而强奸罪，情节严重可能判处无期徒刑以上刑罚的，则应由中级人民法院管辖。[3]

二、关于废除"嫖宿幼女罪"的理论研究

自 1997 年"嫖宿幼女罪"从奸淫幼女罪中分离出来成为一个独立罪名后，"嫖宿幼女罪"在司法实践中也产生了诸多负面效应。2009 年我国不少的地方出现的嫖宿幼女案件，个别公务人员、教师甚至法官、基层人大代表涉及其中，在国际国内造成恶劣影响，挑战社会道德底线，动摇了民众对法律特别是刑法的信任和信心，质疑刑法设立此罪的目的。同时，因立法原因造成的执法混乱也已经是非常明显的现实。

（一）关于废除"嫖宿幼女罪"的文献研究

"嫖宿幼女罪"作为近年来颇受争议的罪名，受到了众多学者的关注。他们从"嫖宿幼女罪"的概念到罪名本身进行了全面深入的分析，就如何认定本罪的主要客体和次要客体，如何确认本罪犯罪对象的身份，本罪的行为方式有哪些，刑法是否承认幼女卖淫的自愿性，女子是否可以成为本罪的实行犯，本罪与一般嫖娼行为的区别，如何认定本罪的既遂、未遂、预备和中止形态，如何划分本罪与奸淫幼女形式的强奸罪，如何认定嫖宿被强迫卖淫的幼女的行为、引诱幼女卖淫以后加以嫖宿的行为、嫖宿患有精神病的幼女的行为及性病患者嫖宿幼女的行为等司法实践中争议较多的相关疑难问题逐一阐释探索。[4]

"嫖宿幼女罪"被害人固然有其特殊性，但没有必要把卖淫幼女与其他幼女分别对待。二者同为幼女，虽然前者是自愿承诺的，但由于其不理解性行为的

后果与意义，因此从实质上说，性交或猥亵行为仍然是违背其意愿的。卖淫幼女的身心健康比之其他幼女同样重要，没有理由另眼相待。嫖宿幼女罪有时与奸淫幼女罪的区分极其困难，而且区分的必要性也值得怀疑。但这种区分在有些场合极其模糊，如前述之行为人虚假承诺的情况，实无必要予以区分。[5]

嫖宿幼女独立成罪，体现了对卖淫幼女的一种轻视，不利于保护幼女的身心权益，为侵犯幼女的性犯罪提供了减轻、免除罪责的机会，放纵了此类犯罪的发生。由于嫖宿幼女罪单独成罪后，其犯罪主体的责任年龄变为十六周岁，这就意味着已满十四周岁未满十六周岁的人实施了嫖宿幼女的行为，不再是犯罪行为。混淆了嫖宿幼女行为与猥亵幼女行为的界限，使猥亵幼女行为几无立足之地。[6]

嫖宿幼女罪在立法上存在缺陷，从犯罪构成上来讲，嫖宿幼女罪与奸淫幼女罪（现为强奸罪）、猥亵儿童罪客观要件完全或部分重叠，客观上赋予了幼女的性自主权，与保护幼女权益的立法目的相背离；从犯罪的停止形态上来看，未遂和既遂难以区分；从罪数来讲，想象竞合和法条竞合处理原则相冲突；从刑罚上看，配刑不科学，违反罪责刑相适应的刑法原则；在司法实践中也易放纵犯罪分子。应该通过刑法修正案的形式废除"嫖宿幼女罪"，将其纳入奸淫幼女罪和猥亵儿童罪中。[7]

（二）废除"嫖宿幼女罪"的课题研究

2009 年中国法学会反家暴网络启动了"女性未成年人遭受性侵害的调查和研究"项目，网络成员单位分别召开专题研讨会，探讨嫖宿幼女罪存在的法理问题并评估其实践效果，结合典型案例撰写文章，呼吁社会关注这种犯罪，关注幼女权益保护问题。调查和研究结果使大家一致认为，嫖宿幼女罪存在诸多弊端，立法十多年的实践效果也很差。建议废除刑法第三百六十条第二款规定的"嫖宿幼女罪"。① 专家团队的理由如下：

第一，改革开放后，我国政府一直致力于改善国内人权保护状况。自 20 世纪 80 年代开始陆续签署了一些人权公约和会议宣言，并经过人大批准加入了一系列保护妇女儿童权利的国际公约。这些国际公约及宣言中都包含有保护儿童免受性侵犯、性剥削的内容。1997 年刑法的变化，说明国内立法在某些方面与

---

① 2011 年 2 月，中国法学会反家暴网络专家团队向全国人大提出废除"嫖宿幼女罪"的建议。

我国加入的国际公约及对外做出的国家承诺相互脱节和抵触，这种现象直接损害了国家的信用和形象，也有悖于加强儿童权利保护的国际潮流，应当在修改刑法时加以纠正。

第二，犯罪人和幼女发生性行为的，视情况在刑法上成立"强奸罪"和"嫖宿幼女罪"，貌似区别对待，实际上是立法取向上的矛盾。强奸罪这一绝对保护幼女的价值取向，在嫖宿幼女罪中被动摇，该罪认为，幼女的承诺是有效的——只要她是妓女，对被告人定罪时，就要区别考虑。立法思路上的相互矛盾必然带来司法理解上的误差。如果坚持对幼女绝对保护的价值理念，肯定幼女在任何场合下对性行为的承诺都无效这一基本前提，那么，取消嫖宿幼女罪当是情理中事。

第三，根据我国目前的法律规定，单纯的卖淫嫖娼只构成违法，不属于犯罪；奸淫幼女属于强奸罪的从重情节，不管幼女是否同意，也无论行为人采取什么手段（包括金钱利诱手段）；嫖宿幼女罪要求行为人明知对方是幼女，幼女同意且有金钱交易。罪与非罪、罪名之间的重叠、冲突给司法机关的立案、审判工作带来困惑，执法混乱是必然的结果，立法不明更给权力腐败带来机会。因此，修改刑法中的"嫖宿幼女罪"是实现执法统一、维护法制尊严、恢复公众对法律信任和信心的唯一手段。

第四，嫖宿幼女罪的设立给儿童心理、名誉带来二次伤害，受害女童的发展权必然受到影响。对幼女而言，公开的判决结果，媒体的连篇累牍的报道、传播，司法的审判实际上就是给她们贴上了"妓女"的标签，这对她们未来的求学、就业及在婚姻家庭中为人妻、为人母都有着长远的恶劣影响。如果她们在幼年时期被迫接受了法律赋予的特殊身份，未来她们就可能走上这条路。

三、关于废除"嫖宿幼女罪"的网上争议

自从多次发生成人嫖宿幼女案件之后，在报刊、网络和微博上，对废除"嫖宿幼女罪"展开了大讨论。

（一）废除"嫖宿幼女罪"的网上投票和文章

2012年7月2日至9日，人民网法治频道发起网上关于废除嫖宿幼女罪的辩论。正方观点：被指为放纵犯罪、为权贵提供"免死通道"的嫖宿幼女罪，立法本意却是严惩。实际上，嫖宿幼女罪的法定刑高于普通的强奸罪，在现行法律框架内，情节严重的嫖宿行为，并不排除可适用强奸罪"从重处罚"。所以嫖宿

幼女罪应存在，支持票数 78 张。反方观点："嫖宿幼女罪"量刑太轻，伤害幼女。我国刑法已经明确规定，奸淫幼女无论受害人是否自愿都应以强奸罪从重处理。另外，定此罪就相当于给对方（受侵害的幼女）定了"卖淫女"的名分，是权贵们逃避法律严惩的免死牌。所以嫖宿幼女罪应废除，支持票数 339 张。

3G 门户总裁张向东发起废除"嫖宿幼女罪"的网上投票，共有 50 多万人参与投票，97% 以上的人赞成废除"嫖宿幼女罪"，其中包括任志强、李开复等名人。1.5% 的网友选择了"有存在依据，继续保留"。

新京报发表文章《"嫖宿幼女"应归入强奸罪》，表明基于社会管理，而不是基于保障人权所设立的"嫖宿幼女罪"，让那些觊觎幼女的嫖客在很大程度上获得了法律上的心理安全感。建言废除"嫖宿幼女罪"，并不是简单地一废了之，而是让"嫖宿幼女"首先回归到侵害公民人身权的类罪中来。财新《新世纪》周刊的《法律为谁代言》的文章，指出当法律有意无意为强势利益群体代言，普通民众向法律体系寻求的安定要求被削弱，对立法的公平性就会产生怀疑。立法者不应草率武断地对社会事实想当然地裁剪，像嫖宿幼女罪那样，背离人们的价值取向和政策导向，必须废止该条文，才能达成刑法规范的内在逻辑一致。

（二）赞成与反对废除"嫖宿幼女罪"的网民观点

赞成废除"嫖宿幼女罪"的网民观点："嫖宿幼女罪"虽然起刑点是五年，但它的最高判刑只是十五年，有钱有势的人可以通过其他手段来获取减刑，法律成了他们犯罪事实的保护伞；这样的量刑时间较短，不足够处罚那些对幼女造成伤害的人的行为。因为判刑最长十五年，使一部分人存在侥幸心理，认为嫖宿了幼女也不会失去生命，愿意冒这个风险去从事这项犯罪活动；定强奸罪的话，它的最高刑可以达到无期徒刑甚至死刑，重刑可以让犯罪者得到一个应有的惩罚，从而防止犯罪行为的发生。

北京青少年法律援助与研究中心主任佟丽华认为，该罪名弱化了社会对这一行为后果的认识，人们会认为"强奸"是重的，而"嫖娼"是轻的。童话大王郑渊洁呼吁废除嫖宿幼女罪，性侵幼女一律按强奸罪论处。看到报纸上说中国未成年女性怀孕流产大幅增多，他认为除了性教育缺失，还与增设嫖宿幼女罪有关。社会学学者李银河认为中国人的处女情结带有原始的迷信色彩，带有封建领主霸占佃农妻子初夜权的炫耀权力的色彩。

反对废除"嫖宿幼女罪"的网民观点：强奸罪平均一般都是判处三到四年，如果要到判处无期或死刑，一般是致受害者重伤死亡，而起刑点为五年的嫖宿幼女罪反而可以加重对犯罪人的处罚。法律不能轻易被废止，强奸是暴力犯罪，所以才有无期、死刑。嫖宿幼女是非暴力犯罪，在现行法律框架内，情节严重的嫖宿行为，并不排除可适用强奸罪"从重处罚"。有学者提出，嫖宿幼女与奸淫幼女两种犯罪在主观故意和行为的客观方面有明显不同，不宜以强奸罪论处。有的学者还认为，不能说因为这个罪的设置就使得对于幼女性侵犯的犯罪逐年升高，这与嫖宿幼女罪本身的设置没有直接关系。

四、"两会"上废除"嫖宿幼女罪"的议案、建议和提案

在大量专业调查与理论研究背景下，2008 年至 2012 年每年都有废除"嫖宿幼女罪"的议案、建议和提案向十一届全国人大和全国政协"两会"提交。

2008 年在十一届全国政协一次会议上，全国政协委员、中国社会科学院社会政法学部工作室主任刘白驹提交了《修订刑法将"嫖宿幼女"按强奸罪论处》的提案。刘白驹委员认为，许多"嫖宿"幼女的人，都有"买处"思想，明知对方是幼女而奸淫，完全具备奸淫幼女的强奸罪构成要件，理应定强奸罪。建议将刑法第三百六十条第二款"嫖宿不满十四周岁的幼女的，处五年以上有期徒刑，并处罚金"修改为"嫖宿不满十四周岁的幼女的，依照本法第二百三十六条的规定定罪，从重处罚"。

2010 年在十一届全国人大三次全会上，全国人大代表、中华女子学院女性学系教授孙晓梅建议取消"嫖宿幼女罪"，一并按强奸罪论处。她认为，将幼女在道德上区分为良家幼女和卖淫幼女，设立嫖宿幼女罪，意味着刑法对幼女的保护不再是平等的。许多"嫖宿"幼女的人都有"买处"思想，其明知对方是幼女而奸淫，这完全具备奸淫幼女的强奸罪构成要件，理应按强奸罪论处。[①]

2011 年在十一届全国政协四次会议上，全国政协委员、全国妇联书记处书记洪天慧联名二十多位政协委员提交了关于取消"嫖宿幼女罪"罪名的提案。洪天慧认为，设置"嫖宿幼女罪"不利于对未成年人的保护，建议取消嫖宿幼女罪的罪名，对嫖宿幼女的行为按照强奸罪从重处罚。嫖宿幼女罪和强奸罪两罪相互矛盾，嫖宿幼女罪不利于预防嫖宿幼女恶性案件的发生。侵害人可能以

---

① 2010 年孙晓梅提出的废除嫖宿幼女罪的建议，《万瑞数据 2010 "两会"热点提案关注度报告》统计热点提案页面浏览量"建议废除嫖宿幼女罪"排名第二位（TOP20），页面浏览量 1571942 页次，成为最热点的建议之一。

不知道对方是不满十四周岁的幼女为由逃避刑事责任的追究，或者即使实施了行为，也认为不可能接受和奸淫幼女行为一样的严厉处罚，从而存在侥幸心理。

2012年在十一届全国人大五次会议上，王月娥代表提交修改刑法废除嫖宿幼女罪的议案。全国政协十一届五次全会上，全国政协委员、全国妇联副主席甄砚认为设置"嫖宿幼女罪"这个罪名不利于对未成年人的保护，呼吁废除嫖宿幼女罪。甄砚认为，嫖宿幼女罪与强奸罪的规定自相矛盾，容易造成执法混乱，更有老百姓认为这个罪名成了部分犯罪分子的保护伞、免死牌。

针对人大代表和政协委员提出的废除"嫖宿幼女罪"的要求，全国人民代表大会常务委员会法制工作委员会在第5683号建议的答复中讲道："在刑法中单独设立嫖宿幼女罪有一定积极意义，但在执行中也出现了一些弊端和问题，建议取消嫖宿幼女罪，对嫖宿幼女的，直接以强奸罪论处。对这一问题有关方面尚有不同意见，有的提出，嫖宿幼女与奸淫幼女两种犯罪在主观故意和行为的客观方面都有明显不同，不宜以强奸罪论处。将进一步听取各方面意见，研究论证。强奸罪和嫖宿幼女罪中的幼女，都是犯罪行为的受害者，应当受到同样的保护、关爱和帮助，实践中一些人对受害幼女加以歧视是十分错误的。将在刑法修改完善工作中认真考虑适时废除这一罪名。"

刑法学界普遍认同法工委的解释，对当时的立法原意做出了正式解释："增加嫖宿幼女罪，主要是考虑：（1）将嫖宿幼女单设罪名，从法律上明确嫖宿幼女的刑事责任，以严格追究嫖宿幼女行为人的刑事责任；（2）严厉打击这种犯罪行为，规定处以五年以上有期徒刑，并处罚金。从刑法对嫖宿幼女罪设定的刑罚看，以五年有期徒刑作为起刑点，这在刑法分则各罪中属于较高的，比强奸罪、故意杀人罪、抢劫罪等严重暴力犯罪的最低刑要高，充分表明了刑法对这种行为予以严厉打击的态度。应该说，刑法的上述规定，体现了对幼女的特殊保护。"但民间则更多地认为，将嫖宿与强奸区别对待，是在纵容犯罪。人大代表孙晓梅认为讨论嫖宿幼女罪存废，不要仅仅争论法律问题，更要关注嫖宿幼女罪背后的社会问题。近几年走访调研中发现，被"嫖宿"的幼女中，很多都是来自农村的留守儿童，父母常年在外打工，这些孩子在童年时就没有享受到父母的温暖。尤其是不少省市在乡村实行撤并校政策，取消"一师一校"，这导致孩子在没有监护人保护的情况下独自住校。一些不健康的性观念也很容易在这些孩子中传播、蔓延。即便有些幼女性主动导致嫖宿事件发生，也不该归咎于幼女。社会公共服务不均等是导致幼女参与性交易的重要原因之一，故刑法应对遭受性侵害的幼女给予更多救助，严惩侵害方。对所有幼女应该一视同仁、平等保护。既然修改后刑诉法中对行为有瑕疵的未成年人都有附条件不起诉、犯罪记录封存、另行调查等制度，那么十四周岁以下的女孩，即便有过错，也应该在平等保护范围之内。

最高人民法院也对取消"嫖宿幼女罪"第 5683 号建议进行了答复："1997年刑法颁行以来，人民法院充分发挥审判职能作用，按照依法从严、及时惩处的要求，严肃惩办嫖宿幼女的犯罪分子，努力争取案件裁判法律效果与社会效果的有机统一，对有效遏制此类犯罪发挥了重要作用。最高法院对 2004 年至2008 年五年间嫖宿幼女案件的生效判决进行了分析研究。根据研究结论，各地审判机关对嫖宿幼女罪定罪量刑标准掌握不尽统一的问题，的确在一定程度上存在，需要予以规范。最高法院已决定成立调研小组，选取嫖宿幼女案件多发的地区进行调研，进一步了解司法适用中的具体问题。在总结审判经验、广泛征求各方面意见的基础上，认真研究嫖宿幼女罪的定罪量刑标准，出台指导意见，规范司法适用，更为有力地依法惩处嫖宿幼女犯罪，保障幼女权益。"

可见，通过立法废除"嫖宿幼女罪"困难较大。因为一旦启动修改，便不能单纯废除这一个罪名，可能会涉及整个刑法的修改，而刑法自 1997 年以来已经有了 8 个修正案，不宜再频繁修改，最高人民法院出台司法解释更易操作。

【参考文献】

[1] 张金玲. 嫖宿幼女罪立法批判与完善 [D]. 吉林大学硕士学位论文集，2011.

[2] 王院中. 对嫖宿幼女罪的反思 [D]. 中国政法大学硕士学位论文集，2010.

[3] 胡彬. 嫖宿幼女罪的立法缺陷与完善建议 [D]. 西南政法大学硕士学位论文集，2010.

[4] 安翔. 奸淫幼女罪相关问题探讨 [J]. 法学评论，2002（4）.

[5] 黄旭巍. 嫖宿幼女罪若干疑难问题研究 [J]. 武汉理工大学学报（社会科学版），2006（1）.

[6] 彭文华. 嫖宿幼女罪之罪刑辨析 [J]. 河南师范大学学报（哲学社会科学版），2006（6）.

[7] 尹振国. 论嫖宿幼女罪的立法缺陷及完善——以贵州"习水案"为线索的分析 [J]. 三明学院学报，2009（3）.

（原文刊载于《中华女子学院学报》2013 年第 3 期）

公务员招考入职条件对女性的多重歧视研究

刘小楠

（中国政法大学）

党的十八届三中全会报告《关于全面深化改革若干重大问题的决定》提出，"消除城乡、行业、身份、性别等一切影响平等就业的制度障碍和就业歧视"，这表明党和政府在全面深化改革中高度重视就业歧视问题。国家机关作为执行公务的机构，公平正义为首要价值，本应在反就业歧视方面率先垂范。但从调查数据来看，我国公务员报考条件中却存在着形形色色的歧视性要求，使女性面临多重歧视。

相关研究侧重于列举形形色色的歧视类型，尚未见到从女性面临多重歧视的角度展开论述。近期检索中国知网，输入"公务员招考""入职条件""性别歧视""多重歧视"等关键词，共搜到145篇期刊论文①，并无含"多重歧视"的标题。集中阐述性别歧视的仅有两篇。其一引述了直接、间接性别歧视的国外定义，提及由笔者负责执笔的《2011年国家公务员招考中的就业歧视调查报告》，揭示了"一直以来，直接性别歧视的行为屡见不鲜"，并介绍了"第四次世界妇女大会的成果文件《行动纲领》是第一个明确承认多重性歧视的文件"。"对妇女的基于性别的歧视可与其他歧视理由共同存在，如以经济或社会地位、社会身份、地域、婚姻状况、家庭构成、残疾或年龄为由的区别对待。"[1]13,14,15黄列认为，联合国文献使用的"交叉性"和"形式交错的歧视"即指多重性歧视。另一篇呈现陈怀珍的调研成果："2010年至2013年福建省公务员招考中，职位要求为男性的比例在43%~54%之间，差不多一半的职位要求为男性，而

---

① 2011年为35篇，2012年为29篇，2013年为48篇，2014年为28篇，2015年为5篇。

女性的比例在 3% ~4.5% 之间，差距非常大。2010 年的福州市招考，总招考人数是 768 人，要求仅限男性报考的职位有 499 人之多，是所有地市中男性招考比例最高的，达 65%，而仅限女性的报考职位只有 22 人，占 2.7%，存在着严重的性别歧视现象。"[2]33 该领域的研究成果侧重于批判，在对策建构方面的考察相对薄弱。

本文侧重于对策研究。在对现状进行简单分析的基础上，介绍国外经验和理论，提出现阶段以遏制公务员招考入职条件中的就业歧视为目标的救济机制，以消除女性面临的多重歧视。

一、对公务员招考条件的观察与批判

（一）在公务员招考中女性面临的多重歧视现象

通过对 2010 年和 2011 年中央与地方国家机关公务员招考简章及职位列表的调查，笔者发现在公务员招考中存在类型多样、方式和程度不一的歧视现象。①

公务员招考简章及职位列表中存在着大量的基于性别、社会身份、残障、健康、政治面貌、年龄、身体特征等方面的歧视性的入职条件。在 2011 年中央国家机关公务员招考所涉及的 9762 个岗位中，由于存在制度性的健康歧视和年龄歧视规定，两种类型的就业歧视占总职位数的比例均为 100%；此外，政治面貌歧视占 19.1%，性别歧视占 15.6%，社会身份歧视占 11.5%，身体特征歧视占 0.4%。

本次统计中发现女性在公务员招考中更易遭受多重歧视，这种歧视主要来源于性别刻板印象，其表现形式主要是公务员职位限于男性或建议男性报考。从工作岗位分布考察，性别歧视主要集中于铁路公安系统、海事系统、出入境检查检疫系统、煤矿安监系统、交通部长江航运公安局、海关系统等。这些行

---

① 对于具体调查结果在此不予赘述，调查将中央国家机关公务员招考的所有职位分为四类，即中央党群机关，中央国家行政机关和国务院参照公务员管理的事业单位总部，中央国家行政机关直属机构和派出机构、国务院参照公务员管理的事业单位在地方的分支机构、其他单位，司法机关。共涉及职位 16841 个。参见中国政法大学宪政研究所：《公平正义比太阳还要有光辉——国家公务员招考中就业歧视状况调查》，载《科学时报》2010 年 4 月 23 日；刘小楠、王理万：《2011 年中央国家机关公务员招考中的就业歧视报告》，收录于刘小楠主编：《反就业歧视的策略与方法》，法律出版社 2011 年 11 月版；刘小楠、王理万：《守护就业机会平等的底线正义——2011 年公务员招考中六部门就业歧视状况的调查报告》，收录于刘小楠主编：《反就业歧视的理论与实践》，法律出版社 2012 年 11 月版。

业系统限招男性或者建议男性报考，其主要理由是该岗位工作劳动量大、长期出差或出海等。

性别歧视在法律职业中也普遍存在。笔者对 2011 年最高人民法院、最高人民检察院和 15 个省、自治区和直辖市（含新疆生产建设兵团）① 的各级法院、检察院的招考标准的调查统计结果显示：在法院系统有很多岗位对性别提出明确限制，或是提出倾向性要求，一般表述为"限男性/女性报考"或者是"（岗位）适合男性/女性"。这些限制有少数是基于岗位性质的合理限制，如辽宁省本溪市明山区人民法院执行局法官一职，主要从事案件执行，因需要"看押女性被执行人"，因此限定女性人员报考。在此种情况下，性别要求是基于岗位职责的需求而做出的合理限制。但更多的职位性别限制则是基于性别偏见的就业歧视，如辽宁省抚顺市望花区法院执行局法官一职，主要从事执行判决及调解工作，以经常外出办案为由，限招男性。"执行局法官"并非法律规定的"不适合妇女的工种或者岗位"，并没有证据说明女性无法经常外出办案，基于性别刻板印象而将女性一概排除在外，构成性别歧视。依此标准②，笔者调查的 3005 个法院系统岗位中③，共计有 939 个岗位构成性别歧视，占法院系统全部岗位的 31.2%。

在检察机关的招聘中没有注明任何理由直接限制报考人员性别的情况屡见不鲜，同时也有一些岗位以"条件艰苦""外勤工作""执法一线"等理由限招男性。如广东省佛山市人民检察院反贪局侦查科员一职，主要从事职务犯罪侦查工作，以"一线执法"为由，声称"适合男性报考"。这种以建议语式表达的职业性别选择趋向，同样构成了排斥性效果，因而构成性别歧视。笔者调查的 15 个省级行政单位的检察机关④招录的 2232 个岗位中，有 729 个岗位涉嫌性别歧视，占调查的检察院系统全部岗位的 32.7%。

中国政法大学刘玫教授的课题组对 2009 年、2010 年我国法院、检察院招考职位性别限制进行了调查和分析。发现我国 32 个省、市、自治区中⑤有 25 个省

---

① 本次调查的 15 个省级行政单位包括：北京市、天津市、上海市、重庆市、黑龙江省、广西壮族自治区、湖南省、山东省、广东省、云南省、江西省、浙江省、海南省、辽宁省、新疆生产建设兵团。招考简章均来自该地人力资源和社会保障部门的官方网站，保证数据的准确。

② 在岗位责任描述并不清晰，而对性别做出限制的情况下，我们推定为就业歧视。

③ 其中既包括审判岗位和执行岗位，也包括司法警察。

④ 2011 年最高人民检察院无招录计划。

⑤ 香港特别行政区、澳门特别行政区未在本研究考察之列。

级法院、检察院招录中对性别有所限制，大多是限招男性。如在 2009 年江苏省法院和检察院的招聘中，共对 132 个职位进行了性别限制，其中限招男性的有 110 个职位，限招女性的有 22 个职位。明确标注适合男性或仅允许男性报考的职位多被认为是工作强度较大或更具危险性的职位，如法院系统中的法警和执行法官，检察院系统中从事反贪工作的侦查人员、法警，而仅限女性报考的法警职位是基于法律明确规定的性别比例招录的司法警察。一些地区为了限制女性报考，甚至会在招考职位表上"加以变通"，如法院欲招收审判员，但是为了限制女生报考，在职位表中把"审判员"改为"执行员"，并注明"适合男性"。[3]242~245面试环节的男性偏好也非常普遍。通过座谈了解到，招考时根据笔试分数高低择优入围面试，女性入围人数往往占多数，但经过面试之后公布的招录名单中女性比例明显减少。[4]11

我们注意到，大量性别歧视是以建议性、软性限制的方式，建议男性人员报考，从而暗示女性不能报名，这是公务员招考中新出现的性别歧视的鲜明特点。与往年大多以硬性条件仅限男性报考的方式相比，这种软性建议的方式似乎更加"温情脉脉"、充满关怀。但是，这些看似保护关爱女性的措施，实际上限制了女性自由择业的权利，减少了女性的就业机会，加剧了女性在公务员招考中的竞争激烈程度，构成了对女性的就业歧视。即使如此，通过对比历年的国家公务员招考标准，仍可发现其局部改良。①

当然，公务员招考入职条件中的歧视性要求，不过是整个招录过程中歧视现象的"冰山一角"，更多的就业歧视潜藏在公务员报名资格审核、录用面试乃至职业生涯中，这些歧视的危害或许更加严重，在具体个案中对于当事人造成的损害也更加直接。但是，"公务员作为规则的制定者、政策的实施者、实践的监督者，对男女平等政策目标的实现具有至关重要的作用。女性在公务员队伍中保持一定比例，以在性别平等主流化中能够发挥足够的作用，是女性实现与男性平权的关键。公务员考录是进入公务员队伍的必经之道，因而，公务员考录制度中存在的哪怕是极其隐蔽、最细微不过的性别不公，也应被予以充分揭露和彻底纠

---

① 在 2010 年 3 月发布的《公务员录用体检通用标准（试行）》和《公务员录用体检操作手册（试行）》中取消了对于乙肝病源携带者的限制；2011 年 11 月发布的《公务员录用体检特殊标准（试行）》中放宽了部分警察职位的身高、视力等身体特征的限制；2011 年公务员招考中对于高学历人士和特定岗位报名年龄放宽到 40 周岁。而早年招聘条件中经常出现的要求相貌端庄、身材匀称的显性的身体特征方面的歧视，则已经很少出现。

正"[5]35。要彻底纠正此类就业歧视行为，就需要深入挖掘其法律根源。

（二）在公务员招考中女性面临多重歧视的法律根源

上述歧视现象的来源比较复杂，既有因规范性法律文件造成的制度性歧视，也有招考单位自行设置的个性化歧视。而这些歧视性条件均源于目前我国法律尚无就业歧视定义。

我国现有立法中对于就业歧视仅流于原则性宣示性规定①而并无定义，但是，根据我国已经加入的国际劳工组织《1958 年消除就业和职业歧视公约》（以下简称"111 号公约"），其中的就业歧视是指："基于种族、肤色、性别、宗教、政治见解、民族血统或社会出身等原因，具有取消或损害就业或职业机会均等或待遇平等作用的任何区别、排斥或优惠。"对就业歧视的禁止包括招聘录用、工资福利、岗位晋升、职业指导、职业培训、工作条件、解聘、退休等就业和职业工作的全过程，而招聘广告应该是反歧视法所规制的起点。因为不特定求职者看到招聘广告中列举的入职条件时，会据此衡量自己是否符合招聘条件，是否有获得该工作的机会，进而决定是否参加入职考试（或面试）。如果招聘广告中规定与工作岗位无关的歧视性的入职条件，使不特定的求职者望而却步，实际上就剥夺了求职者的就业机会，属于就业歧视中的直接歧视行为。

根据国际劳工组织"111 号公约"规定，就业歧视的抗辩事由主要包括以下三方面。（1）基于职业内在需要的差别待遇。② 如为扮演一个男性角色而招聘一个男性演员，或者医院、监狱为特别照顾或监管某一性别的人而对雇员的性别加以限制。（2）保护措施和肯定行动措施。③ 如为满足某些人群的特殊需要而制定的专门措施不应被视为歧视。（3）国家安全。④ 如犯有危害国家安全

① 参见：劳动法第十二条、就业促进法第三条。

② "111 号公约"第 1 条第 2 款规定："对任何一项特定职业基于其内在需要的区别、排斥或优惠不应视为歧视。"

③ 根据"111 号公约"第 5 条，除国际劳工大会通过的其他公约和建议书规定的保护或援助的特殊措施外，"凡会员国经与有代表性的雇主组织和工人组织（如存在此种组织）协商，得确定为适合某些人员特殊需要而制定的其他专门措施应不被视为歧视，这些人员由于诸如性别、年龄、残疾、家庭负担，或社会或文化地位等原因而一般被认为需要特殊保护或援助"。这些为了促进劳动力市场的机会和待遇方面的实质平等而进行的差别对待一般不被视为就业歧视。

④ 国际劳工组织"111 号公约"第 4 条规定："针对有正当理由被怀疑为或证实参与了有损国家安全活动的个人所采取的任何措施，不应视为歧视，只是有关个人应有权向按照国家实践建立的主管机构提出申诉。"

罪的人不得担任国家公职。

结合国际劳工组织的规定，可以总结出公务员考试中各个岗位设置入职条件的一般性原则，避免单纯依靠用人单位的裁量，设置与岗位职责无关，甚至是违法的入职条件——就业歧视也似乎在所难免了。"唯有从法律层面、政策层面破除'男女有别'的制度性歧视，给予女大学生求职就业更多的社会支持，才能真正解决问题，实现两性平等与和谐发展。"[6]41

二、审查公务员招考条件的原则

毋庸置疑，作为公职人员选拔的公务员考试，其本质上是一种精英选拔的机制，因此有人将其称为"新科举"。事实上，通过考试的方式遴选公职人员，相比通过身份继承、财产多寡来产生公职人员，本身就彰显着平等的关怀。我们反对的也绝非考试机制本身，也不是"择优录取"的考试原则，而是针对报考资格中的不合理限制。精英选拔并不意味着可以任意设置入职限制，而是需要通过合理的条件限制和制度规范来达到"择优录取"的目标。因此，应当遵循以下原则。

（一）合法性原则

由于平等就业权利涉及宪法规定的平等权和劳动权，因此对入职条件的限制需要高位阶法明确规定。目前很多制度性歧视是由在部门规章中的规定引发的，这些规章表面上细化了法律法规的相关规定，实际上对法律法规的原则和规范进行了曲解。以年龄歧视为例，由全国人大常委会制定的公务员法中并未对公务员年龄上限做出规定，但是在人事部颁行的《公务员录用规定（试行）》中则确定了35岁的年龄上限，这实际上已经突破并架空了法律的规定。

对于就业权利的限制并非《中华人民共和国立法法》所确定的法律保留事项①，鉴于其特殊性质和重要地位，对于入职条件的一般性限制应当由法律和行政法

---

① 立法法规定了十项法律保留的范围，下列事项只能制定法律：（一）国家主权的事项；（二）各级人民代表大会、人民政府、人民法院和人民检察院的产生、组织和职权；（三）民族区域自治制度、特别行政区制度、基层群众自治制度；（四）犯罪和刑罚；（五）对公民政治权利的剥夺、限制人身自由的强制措施和处罚；（六）对非国有财产的征收；（七）民事基本制度；（八）基本经济制度及财政、税收、海关、金融和外贸的基本制度；（九）诉讼和仲裁制度；（十）必须由全国人民代表大会及其常务委员会制定法律的其他事项。

规进行规范。例如，根据劳动法的规定，在录用职工时，除国家规定的不适合妇女的工种或者岗位外，不得以性别为由拒绝录用妇女或者提高对妇女的录用标准。此处的"国家规定"应理解为法律和行政法规的规定。如国务院颁布的《女职工劳动保护特别规定》附录中规定的女职工禁忌从事的劳动范围。而地方性法规和部门规章只能在此范围内进行细化，不能突破法律法规的规定；用人单位更不能假定哪些是不适合妇女的工种或者岗位。

关于行政法规保留在中国立法中有相关实践，比如在《中华人民共和国行政处罚法》中确定吊销企业营业执照的行政处罚只能由法律或是行政法规做出及在《中华人民共和国行政许可法》中对于行政许可设定权的相关规定。这些立法实践证明对于重要的权利的克减或者限制，由法律和行政法规做出保留是必要和可行的。

（二）合理性原则

具体到入职条件的设置上，比例原则要求招录机关制定入职条件时，应兼顾岗位目标的实现和保护报考人员的就业权，如果目标的实现可能对报考人员的平等就业权利造成不利影响，则这种不利影响应被限制在尽可能小的范围和限度之内，二者有适当的比例。这也是在单位用人自主权和劳动者（应聘者）平等就业权之间的平衡。

比例原则首先要求做出该入职限制是有必要的，即超出限制条件的人员确实不能胜任该职位，或者从事该职位可能造成其严重身体损害、有违公序良俗。其次，入职限制的范围必须妥当，符合一般社会观念和生理限制，不得随意扩大或缩小范围。最后，如果不设置这样的入职限制，对每个求职者进行工作能力的测试是不可能或者不切实际的，会导致过高的行政成本，有违效益原则。例如，基于年龄的就业歧视行为原则上应被禁止，但并不代表所有限制年龄的入职条件都应被视为违法。如果入职条件中限制求职者的年龄，必须满足下列要件，才能主张"真正职业资格"抗辩，否则就可能被认定为年龄歧视。（1）雇主对求职者的年龄设限，对于雇主事业经营的本质是合理需要的，为证明此点，雇主可以通过下列三种方式：a. 雇主有合理的原因（如充分的事实基础或科学研究证据）相信所有或几乎所有特定年龄阶层者皆不能胜任该项有争议的工作，因此无须针对该特定年龄层的个别求职者进行工作能力的测试；b. 雇主要针对该特定年龄层的个别求职者进行工作能力的测试是不可能或者不切实际的；c. 该特定年龄层不能胜任该项有争议的工作的原因只能由求职者的年龄推断得知。(2) 雇主排除的特定年龄层者确实会负面影响该项有争议的工作执行的安全性与有效性,除了以年龄来限制外,无其他方式可解决此项问题。①

(三) 关联性原则

招录机关设置的入职条件,必须与岗位性质和职责直接相关。判断二者之间的关联度,应采取排斥性标准,即"非……不能为"的判断方法。事实上,与此有异曲同工之处的是英国法院在 James v. Eastleigh Borough Council 案件中确定的"如果不是……(but for)"的方法:在针对男女在免费享受公共泳池的不同年龄标准时,法院认为不应考虑歧视的动机,仅需考察:"如果不是因为性别原因,那么诉愿人是否可以获得同等待遇呢(Would the Complainant have Received the Same Treatment from the Defendant but for His or Her Sex)?"[7]②

以设置性别限制为例,限制报考人员须为男性(或适合男性报考),这是目前性别歧视的主要类别。此时,我们需要考虑此岗位是否具备"非男性不能担任"(或者"如果不是因为性别原因则可以同等对待")的标准,如果满足此标准,则不构成歧视,反之则构成就业歧视。

现代社会性别差异对于工作岗位选择的限制正在逐步缩小,极少数工作具有性别方面的不可替代性,性别歧视的发生更多的是基于传统习惯或是个人偏见。很多情况下,招录机关以"条件艰苦、外勤工作、执法一线、经常出差"为由而限招男性,我们认为这些理由也很难成立:没有证据说明女性无法胜任该项工作,不应该剥夺女性的职业选择权。招考机关应该将关于岗位性质和职责描述得尽量详细,这样求职人员就可以判断是否喜欢并能否胜任该岗位,但招考机关并不能自行假定所有的女性都不适合所谓的"艰苦"工作。因此,以保护女性为由的对女性职业选择权的限制实质是"男权社会"的惯性思维。

(四) 正当程序原则

招录机关如果在入职条件中,把法律所禁止歧视的因素作为入职限制,就必须遵守正当程序,体现法律的公开透明,为利益相关者提供法律救济手段。"正当程序运行的基本要件应为程序的合法性、主体的平等性、过程的公开性、决策的自治性和结果的合理性。"[8]54

---

① 郑津津:《我国就业年龄歧视判定标准之建立》;台北县政府劳工局:《防止就业歧视案例实录》,2008 年,第 8 页。

② James v. Eastleigh Borough Council [1990] 2 AC 751.

具体而言，正当程序原则首先要求设置入职限制，应当经过上级人事部门的具体审查，而不是由用人单位自行决定。中央和地方国家机关公务员招考机关（公务员局）应当对用人单位设置的入职限制，逐一进行具体审查，防止出现歧视性条件。

其次，对于存在入职限制的岗位，需要提供合理且充分的理由，证明年龄限制与岗位责任之间的直接联系。这些理由能否成立，决定了该入职限制是否具有合理性；这些理由不但需要向负责审查的招考机关呈报，而且在公布的招考职位列表中需要附带详细说明，以保障公民的知情权和参与权。

最后，对于因入职限制而侵害公民就业权利的情形，应当提供司法救济，意即入职限制的合法性需要最终接受司法审查。司法是公正的最后一道防线，合法性判断是法院的天然职权。法院对于因制度原因导致的就业歧视，应予以受理，并对其依据的规范性文件进行附带审查。

三、改进措施与制度建设

（一）废除"非法之法"，消除制度歧视

在现行的公职人员招录中，存在很多制度性歧视，这些歧视以抽象性法规规章形式出现，造成非常严重的歧视后果。应当由全国人大和相关机关对造成涉嫌制度性就业歧视的法规规章进行集中审查清理，废除其中涉嫌歧视的条款。包括：（1）《公务员录用规定（试行）》中的年龄上限①；（2）《公务员录用体检通行标准（试行）》中构成健康状况歧视的条款；②（3）《公务员录用体检通用标准（试行）》和《公务员录用体检特殊标准（试行）》中构成残障歧视和身体特征歧视的条款。③

---

① 《公务员录用规定（试行）》（人事部〔2007〕第 7 号令）第十六条规定：报考公务员，需要年龄为十八周岁以上，三十五周岁以下。

② 《公务员录用体检通行标准（试行）》第三条规定："血液病，不合格。"第十条规定："糖尿病、尿崩症、肢端肥大症等内分泌系统疾病，不合格。"第十九条规定："淋病、梅毒、软下疳、性病性淋巴肉芽肿、尖锐湿疣、生殖器疱疹、艾滋病，不合格。"

③ 《公务员录用体检特殊标准（试行）》第三条规定："影响面容且难以治愈的皮肤病（如白癜风、银屑病、血管瘤、斑痣等），或者外观存在明显疾病特征（如五官畸形、不能自行矫正的斜颈、步态异常等），不能报考警察职位。"这里没有区分警察的具体岗位，对相貌做出统一限制，仍然涉嫌身体特征歧视。《公务员录用体检特殊标准（试行）》中则除了对视力、听力、嗅觉的要求外，还规定："肢体功能障碍，不合格。"

(二) 着力制度建设，实现就业公平

消除就业歧视是宪法和国际公约赋予政府的义务，因此促进就业平等是国家机关的当然责任。这不仅需要立法、司法和行政的协力配合，更重要的是政府机关在公务员招考中应当体现公平原则，将其落实为具体的行动。通过政府主导，倡导公平的就业环境，实现充分就业的目标。因此，就业歧视应当"始于制度，终结于制度"，通过制度建设落实法律规定，体现法律的人文关怀。

1. 用人单位的自我审查制度

国家机关在制订招录公务员计划时，不得违反法律法规的规定，对于入职条件的规定不得违反我国已有的法律法规及参加的国际公约中关于歧视禁止的规定。由于公务员岗位千差万别，不可能概括出统一模式的公务员入职条件，也很难总结出所有类型就业歧视的具体界限，这需要根据具体岗位责任进行判断。因此，招聘机构在设置入职条件的时候，应该根据法律法规的规定及上文提到的四项原则，根据具体的岗位要求进行自我审查，如不符合上述原则，则应主动取消该限制。

2. 招考机关的统筹审核制度

公务员招录由国家公务员局直接负责，公务员法第十条规定由中央公务员主管部门负责全国公务员的综合管理工作。县级以上地方各级公务员主管部门负责本辖区内公务员的综合管理工作。上级公务员主管部门指导下级公务员主管部门的公务员管理工作。各级公务员主管部门指导同级各机关的公务员管理工作。因此，国家公务员局应该承担对公务员报考过程中是否存在就业歧视现象的统筹审核职责。

首先，建议国家公务员局制定反歧视的指导性文件，要求中央国家机关人事部门在提交职位要求时不得有歧视性要求及要求各级公务员局应当积极承担对于招考职位限制是否构成就业歧视的审查职责。

其次，各级公务员局在汇总发布招考职位列表之前，需要对招录机关对于性别的限制做出审查，如不符合平等就业的基本原则，应要求用人单位提供充分理由。如该理由不充分或不正当，公务员局应当要求用人单位进行修改。

再次，招考机关可以建立"就业歧视黑名单制度"，对于多次出现就业歧视的单位，可以定期公开黑名单，形成对上述单位的舆论压力，迫使其改正。对于出现在黑名单中的单位，招考机关可以在其改正之前逐年压缩其招考数量，直至冻结其人员流入。

最后，各级公务员局在公布年度招考计划时，应当对招考条件进行公示。在公示期内，报考人员可以对入职条件提出异议，并要求公务员局重新审查。公务员局应当据此对存在争议的入职条件进行重新审查，确保招考的公正性。

3. 上级机关的指导督促制度

中央机关对其系统内的所有机关、上级机关对其下属部门均应承担起消除就业歧视、促进公平就业的指导督促的职责。从制度建设的角度，应当通过行政复议的方式，实现上级机关对下级机关的监督和纠错。对于因入职限制造成的公民就业权利损害，可以向其上级机关提出行政复议。上级机关应当对该入职限制的合法性和合理性进行审核。

同时要加强相关反歧视方面的行政法规和规章的制定，比如，制定就业促进法的实施细则及妇女权益保障法等反歧视立法的实施细则，对在具体实施中普遍认为缺乏操作性的规定进行补充解释。此外，还应当建立就业公平的激励机制，对于促进就业公平的单位在绩效考评、奖项评选中应当增加比重，而对于出现就业歧视的单位应当降低其考评成绩，督促其限期改正。

4. 权力机关的立法和监督质询制度

目前，我国还没有一部反歧视的基本法。现有的法律规定过于分散，没有形成一个有机的体系，因此，我国也应该在借鉴国外相关立法和实践的基础上，制定出一部符合我国实际情况的反就业歧视立法，针对当前突出的就业歧视问题做出规定，同时在法律中明确规定救济措施和救济机制，以保障劳动者遭受就业歧视后能够获得有效救济。

同时人民代表大会应依法行使对政府部门的监督权，并承担保障公民权利的职责。因此对于国家机关公务员招录过程中的就业歧视，人民代表大会可以依法进行监督和质询。

在目前中国并未设立类似"平等机会委员会"的专门机构的情况下，根据宪法和法律规定，人民代表大会可以组织对于就业歧视问题的调查委员会，接受公民关于就业歧视的投诉，并对公务员招录中的就业歧视问题展开监督质询。

此外，还应当充分发挥司法机关的导向作用。建议最高人民法院出台相关司法解释，明确歧视案件应当纳入受案范围，并且在适当时机应当列为单独的案由进行诉讼。在就业歧视诉讼中，法院不仅应当对招考单位、招考程序的合法性进行审查，同时应对招考过程进行合理性审查。并且应当明确在就业歧视案件中，采取举证责任倒置的原则，由用人单位就相关事实和法律问题提出证据；在就业歧视的认定标准上，应该采取严格标准，涉嫌构成不合理的区别对待均应视为歧视；明确就业歧视的法律责任，建立对于就业歧视受害者的精神赔偿制度。

【参考文献】

［1］黄列.法律的社会性别分析框架［J］.中华女子学院学报，2012（6）.

［2］陈怀珍.公务员招考中的性别差异分析——以福建省2010年—2013年公务员招考数据为例［J］.中北大学学报（社会科学版），2014（3）.

［3］司宇.关于我国法院、检察院招考职位设置的性别分析［A］.刘玫.刑事司法领域中的女性参与［M］.北京：中国人民公安大学出版社，2011.

［4］初殿清.“刑事司法领域中的女性参与”项目——S省CH市调查报告［A］.刘玫.刑事司法领域中的女性参与［M］.北京：中国人民公安大学出版社，2011.

［5］武玉英.国家公务员考录政策的性别平等分析［J］.中华女子学院学报，2011（3）.

［6］宋月萍，李靖颖.社会资本、性别与择业：大学生就业性别差异分析［J］.中华女子学院学报，2014（2）.

［7］谢增毅.美英两国就业歧视构成要件比较——兼论反就业歧视法发展趋势及我国立法选择［J］.中外法学，2008（4）.

［8］汪进元.论宪法的正当程序原则［J］.法学研究，2001（2）.

［9］关绍纪.美国的文官制度［J］.山东大学学报（哲学社会科学版），1988（2）.

［10］李道揆.美国政府和美国政治［M］.北京：商务印书馆，1999.

［11］徐华娟.美国文官制度的历史变革［N］.学习时报，2012 - 10 - 15.

（原文刊载于《中华女子学院学报》2015年第3期）

02

儿童保护与妇女权益保障法研究

再论少年观护制度之建构①

——兼议《刑事诉讼法修正案》附条件不起诉的规定

王雪梅

（中国社会科学院法学研究所）

为避免或减少刑罚的弊端，观护制度应社会司法实践的需要而产生并逐渐制度化。在这个发展过程中，受到人道主义、科学主义、福利主义的影响，其深层的思想理论基础是教育刑、促进康复和回归社会等理念。因为观护的方法在少年司法中适用的效果显著，被各国少年司法制度广泛借鉴，而成为处置少年违法犯罪的非监禁处遇的基本方式。少年观护制度在国外的研究和应用已有上百年的历史，我国对少年观护问题的研究主要集中在以下三方面：（1）对国外及我国港台地区少年观护制度的介评；[1][2]（2）通过西方保护观察制度与我国相关制度的比较，提出完善相关制度的建议；[3][4]（3）对暂缓起诉、附条件不起诉、司法分流等具体问题的探讨。[5]从司法实践上看，自20世纪90年代开始，实务部门已对这项制度有所借鉴，特别是，今年新颁布的《中华人民共和国刑事诉讼法修正案》（下文简称《修正案》）充分注意到刑事诉讼中涉案少年及所适用程序的特殊性，设专章对"未成年人犯罪诉讼程序"做出规定，其中就包括与本文探讨的少年观护制度密切相关的附条件不起诉制度。我们认为，这是一个建构少年观护制度的契机。但是，从我国对少年观护制度的研究、立法及适用来看，我们对少年观护制度的理解还存在片面性，所做的研究和实践

---

① 本文未采用"未成年人"称谓的原因在于下文涉及的大部分内容与国外、国际及我国台湾地区相关法律制度有关，而在这些国家和地区及国际上，仍习惯称为"少年司法""少年观护制度"，所以，为了尊重国际和地区习惯，除非涉及我国法律规定内容时用"未成年人"的表述，一般仍采用"少年"的称谓。

探索都是观护制度中某一侧面的问题，没有完整地把握这项制度。因此，有必要重申这一制度所涉及的基本概念及其特点、该制度建构的必要性和可行性，并对所涉及的相关法律执行中可能会遇到的问题及其解决办法做进一步的探讨。

一、少年观护制度的概念及其特点

在《修正案》公布之前几年，学界和司法实务界对暂缓起诉、附条件不起诉、程序分流等问题做过研究和探索，但对这些做法在整个少年司法体系中的地位、实践中到底应当怎样做才能达到帮助触法少年复归社会的目的等问题，还不十分清楚。要解决这些问题，首先需要对该制度涉及的一些基本概念及其特征进行探究。

对观护的概念可以做两方面的理解：从词义和词源上看，有观察、监督、看护、试验之意，对应的英文是"Probation"①，在天主教中的原意是指神的试验与证明期间。19世纪中叶用在刑罚上，作为改善犯罪人恶性、考核其品行、给予更生自新的试验期间，并取代单一的监禁制度。[6] 从观护制度演进的角度看，观护的含义在不断扩张。《大英百科全书》是从观护前提、被观护者资格、观护人素质、观护期及其法律后果方面诠释观护的多层含义的。

正是由于观护概念的不断进化，对观护制度也有不同的理解。[7]145~158 1952年在伦敦举行的联合国第二届法律大会对观护制度的定义是：为特别选择的犯罪人之处遇方法，并将犯罪人置于特定人的监视下，予以个别的指导或处置，同时附条件延缓其刑罚之制度。美国犯罪学家苏哲兰（E. Sutherland）则称："观护制度是对被认定为有罪的人，以保持善行为条件，允许其停留在社会上一定期间，暂缓执行。……但观护制度因伴有对犯罪人之积极措置，如监督、指导与援助，故与单纯的缓刑不同。"台湾省刑事司法学界认为，少年观护制度是由特定的专业人员，运用行为科学的知识和方法，对可期改善的触法少年，利用缓起诉、缓审理、缓宣告或缓执行的犹豫期间，在收容机构以外附加条件，

---

① "Probation"一词有"缓刑"的含义，所以有不少翻译者在翻译国外著作时一律将该词只译为"缓刑"，实际上它有时用作观护之意，概因在英美法系中，缓刑采取与观护的必然结合主义，只要适用缓刑，必然采取观护的后续处遇方式。"Probation"实际包括宣告缓刑和采取观护这样两个阶段，因此，缓刑和观护的早期历史也纠缠在了一起。但是随着观护制度的发展，特别是被大陆法系所借鉴之后，在宣告缓刑后并不必然采取观护的后续处遇措施。

以个别化、科学化和社会化的原则，予以合理的救助、指导和监督，旨在帮助触法少年转移心性，变化气质，促其早日复归社会正常生活的非监禁触遇制度。[8]4

由此看来，观护制度与缓刑制度有着千丝万缕的联系。从源流上看，有人将中世纪欧洲刑事法中的附条件的缓刑看作观护的最初形态。缓刑也是一项刑罚犹豫制度，是对判处一定刑罚的罪犯，在具备法定条件时，规定一定期间暂缓刑罚执行的制度。观护制度源于"缓刑"，但二者在适用上却有所差别，比如，在英美法系中，采取缓行和观护必然结合的方式；而在大陆法系中，则采取观护和缓行非必然结合的方式，即采取刑罚的执行犹豫后，未必交付观护处遇。[9]250~251尽管各国观护制度，特别是两大法系观护制度的发展各有特色，但仍可分辨出观护制度之嬗变的大致路径：起源于英国，成熟于美国，为其他国家所吸收与发展，并各具特色。时至今日，观护制度已经成为刑事诉讼程序中不可或缺的重要环节。

现代观护制度与其生成之初的意蕴已有所不同，从总体上看，凡是具有刑罚犹豫性质或保护管束性质的措施都可纳入观护制度范畴。其基本形式有：交付审理的延缓、判决的延缓、刑罚宣告的暂缓和执行的暂缓。实践中也把这种延缓之后交付观护的措施称为程序分流（Diversion），也就是指在逮捕和裁决之间的某时段，暂缓追究犯罪少年的刑事责任，而将其提交社区处理或预防的方案。程序分流作为少年司法实践中的一项重要尝试，不仅在发起原因、本质、功能、目的等方面与观护制度有相同或相似之处，即使在适用上也有交叉重叠，并有渐至融合的趋势。观护这种非监禁性的处遇方式也得到了《联合国少年司法最低限度标准规则》（下文简称《北京规则》）的肯定，该规则第 11 条指出："观护包括免除刑事司法诉讼程序，并且经常转交社区支助部门，是许多法律制度中正规和非正规的通常做法。"少年观护制度和程序分流本质上相同，但各国在适用的时段、决定机构等方面的规定有差异。

申言之，观护制度是执行徒刑外的另一种转处制度，这种附条件的个别化处遇措施，使行为人能于观护试验期间，继续其与原有之社会人际脉络联系，并在观护官或观护人的监督与辅导下改过迁善。故就少年观护制度而言，应当有如下特征：（1）是着重个别化的处遇方法；（2）是"社区处遇"的方式之一，不将行为人收容于一定机构内，而使其继续在原社会中生活；（3）该行为人必须服从法院所附加之限制条件并接受监督，其目的一是让观护人掌握其改过迁善之状况，二是协助行为人逐步自力更生，适应和改善生活环境而最终回归社会；（4）适用对象不仅包括犯了罪的少年，还包括仅有犯罪危险性或需要特殊照顾、辅导或监督、医疗帮助的少年，因此处遇的内容依据对象的具体情况，运用心理、医疗、教育等多种知识和技能，采取不同的处遇措施；（5）执行主体上，主要是依赖非权力性的民间力量，除保护管束的监督外，观护人还有受理案件、个案研究、调查、介入诉讼等职责；（6）有"附条件暂停执行"的性质，但并不是"免刑释放"，一经发现违反刑罚法律或应遵守事项情节重大，即有受法院重行追诉或执行刑罚之危险。①②[8]40 因此，观护制度有二要素：指导和监督。前者的目的在于诱导向善，后者的目的在于防止堕落。从本质上看，该制度是福利制度、教育制度和惩罚制度相结合的产物。

二、建构少年观护制度的必要性和可行性

除台湾省和港、澳特别行政区外，我国大陆还没有确立少年观护制度。但十几年来，公安、检察等司法实务部门对"暂缓起诉""程序分流""暂缓判决"等问题的探索，特别是《修正案》对附条件不起诉的规定，为少年观护制度的建立打开了一扇门。由于"附条件不起诉制度"纳入《修正案》对少年观护制度的建构有着特殊重要的意义，笔者将在下文对附条件不起诉的规定做专门的讨论。除此之外，我国建立少年观护制度的必要性和可行性还体现在以下一些方面。

（一）建构我国少年观护制度的必要性

首先，建立少年观护制度是顺应国际少年司法改革先进理念和先进措施的需要。我们都知道，美国少年司法改革的首要理念就是，少年法院的设立是为了尽可能地防止将触法少年作为罪犯来对待，更明确地说是试图把触法少年从普通刑事审判程序中解放出来。甚至有论者认为刑事法院就是一种"对儿童的迫害"，而警察局则是触法少年奔赴监狱的"学前班"。[10]157~160 联合国少年司法改革也把预防少年犯罪、不诉诸司法审理或对已经进入司法程序的少年采取相应的干预措施作为少年司法综合政策的核心内容。因此，要在最大程度上有效

---

① 参见吴基华：《我国少年观护制度之研究》，《"司法院"八十七年度研究发展项目研究报告》，1998年，第6~7页。

② 参见丁道源：《中外观护制度之比较研究》，"中华文化复兴运动推行委员会"、中央文物供应社，1983年，第1~8页。

地使用诸如转处、指导和监管法令、缓刑、社区监督等措施。①《北京规则》关于观护制度的第 11 条也规定，应酌情考虑在处理少年犯时尽可能不提交正式审判。

其次，少年观护制度有利于保护触法少年个人，也有利于保护社会。少年观护制度是放与罚的中间环节，对预防犯罪、行为矫治、虞犯少年有特别重要的意义。观护制度作为一项处遇措施，并非把观护对象作为少年罪犯对待，而是把观护对象看作因家庭和社会的不良影响而使之成为有犯罪之危险性的人，或者是需要特殊照顾、辅导或监督之人。因此，采取观护措施，不仅不会使观护对象受到机构内强制措施的威胁，还因为他们生活在一定的社会环境中，能弥补家庭和学校教育的不足。观护人的扶助、知识和情感教育可培养他们和谐、平衡的情感，开拓其发展的前程，对于其改过自新、再融入社会有积极意义，此其一。其二，可以防止短期自由刑的弊端。短期自由刑按国际标准指三个月以下的自由刑。这种短期的监禁刑难以使犯罪人得到教育改善，缺乏威慑力，易使犯罪人感染恶习，增加其人身危险性，使行刑工作负担过重，等等。[11]421 从保护社会的角度看，观护制度还是"个别化处遇"刑事政策的具体化。以起诉便宜主义为基本的理论，法院对触法少年的个人特点、生活环境等进行全面调查之后选择适宜观护的少年，有针对性地对其帮教和监督。因为观护制度是一种训练受观护人守法行为的处遇措施，所以也可以看作预防犯罪的"社会性恢复措施"。根据《北京规则》第 11 条第 4 款的规定，为便利自行处置少年案件，应致力于提供各种社会方案，诸如短期监督和指导、对受害者的赔偿和补偿，等等。可见，观护制度还有利于修复社会关系，防止矛盾的激化。

最后，实现刑罚经济。观护以改善的可能性为前提，以审前调查为依据，因此，比盲目的报复更能获得可靠的效果。同时还因其非监禁，被观护人仍能继续其犯事前的学业或职业，不影响其前途发展，从而照顾到犯罪人的尊严，免其日趋堕落。就现实情况看，在美国施以观护处遇的人中，有 75% 收到了效果，并能节省牢费的消耗。在纽约，每拘禁一名犯人所需费用是观护费用的18 倍。[8]14

（二）建构少年观护制度的可行性

第一，与刑罚措施相比，观护措施更符合人的发展的本质——自由。自由

---

① 参见儿童权利委员会：《〈儿童权利公约〉第 10 号一般性意见：少年司法中的儿童权利》，2007 年。

对人的重要性被很多哲学和法律学者所强调并论证。自由刑以限制人身自由为特征，尽管在一定期限内剥夺了犯罪人的犯罪能力，但是，刑罚的效果因其不仅不能防止再犯，而且还有可能固定犯罪人的犯罪人格而多受诟病。与此相比，观护措施则因其采取的非监禁、教育和医疗等措施而最大可能地满足了观护对象的自由空间及人格发展。比如，人身自由、职业选择自由、迁徙自由等，也因此被西方国家证明是一种更符合人性发展、更利于观护对象改恶迁善的处遇措施，因此更具可行性。

第二，与少年观护制度有关的实践和立法得到了司法实务界及大众的认同。我国司法实践对暂缓起诉、附条件不起诉等问题的积极探索已有十多年，其动因之一是国际社会对触法少年尽量免予刑事处罚的倡导；二是国外一百多年来少年法院改革基本理念和观护实践的成绩对我国少年司法的影响；三是对虞犯少年的教育及少年司法实践中长期存在的问题对我们的困扰及标签化对违法犯罪儿童社会化的负面影响。尽可能地保护少年脱离刑事司法的负面影响是观护制度基本理念之一，因此，应当采取更为人道的观察、指导、矫正、医疗等措施，唯其如此，才能真正挽救触法少年，避免其在犯罪的道路上越走越远，这一点在学界已达成共识。从教育刑论的观点看，矫治是建立在少年人具有可塑性的理念之上的。既然强调可塑性，就必须给予触法少年以优良的指导和影响，避免刑事司法过程及标签作用等不良因素对少年的影响和伤害，避免其进一步濡染恶习。有鉴于此，很多国家的少年司法法律政策都竭尽所能地避免单纯以报应或防卫社会为目的的严刑峻法，而多倾向于以非监禁性处遇代替监禁性措施，以社会内处遇代替机构内处遇。

第三，具备了一定的社会工作者队伍及相关的配套机制。经过近二十年的少年司法改革，我国已经拥有了一支较高素质的少年司法专业化队伍，包括少年法官、少年检察官、专门负责少年案件的社会工作者和律师。另外，就司法行政体制的合理配置来看，尽管对违法犯罪少年的帮教和矫治还没有形成有效的良性循环机制，但我们的司法和执法部门已经设置有专门处理少年违法犯罪的专门机构，另外还有一些保护未成年人的非政府组织和团体。根据香港、澳门的经验，在少年观护制度中，政府的支持不可或缺，特别是采取犹豫措施之后的跟进，比如，为指导、帮助受观护少年所需要的一定的硬件设施、资源等。如果采取购买服务的方式请专业司法社工充当观护人的角色，也需要一定的资金支持，因此，在少年观护制度的建构中，司法行政部门不能缺位。

三、少年观护制度建构之契机："附条件不起诉"纳入《修正案》

《修正案》特别增加了一编，即第五编"特别程序"，尤为引人关注。其中第一章"未成年人犯罪诉讼程序"对涉及未成年人刑事诉讼的原则、辩护权保护、全面调查、强制措施适用、监护人到场、不公开审理、附条件不起诉、犯罪记录封存等做出了特别规定。应当说，在刑事诉讼法中设专章规定未成年人诉讼特别程序意义重大，这不仅在于特别程序对触法少年有着特别重要的意义，对于以后普通刑事诉讼制度的发展和完善也具有指导意义；还在于少年乃人生发展的初级阶段和关键时期，如果不针对其身心发育特点加以特别保护，极力教育和挽救，反而草率、片面地追究其刑责，将是其个人和社会的双重损失；更在于少年身心发育的特点原本就使其处于弱势地位，当面对强大的国家机器时，其弱势地位更是显而易见，这种双重弱势的地位，很容易使得刑事诉讼过程中少年的权利受到忽视和侵犯，因此，被追诉少年的权利需要得到特别的保护。《修正案》对附条件不起诉的规定有着特别重要的意义。从保障未成年人的权利角度看，可以使部分失足未成年人尽早摆脱刑事司法的负面影响，不必背负"犯罪"的标签而影响以后的正常发展，也使他们更易于融入社会，符合刑罚的人道思想。

《修正案》虽然对附条件不起诉做出了规定，而对于什么是"附条件不起诉"却没有给予解释。一般认为，附条件不起诉，是指检察机关在审查起诉时，根据犯罪嫌疑人的年龄、性格、情况、犯罪性质和情节、犯罪原因及犯罪后的悔过表现等，对较轻罪行的犯罪嫌疑人设定一定的条件，如果在法定的期限内，犯罪嫌疑人履行了相关的义务，检察机关就应做出不起诉的决定。[12]从这个定义上看，附条件不起诉与几年来司法实践中实行的"暂缓起诉"的本质内涵是一致的，之所以在立法中采用附条件不起诉，大抵是因为这个概念更易于理解。《修正案》用三个条款对附条件不起诉做出了规定，为多年附条件不起诉的司法实践提供了法律依据，但对于更有利于保护未成年人的合法权利而言，尚存在需要进一步研究的问题。

（一）关于适用对象问题

《修正案》第二百七十一条规定："对于未成年人涉嫌刑法分则第四章、第五章、第六章规定的犯罪，可能判处一年有期徒刑以下刑罚，符合起诉条件，但有悔罪表现的，人民检察院可以做出附条件不起诉的决定。人民检察院在做出附条件不起诉的决定以前，应当听取公安机关、被害人的意见。"本条明确指出了附条件不起诉的适用对象是未成年人涉嫌侵犯公民人身权利和民主权利罪、侵犯财产罪及妨害社会管理秩序罪及可能判处一年有期徒刑以下刑罚，即轻罪案件和一些社会危害性不大的案件。我们认为，考虑轻罪案件是从嫌疑人恶性的角度出发，可以理解，但限定在一年有期徒刑以下，范围过窄。由于刑法中一年有期徒刑以下刑罚的犯罪非常少，如果考虑减刑之后达到这个尺度，实际上给理解法律及以后的执行带来不必要的麻烦，可能的后果是使得这项制度在接下来的实施中大打折扣，因此建议将此处改为适用法定刑五年以下有期徒刑、管制、拘役的案件，可能更加符合法律明确性的原则。

（二）关于附条件不起诉的执行问题

附条件不起诉的执行问题应当包括决定之前的全面调查、执行机关及交付实施之后的监督、辅导。之所以在决定附条件不起诉之前做全面调查，是为了谨慎地选择适用该制度的对象，为将来进一步帮助教育、促进其早日回归社会打下良好的基础。交付观护前进行全面调查也是实行观护制度的国家的惯常做法，美国甚至要对适用对象做全面的技术评估，在我们还没有技术力量对不起诉对象做技术评估之前，至少可以在对犯罪嫌疑人的年龄、性格、境况犯罪性质和情节、犯罪原因及犯罪后的悔过表现、赔偿情况等做全面了解的情况下做出是否交付不起诉的决定。

《修正案》第二百七十二条规定："在附条件不起诉的考验期内，由人民检察院对被附条件不起诉的未成年犯罪嫌疑人进行监督考察。未成年犯罪嫌疑人的监护人，应当对未成年犯罪嫌疑人加强管教，配合人民检察院做好监督考察工作。"该规定明确附条件不起诉的执行机关是检察院，从我国目前的立法情况看，因为附条件不起诉决定由检察院做出，因此交付帮教也由检察院负责执行是顺理成章的。但是，如果从检察院检察监督、防卫社会职能的角度考虑，似乎由检察院作为执行机关又有不妥之处。并且，由检察院办案人员负责跟进还存在两个问题：一是检察人员不具备心理学、教育学、社会学等知识，可能影响帮教效果；二是帮教工作和其本职工作的冲突，使检察办案人员无法全心全意投入帮教工作。实际上，检察院作为法定执行机关并不意味着一定要亲自实施监督职能，借鉴国外观护制度实施的经验，在检察院的监督指导下，交由社区执行并配有专门的观护人以帮助观察管束被观护者，效果良好，有利于促进其尽快回归社会。

（三）所附条件问题

《修正案》第二百七十二条还对附条件不起诉的条件做出了明确规定，指出被附条件不起诉的未成年犯罪嫌疑人，应当遵守下列规定："（一）遵守法律法规，服从监督；（二）按照考察机关的规定报告自己的活动情况；（三）离开所居住的市、县或者迁居，应当报经考察机关批准；（四）按照考察机关的要求接受矫治和教育。"第二百七十三条可以理解为对附条件不起诉所立的反面条件，包括在考验期内，如果不起诉人"实施新的犯罪或者发现决定附条件不起诉以前还有其他犯罪需要追诉的"，或者"违反治安管理规定或者考察机关有关附条件不起诉的监督管理规定，情节严重的"，人民检察院应当撤销附条件不起诉的决定，提起公诉。该条设定的条件基本上是比照目前我国缓刑社区矫治的条件而设定的，比较空泛，虽然利于执行，但实际效果可疑。这一制度的设计应当有再犯防止功能。从该制度的功能设计上看，通过两条途径防止观护对象再犯罪，一是谋求保护观察对象人精神上和环境上的安定以达到防止再犯；二是设定一定条件或要求，如果违反相关规定则取消观察保护，采取相应的惩罚措施。[13]实际上，该制度设计还应考虑尽快使被不起诉人或观护人复归社会的问题，因此，除了促使被不起诉人悔过自新，还应当考虑赔偿或者补偿被害人的损失、恢复社会关系问题，这不仅有利于被不起诉人融入社会，还有利于安抚被害人，维护社会秩序稳定。检察机关可以命令被不起诉人具结并履行如下义务：向被害人道歉、赔偿被害人损失或补偿被害人、社区服务等。[14]

四、少年观护制度建构中需解决的难题及建议

考察我国在适用刑罚犹豫制度方面的探索，有三方面的发展取向令人鼓舞：一是以趋向轻缓的刑罚理念支撑的司法实践的探索，说明我们在观念上和少年观护制度的目的是契合的；二是根据宽严相济的少年司法刑事政策，出于轻缓的目的，正试图尽量缩小机构内处罚，扩大非监禁处遇；三是关注适用刑罚犹豫的触法少年的后续教育和矫治问题，在公权力介入的情况下，积极动员社会力量帮助触法少年重返社会。由此看来，我们没有理由怀疑少年观护制度对完善我国少年司法制度的借鉴意义，但是，也不能排除随着认识和研究的深入，实践中还会暴露出一些新的问题。这些问题中，除了要克服该制度本身的局限性之外，还会遇到制度缺失所带来的法律执行等问题。

（一）遭遇难题

一是观护制度本身的局限性。从西方观护制度的实践角度看，观护制度以审前调查为基础，把受观护者的筛选作为观护成败关键的做法可能会导致两方面的不利后果。第一，说明这个制度不是靠严格的执法、正当的程序等就能够较好地完成它的运作过程，而是靠具有极高素质和知识水准的司法人员及观护人的细致"调查"和"筛选"，把"人"的因素提得过高，这样，一旦司法人员及观护人的综合素质和知识稍有欠缺，就可能造成调查和筛选的失误及拖沓，有违效率和效益原则。第二，观护人有太多的司法权，甚至左右法官的观点，影响对受观护者的正当程序保障。这些经验教训值得我们在执行附条件不起诉之后的跟进措施中引起特别的注意。从尊重基本人权的角度及观护制度的目的分析，观护处遇的决定和实施至少应当做到以下几点：第一，所附条件符合罪刑法定原则，禁止类推；第二，必要且相当原则，对观护对象的自由限制以最小为限度[13]；第三，程序正当，避免未经合法程序决定而采取观护措施。

二是少年观护制度的建立需要引入高素质的观护人。观护人应当由有一定法律、社会、心理学等领域专门知识的专业人士担任，因此，《修正案》中规定附条件不起诉的未成年犯罪嫌疑人由检察院办案人员负责考察，这就涉及负责具体指导帮助被观护对象的观护人的问题。从工作属性上看，专业社工属于社会工作者，但又是一群特殊的社会工作者，最主要的一点就是他们应当具有相当的专业知识和专业素养。专业社工基于其知识体系和素质，较适宜担任观护人的角色，包括几年来有的法院少年庭试行的合适成年人制度中的"合适成年人"，但从试点法院的情况看，合适成年人不管是法律等专业知识还是个人素养都普遍偏低，让其担任如此重要的角色，不仅无法开展工作，更重要的是会贻误触法少年重新塑造人格、改过自新、及时融入社会的时机，不仅不利于保护受观护者个人，对整个少年司法制度的建设和发展也是无益的。目前，我国司法专业社工队伍正在逐步扩大，但是在政策体系、配套制度、岗位设置、人才队伍建设等方面还不完善，其职业化、专业化水平还较低。这就构成了司法实践中对专业社工的需求量不断增加而适格的专业社会工作者又不能满足这种需求之间的矛盾。

三是司法实务部门执行附条件不起诉规定尚缺乏成熟的机制。《修正案》规定，附条件不起诉的决定权和之后的跟进都由检察院负责，这样的规定可能会导致不公平现象的发生，还有可能演变为司法腐败的温床。比如，法律规定检察院对符合条件的可以决定附条件不起诉，也就是说是否交付观护是有选择性的。因此，实践中，各地方一般都把较好的帮教条件，如具备家庭监护条件、社会帮教条件等作为适用暂缓起诉的前提。这中间存在两个问题，一个是通常孩子有问题的家庭监护条件都不会太好，另一个是这样选择观护对象对于那些家庭条件不好的孩子是不公平的。这就等于说，家庭条件不好才会受到刑事追究，如果家庭条件好，就可以经过考验期之后不起诉。这明显违反了法律面前人人平等的原则。再如，因各个地方司法实际部门缺乏协调，各自为战，甚或是由于个别人的好恶不同，而使少年司法的独立运作或流于形式，或成为事实上的不可能。①

（二）对策建议

少年司法的核心问题是尽量避免违法犯罪少年进入刑事司法程序，以利于其早日重返社会。如果这个环节没有把握住，将可能导致这些少年继续被边缘化，重新走上犯罪的道路。在这方面，国外少年观护制度经历一个多世纪的发展，积累的经验教训值得我们借鉴。从总体上看，建构少年观护制度亟须加强专门立法，建立适格的社会工作者队伍，培育专业司法工作者，完善专门的程序设计，如果把虞犯少年问题纳入其中，还需要对工读（特殊或专门）教育进行改革。目前亟须加强以下工作。

1. 尽快制定专门的少年观护法。为了更好地保护触法少年的合法权益，我们亟须建立健全体现保护性、具有适当惩戒性，集保护、预防、矫治和改造于一体的少年司法制度。《儿童权利公约》第40条第4款也要求缔约国对触法少年"应采用多种处理办法，诸如照管、指导和监督令、辅导、察看、寄养、教育和职业培训方案及不交由机构照管的其他办法，以确保处理儿童的方式符合其福祉并与其情况和违法行为相称"。为了实现这一目标，首先亟须制定一部专门的少年事件处理法。根据台湾地区的立法经验，少年观护的内容主要规定在少年事件处理法及其实施细则及少年观护所条例中，内容涉及假日生活辅导、保护管束、劳动服务等保护处分，且为了不影响少年将来就学或就业，保护处分执行完毕经过一段期间后，法院会主动涂销纪录。台湾少年观护制度由法院

①　比如，有的地方警察和检察部门因为辖区小，少年案件少，造成司法资源的浪费，原来单独设立的处理少年案件的专门人员不得不转接成人案件。但在新刑事诉讼法修订之后，据了解，检察院都相继成立了少年检察处（科、室），以配合修订后的刑事诉讼法的实施。

少年法庭之少年调查保护官负责执行。为保证审前交付观护的正当性，尽管从程序上不必拘泥于普通刑事诉讼的做法，但审前交付观护的案件应当通过法院审查其适当性和公正性。

2. 加快建立一支学识广博、经验丰富、素质较高的社工队伍。让司法社工充当观护人的角色是适得其所。观护人是少年法庭内为施行少年观护制度而设置的专门人员。早期的观护人是指对缓刑犹豫期间之少年予以指导和监督的专门人员。伴随现代观护制度范围的扩张，观护人更多地介入了少年刑事司法程序，除对受观护者的指导、监督之外，还需运用教育学、社会学等行为科学对调查的数据做个案的纪录与研究，制定完整的报告提供法庭参考与出庭陈述意见，并对受观护者实施观察，执行保护管束，参与警察机关的训练活动，协助受观护者复归社会，指导就业、就学、医疗乃至追踪研究等。这里观护人的作用至关重要，他们的法庭角色除具有社会工作者的身份外，还兼有检察官、辩护人、鉴定人的地位，实际上他们还是司法和教育工作者。由观护人积极介入诉讼的这种审理方式已为许多国家的家事法院或少年法院所采用，现在美国所有第一审法院均设有组织庞大的观护人办事处。少年法院中，除少数主持审判职务的推事外，观护人实为主干力量。

3. 培养一批高素质的司法工作人员，包括法官、检察官、警察人员、律师，这也是少年司法专业化的要求。少年司法专业化不仅为多国实践证明其合理和必要，也为多部国际文件所要求和倡导，联合国《少年司法最低限度标准规则》第 12 条第 1 款指出，为了圆满地履行其职责，经常或专门同少年打交道的警官或主要从事防止少年犯罪的警官应接受专门指导和训练。在大城市里，应为此目的设立特种警察小组。由于警察介入是与少年司法制度发生接触的第一步，因此他们必须对此有充分认识而且行为恰当，这一点极为重要。专业资格和个人素养是确保公正有效地执行少年司法的一个重要因素。因此，有必要改进司法人员的聘用、晋升、专业和职业培训工作，并为其提供必要的条件，以便他们能有效地履行其职能。少年观护制度不仅专业性强，而且缓诉、缓判、缓执行的对象选择和制度设计都具有一定的选择性，这将带给相关的司法人员过大的自由裁量权，因此，不仅需要专业的警察人员，还需要有相当专业知识和素养的法官、检察官和律师，这就需要严格法官、检察官、律师的遴选，加强少年司法队伍的专业化。具有优良法治传统的英、美、德等西方发达国家，同时也具有严格的法官、检察官遴选制度，因此，他们的法官、检察官都具有较高专业和职业素养，较少出现利用自由裁量权而枉法的现象，这一点值得我国在建立少年观护制度中借鉴和思考。

4. 完善与少年观护制度相配套的程序设计。这其中包括缓诉、缓判、缓宣判、缓执行的决定程序、审批程序、交付观护程序、解除观护程序及撤销观护再行起诉、审理、判决或执行程序。根据我国的目前情况看，《修正案》刚刚确立附条件不起诉制度，相关的配套制度都还在建设当中，但就《修正案》出台的司法实践看，还存在诸多问题，比如，就附条件不起诉决定程序来看，目前的不起诉决定程序很多地方是采用承办人员审查、部门负责人签署意见、分管检察长或检委会审查决定的程序，这种决定程序存在不够严格、内部决定、透明度不高的缺陷。根据国外经验，在诉讼程序方面对不起诉的制约主要有以下几种方式：一是由检察机关自上而下的监督纠正，或经有关个人和机关提出申诉或申请复议后由检察机关自行纠正；二是司法制约，即以法院的司法审查对不起诉决定进行制约；三是特定组织审查；四是被害人直接起诉。[5]实际上，在很多国家，检察官虽然拥有较大的不起诉裁量权，但是检察官做出不起诉决定要遵循严格的不起诉程序。比如，与联邦警察局或负责调查案件的部门协商，举行听证会，特别是，要以详细而严格的调查为基础。交付观护调查通常包括：是否有违法犯罪记录及性质、身世、生活环境、性格或性行等方面，该前期调查既是司法部门做出缓诉、缓判等决定的基础，也是观护管束的重要参考，因此，包括美国在内的一些国家都将交付观护前的调查作为一项必经程序加以规定。

5. 加强公检法及少年保护组织在少年观护工作中的协调与合作。公检法和其他行政部门应当形成良性的配合链。就少年观护制度的性质和内容看，其兼具司法、福利和教育性质，因此，它的建立和实施需要国家力量和社会力量的通力合作。特别是在中国市民社会不发达、社会力量整合乏力的情况下，只有公力和私力互相支持与合作，才能使该制度发挥应有的功效。诸如受观护者就学、就业、就医等的辅导，生活环境的改善，均需多方相助。必须利用现有的条件，在建立专门的少年司法保护机制的同时，发挥各方力量的积极作用。

【参考文献】

[1] 丁汀，石岩. 建立我国的未成年人犯罪观护制度 [J]. 人民检察，2008 (15).

[2] 张健. 英国保护观察制度评析 [J]. 法制与社会发展，1996 (4).

［3］李朝辉. 保护观察制度与缓刑、假释的考察监督［J］. 法学评论，2001（3）.

［4］冉容. 设立我国缓刑保护观察制度的构想［J］. 人民司法，2002（12）.

［5］姚建龙. 暂缓起诉制度研究［J］. 青少年犯罪问题，2003（4）.

［6］陈阳明. 观护制度的意义［J］. 刑事法杂志，1972（6）.

［7］周震欧. 少年犯罪与观护制度［M］. 台北：台湾商务印书馆，1983.

［8］房传珏. 现代观护制度之理论与实际［M］. 台北：三民书局，1977.

［9］朱胜群. 少年事件处理法新论［M］. 台北：三民书局，1976.

［10］富兰克林·E. 齐姆林. 共同的思路：少年法院法学中的转处制度［A］. 玛格丽特·K. 罗森海姆，等. 少年司法的一个世纪［C］. 北京：商务印书馆，2008.

［11］张明楷. 刑法学（上）［M］. 北京：法律出版社，1997.

［12］陈光中，汪海燕.《刑事诉讼法》再修改与未成年人诉讼权利的保障［J］. 人民司法，2007（1）.

［13］苏明月. 日本保护观察制度的品格与功能［J］. 厦门大学法律评论，2007（14）.

［14］陈光中，张建伟. 附条件不起诉：检察裁量权的新发展［J］. 人民检察，2006（4上）.

（原文刊载于《中华女子学院学报》2012 年第 3 期，并被《新华文摘》全文转载）

儿童忽视的保护原则与机制探究

李 军

（民政部社工研究中心）

近些年，许多儿童伤亡事件，都指向一个社会现实问题——儿童忽视。本文基于儿童保护的立场，将重点探讨针对儿童忽视的保护原则，并对构建儿童忽视保护机制提出政策性建议，以唤醒社会对儿童忽视问题的关注，进一步推动我国儿童保护工作的开展。

一、儿童忽视的界定

儿童忽视与儿童遭受的情感冷漠、身体虐待和性侵犯通称为儿童伤害（Child Maltreatment）。世界卫生组织（WHO）1977 年就认为：儿童虐待与忽视是一个社会现象和公共卫生问题，存在于所有社会的所有时段中。[1]

儿童忽视虽自古就有，但直到 20 世纪六七十年代，被侵害、被忽视及受虐待的儿童问题才开始引起一些欧洲国家、社会组织的关注，并逐步从儿童权益保护和社会政策制定层面来积极干预儿童忽视问题。

如何界定儿童忽视，西方学者做了大量探索性研究。舒马赫和海曼认为，儿童忽视是一种虐待，是指家长或照顾者未能提供与孩童年龄相适的所必需和必要的护理，包括住房、食品、服装、教育、监督、医疗保健及体力、智力和情感能力发展所需要的其他基本需求。[2] 戈登指出，儿童忽视是监护人等因忽视而未履行对儿童需求的满足，从而危及或损害了儿童的健康发展。[1] 世界卫生组织将儿童忽视定义为：在孩子发展的阶段，由于照顾者的不作为或注意力不集中，对儿童的健康、智力、精神、道德和社会发展造成损害。[3]

近些年，我国儿童忽视问题的发生越发频繁，已引起各级政府、社会机构和学者的高度重视。较有代表性的观点是，潘建平等认为儿童忽视指长时间且

69

严重地有意忽略了儿童的基本需要（如足够的衣食住行、教育及医疗照顾等），危及或损害了儿童的健康发展；或在本应避免的状况下使儿童面对巨大的威胁（包括缺乏照料而忍受的饥寒、强迫儿童从事与其年龄、身体状况不相符的工作等）。[4]李媛等认为，儿童忽视包括两个要件：一是监护人具备为儿童的身心健康、营养、安全庇护和教育等方面提供照料的能力；二是监护人事实上长期对儿童放任不管及怠慢，不满足儿童的基本需求，对儿童的健康和安全漠不关心，对衣食住行及卫生不予照顾等。[5]

在西方学者看来，忽视最初被概念化为由于家长的疏漏导致孩子缺乏足够的照顾。隐含的前提是父母或照顾人没有伤害孩子的故意；而中国的学者一般认为，儿童忽视不排除监护人、照顾人的有意为之（如潘建平等人的定义）。

实际上，儿童忽视是监护者不履行某些职责的状态，可在孩子的个人形象和行为中观察到。[6]78不论中外学者对儿童忽视如何定义，儿童忽视至少具有两个要素：（1）任何一个被父母、监护人或照顾人遗弃的孩子；（2）由于父母、监护人或照顾人的过错或习惯而造成孩子缺乏适当的照顾。

我国儿童忽视研究起步较晚，目前还没有儿童忽视状况的国家统计数据。潘建平等人开展的有关研究数据显示：我国城市 3~6 岁儿童总忽视率为 28%，男、女儿童忽视率分别为 32.6% 和 23.7%，单亲家庭中的儿童受忽视率高达 42.9%，"三代同堂"家庭中儿童忽视率最低，为 25.5%；与安全、医疗方面相比较，儿童在身心情感方面受到的忽视较多。[7]

一项对陕西省的调查显示，被调查儿童的总忽视率为 32.5%，总忽视度为 42.5。[8]另一组资料显示：6~8 岁年龄段留守儿童和非留守儿童忽视率分别为 48.5% 和 37.5%，忽视度分别为（47.64 + 9.44）和（45.34 + 8.53），（P 值均 < 0.01），9~11 岁年龄段留守儿童和非留守儿童忽视率分别为 49.7% 和 37.4%.忽视度分别为（46.61 + 10.58）和（43.59 + 10.15）（P 值均 < 0.01）。[9]

在我国，传统的照护伦理容易导致儿童忽视。照护伦理强调监护者对被照护者无私的、非对称对等的情感付出。[10]59但我国传统文化以成人为本位的儿童照护、教育的观念侵蚀着家长对待儿童的方式，儿童更容易受到轻视、忽视乃至蔑视。父母长辈往往以工作忙、事业压力大为借口，没时间和精力打理儿童的需要，即使教育儿童也常常是棍棒式教育。

此外，家庭保护功能的弱化也在一定程度上造成了儿童忽视问题。人口控制政策在一定程度上造成现代家庭规模小型化，许多传统家庭所承担的功能正在消退消失。不可否认的一个社会现实是，儿童与家庭面临的压力和风险陡增：当离婚、经济不济、意外等事件发生时，家庭甚至会解体，即使是亲生父母，也会对自己的子女造成伤害，中国农村大量的留守儿童就是现实的写照。[11]

儿童忽视可对儿童的生命发育与安全、行为与情感认知、教育和社会化产生短期或长期的严重损害。"尤其是发生在生命早期的忽视对儿童以后的发育具有更为严重的危害，它可导致从儿童到成人发育过程中不良的社会或情感反应，造成体格与心理、行为的失常或变态。"[12]

二、儿童忽视保护的主要原则

《中华人民共和国未成年人保护法》第一章第五条规定了未成年人保护工作的原则：（1）尊重未成年人的人格尊严；（2）适应未成年人身心发展的规律和特点；（3）教育与保护相结合。这些原则对儿童忽视保护有指导作用。但是儿童忽视问题涉及儿童的安全、身心情感健康、父母（照顾者）的权益和责任等领域，有其特殊性，还应该遵循下列主要原则。

（一）最佳利益原则——孩子的最佳利益和福利

任何影响儿童的行为，都必须以儿童的最佳利益为首要考虑因素。最佳利益原则体现在《联合国儿童权利公约》第3条，即"关于儿童的一切行动，不论是由公私社会福利机构、法院、行政当局或立法机构执行，均应以儿童的最大利益为一种首要考虑"[13]。最佳利益原则涉及的不同方面，如国家、社会、家庭、父母、儿童等都有明确的界定。因此，儿童公约就成为防范儿童虐待和忽视必不可少的国际准则。[14]

最佳利益原则效力囊括与儿童有关的一切事务，把解决儿童有关问题提升到利益保护的更高层次，本质上更能体现儿童主体的权利理念。在处理儿童忽视问题时，需要考虑怎样做才能最大限度地满足这些儿童的最佳利益的需要。最佳利益原则的实施，对于父母和儿童权利的实现具有双重性：它既是在厘清儿童的权利，也是在分配父母的权利。因此，父母和儿童的利益应该是相辅相成的。儿童最佳利益的实现有赖于作为监护人的父母的亲权的行使和相应义务的履行；父母以往对子女权利的行使和义务的履行，自然也会作为衡量子女"最佳利益"的参照；在斟酌最佳利益标准时，不能不考虑父母权利的现实。[15]

（二）对不称职的父母可以选择托管或剥夺监护权原则

尽管最佳利益原则常常涉及这样的推定：父母行使监护权可实现孩子的最

佳利益。但当父母过去的行为一直不令人满意时，需要考虑这些行为是否会在未来重复发生。不道德、虐待、遗弃和忽视等是判断父母是否称职的常见理由。[16]

在各类有关儿童忽视的定义中，一个显而易见的共同点是这些定义都隐含着这样一个原则：如果父母没有给儿童提供最低限度的保护和照顾的话，那么国家则有理由介入或干涉。[17]选择托管或剥夺监护权原则，其理论依据是"父母权责失灵"和"国家亲权"。

父母权责失灵是指父母或监护人因主观或客观原因不能承担照料、保护儿童的职责，而导致儿童处于被危害的边缘。

国家亲权是指国家作为公权力主体方对儿童的法定监护人（如父母）的自然亲权进行干预，在自然亲权不能履行担责时承担儿童监护人之职。[18]随着儿童权利主体的社会认可，国家亲权在保障儿童最佳利益方面逐渐弥补和填充父母责任，介入家庭以保护受害儿童的权利。[18]现今国家亲权成为许多儿童权益保护法规的基础，涉及虐待和疏忽、家庭寄养、收养、医疗决策、抚养、保护性立法和青少年犯罪等。[19]

国家亲权是国家干预主义的一种体现。生养、庇护和教导儿童长期以来被视为家庭内的私事，且这种自由历来受到法律的保护。父母权责一旦失灵，家庭就变成压迫与控制儿童的中心，而非保护与养育家庭成员的避风港。当发生父母权责失灵时，国家应该介入并阻止滥用，以保护个体家庭成员的权利。[20]

国家亲权干预的观点是基于这样一种理念：虽然家庭本应是温暖、友爱、安全、相互扶持的，但现实中并非所有家庭都如此。不幸的家庭往往不再是儿童的避风港，而是"一个充满压迫、原始意愿和权威、暴力和野蛮的中心"[21]。基于此，国家亲权替代父母亲权对儿童进行保护与照顾是适当的。[22]

需要强调的是，儿童忽视的政策法规并不是拆散家庭，而是修复不满意的家庭环境，让孩子尽可能与父母生活在一起。国家亲权的行使是扮演合作性亲权的角色。合作性的国家亲权比父母照顾儿童的责任更广泛，它涵盖了不同服务，是一种集体责任的体现，旨在维护和促进受照护儿童的生活机会。国家亲权旨在家庭和国家之间建立一种平衡，即需要对儿童保护和对家庭进行支持。国家亲权的行使仅仅靠公权力的介入难以有效保障儿童权利，因此应该强调社会中其他主体的参与和责任承担。社会责任不仅强调非营利组织、社区乃至个人对父母亲权的监督和救济，还强调通过社会各个部门的共同参与，为儿童的生存和发展共同营造一个有利的环境。[22]

三、儿童忽视的保护机制

在西方，一些国家提供了通过健全的福利制度和行之有效的司法体系来保护儿童权益的范例，国家公权通过干预家庭来保护儿童的利益，剥夺不履行责任父母的监护权，甚至将儿童带离原生家庭，逐渐承担起保护儿童的主要责任。[23]183~184

鲍尔森将有关儿童忽视保护的机制分为四大类：刑法、未成年人法庭、虐待儿童报告法律和通过立法建立的"保护服务"。[24]这四方面在保护体系中各司其职（见图1）。其中刑法主要是允许可以起诉那些伤害孩子或对孩子造成伤害的父母或照顾者；未成年人法庭制定的条例，允许此类法院对"被忽视"的儿童进行保护或监督；一般国家和地方的司法机构都给予少年法庭紧急司法管辖权，将孩子从危险的家庭暂时解救出来；儿童忽视报告制度的建立，则主要是鼓励或授权公民对实际的或可疑的虐待或忽视儿童行为进行报告，此外，还需要国家、社区、社会组织等对儿童忽视的家庭提供支持。鲍尔森儿童忽视保护机制提供了分析我国现有的儿童忽视保护措施的基本框架。

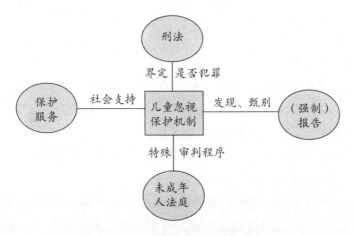

图1　鲍尔森儿童忽视保护机制架构

《中华人民共和国未成年人保护法》规定：国家机关、武装力量、政党、社会团体、企业事业组织、城乡基层群众性自治组织、未成年人的监护人和其他成年公民共同承担保护儿童的责任。这种共同责任在现实中的困境是很难在我国找到一个组织和机构来明确履行儿童保护之职。

我国目前尚缺乏专门的关于儿童虐待和忽视的法律，也没有明确的关于儿童忽视的法律界定，针对儿童忽视的法律保护工作亟待加强。即便是儿童忽视的危害需要司法定锋，也往往只能参照散见于各类单独法律、法令中的条文。如宪法中有关禁止虐待老人、妇女儿童的纲领性规定；刑法中有关"虐待罪"的规定等。《中华人民共和国未成年人保护法》虽然明确规定了保护未成年人的包括生存、发展、受教育等权利，禁止虐待未成年人等内容，但现实中缺乏一套可落实的司法程序，因此这些法律对儿童虐待和忽视行为的惩戒性不足。

在儿童忽视保护政策方面，国务院于 2011 年 7 月 30 日颁布的《中国儿童发展纲要（2011—2020)》突出了儿童优先原则与儿童最佳利益原则并重，强调为防范和遏制家庭虐待忽视及暴力等事件的发生，需要着力为儿童提供良好的家庭环境，建立预防"强制报告"和"紧急救助和治疗辅导"等处置儿童受侵害问题的工作机制等。[25]

关于儿童忽视报告制度主要体现在《中华人民共和国未成年人保护法》相关条文中，该法规定任何组织和个人都有权对侵犯未成年人合法权益的行为予以劝阻、制止或者向有关部门提出检举、控告。对于发现儿童被虐待和忽视的组织与个人而言，该法只是授权而非强制他们向有关部门报告，也就是说组织和个人有权报告而非必须报告，而且报告形式、渠道无明确规定。在现实中人们往往不知如何和向谁报告儿童忽视问题。

尽管国家亲权（国家监护权）在西方国家已被广为接受和运用，但我国目前还没有相关的政策和法律明确规定国家亲权的行使和效力。国家亲权对受虐和忽视儿童如何提供临时保护和长久安置缺乏法律、政策支持。

另外，我国专业做儿童忽视保护项目的公益机构寥寥无几，社会支持力量薄弱。这样的公益项目的执行需要大量的志愿者参与、及时的心理辅导和慰藉介入、广泛的社会资源和临时收养救济的机构，还需要政府相关职能部门、社会各界的协助，应对这样复杂的局面，众多公益机构则显得"心有余而力不足"。

四、构建儿童忽视保护机制的建议

保护儿童基本权利，使其免受虐待和忽视，不仅是监护人、家庭的责任，而且是国家和全社会的义务。

（一）完善我国儿童虐待和忽视保护制度的政策法律

要解决儿童问题，不能止步于关注和满足儿童的生物性个体成长发展需求，如住处、食物、医疗和教育等，更重要的是提高和优化儿童所处的社会环境。[26]1 对于儿童保护而言，与其过多强调儿童具有权利的重要性，还不如强调和落实父母、监护人乃至全社会应该如何承担对儿童的义务。[27] 在现代社会，如果儿童保护不能上升为国家意志，通过法律、政策等落实为一种制度安排，那么任何对儿童保护的谈论都只能是停留在道德或应然层面上的权利诉求。国家应通过制定政策约束监护人、家庭行为，督促其承担保护、照料儿童的法律责任。

在我国现阶段，以《中华人民共和国未成年人保护法》为蓝本，建立完备、具体、可实施、可操作的法律体系是儿童忽视保护制度有效运行的保障。针对当前儿童忽视事件频发的现实，应当抓住时机，统一认识，着力将散布于各个独立法律中有关儿童虐待、忽视的条文予以整合，实现对儿童忽视保护的系统、全面的国家顶层设计。明确国家、地方各级政府、社会（社区）、学校、家庭、父母（监护人）等对于儿童忽视问题防范的责任；热情鼓励和积极引入社会力量和慈善组织，建立类似于儿童福利院的具有一定养护功能的防治儿童忽视机构，并在工作中注重社会各部门、各机构、各组织间的合作。同时在法律和政策层面明确儿童忽视的定义、种类、儿童权利保护原则、对儿童忽视风险家庭、监护人行为的早期发现机制等重要议题；明确针对儿童忽视的强制报告制度，处理流程，司法介入、紧急庇护和临时安置程序，撤销监护人资格和国家亲权的适用，国家监护与最终安置等。[25]

（二）强化儿童忽视强制报告和咨询决策制度

国家、政府可以通过民政、妇联和司法等公权机构对儿童忽视问题进行干预和介入，将传统上在家庭范围内解决儿童忽视问题纳入国家意志的调处范围中，国家、社会、学校、父母（监护人）等共同负有对儿童权益保护的职责，应协同共治儿童的各种问题。[11]

在国家层面明确统一的儿童权益保护机构，由其专职负责处理儿童虐待和忽视问题。任何组织和个人（如邻居、老师、社区工作者、警察等）一旦发现儿童有被忽视的危害，必须即行报告（强制报告制度）。为了鼓励组织和个人行使对儿童忽视问题的报告职责，需要制定和完善各项配套措施以保障报告人的权益，如允许匿名报告，对报告人的身份严格保密；对于善意误报者，应豁免其相应的法律责任。[29]

儿童权益保护机构应制定一套具体而详尽的标准来决定是否对儿童忽视报告进行调查。这些方案应明确这些疑似"儿童忽视"报告是否符合国家法定定义。要考虑的因素包括：（1）儿童的年龄；（2）监护者的身份和与孩子的关系；（3）疑似存在的符合国家法定的儿童忽视和虐待的事件或情况；（4）存在明显的伤害或损害孩子的风险。[30]

在接受儿童忽视报告后，儿童权益保护机构需要制定具体的准则，决定什么样的干预是必要的及是否提起强制干预。在判定儿童忽视的危险程度和确定性证据上，下列因素至关重要：（1）父母或监护者的行为和不作为；（2）父母或照顾者的行为对孩子的影响及涉嫌虐待的严重程度；（3）孩子的年龄；（4）涉嫌忽视的频率；（5）报告者的可信性；（6）证据的类型和数量；（7）涉嫌忽视的人与孩子的关系；（8）父母或监护者保护孩子的意愿；（9）父母或监护者保护孩子的能力。

儿童权益保护机构需要经过多学科的咨询来做出决定。咨询可以非正式地完成或通过更为正式的机制——由不同领域专家组成的"多学科小组"来进行。经过专家和多方评议后，使儿童权益保护机构的决策变得更具针对性、更具有成效。

（三）加强对公众有关儿童忽视的专题教育

我国社会公众和学者对儿童忽视问题的关注时间并不长。对于公众和社会如何负责任地在预防和制止儿童忽视中发挥应有作用方面的宣传还是一片空白。我国公众和家长一般还缺乏对于父母权责的理解和认识，如何做一个合格的父母，如何履行父母亲权，如何避免对儿童的忽视问题等，都是公众需要补修的知识。提高公众对儿童忽视的认识和意识，需要对公众进行儿童忽视问题的普及教育。

对公众实施儿童忽视专题教育，教育材料和方案应包括以下内容：（1）明确忽视儿童的法律定义；（2）给出所报告儿童忽视情况（包括具体的例子）一般性描述；（3）说明报告会发生什么事情。[3]对公众教育的小册子和其他材料，包括公共服务通告，对什么该报告、什么不该报告应该给出具体信息。此外，公众儿童忽视教育还应让公众了解可用于防范和解决儿童虐待或忽视问题的社区支持资源。

（四）加强对儿童忽视问题处置的社会支持

防范和处置儿童忽视问题需要社会各界支持体系的综合干预。第一，儿童权益保护专业人员应与儿童虐待、忽视家庭的成员及其朋友、邻居、工作同伴进行直接的接触，获取真实全面的信息，提供恰当的有针对性的指导和训练，化解冲突，促进交流。第二，儿童权益保护专业人员对儿童忽视问题调查后，可以为儿童忽视家庭、父母（监护人）和儿童提供服务，包括法律咨询、家庭服务和支持及被忽视儿童的寄养服务等。第三，培训志愿者，内容包括如何识别和帮助被虐待、忽视的儿童，如何教给孩子们自我保护的方法及给父母、监护人以指导，使志愿者成为联络忽视家庭和干预组织的中间环节等。效仿美国等西方国家，在幼儿园和中小学阶段就教给儿童识别属于虐待和忽视的种种行为，教育孩子面对虐待和忽视的行为如何求助于社区和社会机构来保护自己，等等。这些教育能增强儿童面对危害的自我保护意识，从而有效降低儿童虐待和忽视对儿童的伤害。[30]第四，将社区服务作为国家和社会干预手段的一部分，把家庭的具体需要（如食物、住房、医疗服务、教育和法律帮助等）与社区服务相结合；也可以让邻居、社区成员参与到给忽视家庭提供家庭管理指导、抚育孩子的知识和技能、儿童照管的工作中来。第五，动员全社会力量参与到儿童忽视保护的工作中来，创造一个有利于干预性计划交流和实施的环境。[29]

【参考文献】

[1] 潘建平. 儿童忽视的分类和表现以及预防工作进展 [J]. 中国全科医学, 2007 (3).

[2] Schumacher, J, Slep, A. M. & Heyman. Richard. Risk Factors for Child Neglect [J]. *Aggression and Violent Behavior.* 2001 (6).

[3] Asya Al-Lamky. Modemization and Child Neglect in Oman: Trends and Implications [J]. *Intemational Journal on World Peace.* 2004 (21).

[4] 潘建平. 不能忽视对儿童的忽视 [J]. 中国全科医学, 2007 (10).

[5] 李媛. 儿童虐待防治体系的比较研究 [D]. 首都师范大学硕士学位论文, 2013.

[6] Lela B. Costin. *Child Welfare: Politics and Practices* [M]. New York: McGraw-Hill, 1972.

[7] 潘建平, 杨子尼, 任旭红, 等. 中国部分城市3~6岁儿童忽视状况及影响因素分析 [J]. 中华流行病学杂志, 2005 (4).

[8] 潘建平, 李玉凤, 马西, 韩春玲, 等. 陕西省3~6岁城区儿童忽视状况的调查分析 [J]. 中国全科医学, 2005 (5).

［9］杨文娟，潘建平，杨武悦，王维清，马乐．中国农村留守与非留守儿童忽视现状分析［J］．中国学校卫生，2014（2）．

［10］甘绍光．人权伦理学［M］．北京：中国发展出版社，2009.

［11］孙艳艳．儿童与权利：理论建构与反思［D］．山东大学博士学位论文，2014.

［12］覃明．儿童忽视问题的教育人类学分析［J］．教育导刊，2010（9）．

［13］联合国儿童权利公约［EB/OL］．http：//jtjy. china. com. en/2008－12/23/content_2644 648. htm.

［14］王雪梅．儿童权利保护的"最大利益原则"研究（下）［J］．环球法律评论，2003（春季号）．

［15］雷文玫．以"子女最佳利益"之名：离婚后父母对未成年子女权利义务行使与负担之研究［A］．台大法学论丛［C］．台北：台湾大学出版社，2014.

［16］Simpson. *Judicial Considerations in Child Care Cases*［M］. NY：WAYNEL. 1965.

［17］The University of Chicago Law Review. The Custody Question and Child Neglect Rehearings［J］. *The University of Chicago Law Review*. 1968（35）．

［18］郑净方．国家亲权的理论基础及立法体现［J］．预防青少年犯罪研究，2014（3）．

［19］Ramsey, Sarah H. & Abrams, Douglas E. . *Children and the Law：In a Nutshel*［M］. St. Paul. Minnesota：Thomson/West. 2008.

［20］Olsen, Frances E. The Myth of State Intervention in the Family［J］. *Journal of Law Reform.* 1985（1）．

［21］马忆南．父母与未成年子女的法律关系——从父母权利本位到子女权利本位［J］．民商法杂志，2009（25）．

［22］Judith Masson. The State as Parent：The Reluctant Parent? The Problems of Parents of Last Resort［J］. *Journal of Law and Society.* 2008（35）．

［23］范斌．福利社会学［M］．北京：社会科学文献出版社，2006.

［24］Monrad G. Paulsen. Legal Protections Against Child Abuse［J］. *Children.* 1966（13）．

［25］黄晓燕，徐韬，刘文利，潘建平，等．中国儿童虐待防治法律法规与政策规定现状分析［J］．中国妇幼卫生杂志，2015（6）．

［26］（美）尼尔·波兹曼．童年的消逝［M］．吴燕莛译．桂林：广西师范大学出版社，2004.

［27］Onora O'Neill. Children's Rights and Children's Lives［J］. *Ethics*，1998（98）．

［28］钱晓峰．儿童虐待国家干预机制的构建［J］．预防青少年犯罪研究，2014（6）．

［29］李环. 建立儿童虐待的预防和干预机制［J］. 青年研究，2007，（4）.

［30］ Douglas J. Besharov. Child Abuse and Neglect Reporting and Investigation：Policy Guidelines for Decision Making［J］. *Family Law Quarterly*，1988（22）.

［31］ Gaudin JM. Wodarski JS. Arkinson MK. Remedying Child Neglect：Effectiveness of Social Network Interventions［J］. *The Journal of Applied Social Sciences*. 1991（15）.

（原文刊载于《中华女子学院学报》2016 年第 1 期，被中国人民大学《复印报刊资料》全文转载）

论妇女权益法律保障的理论依据

马忆南

（北京大学法学院）

妇女权益法律保障的理论基础，主要来自男女平等理论、妇女人权理论、妇女发展和社会和谐理论、法治国家和国家责任理论及社会性别理论。

一、男女平等理论

1. 男女平等基本国策

1995 年，在联合国第四次世界妇女大会上，江泽民代表中国政府庄严承诺，"把男女平等作为促进中国社会发展的一项基本国策"，从而使《中华人民共和国宪法》规定的男女平等原则进入国家政策体系的最高层次。2005 年，我国重新修订的《中华人民共和国妇女权益保障法》，首次把男女平等基本国策以法律条文形式固定下来，明确了其法律地位。2012 年，中共十八大首次把"坚持男女平等基本国策，保障妇女儿童合法权益"写入党代会报告，进一步宣示了执政党实现男女平等社会理想的政治意志。

男女平等的基本国策立意高远，内涵深刻，是促进我国社会发展的一项带有全局性、长远性和根本性的基本国策。其主要内涵包括：在承认和尊重性别差异的前提下追求男女平等，将保障妇女实现发展的权利放到社会发展的突出位置，给予妇女必要的政策倾斜与保障；重视妇女在整个经济社会发展中的地位和作用；鼓励妇女与男性共同为社会发展做贡献并在这个过程中实现男女平等；从社会协调发展的高度来认识和解决妇女发展与男女平等问题。[1]14

男女平等基本国策强调国家意志的作用，具有权威性，是国家各项法律法规政策制定和实施应遵循的基本原则。它具有普遍约束性，适用于广泛的社会领域，规范和引导具体法律政策的制定与实施，并为相关领域的法律政策协调提供依据；它的落实，要依靠社会各方面的力量，特别需要男女两性的参与和合作。它具有长期稳定性，是国家长期实行的根本性政策[1]14，将在一个较长的历史时期存在并发挥作用。

2. 男女平等之意义

《中国人权百科全书》对"平等"的定义是："人在人格尊严上要求得到同等对待和在权利享有上得到公平分配。"[2]434 1975 年的《墨西哥宣言》指明，男女平等是指男女的尊严和价值的平等及男女权利、机会和责任的平等。这个定义包含了四方面的内容：男女两性享有平等的人格尊严和价值、享有平等的权利、享有平等的机会、对社会和家庭履行平等的责任。1985 年，第三次世界妇女大会通过的《内罗毕战略》，强调人人都有平等机会享受自己的权利，发挥自己的潜力和才能，以便参与国家的政治、经济、社会和文化发展，而且平等地享受其结果。[3]189 这个界定主要诠释了男女平等参与和发展，共享机会、权利与成果的理念。《中华人民共和国宪法》规定，中华人民共和国妇女在政治的、经济的、文化的、社会的和家庭的生活等各方面享有平等的权利。

对于男女平等，目前社会上还存在着多种释义。本文认为，机会平等、权利平等和结果平等是最重要的。

机会平等应涵盖同等的机会和尽量同等的起点两方面，前者指每个人都有相同的进取的机会，即靠自己的能力、功绩获得利益的权利；后者指每个人从一开始就具有平等的条件，以获得机会，也就是使每一个人从一开始就有足够的条件，以便得到相同的能力而与其他人竞争，如果起点悬殊，两性就难以形成同等的利用机会的权利。[3]189 为培育公平的起点，我们需要法律政策的干预，国家应制定相关的立法和保障政策，使女性在与男性竞争中真正享有公平的起点。机会平等是现阶段争取男女平等过程中可以操作的平等，也是可以实现的平等。

权利平等是男女平等的核心。权利平等即男女在政治、经济、文化教育、婚姻家庭等各方面享有同等的权利。这些权利要求法律予以确认，且以法律制度表现出来，以确立其权威性和强制性。但法律上的平等只是制度层面的平等，并不等于实际享有平等权利。[4] 我们要承认男女差别，追求实质平等，而非形式意义上的同等对待。

结果平等应该是男女平等的最终成果，是男女平等的最高境界和理想状态，理想目标与现实探索之间存在着永恒的矛盾和差距，它是一个通过努力不断接近的过程，而不可能是一蹴而就的。[5]为此要推动两性合作，携手改变不合理的性别关系和性别制度，从而得到共同的解放和发展。落实男女平等基本国策，维护妇女合法权益，不是牺牲或损害男性的利益，减慢男性的发展速度，而是要在男性的支持下，促进女性发展以实现两性协调发展。

3. 当代法律意义上的男女平等

当代法律意义上的男女平等体现在：第一，平等源于人的固有尊严，平等是人类与生俱来的权利，保护和促进平等是国家的首要责任；第二，平等是实现个人其他权利的基础与前提，平等既是基本权利体系的一种，同时也是实现政治权利、经济权利、社会权利与文化权利的手段，为这些权利的实现提供了前提与保障；第三，平等是一个法律原则，它不仅禁止国家在形式上对公民进行歧视对待，而且要求国家对形式平等而导致的事实上的不平等及因历史传统、社会观念、习俗惯例导致的不平等进行干预，缩小事实上的不平等状况，保障公民实际享有平等。

法律面前人人平等原则，实质上包含"禁止法律上的不合理的区别对待""禁止法律上的不合理的相同对待""区别对待应当遵循合理标准"三层含义。

男女平等不等于男女相同。平等既是一项权利，也是一项原则，在具体的法律条文或措施上，平等原则可以体现为相同，或者不同。以"同等对待"模式为框架的法律权利的平等，最终带来的恰恰可能是男女之间持续的不平等。

而"求差别的平等"所要追求的是真正的平等，即超越形式上的平等达到事实上的平等。它体察和关怀弱势群体的生命体验和生活经验，更关注结果上的平等，力求实现真正的社会公平。事实上的平等原则，要求法律和政策的制定者对妇女的实际利益给予认真的考察和关切，以结果平等为目标来制定保障妇女权利的法律和政策，只有这样才能弥补妇女因其不利地位而失去的平等，使发展条件不平等的妇女得到与男性平等的发展机会。为了达到此目的，给予妇女特殊照顾、特殊保护是必要的，这也是实现男女平等的基本途径。

经济发展不会必然促进男女平等。随着经济发展和人们生活水平的提高，女性作为其中的一部分，生活水平同样会有所提高，但性别地位则不一定提高。由于妇女解放与社会进步之间存在差异性，社会发展了，女性地位可能反而会有所下降。

世界银行2011年《世界发展报告》（WDR）指出，增长和发展的过程不会自动地促进所有方面的性别平等。原因之一是收入提高和政府服务的改善只能减少某些领域的性别差距。即使在这些领域所能实现的改善也无法惠及所有妇女。收入增长本身不能带来所有领域的性别平等。市场、制度和家庭这几方面也可能共同产生作用，从而限制性别平等的进展。比如，我国改革开放以来向市场经济过渡，照顾儿童、老人和残疾人等家庭照护方面的公共服务减少，家务劳动和家庭护理服务多数都是由妇女来承担完成的，日益老龄化和劳动力流动制造的妇女、儿童、老人留守故乡等状况将会为中国妇女带来更重更大的负担。再比如，我国现行农村土地承包政策，"增人不增地，减人不减地"，婚姻居住地的变动与土地不能移动的矛盾，导致女性土地承包权分割的困难，长久不变的土地承包政策，也会造成女性土地承包权益受损。

即使是性别中立的法律，在执行中也并不当然会产生公平的效果，使男女两性公平受益。由于男女两性掌握的社会资源不同，一个平等的中立的政策推行起来却对男性更加有利。比如，婚姻法的司法解释（三）第七条规定，婚后一方父母出资为子女购买不动产且产权登记在自己子女名下的，认定为夫妻一方的个人财产。由双方父母出资购买不动产，产权登记在一方子女名下的，按照双方父母的出资份额按份共有。从我国民众婚嫁习惯来看，在城乡特别是在乡村一般是由男方准备结婚用房即不动产，女方准备家具、电器等日常生活用品即动产。在受赠的男女结婚成为夫妻后，无论是男方父母帮助准备的结婚用房等不动产或是女方父母帮助准备的日常生活用品等动产，事实上都是由夫妻双方共同享有和使用，对这些不动产和动产都没有区分由何方父母所赠而实行按份共有。[6] 这样，就会出现一种不公平的现象，即同样是在没有证据证明赠予一方的情况下，女方父母赠予夫妻的动产，被视为夫妻共同共有；而男方父母赠予夫妻的不动产，则被视为夫妻按份共有。因此该法律规定明显使男性获益，而损害了女性的利益。

对女性的暂时特别措施不构成"反向歧视"。暂时特别措施是在不平等的现实状况下对明显处于劣势的群体给予的一种特殊照顾的措施。联合国《消除对妇女一切形式歧视公约》规定：缔约各国为加速实现男女事实上的平等而采取的暂行特别措施，不得视为本公约所指的歧视，亦不得因此导致维持不平等的标准或另立标准；这些措施应在男女机会和待遇平等的目的达到之后，停止采用。缔约各国为保护女性而采取的特别措施，不得视为歧视。①

---

① 参见联合国：《消除对妇女一切形式歧视公约》第 1 条。

4. 反对性别歧视

男女之间的平等和消除对妇女一切形式的歧视是国际人权法的基本原则。《联合国宪章》和众多国际人权条约都规定有权利平等条款或者禁止歧视条款。《联合国宪章》序言载明"重申基本人权,人格尊严与价值及男女平等权利之信念"。《公民权利及政治权利国际公约》规定了最为广泛的禁止歧视条款;三个区域性人权公约也都规定有禁止歧视的条款,即《欧洲人权公约》《非洲人权与公民权宪章》和《美洲人权公约》。

歧视是指任何仅仅基于种族、肤色、性别、语言、宗教、政治或其他见解、国籍或社会出身、财产、出生或其他身份而进行的区别、排斥、限制或优惠,其目的或效果为否认或妨碍任何人在平等的基础上认识、享有或行使权利和自由。性别歧视是基于性别的不公正待遇。性别歧视,是以性别作为决策的唯一标准,而对个人的自由意志与奋斗不予考虑。由于生理性别与生俱来难以改变,且与个人的努力无关,所以,基于性别的歧视是不公正的。

何为歧视?"历史上对什么构成而什么又不构成不合理的歧视的问题并不始终存在着一种普遍一致的看法。"[7]289近来对歧视现象的热烈讨论,与其说明歧视现象普遍存在,不如说是人们的认识能力提高、权利意识增强的结果。歧视也包括多种类别,主要有法律歧视与事实歧视、显性歧视与隐性歧视、直接歧视与间接歧视。规定在法律中的歧视是法律歧视,法律规定虽然是平等的,但实质上造成歧视的就是事实歧视。法律上的歧视是一种显性歧视,而表面上平等、事实上却构成歧视的就是隐性歧视。

性别歧视既包含直接对某一性别的不利待遇,如男女同工不同酬,也包括无视性别差异的不合理的相同待遇,如要求哺乳期的妇女同男性一样加班。性别歧视有时表现为惯例,或称为"制度性歧视"。特定群体所遭受的普遍的、有规律性的社会不利状况,往往是历史因素的产物,并通过广泛的中性政策、习惯和待遇固定下来,主观上常常是非故意的,构成制度性歧视。

二、妇女人权理论

人权与权利是两个不同的概念,并非所有的权利都是人权。人权指人仅仅由于其为"人"——除此之外不需要任何其他的资格和条件——而享有或者应当享有的权利。[8]5~10人权是一个伟大的概念,它是资产阶级思想家在反对封建等级制度、反对禁欲和人性压迫的文艺复兴和思想启蒙运动中所提出的,体现了对人的价值、尊严、人性自由和解放的礼赞；它的内容随着人们对权利认识的不断提高而日益丰富。"二战"后，人权被写入《联合国宪章》和一系列国际文件，成为我们这个时代唯一被普遍接受的政治与道德观念，并具体化为对各国有约束力的法律义务。

人权观念产生伊始，女性虽然为人，却被排除在人权主体之外。在父权制社会中妇女一直处于受压迫和受歧视的不平等地位，被剥夺了各种权利。主张承认女性为人权的主体，是女性主义理论分析和政治斗争的首要内容和目标。女性主义主张妇女的权利是人权，不仅能够使妇女权利的概念获得道德上的和政治上的力量，而且可以使女性主义运动得以分享各国和国际上人权保护运动的成果，为女性主义争取妇女权利的努力赢得法律上的依据和力量。

从历史渊源分析，西方启蒙时代的人权观念是女性主义分析妇女权利问题的重要思想来源，作为女性主义最早流派的自由主义的女性主义本身就是16—17世纪社会契约、天赋人权等自由主义思想运用于女性问题的产物，传统女性主义的理论纲领来自人权思想。[9]4

在20世纪90年代，"妇女的权利即人权"已成为唤起全世界妇女的一个重要口号。人权框架也提供了一些方法，用以定义、分析和阐明妇女人权受侵害的遭遇，并且要求用已经被国际社会认同的一些方法来加以救济。它提供了一个理论框架，用以汇集妇女的不同经历，并为实现妇女权利而制定各种策略。

人权理论揭示了妇女所遭受的不平等对待，正是视妇女低人一等的观念助长和导致了对妇女的歧视和暴力：从战争中的强奸，到经济上的剥削及以文化为借口对妇女基本自由的限制。人权理论要求结束不把妇女当作完整的人来对待的做法。因此，在识别侵权事件和侵权责任者及寻求救济措施等方面，人权理论确实很有帮助。

人权理论还揭示，一直以来将生活划分为"公共"和"私人"两个领域的做法导致妇女状况进一步恶化。因为"公共"领域被看作国家职能部门和公民之间关系的焦点，这方面是人权保障。但很多对妇女的暴力是由男性伴侣或家人个人施加的，因此，即使有反暴力的法律，也经常遭到政府的忽视。故而，许多侵犯妇女人权的行为是以家庭、宗教及文化的名义做出的，被所谓的私人领域的神圣性所掩盖，从而使施暴者逃避了他们的行为应当承担的法律责任。

女性主义在利用人权理论推进妇女权利的过程中，国际舞台上的努力是一个不能忽视的层面。第二次世界大战后形成和发展起来的国际人权法、国际上保护妇女人权的运动与女性主义理论，及其服务的世界妇女运动已经结合在一起。对于女性主义运动消除性别歧视的目标而言，国际人权法还具有策略意义上的工具性，是极为重要的手段。因为尽管有种种不足，但现有国际人权法及其组织框架在提高对人类尊严的尊重方面具有威信和威力，将妇女关心的问题纳入国际人权法的规范和组织体系，能够使女性主义运动借助这种力量而发展。

三、妇女发展和社会和谐理论

1. 妇女发展

性别平等有助于提高经济效益和其他重要发展目标的实现。性别平等的法律政策可以从三个途径提高经济效益，改善发展结果。第一，消除在教育、经济机会及生产投入品的获得等方面女性与男性的差异，可以带来生产率的提高，这在全球化日益发展、竞争日益加剧的当代世界非常重要。第二，改善妇女的地位和处境有利于其他发展目标的实现，比如，可以使其子女受更好的教育，享有更好的生活。第三，建立公平的竞争环境，使妇女和男性拥有同样的机会参与经济社会和政治事务，表达诉求，影响公共决策，这会使制度和政策选择更具代表性和包容性，从而走向更好的发展道路。

世界银行 2011 年《世界发展报告》（WDR）指出，在一个全球化的世界里，那些减少性别不平等，尤其是减少在中等教育和高等教育及经济参与方面的性别不平等的国家，与那些迟迟不采取行动的国家相比将拥有明显的发展优势。妇女的集体能动性可以促进社会的转型。它可以重塑那些限制妇女个人能动性和机会的制度、市场和社会规范。①

2. 社会和谐

社会和谐是中国特色社会主义的本质属性。构建社会主义和谐社会，是新世纪新阶段中国共产党从全局出发提出的重大战略任务，对于推进执政党和人民的事业不断发展，保证执政党和国家的长治久安，实现中华民族伟大复兴的中国梦，具有重大而深远的意义。

社会和谐内在地要求人与人、人与自然、人与社会之间的和谐。在人与人的关系中，有男人与女人、女人与女人、男人与男人等关系。而作为社会主体和中心的男性与女性之间的和谐关系，成为其中的核心内容和重要条件。男性

---

① 参见世界银行：《2012 世界发展报告——性别平等与发展》。

和女性只有互相扶持、共同发展，形成良性互动，实现了彼此间的和谐，才有可能实现人与人、人与自然、人与社会之间的和谐。即是说，两性和谐是人与人和谐的基础，而人与人的和谐，又是人与自然、人与社会和谐的基础，在各种和谐关系基础之上建立和谐社会。

男女两性平等和谐发展是构建社会主义和谐社会的重要内容。社会主义和谐社会必定是两性平等和谐发展的社会，构建社会主义和谐社会是中国特色社会主义妇女解放与发展的重要历史责任。[10]199~200依法预防和制止对妇女的侵害，维护妇女权益，是建立女性和男性和谐关系的基础。

中共十八大报告指出，必须坚持维护社会公平正义，必须坚持走共同富裕道路，必须坚持促进社会和谐。这些要求，凸显了中国特色社会主义的基本价值取向，提供了社会主义市场经济条件下制度安排和制度创新的重要依据，也为当代中国妇女争取男女平等、实现两性和谐发展指明了方向。

四、法治国家和国家责任理论

1. 法治国家

法治是现代文明国家所普遍追求的一种社会治理目标。"法治国家"的概念，是18世纪末、19世纪初被提出来的，从那时起到现在，法治国家的内涵在适应社会变迁的同时，也在不断地丰富和发展。现代法治的核心精神，是对公民基本人权的尊重与保障。早在中共十五大报告中，中国共产党就明确提出"依法治国，建设社会主义法治国家"的治国方略。中共十八届四中全会审议通过的《中共中央关于全面推进依法治国若干重大问题的决定》，更进一步明确了"依法治国"的总体目标和指导思想，并提出了更为具体的实施方案。

法治社会以宪法和法律为至高权威，通过对公共权力的授予和限制，实现对公民基本人权和基本自由的保障。法治国家的目标，需要通过各种具体法律制度的运行来实现。[11]在依法治国的原则下，要求国家立法机关制定较为完备的保障妇女权益的法律，做到有法可依、有法必依、违法必究。十八届四中全会确立的依法治国方略对进一步保障妇女人权，推动解决妇女权益保障方面存在的突出问题，促进经济、社会和男女两性的全面协调发展，具有重大的意义。

《中华人民共和国妇女权益保障法》第二条第二款规定："国家采取必要措施，逐步完善保障妇女权益的各项制度，消除对妇女一切形式的歧视。"这里规定的国家采取的"必要措施"主要包括：国家制定法律、法规和公共政策等来禁止对妇女的歧视；各级人民政府及有关部门加强对妇女权益保障工作的领导，严格执法，为妇女依法行使权利、消除男女不平等提供必要的组织保障和财力、物力支持；各级司法机关要大力开展保障妇女权益法律法规的宣传，为妇女提供必要的司法救助，依法严格惩处侵害妇女权益的行为，制止歧视妇女的现象，等等。[12]

依法保障妇女权益，是社会文明进步和现代化发展的必然要求。法律的稳定性和连续性可以使妇女群体所享有的权利获得一种确定性。法治国家的原则之一是要使法律获得普遍性的服从，为达到这一目的，法治国家的法律必须具有一种稳定性和连续性的属性，不能朝令夕改。通过立法，将妇女权益保障的各项制度以法律的形式确定下来，这些制度也就具有了可以连续实施的生命力。[13]与此同时，通过这些稳定的、不会轻易变更的妇女权益保障法律制度，妇女对于自己的权利义务就会有明确的预期。妇女权益的保障，每一步发展都离不开法律制度的支持，只有通过法制化，才能使各项妇女权益保障制度有效运作。

2. 国家责任

国家实施的或者可归结于国家行为的对妇女的暴力，政府要承担国家责任。对于私人领域中的侵犯妇女权益的行为，政府也要承担责任。国家未能阻止和处罚对妇女的暴力及其他私人侵犯妇女权益的行为，违反了国家承诺的履行人权保护的积极义务，国家并不是直接对个人的行为负有责任，而是因为国家未能通过立法、行政或者司法机构预防、制止、纠正或者惩罚私人侵权行为而承担责任。国家未能保护妇女免受个人侵权的伤害，构成了歧视，从而违反了其所承担的禁止歧视的国际义务。由于疏于履行义务致使妇女得不到法律的平等保护，国家因未能以禁止歧视的方式履行其防止和惩罚对妇女暴力的义务而负有责任。

国家干预针对妇女的侵权行为具有正当性基础。在社会关系中，当事人通常存在地位不平等的问题，处于弱势地位的成员无法与经济上强势和握有社会资源的成员进行平等协商及谈判。如果国家不进行必要的干预，强势成员就可能以自己的独断意志去控制、侵害弱势成员的自由，而后者就会成为前者滥用自由的受害者。

国家干预针对妇女的侵权行为时必须受到一些限制，即国家干预必须具有法律上的依据，以法律手段进行，不能非法干预；国家干预在时点、方式与程度上须与保护弱者权益的需要相对称，不能过度干预。[14]但若涉及家庭暴力、性侵害等严重侵害妇女权益的行为，国家则应秉持相对积极的态度，在必要时主动干预。因为这属于保护人身安全与人格尊严之要求，亦是宪法保障的公民基本权利。

五、社会性别理论

20 世纪 70 年代以后，女性主义理论广泛使用社会性别（Gender）概念①来理解产生两性不平等的社会制度。人类的性别具有双重属性，既有生物属性，也有社会属性，社会性别概念强调人的社会性，认为社会性别是一整套确定两性社会地位和社会角色的社会制度，它通过文化、政治和经济的作用，使男性处于统治地位，女性处于从属的社会地位，从而构成社会性别体制。"社会性别体制"是一个宽泛的认识工具，它使我们可以从文化、性及亲密关系和劳动分工的制度上反思两性不平等制度的产生、发展、维持及改变的机制。[15]6社会性别研究的核心是揭示社会性别体制的状况，分析导致其产生和延续的社会机制，以最终实现两性平等。

妇女与法律研究在西方国家具有悠久的历史，自 19 世纪初就开始对法律中的性别平等问题进行探讨。最早对妇女与法律的研究，深受第一次妇女运动浪潮影响，侧重发现对女性生活影响重大的法律，比如，就业公平、婚姻家庭财产等法律中存在的对妇女的歧视，以改善妇女在法律和社会中的地位。20 世纪 60 年代开始的第二次妇女运动浪潮，为妇女与法律研究带来了社会性别视角，通过对法律的社会性别分析产生了许多新的理论和方法，丰富了法学理论和实践。1995 年联合国第四次世界妇女大会在北京召开，提出了把性别平等纳入主流的观点，开启了性别平等与法律研究新的历程。联合国机构积极推动对性别平等纳入法律和公共政策的研究，发展中国家的学者加入性别与法律和公共政策的研究，侧重对妇女的土地权利、平等就业等发展中国家妇女面临的难点议题进行研究，从而丰富了妇女权益法律保障的理论和实践。

社会性别理论拓展了法律议题的范围。传统法律所规范的行为主要集中于

---

① 社会性别是以文化为基础、以符号为特征判断的性别，它表达了由语言、交流、符号和教育等文化因素构成的判断一个人性别的社会标准。社会性别概念强调性别的文化特性，社会和文化定义了男性气质与女性气质。参见刘明辉主编：《社会性别与法律》，高等教育出版社 2012 年版，第 5 页。

公共领域，而传统意义上的公共领域，如政治、文化、市民社会等，往往是以男性活动的社会性别领域为主。女性活动的主要场所——家庭则被视为"私人领域"，不被政治和法律关注。由于法律对私人领域的排斥，在家庭中发生的暴力、强奸、侵权等不构成犯罪，致使妇女的权益无法得到充分保障。因此，女性主义提出"个人的即是政治的"，呼吁将与妇女生活相关的议题纳入法律和政策视野。在妇女运动推动下，强奸、家庭暴力逐步被提到法律的议事日程；另外，与性相关的议题如色情品、工作场所性骚扰等，也不同程度地得到法律的关注。

社会性别理论使司法过程纳入妇女的经验和性别的视角。如以往美国对强奸的定罪必须有暴力和不同意这两个条件，而女性受害者通常会因迫于男性的暴力表示同意。法官往往基于男性在公共场所的经验，而不考虑性暴力发生时的"同意"与一般情况下的"同意"是不同的。这种社会性别盲视的认识在一定程度上纵容了对妇女的暴力。同时，很多法官在判决中往往根据受害者的身份判定她们是否应该得到保护，认为男性与妻子、风流女子发生的强迫性性行为并不构成强奸，因而她们的权益无法得到保护。

社会性别理论帮助立法者制定积极的法律政策，对弱势群体给予倾斜性保护，以实现实质上的男女平等。为使法律和公共政策有效地维护妇女权利、改变社会性别不平等，女性主义提出了不同的策略和路径。自由主义的女性主义强调妇女个人主体性和独立性，重视她们作为公民自主的选择权利和平等的机会。激进女性主义则强调父权制社会中法律充斥着男性视角，维护着男性权利，主张对文化、意识形态、国家法律机制的全面分析和改变。文化女性主义强调用女性的声音和特点完善法律。其代表人物卡罗·吉利根（Carol Gilligan）提出男女两性有不同的认知方式和伦理：男性注重将个体分离的思考方式，而女性注重个体之间的联系。男性伦理是权利和正义，女性伦理是关爱和责任。因此，她提出用"关爱伦理"（任何人都不受伤害）来补充正义理论（每个人都应受到同等对待）。[15]44~47

有关社会性别视角下的法律政策研究多以西方发达国家为主，基于西方自由资本主义的法律框架，难以为中国特色社会主义法治建设中妇女权益保障提供直接的理论和方法；西方女性主义法学研究中倾向于将男女两性对立，将妇女权利独立于男性权利，强调非此即彼的对抗性，忽视了男女两性权利的交融和冲突并存的复杂态势，无法为东方文化中强调男女两性和谐共赢传统下维护妇女权益提供框架和路径。因此，需要我们立足中国的历史和国情，在研究完善中国妇女权益法律保障的过程中，参考国际研究成果，进一步发展中国特色的妇女权益保障理论和方法。

【参考文献】

［1］彭珮云. 中国特色社会主义妇女理论与实践［M］. 北京：人民出版社，2013.

［2］王家福，刘海年. 中国人权百科全书［M］. 北京：中国大百科全书出版社，1998.

［3］祖嘉合. 男女平等与和谐发展［A］. 北京论坛（2004）文明的和谐与共同繁荣：社会发展与文明对话社会学分论坛论文或摘要集［C］.2004.

［4］马忆南. 男女平等的法律辨析——兼论《妇女权益保障法》的立法原则［J］. 中华女子学院学报，2004（5）.

［5］魏国英. 性别和谐与社会可持续发展——北京论坛"性别平等与发展"分论坛综述［J］. 妇女研究论丛，2004（5）.

［6］马忆南. 貌似中立的"法律"能补偿人生吗［N］. 中国妇女报，2011 – 08 – 25.

［7］（美）E. 博登海默. 法理学、法律哲学与法律方法［M］. 邓正来译. 北京：中国政法大学出版社，2001.

［8］张晓玲. 妇女与人权［M］. 北京：新华出版社，1998.

［9］柏棣. 平等与差异：西方后现代主义女性主义理论［A］. 鲍晓兰. 西方女性主义研究评介［C］. 北京：生活·读书·新知三联书店，1995.

［10］徐伟新，等. 马克思主义妇女解放与发展概论［M］. 北京：中国妇女出版社，2008.

［11］陈乔飞. 我国老年人赡养权益保障问题研究［D］. 贵州大学硕士论文，2009.

［12］流动人口计划生育工作条例有关知识千问千答［EB/OL］. http：//wenku. baidu. c，2012.

［13］汪拥政. 弱势群体的法律制度保障研究［D］. 南京师范大学硕士论文，2003.

［14］马忆南. 婚姻家庭法领域的个人自由与国家干预［J］. 文化纵横，2011（2）.

［15］刘明辉. 社会性别与法律［M］. 北京：高等教育出版社，2012.

（原文刊载于《中华女子学院学报》2015 年第 1 期）

村民自治规范与农村妇女土地权益的保障

周应江

（中华女子学院法学院）

女性主义法学理论认为，法律不仅仅是通过立法程序创建和制定的法律，即规范组成部分，还包括其他组成部分，即通过执行和解释正式制定的法律而形成的法律（结构组成部分）和由习俗传统、政治及人们对正式颁布或正式解释的法律的认知和利用而形成的法律（政治—文化组成部分）[1]37；将社会性别视角引入法学研究，能让法学从一个"有性人"的视角去考量法律，促使人们认识到性别因素对法律的作用及抽象的法律对不同性别的具体影响，从而有助于揭示法律制度与其他制度一起对社会性别系统及广泛存在的性别歧视的支持及构建。[2]27 从一定意义上讲，村民自治章程、村规民约及村民会议或者村民代表会议的决定等村民自治规范，既可以说是一种法律，也可以说是一种公共政策，只不过是在特定的农村集体经济组织范围内适用的"土政策"。本文从农村妇女土地权益遭受村民自治规范侵害的事实出发，分析其作用的机理，检讨现有法律在调适村民自治规范上的缺陷与不足，试图揭示现有农村土地制度所存在的性别盲点和农村妇女遭受不平等待遇背后所隐藏的法律支持系统，进而为保障妇女的土地权益、强化对村民自治规范的监督等探寻相应的对策。

一、农村妇女的土地权益受到村民自治规范侵害的现状分析

在我国，城市的土地属于国家所有；农村和城市郊区的土地，除由法律规定属于国家所有的以外，属于集体所有。根据物权法、农村土地承包法、土地管理法等规定，国家对于农村土地，即农民集体所有和国家所有依法由农民集体使用的耕地、林地、草地及其他依法用于农业的土地，实行土地承包经营制

度；在农村土地上可设定土地承包经营权、宅基地使用权、地役权等用益物权，同时，农村集体经济组织成员还就集体土地征收补偿、集体收益分配等享有权益。妇女权益保障法第三十二条规定："妇女在农村土地承包经营、集体经济组织收益分配、土地征收或者征用补偿费使用及宅基地使用等方面，享有与男子平等的权利。"作为农村集体经济组织成员的农村妇女，依法可以享有的土地权益主要包括土地承包经营权、宅基地使用权、对农村集体经济组织的收益分配权及承包地、宅基地被征收、征用时的补偿请求权等权益。

农村推行家庭承包经营制度三十年以来的实践表明，农村妇女，特别是因婚姻等原因而流动的农村妇女，其土地承包经营权及相关权益往往遭受到村民自治章程、村民民约、村民会议决议或者村民代表会议决议等村民自治规范的侵害，而这种状况至今还没有得到根本解决。

早在十多年前，全国妇联对 15 个省、市、自治区就农村第二轮承包工作中妇女权益被侵害的调查表明，自 1983 年第一轮土地承包起，在一些地区计算家庭人口时，妇女只能分到男性 50%～70% 的土地，个别地区甚至出现了 40% 的劳动妇女没有承包地和宅基地的情况。农村妇女土地权益被侵害的情况突出地表现为：农嫁非妇女在婆家、娘家都难以落实承包地，离婚、丧偶的妇女在回娘家后原在夫家的承包地被收回，多数出嫁不出村的妇女及其子女得不到土地补偿费，个别地区存在宅基地、责任田只分男不分女的情况，村规大于国法，村委会强行注销妇女及其子女的户口使其不能获得承包地等。[3]

《中国妇女报》上登载的一个实例，能很生动地说明农村妇女的土地权益遭受村民自治规范侵害的情况。1982 年，霍邱县城关镇城北村曾出台"村规民约"，其中规定：户口仍在本村的外嫁姑娘，宅基地和承包地全部收回，以后村队任何分红都没有已外嫁的姑娘及其子女的份。1984 年与霍邱县师范学校职工黄朝宝结婚的吴国芳自然也在其中——尽管婚后户口一直留在城北村，但在 1989 年 3 月该村重新分配承包地时，吴国芳母子的责任田仍然被收回。"农村妇女享有同男子平等的土地承包权利，这是法律赋予她们的合法权益，怎能靠一纸没有任何法律依据的'村规民约'说没收就没收？"在中专学校工作，对法律知识"有些了解"的黄朝宝，在仔细查阅了相关法律条文之后，提出质疑，并和村里 45 位"被收回土地的出嫁女"一起开始"为自己的合法权益奔波"。"二十多年来，为了维护出嫁女的合法权益，我一路奔波，从青年、壮年再到中年，却始终得不到应属于我们的这一点土地。还要坚持下去吗？还要坚持多久?"2010 年 11 月 5 日清晨，站在霍邱县城关镇城北村村东头那块不足 6 亩的土地旁，46 岁的黄朝宝无奈地连连发问。随即，他又痛下决心般地自言自语："不能放弃，必须坚持!"[4]

最权威的报告莫过于 2010 年 6 月 23 日《全国人大常委会执法检查组关于检查〈中华人民共和国妇女权益保障法〉实施情况的报告》。该报告明确指出，要使男女从法律上的平等达到现实生活中的平等，仍然任重道远，其中"农村妇女土地承包权益受侵害问题还没有得到根本解决。主要表现为：有的地方在发包时少分承包地给妇女；有的地方妇女出嫁或者离婚、丧偶时被收回承包地；有的地方土地被征后少给或者不给妇女土地补偿费和安置补偿费；有的地方用村规民约或者村民会议、村民代表会议决议等形式限制甚至剥夺妇女的集体经济组织收益分配权。"[5]全国妇联信访系统接收的信访事项也证实了前述情况：农村妇女土地相关权益最易受到侵害的四类人群是外嫁女、农嫁非妇女、离婚丧偶妇女和男到女家落户的家庭；受侵害的四方面的权益分别是农村土地承包经营、征用土地补偿、宅基地分配、土地入股分红等相关衍生权益；有关妇女土地权益信访案件逐年上升，2010 年此类信访事项达到 11858 件次，同比增加了 25.8%。[6]

农村妇女的土地权益被侵害或者剥夺，主要的途径是村规民约的规定或者村民会议的决定。从内容上看，涉及妇女的土地承包经营权、集体经济组织的收益分配权、土地征收补偿金等多方面的权益；从程度上看，有被彻底剥夺、逐步剥夺，或者部分限制或剥夺等不同的情形。实践证明，部分农村妇女在土地权益的享有上受到了歧视，法律所确立的男女平等原则，并没有在基层农村得到真正的落实。①

二、村民自治规范侵害农村妇女土地权益的机理

众所周知，我国法律确立了集体所有制和村民自治制度。在现有的制度下，农村妇女的土地权益需要经由村民自治机制而实现。村民自治规范之所以能够对妇女的土地权益发生影响，进而被用以作为侵害农村妇女特别是流动的农村

---

① 相关调查还可参见林苇著：《妇女农地权益保护的实证再反思》，http://www.privatelaw.com.cn/new2004/shtml/20090428-161506.htm；蒋月等著：《农村土地承包法实施研究》，法律出版社 2006 年 6 月版，第 96 页；陈小君等著：《农村土地法律制度现实考察与研究：中国十省调研报告书》，法律出版社 2010 年 3 月版，第 19～21 页。

妇女的土地权益的依据或者手段，其机理如下文分析。

（一）村民自治规范成为决定妇女是否为本集体经济组织成员的依据

在现有的制度下，妇女取得土地承包经营权、宅基地使用权、征地补偿费、集体收益分配权等，都以具有特定的农村经济组织成员的身份为前提。具备农村集体经济组织的成员资格是分享集体土地收益的关键所在，但现行的土地承包法、土地管理法和物权法等法律并没有就成员资格问题做出规定，使得农村集体经济组织成员资格的界定长期处于制度调整的模糊真空状态。最高人民法院在制定《最高人民法院关于审理涉及农村土地承包纠纷案件适用法律问题的解释》时认为，农村集体经济组织成员资格问题事关广大农民的基本民事权利，属于立法法第四十二条第（1）项规定的情形，其法律解释权在全国人大，最高人民法院不宜通过司法解释的形式对此问题予以规定。[7]363到目前为止，全国人大还没有就农村集体经济组织的成员资格问题做出相关的法律解释。

在国家法律没有为农村集体经济组织成员的身份界定提供标准和程序的情况下，村民成员资格的确定主要是村一级的权力，这种权力受到民众的广泛承认，具有相当的合法性。在村级确认和上级法律部门的确认发生冲突时，村民舆论甚至站在乡规民约一边。[8]92由于人口的增加或者减少会直接影响现有集体成员的利益，出嫁女等农村妇女的集体成员身份，往往被村民委员会或村民集体借助于集体决议或决定的形式予以否认，由此相关妇女的土地承包经营权、集体收益分配权等被限制或者剥夺。一些出嫁的妇女或者入赘的男性，也因为原居住地不再承认其成员资格、新居住地不接收其为成员，从而丧失了承包地或者不能取得承包地。[9]

（二）村民自治规范是妇女实际取得土地承包经营权、征地补偿费等土地权益的依据

在我国现有法律上，"农民集体所有的不动产和动产，属于本集体成员集体所有"，农村集体经济组织、村民委员会或者村民小组是集体土地所有权的行使主体，也是法律上确认的土地承包的发包主体。这具体体现在以下法律规定之中。物权法第六十条规定："对于集体所有的土地和森林、山岭、草原、荒地、滩涂等，依照下列规定行使所有权：（一）属于村农民集体所有的，由村集体经济组织或者村民委员会代表集体行使所有权；（二）分别属于村内两个以上农民集体所有的，由村内各该集体经济组织或者村民小组代表集体行使所有权；（三）属于乡镇农民集体所有的，由乡镇集体经济组织代表集体行使所有权。"

《村民委员会组织法》第五条第三款规定："村民委员会依照法律规定，管理本村属于村农民集体所有的土地和其他财产，教育村民合理利用自然资源，保护和改善生态环境。"农村土地承包法第十二条规定："农民集体所有的土地依法属于村农民集体所有的，由村集体经济组织或者村民委员会发包；已经分别属于村内两个以上农村集体经济组织的农民集体所有的，由村内各农村集体经济组织或者村民小组发包。村集体经济组织或者村民委员会发包的，不得改变村内各集体经济组织农民集体所有的土地的所有权。国家所有依法由农民集体使用的农村土地，由使用该土地的农村集体经济组织、村民委员会或者村民小组发包。"

法律在赋予农村集体经济组织或者村民委员会上述职权的同时，还规定了它们做出决定的机制。物权法第五十九条规定："农民集体所有的不动产和动产，属于本集体成员集体所有。下列事项应当依照法定程序经本集体成员决定：（一）土地承包方案及将土地发包给本集体以外的单位或者个人承包；（二）个别土地承包经营权人之间承包地的调整；（三）土地补偿费等费用的使用、分配办法；（四）集体出资的企业的所有权变动等事项；（五）法律规定的其他事项。"村民委员会组织法第二十四条规定："涉及村民利益的下列事项，经村民会议讨论决定方可办理：（一）本村享受误工补贴的人员及补贴标准；（二）从村集体经济所得收益的使用；（三）本村公益事业的兴办和筹资筹劳方案及建设承包方案；（四）土地承包经营方案；（五）村集体经济项目的立项、承包方案；（六）宅基地的使用方案；（七）征地补偿费的使用、分配方案；（八）以借贷、租赁或者其他方式处分村集体财产；（九）村民会议认为应当由村民会议讨论决定的涉及村民利益的其他事项。村民会议可以授权村民代表会议讨论决定前款规定的事项。法律对讨论决定村集体经济组织财产和成员权益的事项另有规定的，依照其规定。"农村土地承包法第十八条也规定，承包方案"应当依法经本集体经济组织成员的村民会议三分之二以上成员或者三分之二以上村民代表的同意"。

总之，在土地集体所有和村民自治的制度下，作为集体土地发包方和集体财产经营管理者的农村集体经济组织或者村民委员会，具有决定土地的承包方、宅基地的使用权人、集体收益分配、集体获得的土地补偿费的分配等权力，妇女要实现法律赋予的土地权益，需要经过村民自治机制，通过与本集体经济组织订立承包合同或者由集体经济组织决定分配而实现土地承包经营权等权益。

（三）村民自治规范经由村民会议多数决而通过生效，占少数的妇女的土地权益请求难以在村民会议上得到支持

农村妇女的土地权益需要经由村民自治机制才能实现，而村民集体是通过村民会议或者村民代表会议的形式决定土地承包、集体收益分配、土地补偿费的分配等重大事项的，在现有村民会议的表决机制下，在本集体中占少数的农村妇女特别是流动妇女，其土地权益请求往往难以在村民会议上得到支持。

村民委员会组织法第二十二条规定，"召开村民会议，应当有本村十八周岁以上村民的过半数，或者本村三分之二以上的户的代表参加，村民会议所做决定应当经到会人员的过半数通过。法律对召开村民会议及做出决定另有规定的，依照其规定"；第二十六条规定，"村民代表会议由村民委员会召集。村民代表会议每季度召开一次。有五分之一以上的村民代表提议，应当召集村民代表会议"；第二十八条规定，"召开村民小组会议，应当有本村民小组十八周岁以上的村民三分之二以上，或者本村民小组三分之二以上的户的代表参加，所做决定应当经到会人员的过半数同意。"可见在现有的法律中，村民自治进行民主决策的基本规则是少数服从多数，有关土地权益的事项也不例外。

从单个农村集体经济组织看，女性成员应该占了村民的一半左右，但在女性村民中，出嫁女、离婚女等群体只占了一小部分，因此在村民会议或村民代表会议表决做决议的时候，出嫁女和离婚女等群体由于本身数量少而在"民主决策"中处于不利地位。2006 年，全国村委会委员总人数 2429577 人，其中女性人数 562777 人[10]202，女性人数占总人数的 23.16%。在进入村委会的妇女中，正副主任更少，女村委会主任仅占 1% 左右。村民委员会组织法和妇女权益保障法规定，"村民委员会成员中，应当有妇女成员"，这一保护性条款，在很多地方变成妇女有一个名额就行了。受到传统性别文化的影响，在进入村"两委"的有限的女性中，能够以妇女代言人身份出发、积极维护妇女群体权益的更是少之又少了。根据联合国的有关研究，"任何一个群体的代表在决策层达到 30% 以上的比例，才可能对公共政策产生实际影响力"[1]269。女性利益的维护需要更多的女性参与到决策程序之中。在现有的村民会议、村民代表会议的多数决的规则之下，占少数的流动妇女的诉求难以得到尊重和支持，村民借助于村民会议等决议形式而侵害或者剥夺这些妇女的土地权益也就不难理解了。

（四）传统的习俗和文化使侵害妇女土地权益的村民自治规范获得了村民的认同和支持

女性主义认为，传统和文化也是法律的一个组成部分，人们对现实的认识取决于文化认可的合法性，而后者又取决于在社会中占主导地位者。[1]36因此，要分析妇女土地权益被侵害的原因，传统习俗和文化的影响也是不可缺少的方面。

在影响流动妇女土地权益的诸多因素中，一种习俗被广泛认同，这就是："姑娘迟早是别人的"，男婚女嫁，妇女"从夫居"。在这种习俗下，男娶进、女嫁出，妇女婚后到男方家落户和居住。正是在这样的观念下，妇女在婚前被其所在村庄视作暂时的成员。一些地方对未婚女性进行"测婚测嫁"，制定对妇女不分或少分土地的村规民约；还有的地方规定，女性到一定年龄不出嫁也要被收回土地。与此相对应的是，有的地方规定，要招上门女婿，必须经村、组同意，否则不仅男方和孩子不能享受村民待遇，女方的责任田也要被收回。

"各家的媳妇都是一样的"，这也是被许多村民广泛接受的一种认识。这种认识体现了村民的平均主义观念。在村民的观念中，对于新嫁入的妇女不分或者少分承包地或者集体收益，只要同村或者同组的做法一致，就可以接受。正是在这种平均主义的思想观念下，个别的或者少数的妇女，即使敢于维权、挑战众人认同的利益分配规则，在村民会议多数决的议事规则下也往往难以实现其愿望；妇女即使获得了法院的诉胜判决，也常因需要调整众多农户的承包地、法院的判决难以执行而难以实现其要求。

"出嫁的女儿是泼出去的水"，因此女儿出嫁如果要带走其承包地，不仅面临割断亲情的痛苦，还可能受到同村组其他村民的冷眼。正是在这样的思想观念下，出嫁女、离婚或丧偶妇女的土地权益在婚姻关系的变化中被她们"心甘情愿"地放弃。她们中的许多人甘愿在出嫁或离婚后将属于自己的一份土地留给父兄、前夫或前夫的家庭，极少有通过法律获取自己应有的土地权益者，即或有这样的妇女，也很难得到社会习惯的支持。

总之，在传统的习俗和文化观念影响下，出嫁女等要实现自己的权益，不仅要有维护自身权益的意识与能力，更要有突破家庭和社区双重压力的勇气和决心，甚至要准备承受牺牲亲情和人情的痛苦。所有这一切，无疑都会成为妇女实现土地权益道路上的困难与障碍。

三、法律调适村民自治规范的努力与不足

应该承认，既有的法律也看到了调适村民自治规范的必要性，并为此采取了原则性的措施。1998 年的村民委员会组织法在第二十条确立了村规民约等的行政备案制度和维护国家法制统一的原则，规定："村民会议可以制定和修改村民自治章程、村规民约，并报乡、民族乡、镇的人民政府备案。村民自治章程、村规民约及村民会议决议或者村民代表讨论决定的事项不得与宪法、法律、法规和国家的政策相抵触，不得有侵犯村民的人身权利、民主权利和合法财产权利的内容。"2005 年修订的妇女权益保障法第五十五条规定："违反本法规定，以妇女未婚、结婚、离婚、丧偶等为由，侵害妇女在农村集体经济组织中的各项权益的，或者因结婚男方到女方住所落户，侵害男方和子女享有与所在地农村集体经济组织成员平等权益的，由乡镇人民政府依法调解；受害人也可以依法向农村土地承包仲裁机构申请仲裁，或者向人民法院起诉，人民法院应当依法受理。"2007 年颁布的物权法第六十三条规定："集体经济组织、村民委员会或者其负责人做出的决定侵害集体成员合法权益的，受侵害的集体成员可以请求人民法院予以撤销。"

值得一提的是，2010 年 10 月修订的村民委员会组织法在调适村民自治规范问题上有了积极的进展。该法仍坚持维护国家法制统一的原则，在第二十七条第二款规定："村民自治章程、村规民约及村民会议或者村民代表会议的决定不得与宪法、法律、法规和国家的政策相抵触，不得有侵犯村民的人身权利、民主权利和合法财产权利的内容。"同时，该法还确立了对村规民约等的纠错机制。村民委员会组织法第二十七条第一款和第三款分别规定："村民会议可以制定和修改村民自治章程、村规民约，并报乡、民族乡、镇的人民政府备案"；"村民自治章程、村规民约及村民会议或者村民代表会议的决定违反前款规定的，由乡、民族乡、镇的人民政府责令改正"。第三十六条规定："村民委员会或者村民委员会成员做出的决定侵害村民合法权益的，受侵害的村民可以申请人民法院予以撤销，责任人依法承担法律责任。村民委员会不依照法律、法规的规定履行法定义务的，由乡、民族乡、镇的人民政府责令改正。"从上述立法的进展可以看到，国家法律努力加强对村民自治的监督，并取得了积极的进展。特别是新修订的村民委员会组织法增加规定了对村民委员会或者其成员的决定的行政纠错机制和司法审查机制，也设置了对村规民约等自治规范的行政纠错

机制。可以预料，这些措施的设置会在今后的实践中发挥积极作用。但是，应该清醒地认识到，现有法律在对村民自治规范的调适上还存在不足，甚至可以说是不够有力，这具体体现在以下几方面。

第一，法律仍然没有确立对村民自治章程、村规民约等自治规范的司法审查机制。2010年6月23日《全国人大常委会执法检查组关于检查〈中华人民共和国妇女权益保障法〉实施情况的报告》指出，"现有法律法规没有明确规定应当对村民自治章程、村规民约等的合法性进行审查，并对违法的予以撤销，导致一些地方出现'村规民约大于法'的现象"，并提出"目前全国人大常委会正在审议修改村委会组织法，建议在该法中增加相应条款"。但修订后的村民委员会组织法只是对村规民约、村民自治章程、村民会议决议或者村民代表会议决定规定了行政纠错机制，仍然没有确立司法审查机制。

第二，法律虽然确立了村民自治章程、村规民约及村民会议或者村民代表会议的决定的行政纠错机制，但是法律并没有规定如果乡镇政府不予纠错怎么办，也没有规定如果村民对乡镇政府的纠错决定不服该怎么处理。村民是否可以对乡镇人民政府的不进行纠错的行为或者不服其纠错行为而提起诉讼，现有法律并没有给出解决方案。村民委员会组织法第五条规定："乡、民族乡、镇的人民政府对村民委员会的工作给予指导、支持和帮助，但是不得干预依法属于村民自治范围内的事项。"在实践中，一些基层政府往往以尊重村民自治为借口，对妇女等的正当要求不做处理或者处理不力。法律规定对村民委员会或者其负责人做出的决定，妇女作为本集体的成员认为侵犯其合法权益的，可以请求撤销，并追究责任人的法律责任。但依照法律，土地承包、集体收益分配、征地补偿费的使用分配等重大事项都是由村民会议或者村民代表会议决定的，而村民委员会只是负责执行或者实施这些决定的事项，由此导致起诉村委会的妇女即使获得胜诉，也因村民会议的决定无法改变而难以落实其权益。

第三，被剥夺了土地承包经营权和征地补偿费请求权的妇女仍然难以通过诉讼获得救济。妇女权益保障法第五十五条虽然规定"受害人也可以依法向农村土地承包仲裁机构申请仲裁，或者向人民法院起诉，人民法院应当依法受理"，但是在司法实践中，受制于村民自治原则，法院在处理土地权益争议问题上仍相当谨慎。2005年9月1日起施行的《最高人民法院关于审理涉及农村土地承包纠纷案件适用法律问题的解释》第一条明确规定："集体经济组织成员因未实际取得土地承包经营权提起民事诉讼的，人民法院应当告知其向有关行政主管部门申请解决。集体经济组织成员就用于分配的土地补偿费数额提起民事诉讼的，人民法院不予受理。"该解释第二十四条进一步指出："农村集体经济组织或者村民委员会、村民小组，可以依照法律规定的民主议定程序，决定在本集体经济组织内部分配已经收到的土地补偿费。征地补偿安置方案确定时已经具有本集体经济组织成员资格的人，请求支付相应份额的，应予以支持。但已报全国人大常委会、国务院备案的地方性法规、自治条例和单行条例、地方政府规章对土地补偿费在农村集体经济组织内部的分配办法另有规定的除外。"可见，在我国现行法律和司法实践中，农村妇女在没有取得土地承包经营权、集体经济组织决定不予以分配土地补偿费等情况下，要实现土地权益还是没有诉讼救济的途径。

总之，在现有的村民自治机制下，法律为权益受到侵害的妇女提供的救济途径存在很大程度上的缺失，而这种缺失在土地资源有限、成员利益发生冲突的情况下，往往使得在集体中处于少数的出嫁女等流动妇女的权益被牺牲了。正如有学者指出的，农村妇女迁徙的过程中，其是在两个以上的集体之间发生流动，由于赤裸裸的利益冲突，其成为利益分配中两个团体之间不受其他利害人欢迎的主体；当利益的获得主体彼此间互有利害冲突的时候，人们的行为极易异化为保障自己的利益最大化而很难给予其他主体一个相对公平的方案，并常以村规民约的方式等固定其既得利益，使农村妇女的利益在通过民间法的方式进行救济时也受到了很大的阻碍。[12]

四、强化对村民自治的监督，保障农村妇女的土地权益

村规民约、村民自治章程，乃至村民会议决议等，在学者们的论说中被认为是所谓民间法或习惯法的重要组成部分。作为在一定地域范围内，依据某种社会权威和组织确立的具有一定社会强制性的人们共信共行的行为规范，在我国现有的规范体系中，不仅其存在具有国家法上的根据，更具有价值上的弥补性、转化性和共生性。[13]14~15这些自治规范的存在，一定程度上丰富和弥补了国家制定法的不足，甚至可以成为制定法的重要来源，是国家制定法得以实施和发挥效用的重要基础。但是，正如我们所看到的，由于国家法的局限和资源供给的不足，农村习惯法就以其内生秩序的特性自然地填补空白，以满足乡村社会的规则需要，但是农村习惯法对出嫁女及其子女土地承包权、集体经济分配权、宅基地分配权等财产权益往往进行剥夺和侵害，成为农村习惯法与国家法

冲突的突出方面。[14]联合国《消除对妇女一切形式歧视公约》第 2 条（f）项规定，缔约各国应采取一切适当措施，包括制定法律，以修改或废除构成对妇女歧视的现行法律、规章、习俗和惯例。在我国现有立法的基础上，强化对村民自治的监督，特别是强化对村民自治规范的调适，是从根本上解决农村妇女土地权益受侵害问题的必要途径。

第一，应该确立对村民自治规范的司法审查机制。从职责上看，人民法院是国家的审判机关，对于公民、法人之间的各种争议都有终局裁决的权力，法院对村规民约，村民会议决定、决议的合法性和法律效力也有进行司法审查的权力。因此，法律应该明确，对于农村妇女因自身土地权益被村民会议决定、决议剥夺和侵害而提起的诉讼，法院应该受理并进行审判，对村规民约，村民会议决定、决议中违反法律、法规的部分，应该依法撤销或者宣告其无效。

第二，应该建立对基层政府在纠正村民自治规范问题上的问责机制。法律既然已经明确基层人民政府有义务对村民自治章程、村规民约进行备案，有义务责令农村集体经济组织改正其违反法律的村民自治规范，也应该规定基层人民政府的相应责任。在基层政府不作为或者错误作为的情况下，应该赋予村民包括妇女提起行政诉讼的权利。强化基层政府在监督村民自治上的责任，有助于从源头上减少或避免侵害妇女土地权益的村民自治规范的出现。

第三，应该尽快确立认定村民包括妇女的村民成员资格的标准和程序，同时为没有取得土地承包经营权的妇女提供补偿机制，对集体收益和征地补偿费的分配及使用等明确法定的标准与途径。这些标准与途径的确立，将会为村民会议的决定提供具体的指引，也为法院受理和审理涉及农村妇女土地权益纠纷案件提供具体可适用的实体规范，从而可以有效地应对现存的无法律规定可供援引的状况。

第四，加强对相关法律制度的宣传，扩大农村妇女的参政比例。要通过深入的宣传教育，使更多的村民自觉地接受在土地权益上男女平等的原则。提高村民委员会中的妇女成员的比例，动员更多的妇女参加村民会议或者村民代表会议等，使更多的妇女特别是流动的妇女参与到村民会议、村民委员会等的决策过程之中，从而促进农村妇女在分配利益的过程中表达和实现其诉求，减少或者避免多数人对少数人的土地权益的侵害。

【参考文献】

［1］陈明侠，黄列．性别与法律研究概论［M］．北京：中国社会科学出版社，2009.

［2］周安平．性别与法律［M］．北京：法律出版社，2007.

［3］全国妇联权益部．土地承包与妇女权益——关于农村第二轮承包工作中妇女权益被侵害的情况的调查［J］．中国妇运，2000（3）.

［4］王蓓．21 年，出嫁女的土地之争——安徽霍邱县城关镇25 户出嫁女土地被"抢"调查［N］．中国妇女报，2010－11－22.

［5］李建国．全国人大常委会执法检查组关于检查《中华人民共和国妇女权益保障法》实施情况的报告［EB/OL］．中国人大网，http：//www. npc. gov. cn/npc/xinwen/jdgz/bgjy/2010－06/23/content_ 1578400. htm.

［6］全国妇联呼吁：切实维护农村妇女土地相关权益［EB/OL］. http：//www. women. org. cn/allnews/1301/19486. html.

［7］黄松有．农村土地承包法律、司法解释导读与判例［M］．北京：人民法院出版社，2005.

［8］张静．基层政权：乡村制度诸问题［M］．上海：上海人民出版社，2007.

［9］周应江．界定身份与调适民间法——因婚姻而流动的农村妇女实现土地权益面临的两个法律难题［J］．中华女子学院学报，2005（4）.

［10］中华人民共和国民政部．中国民政统计年鉴（2007）［Z］．北京：中国统计出版社，2007.

［11］李慧英．社会性别与公共政策［M］．北京：当代中国出版社，2002.

［12］林苇．妇女农地权益保护的实证再反思［EB/OL］. http：//www. privatelaw. com. cn/new2004/shtml/20090428－161506. htm.

［13］田成有．乡土社会中的国家法与民间法［A］．民间法（第一卷）［M］．济南：山东人民出版社，2002.

［14］高其才．新农村建设中的国家法与习惯法关系［EB/OL］ http：//www. civil-law. com. cn/article/defaultasp？id＝52481.

（原文刊载于《中华女子学院学报》2011 年第 4 期）

论冷冻胚胎的法律属性及保护

——围绕宜兴失独老人胚胎争夺案展开

浦纯钰

（江南大学法学院）

2014 年，我国江苏省宜兴市失独老人胚胎争夺案，作为国内首例冷冻胚胎继承权案，引起了社会的广泛关注和讨论。随着人工辅助生殖技术的应用日渐广泛，尤其是体外受精—胚胎移植技术①的实施，冷冻的早期胚胎为何属性、是否应受法律保护、剩余的胚胎如何处置等一系列问题逐渐成为司法难题。[1]2017~2147对于胎儿，世界各国在立法中做出了有或无、抽象或具体、局部或个别的回应，但对于体外受精的冷冻胚胎，因其有别于自然生殖的胚胎，在法律上应持何种态度，在我国现行立法中尚付阙如，司法实践中对此类问题的处理也十分棘手，因而，有关冷冻胚胎及其法律保护的理论研究亟待深入。

一、案情梳理及法律问题的提出

（一）案件事实及裁判要旨

2012 年 8 月，沈杰与刘曦因"原发性不孕症、医院反复促排卵及人工授精失败"，要求在南京市鼓楼医院（以下简称"鼓楼医院"）实施体外受精—胚胎

---

① 根据《人类辅助生殖技术管理办法》第二十四条的规定：人类辅助生殖技术是指运用医学技术和方法对配子、合子、胚胎进行人工操作，以达到受孕目的的技术，分为人工授精和体外受精—胚胎移植技术及其各种衍生技术。体外受精—胚胎移植技术及其各种衍生技术是指从女性体内取出卵子，在器皿内培养后，加入经技术处理的精子，待卵子受精后，继续培养，到形成早期胚胎时，再转移到子宫内着床，发育成胎儿直至分娩的技术。

移植助孕手术。治疗过程中，鼓楼医院未对刘曦移植新鲜胚胎，而于当天冷冻 4 枚受精胚胎。2013 年 3 月 20 日沈杰夫妇因车祸死亡。为争夺这 4 枚冷冻胚胎，原告沈新南、邵玉妹（系沈杰之父母）以继承纠纷将被告刘金法、胡杏仙（系刘曦之父母）诉至法院，法院依法追加鼓楼医院为第三人。

庭审中，原告主张根据法律规定和风俗习惯，死者双方遗留的冷冻胚胎处置权作为原告生命延续的标志应当由原告来监管和处置。被告则认为胚胎系他们的女儿唯一留下的东西，要求处置权归其夫妻所有。第三人鼓楼医院辩称：冷冻胚胎的性质尚存争议，不具有财产的性质，原被告双方都无法继承，胚胎被取出后唯一使其存活的方式就是代孕，但该行为是违法的。江苏省宜兴市人民法院审理认为，受精胚胎为具有发展为生命的潜能、含有未来生命特征的特殊之物，不能像一般之物一样任意转让或继承，同时，夫妻双方对其权利的行使应受到限制。最终，判决驳回原告诉讼请求。原告不服一审判决，已提起上诉。

（二）争议焦点与裁判困境

从本案基本事实和案件审理的情况来看，问题集中在死者遗留下来的冷冻胚胎到底应该在法律上做何种处理。进一步而言，可归纳为如下三个层面的争议焦点。

第一，胚胎的法律属性应当如何认定？对此，原告认为胚胎在没有植入母体前是权利客体，是物。第三人称冷冻胚胎的性质尚存争议，不具有财产的性质。法院在判决中指出受精胚胎为具有发展为生命的潜能、含有未来生命特征的特殊之物。

第二，本案中的胚胎能否通过继承处理？原告认为胚胎是物，可以继承。实际上原告律师将其定性为具有人格象征意义的物，其举例如定情物等特定纪念物品可以继承，因而胚胎同样也可以继承。[①] 第三人称胚胎不具有财产属性，原被告双方都无法继承。法院则以特殊物不能像一般之物一样任意转让或继承为由，认定胚胎不能成为继承的标的。

第三，本案当事人是否有权处置遗留胚胎？对此，原告主张冷冻胚胎应当被继承且原告可以基于所有权进行监管和处置。第三人称若将胚胎交由原告处

---

① 这是在与律师交流过程中获得的。但笔者并不赞同此观点，其实质上混淆了具有人格象征意义的物和具有发展成为人潜能的胚胎。

置，唯一指向就是代孕，但该行为是违法的。法院认为夫妻两人对胚胎所享有的权利是受法律和伦理限制的，受限制的权利不能被继承。

实际上，我国法律没有明确规定胚胎的法律属性，现行法律、法规也并未明确将胚胎界定为民法上的物或者被归入继承法上的财产范畴。卫生部对人类辅助生殖技术做出了一定回应，2001 年卫生部发布了部门规章《人类辅助生殖技术管理办法》，后陆续发布或修订了《人类辅助生殖技术规范》《人类辅助生殖技术和人类精子库伦理原则》《人类辅助生殖技术与人类精子库评审、审核和审批管理程序》等多部部门性规范文件。但相关法律一方面效力级别较低，另一方面条文内容并未涉及胚胎的法律属性界定，并且根据《人类辅助生殖技术管理办法》第二条的规定："本办法适用于开展人类辅助生殖技术的各类医疗机构"，由此其规制对象也仅为医疗机构一方。

（三）基于个案提出的法学研究新课题

对于胚胎的研究最初集中探讨的是用于科学研究的合法性，法学界的探讨首先围绕的是人的尊严和科研自由。随后当人类辅助生殖技术产生了大量的冷冻胚胎时，胚胎的处置开始受到伦理学、科学、医学、法学界的关注。诸如生命从何时开始，胚胎是不是生命，将剩余胚胎用于干细胞研究的道德性等问题开始被提出，并引起了广泛探讨。

理论探讨尚未有定论之时，司法裁判开始迎来难题。实际上，我国目前育龄夫妇中不孕不育人数约占八分之一，每年全国试管婴儿培育数量在 30 万左右。[2] 近年来由于胚胎引发的争议开始产生，并且不断多元化，诉至法院的案件主要集中在通过人类辅助生殖技术获得的子女的抚养①及继承②问题、实施人类辅助生殖技术产生的医疗纠纷问题③、离婚或一方死亡时冷冻胚胎的处置问题④等。而此时，法官在无法适用直接契合的法律条文，并且通过司法解释的方法也无法获得相应的法律条文依据时，应如何进行法律规范推理，弥补法律漏洞，进而做出有依据的裁判，就成了实践中的一个难题。就已有判决的同类涉及胚胎纠纷的案件而言，对于胚胎法律属性的界定和处置权问题，法院多采取回避的态度，判决驳回诉讼请求或采用调解的方式结案。本案判决驳回原告诉讼请

---

① 参见〔2009〕民字第 09513 号。

② 参见〔2013〕浙金民再字第 3 号。

③ 参见〔2013〕秀法民初字第 02058 号。

④ 参见孙正梁：《丈夫车祸身亡　妻子胚胎移植》，载于《西部晨风》2004 年 11 月 2 日。

求，可见法院的审判严格遵守了依法（实证法）审判的原则，法官在个案审判中并未考虑通过漏洞补充规则来弥补现行法上所存在的空白。

从法律发展的角度来看，成文法的安定性并非牢不可破，立法应当随时准备对司法实践中的现实问题做出回应。[3]259~274以本案而言，笔者认为，法律及其实践至少应对需要人类辅助生殖技术的运用、体外剩余胚胎的应然处置和冷冻胚胎植入前保护等方面有所反应。就此案而言，虽不能涉及关于胚胎之各方面，但本案的典型之处在于，其涉及的夫妻双亡情况下胚胎能否继承，直接揭示了立法不可回避的命题。第一，冷冻胚胎其法律属性究竟为何，是法律关系中的客体还是主体，应当获得何种保护？这一问题的界定不仅关系着其能否被继承、老人能否获得其主张的处置权，更关涉整个伦理秩序和社会公共利益。第二，失独家庭情感与伦理危机二者利益如何衡量？我国有超过100万失独家庭，预计到2050年将增加到1100万。[4]本案中冷冻胚胎是子女留给失独老人的唯一精神寄托，但若本案判决允许胚胎的处置权转移，那么有可能助长人工代孕，从而产生巨大的伦理道德危机。最终，问题就延伸到了胚胎应获得何种保护、如何立法。实际上，一旦立法明确胚胎法律属性并制定出保护规则，那么法官裁判便有法可依，其他问题也会迎刃而解。

当然，这些法律命题不仅是个案需要解决的，也是包括我国在内的世界大多数国家面临的法律难题。本文主要结合这一个案围绕胚胎的法律属性进行研究，进而寻求保护胚胎和解决相关法律问题的路径，为我国未来完善相关法律处理此类案件提供参照。

二、冷冻胚胎的法律属性分析

对人类生命的剥夺当然是最严重的侵害，但尚未得出：这种生理事实是何时开始且已经实际存在了，进而引起法律上的保护请求权。实际上，对于胚胎具有道德及法律的意义已被学界广泛认可，但居于何种法律地位尚未达成统一。

（一）关于胚胎法律属性的学说

当前关于胚胎的法律属性的论述，学界主要存在以下三种观点。

第一，"人"说。该说将胚胎视为法律上的人（Juridical Personhood），认为人的生命从受精那一刻开始，胚胎应受法律的保护。[5]505~534如美国路易斯安那州将其定性为生物体上的人（Biological Human Being）、法律上的拟制人（Juridical Person），并明确规定不是受理手术的医疗机构和精卵提供者的财产。① 意大利的学说也多持自然人说，典型代表如 Francesco Busnelli，认为体外受精胚胎是宪法承认的法律主体，故享有生命、健康、身份和尊严权。此外，还享有等同于体内受精胚胎所享有的民法典赋予的财产权。②

第二，"物"说。主张该说的学者，有的将其定性成体源财产（Excorporeal Property），受其所有权人的意志控制[6]263~292；有的主张胚胎为体外成孕之物，不过是输卵管或子宫中的物质而已，不得视之为人（Actual Person）③；还有的从配子提供者的权利出发，将其视为私生活权的客体。[7]359~460 总体上将胚胎认定为物或是特殊物，忽视或否定其独立的潜在生命。

第三，中间说。该说认为胚胎是介于人与物之间的过渡存在，其处于既不是人也不是物的特殊地位，因为它具有成长为新生儿的能力。[8]1001~1046 如美国生殖医学协会坚定主张胚胎应当受到足够的尊重，但又不能得到与自然人一样的道德和法律权利。[9]677~722 总体上来看，该说作为折中说，正越来越受到更多学者的认同。

（二）"人"说与"物"说的解释困境

1. "人"说的理论困境

"人"说将胚胎界定为法律上的人，既缺乏科学上的依据，又会造成伦理及法律上的诸多障碍。胚胎不是法律上的人，将其界定为人存在科学、伦理、法律上的多重障碍。

首先，从科学上而言，体外受精—胚胎移植技术形成的是早期胚胎，在植入母体前冷冻保存，其实质上是卵裂细胞组成的囊胚，但此时还不具备"人"的任何组织、器官和结构特征，只是具有发育成人的全能性和可能性。而世界多国科学界及立法予以认可的是人的生命始于怀孕 14 天后，受精 14 天内的胚胎属于前胚胎阶段，由此早期胚胎得以合法地成为胚胎干细胞等研究的客体。[10]17 因此，若将冷冻胚胎界定为人，则现有的科学研究中对胚胎的利用均属于违法犯罪行为。

---

① 参见 La. rev. Stat. ann. §9：121，§9：122，§9：123，§9：124，§9：125，§9：126（West 1991）.

② 参见 Francesco Donato Busnelli：Bioeticav derecho privado, Editora Juridica Grijley, 2003, Lima. 转引自徐国栋：《体外受精胚胎的法律地位研究》，载于《法制与社会发展》2005 年第 5 期。

③ 参见 Dominick Vetri. supra note19.

其次，从伦理上来看，若胚胎为人，成功移植并孕育子女后剩余胚胎的处理便成为难题。同时如果不及时处理而将作为人的胚胎长期保存，人类繁殖的自然性和社会人伦关系将会受到冲击。

最后，在法律制度层面，若体外受精胚胎为人，那么我国现有的卫生部的相关规章即为恶法，丢弃或去标志后用于教学科研这两种处置方式都涉嫌故意杀人或故意伤害等罪。相应的民法、继承法、刑法等均应做出大的变动。

2. "物"说的理论困境

首先，将胚胎直接界定为物面临伦理上的困境。实际上，我国学者对胚胎的法律属性研究较少，但已有的研究倾向于将其纳入物的范畴。如王利明主持的民法典学者建议稿指出："人身不是物，但是从人体分离出来的某些部分，如器官、乳汁、血液、卵子等，也可以作为物并成为物权的客体。"[11]242 梁慧星在其主持的民法典学者建议稿中指出："考虑到科学技术的发展，特别是医学上的器官移植技术、人工生殖技术的发展……规定自然人的器官、血液、骨髓、组织、精子、卵子等，以不违背公共秩序和善良风俗为限，可以成为民事权利的客体。"[12]124 杨立新也明确提出："人的冷冻胚胎属于脱离人体的器官和组织。人体器官或者组织脱离人体之后，不再具有人格载体的属性，应当属于物的性质。"[13] 由此可见，我国学者在现有人和物两分法的二元模式下，将胚胎定位为组织，与器官等组织等同，进而归入特殊物，但其有何种特殊性未见明确。并且即便使用特殊物的概念，特殊是修饰物的限定词，而物还是中心词。笔者认为，胚胎有别于器官、精子等，因为其具有发展成为人的潜能，只要移植到母体子宫就有发育成人的可能。而器官、血液并不具有此特征，精子、卵子在未结合之前也同样没有这一潜能。胚胎不同于其他人体组织的道德地位也受到了社会的较高认同。① 因此，胚胎的法律地位理应不同于民法上一般的物，并且区

---

① 如意大利对人工辅助生殖法进行表决前，许多反对的妇女在议会大楼外举行集会并宣读抗议信，称人工辅助生殖法是一部残忍的法律。此外，一些议员也表示这是一部"只有中世纪才会出现的野蛮法律"。结果以 277 票赞成、222 票反对、3 票弃权通过了该法律。我国各界虽然对卫生部出台的规章提出强烈的反对，但一项针对从事妇幼保健医务工作者的调查显示，当问及对精卵结合即具有发育成人个体潜能应予尊重时，59.7% 的人同意，22% 的人不同意，18.5% 表示不明确。详见陈全：《意大利议会 10 日表决通过了人工辅助生殖法》，http://gb.cri.cn/321/2004/02/11/148@65225.htm；丘祥兴、张春美等：《治疗性克隆及人类胚胎管理伦理问题的调查和讨论》，载于《中国医学伦理学》2005 年第 6 期。

别于器官、血液等。

其次，将胚胎界定为物存在法律上的障碍。首要困境便是如何解释胚胎具有发展成人的潜能和可能的即将成为人的过程。若处于冷冻状态的胚胎是物，而随后当其被植入母体成为胎儿进而出生，便又成为具有独立人格的人。假如肯定了这一界定，那便意味着对传统民法理论和秩序中人与物二分、主体与客体二分的研究范式提出了挑战。传统民法认为市民社会的基本物质构成从来就是两分法，不是人就是物，不是物就是人，人永远是主体，物永远是客体，不可能通过后天的变化而产生性质转变。伴随而来的还有其他法律问题，如前文对我国相关案件判决的梳理所涉及的可能纠纷，采用物的界定会对继承法、侵权法等提出挑战。如作为物的体外胚胎能否与母体中的胎儿一样保留对遗产的权利（以活产为限）；又如当冷冻胚胎因为医疗机构的故意或过失毁损、灭失的，或者出生后发现先天疾病或缺陷的，如何主张赔偿的问题。

（三）本文对冷冻胚胎法律属性的界定

冷冻胚胎应界定为介于"人"和"物"之间的特殊存在。尽管这一界定不符合传统民法形式上所体现的人与物的二分规定，但应当注意到，实践中存在着大量介于人和物之间的实体，并且随着信息化及科学技术的发展，这一问题更加凸显，传统民法因此受到了诸多挑战，各国新近的学说和立法实践均回应了这一趋势。[14]430~431实际上，民法典对动物法律地位的修正，成为人物二分在民法典中发生变局的肇始。如1988年奥地利在修正后的民法典中新增第285a条，规定"动物不是物"，"它们受到特别法的保护"。1990年修订的《德国民法典》新增第90a条对此也做了同样的规定。2002年修正后的《瑞士民法典》第641a条规定：1. 动物不是物；2. 对于动物，只要不存在特别规定，适用可适用于物的规定。可以认为，《德国民法典》关于"动物不是物"的规定允许了一个介于人与物之间的中间概念的存在，胚胎或受精卵可以纳入此类概念之中。[15]74实际上就《德国民法典》第90a条的规定而言，我国民法学界所持观点多认为这一变革是向环保主义者让步的权宜之计，动物不是物，是特殊物。[16]86~102实际上这一理解未免牵强，特殊物也是物。民法不是独立发展、一成不变的，对现代社会发展给传统民法在基本原理和民法秩序所带来的冲击应当正面回应。同样，胚胎也不是传统民法中人可以任意占有、支配和控制的物。

对此杨立新教授提出冷冻胚胎属于伦理物的观点①，实际上是在维持传统民法对人物的二分下妥协的产物。即便是伦理物，从语法的角度属于偏正短语，伦理只是修饰词，其中心词仍为物。因此，将胚胎界定为既不是人也不是物的特殊地位更为合理，其属于人与物之间的过渡存在，更有利于体现其潜在的人格，实现对胚胎的保护。

在具体的法律关系中，冷冻胚胎应当界定为权利客体。实施人类辅助生殖技术，正如本案沈杰夫妇要求在鼓楼医院进行体外受精—胚胎移植手术，双方之间的法律关系为合同法律关系，即订立了医疗服务合同。首先，应该肯定的是冷冻胚胎不是法律关系的主体，主体为合法的不孕不育受术夫妇和医疗机构，况且只有人才能成为法律关系的主体。② 关键在于法律关系的客体，也即主体的权利和义务所指向的共同对象。那么胚胎是否能作为合同的客体？当事人签订的《体外受精—胚胎移植知情同意书》③ 中载明："对自己的配子和胚胎有自主选择处理方式的权利，但不得买卖。"这一条款约定将胚胎置于客体地位，那么这一处理权的基础是什么？如果手术夫妇可将胚胎转让，转让行为应当界定为合同法上的赠予还是身份法上的收养？确定这些问题关键在于对法律关系客体的认识。一般认为，法律关系客体包括物、行为和精神财富，随着新的民事法律关系的不断涌现，当前述客体都无法充当这些法律关系的客体时便会引起人们对客体范围的反思。[17]51~58主客体的二元划分本身便具有模糊性，不仅存在重叠和空白的划分区域，而且不能解释现有的一些主客体转化的情形。传统的法

---

① 杨立新教授在其提出的物格制度中，物的三种基本类型为伦理物、特殊物和普通物，伦理物具有最高的法律物格。相关理论详见杨立新主编：《民法物格制度研究》，法律出版社2008年版，第62~172页。

② 某些学者主张人既可以是法律关系的主体也可以是法律关系的客体，并以奴隶是奴隶社会法律关系的客体，公民是行政法律关系的客体，离婚时未成年子女是法律关系的客体等为例，这些实质上是一种曲解。参见刘翠霄：《人只能是法律关系的主体》，载于《法律学习与研究》1989年第3期。

③ 对知情同意书的性质学界尚存争议（主要学说：合同说、授权委托说、风险承担说、证明说）。司法实践中对其性质及效力的认定也并不一致（通过对北大法宝数据库中的案例进行文献计量学分析，其中认可其效力的为68%，32%的案件中未完全承认其效力）。本案中知情同意书的内容主要参照了《实施人类辅助生殖技术知情同意书参考样式》，为重复使用而预先拟定且未与对方协商。医方为实现"达到两个办法及其技术标准、技术规范和伦理原则的要求"，将相关内容纳入知情同意书，在履行告知义务的同时，让签署人对某些医疗中的实质问题进行了选择。基于此，此处知情同意不仅是医方履行告知义务的书面凭证，其性质可以定性为格式合同。

律关系主客体二分理论受到众多学者的批判。[18]39~45此处，笔者无意刻意制造民事法律关系的主体和客体之间的第三种概念，但就冷冻胚胎本身而言，属于受精14天内的早期胚胎，其应为民事法律关系客体，只是其本身具有特殊性。

三、冷冻胚胎的法律保护

（一）对域外法胚胎保护的考察

就我国当前立法而言，对于如冷冻胚胎这一类于体外受精却未移植的胚胎，既未列明其为民法上之何种范畴，也不是刑法上的保护对象，其他部门法中也未见明确。而纵观世界其他各国，有些经验模式可以借鉴。

1. 德国

根据联邦宪法法院的判决："至少从受精后的第14天起，胚胎就拥有生存的权利"；"人的生命存在的地方就有人的尊严"；"成长中的生命也在基本法第一条第一款所规定的人的尊严保护之列"①。《德国民法典》对胚胎并未做出明确规定。同时，根据《德国刑法典》第291a条规定：对受精卵在子宫内着床前发生效力之行为，不视为本法意义上之堕胎。由此可见，体外的胚胎不受刑法的保护。而《德国胚胎保护法》则对胚胎保护做出了详尽的规定，如第2条第1款规定："将体外受精之胚胎，或胚胎于着床子宫前将其取出，让售或是非以维持胚胎存活为目的之转让、取得或利用者，处三年以下有期徒刑或罚金。"第8条规定了胚胎的概念："……有育成个体之可能性，从该胚胎可采取万能细胞者，始该当之。"由此可见，该法充分肯定并给予胚胎存活及发展成人的可能性以严格的保护，其实质是对胚胎法益的保护。由此可见，德国虽未在刑法中做出规定，但以特别法的方式针对胚胎的性质及保护法益给予了特别的规定。

2. 日本

就日本而言，其现行法律虽未将胚胎作为民法上之权利义务主体，但从现有司法实践及学术研究来看，正力图打破现行法律之界限，来引起立法者的注意，整体上更加倾向于制定特别法并结合刑法予以保护的模式。如1993年由日本文部省科学研究所制作的报告，便提案制定《胚胎、胎儿保护法》，整合民

---

① 《联邦宪法法院判例集》（BVerfGE）39，第1、37、41页；88，第203、251、252页。转引自K－A.施瓦茨：《以人类胚胎干细胞为例研究胚胎保护的法律问题》，印晓慧译，载于《中德法学论坛》，参见http：//www.cnki.com.cn/Article/CJFDTotal-ZDFX200300001.html.

法、刑法、行政法及其他寄存之法律，以实现使不孕夫妇适当运用医疗生殖技术。同时，日本伦理委员会所提供的报告书中认为初期胚胎早就已经是法律保护之对象，例如 15 年前相关学说就考虑到了生殖技术之发展会增加侵害初期胚胎的机会，因此将破坏离开母体的初期胚胎的行为认定成立毁损罪。[19]4~17

3. 美国

实际上，美国各州对于胚胎的法律地位尚未有一个统一的明确认识，通过研究相关判例和立法，发现各州对胚胎的保护根据界定性质不同而采取不同的法律制度。

有的州将胚胎视为财产，通过合同法对其进行调整。如纽约州 Kass v. Kass 案①和得克萨斯州的 Roman v. Roman 案②，法院均认可了协议对胚胎处置的效力，其处置等同于财产受合同法调整。弗吉尼亚州的 York v. Jones 案③，法院审理夫妇对自己的胚胎享有财产权，并根据非法占有判令诊所将冷冻胚胎归还原告。

另有一些州将胚胎视为人，给予最佳利益式保护，通过收养法调整。[20]73~83

通过立法对胚胎收养（Embryo Adoption）做明确规定，路易斯安那州首先立法，曾规定剩余胚胎的移植只能以"收养性植入"的方式进行。④ 而佐治亚州 2009 年通过了一项法案（HOUSE BILL388）作为《收养选择法案》的修订，将胚胎收养与传统收养相区别。对胚胎收养的基础概念，如胚胎（Embryo）、胚胎权利的合法转让（Legal Transfer of Rights to an Embryo）做出了规定。明确了收养主体胚胎法定管理人（Legal Embryo Custodian）要为父母的接受者（Recipient Intended Parent）。对于具体的程序，规定了书面合同的签订要求、收养令或亲子令的签发，等等。⑤ 该法案是美国同类立法中的第一次，旨在保护胚胎的同时，维护父母的情感并避免纠纷产生。

还有一些州认为胚胎是一种中间状态，给予特别的尊重，但需通过合同法加以保护。如田纳西州 Davis v. Davis 案⑥，田纳西州最高法院判决认为：体外胚

---

① 参见 Kass v. Kass696 N. E. 2d 174（N. Y. 1998）.

② 参见 Roman v. Roman. 193 S. W. 3d 40（Tex. App. 2006）.

③ 参见 York v. Jones. 717 F. Supp. 421（E. D. Va. 1989）.

④ 参见 Louisiana Revised Statuesk 9：127，1986.

⑤ 参见 H. B. 388. 150th Gen. Assem. , lst Reg. Sess. （Ga. 2009）（enacted），available at http：//www. legis. state. ga. us/legis/2009_ 10/pdf/hb388. pdf（accessed on Apr1113）.

⑥ 参见 Davis v. Davis. 842 S. W. 2d 588. 597（Tenn. 1992）.

胎既不是人也不是物，而是具有一种必须得到尊重的具有发展成为人的潜质的中间过渡形态（Interim Category），但不能给予等同于人的法律地位，此案最终以合同法调整结案。

（二）我国冷冻胚胎法律保护的初步构想

本文主要关注民事法律保护问题，相关结论未就胚胎的刑法等保护做深入研究。结合实践中的问题，相关争议迫切需要解决的是胚胎的民事法律保护。

1. 保护对象：权利抑或其他利益

民法通则第一条宣示："为了保障公民、法人的合法的民事权益……制定本法。"这便意味着除了法定的权利以外，还存在未类型化上升为民事权利的法益。[21]156~160实践中很多此类法益由于个案作用，正在以法律条款个别规定或者司法解释的方式获得保护。如继承法第二十八条规定：

"遗产分割时，应当保留胎儿的继承份额。胎儿出生时是死体的，保留的份额按照法定继承办理。"对胎儿继承法益保护予以确认。又如2001年《最高人民法院关于确定民事侵权精神损害赔偿责任若干问题的解释》对死者人格法益进行保护，第三条规定："自然人死亡后……人民法院应当依法予以受理……侵害死者姓名、肖像、名誉、荣誉……非法披露、利用死者隐私……非法利用、损害遗体、遗骨。"对于冷冻胚胎的保护，笔者无意打破我国现有的民法构建秩序和思维逻辑，而是建议采取立法保护法益之模式。相比以个别条款的形式规定于民法、部门法、单行法之中，抑或是以司法解释的形式加以明确，笔者更希望能够借鉴德国采取特殊法益的保护模式，制定专门的胚胎保护法，对胚胎的法益加以确认。

2. 行权主体及内容

对于胚胎的保护实际是有阶段性的，毫无疑问，胚胎植入母体子宫着床后便开始享有胎儿的一切权利，通过人格权法、亲属继承等法律予以保护。在此之前，处于冷冻状态时的胚胎虽不是物，但需用对物的保护方法给予更严谨、更全面的特殊保护。具体而言，笔者认为当涉及胚胎的归属、处置、保护等问题时，如果夫妻双方均存在或一方死亡，则可以在延续物的保留方法的基础上，通过夫妻双方生育权的行使来确定。因为，胚胎是因为生育的目的而产生，也是当事人生育权行使的重要客体。如果双方当事人均死亡，这在实践中极为罕见，在我国也仅是首例。此时提供者的生育目的不能实现，冷冻胚胎成为剩余胚胎。剩余胚胎的处置应遵循当事人生前的意思表示，当事人生前有指示且无瑕疵的则按照其意思表示进行捐赠、丢弃或是以其他方式处理；当事人生前没有指示或指示有瑕疵的，则可以由其他近亲属基于胚胎具有存活及发展成人的可能性之法益做出合法的指示。而回到宜兴的胚胎争夺案，需要判断的是死者生前的真实意思表示及指示。第三人认为沈杰夫妇生前已签署手术同意书，意味着当事人同意将过期胚胎丢弃。实际上，双方签订《体外受精—胚胎移植知情同意书》中载明："我们知道对自己的配子和胚胎有自主选择处理方式的权利，但不得买卖。"而后签订的《胚胎和囊胚冷冻、解冻及移植知情同意书》中载明："如果超过保存期，我们同意将胚胎：1. 丢弃；2. 去标志后作为教学科研用。"对此，二人选择了丢弃。而立法并未将胚胎处理方式限定，仅采用禁止性规定明确不得买卖，不得实施代孕①，并明确不孕夫妇拥有其选择处理方式的权利。医方在后续的知情同意书中，以限定选择的条款限制不孕夫妇的自由处理的方式，属于格式条款排除对方主要权利，应属无效。同时，探求不孕夫妇的真实意思：一方面，二人在知情同意书上签名是对格式条款的妥协，知情同意书作为法定内容，其制度设计本身所体现的同意程序的立法理念，与患者对其理解和体验之间的差别不可忽视[22]，况且并未预料到会因为死亡而无法达到成功生育的目的；另一方面，医方对处理方式若增加捐赠等其他方式，则当事人可能并不会选择丢弃。因此，本案中当事人生前的指示有瑕疵，故应由其他近亲属做出合法的指示较为妥当。

3. 行权方式之完善

应当明确的是虽然对于胚胎处理的方式可以自主选择，但应在不违反法律的前提下进行，也即不得买卖，不得实施代孕。事实上，捐赠或许为最佳的处理方式和最道德的剩余胚胎处理方法。关于捐赠，2001 年《人类辅助生殖技术

---

① 《人类辅助生殖技术管理办法》第三条仅原则性地指出："人类辅助生殖技术的应用应当在医疗机构中进行，以医疗为目的，并符合国家计划生育政策、伦理原则和有关法律规定。禁止以任何形式买卖配子、合子、胚胎。医疗机构和医务人员不得实施任何形式的代孕技术。"同时根据《人类辅助生殖技术和人类精子库伦理原则》的规定："不孕夫妇对实施人类辅助生殖技术过程中获得的配子、胚胎拥有其选择处理方式的权利。"

规范》及《实施人类辅助生殖技术的伦理原则》认可了胚胎的捐赠行为。① 然而，2003 年卫生部对上述两部文件均进行了修改，对于《人类辅助生殖技术规范》中的相关内容予以删除，并且在实施技术人员行为准则中新增"禁止实施胚胎赠送"。修改后的《人类辅助生殖技术和人类精子库伦理原则》也同样明确了"医务人员不得实施胚胎赠送助孕手术"、"供精、供卵只能以捐助人为目的……"，避而未提胚胎的捐赠。由此可见，卫生部的部门规范性文件对医疗机构及技术实施人员提出了禁止实施胚胎赠送助孕手术。对于两部文件做出修改的原因，笔者认为与此前胚胎捐赠体制的不完善、与不法分子利用管理漏洞用捐赠胚胎代孕有较大关联，然而如果的确因为监管不力就禁止捐赠实在是有违立法宗旨、有失公平正义的。

相关调查表明，我国很多夫妇愿意捐赠胚胎，一些因夫妻双方丧失生育能力或无法获得健康胚胎的夫妇也希望获得捐赠。与其让剩余胚胎积压占用大量的医疗资源，不如允许捐赠更符合胚胎的最佳利益以实现使其发育成人。在法国，进行冷冻胚胎储存的夫妇可以选择继续保存、销毁自己的胚胎或是将之进行捐献，包括捐献给研究人员或其他不孕妇女。美国关于胚胎收养的做法同样值得借鉴，胚胎保护是实践先行的。② 其 1997 年小夜灯开启的雪花胚胎收养计划，不仅帮助大量夫妇成功收养胚胎，同时该中心还接受国际胚胎捐赠。③ 据此，有人预测不久以后将从传统收养进入胚胎收养的时代[23]191，而其潜在的法

---

① 2001 年制定并实施的《人类辅助生殖技术规范》规定："体外受精/胚胎移植及其衍生技术规范体外受精/胚胎移植及其衍生技术目前主要包括体外受精/胚胎移植……卵子赠送、胚胎赠送等。"并且规定还明确了接受胚胎赠送的条件。同年实施的《实施人类辅助生殖技术的伦理原则》中明确规定："捐赠精子、卵子、胚胎者对出生的后代既没有任何权利，也不承担任何义务。遵照我国抚养——教育的原则。"

② 早在 1997 年小夜灯成为世界第一胚胎捐赠和收养程序开始实施"雪花胚胎收养计划"（Snow Flakes Embryo Adoption Program）时就提出胚胎收养这个术语并践行。此后，美国人口事务办公室（OPA）负责管理冷冻胚胎公众意识的控制和宣传，国会在每年的拨款法案中制定规则，将专项资金用于一项胚胎收养的公众意识培养运动（an Embryo Adoption Public Awareness Campaign），从 2002、2003、2013 年均给予财政资助，目的是教育美国人冷冻胚胎可以通过捐赠来帮助需要的夫妇来建设家庭。参见 The Office of Population Affairs：Embryo Adoption，available at http：//www. hhs. gov/opa/about-opa-and-initiatives/embryo-adop-tion/（accessed on April 15）.

③ 目前其官方网站上公布的国际胚胎捐赠国有：澳大利亚、新西兰、爱尔兰、英国、加拿大。Available at http：//www. nightlight. org/snowflakes-embrvo-donation-adoption/move-your-embryos/（accessed on April 15）.

律风险[24]869~896也不可忽视，必须通过完备的制度加以完善。就本案而言，沈杰父母如若获得对冷冻胚胎处理的指示权，则可以选择捐赠给国外的胚胎收养机构，如雪花胚胎收养计划。这样既保护了胚胎法益，也维系了失独老人的感情。建议我国立法加以借鉴。首先，对于"捐赠"和"收养"二词，我国文件中的"赠送""捐赠"提法和美国的"收养"并不一致，前者体现的是对物的处置，后者明显将胚胎认定为人。根据前文对胚胎法律属性的界定，当前使用"捐赠"更为妥当。其次，应针对胚胎捐赠做专门规定，明确接受捐赠的主体条件、申请与配对、权利转移方式及程序、胚胎成功孕育后的亲子关系确认，等等。最后，还应重视对剩余胚胎的来源和去向的档案管理和监管，只有完善的法律规定和有效的监管，才能有效避免利用胚胎收养代孕、超生等问题的产生，确保不违背人伦，保证收养夫妇与子女的亲权关系。

4. 行权规则之限制

事实上，如果有可能将其纳入民法，笔者甚至认为可以立法，明确规定胚胎不是物，同时可以暂时使用对物的保护方法，并且分种类地对胚胎给予更严谨、更全面的特殊保护。从立法进度上，短期不必修改民法，具体内容可以在民法典的制定中加入。具体而言，建议分种类地对胚胎给予特殊保护。根据国际生物伦理委员会的划分，胚胎分为四类：为植入子宫而生成的胚胎，为植入子宫而生成但因超过需求而剩余的胚胎，为研究和生成干细胞的目的采用卵母细胞受精的方法产生的胚胎及通过将捐赠者细胞的细胞核迁入去细胞核卵母细胞产出的胚胎。[25]252~262

笔者认同这一分类，并建议在此基础上进行胚胎保护，实际上前两种胚胎是以生育为目的而产生的，后两种胚胎是以研究为目的而产生的。因此，对于以生育为目的而产生的胚胎的法律保护，胚胎在冷冻阶段其法律属性为非人非物的中间状态，不得以任何方式阻碍其发育成人。而手术成功后的剩余胚胎能否发育成人取决于提供精子和卵子的夫妻，正如堕胎被允许一样，应该允许父母选择将其捐赠、丢弃或是为医疗和研究所用。对于后两类只需在使用时给予特殊考虑和保护，而前两类胚胎应当获得更严格的保护。

四、结语

本案值得思考和解决的，除了前文致力于论述的胚胎法律属性及保护外，不可忽视并且亟须关注的是我国庞大的失独家庭群体。作为独生子女政策的主要负面效应，政府和社会应承担相关责任，但囿于理论瓶颈和立法局限，国家赔偿还不现实。不过冷冻胚胎作为可能延续血脉的希望，司法裁判抑或立法应当在利益衡量时将失独家庭作为一个群体去考量，这不仅有利于胚胎法益的保护，更利于社会评价演化和政策执行结果。[26]43 总之，随着胚胎临床应用的增加、社会伦理规范的变动、类似争议的频发，胚胎之法益应该受到立法的关注和保护。

【参考文献】

［1］Angela K. Upchurch. A Postmodern Deconstruction of Frozen Embryo Disputes ［J］. *Connecticut Law Review*, 2007 （5）.

［2］赵玲. 失独老人要求继承冷冻胚胎未获支持，辅助生殖领域法律空白亟待填补 ［N］. 人民法院报，2014 - 05 - 20.

［3］Ismini Kriari-Catranis. Rights of Embryo and Foetus in Public and Private Law ［J］ . *Revue Hellenique de Droit International*, 2002 （3）.

［4］财新网. 学者警告 2050 年中国失独家庭将超过 1100 万 ［EB/OL］. http：// china. caixin. com/2013 - 03 - 04/100497121. html.

［5］Dominick Vetri. Reproductive Technologies and United States Law ［J］. *International and Comparative Law Quarterly*, 1988 （3）.

［6］Kevin U. Stephens, Sr. M. D. Reproductive Capacity：What does the Embryo Get? ［J］. *Southern University Law Review*, 1997 （2）.

［7］Radhika Rao. Property, Privacy, and the Human Body ［J］. *Boston University Law Review*, 2000 （2）.

［8］Jeremy L. Fetty. A Fertile Question：Are Contracts Regarding the Disposition of Frozen Preembryos Worth the Paper upon Which They are Written? ［J］. *Law Review of Michigan State University Detroit College of Law*, 2001 （3）.

［9］Paula J. Manning. Baby Needs a New Set of Rules：Using Adoption Doctrine to Regulate Embryo Donation ［J］. *Georgetown Journal of Gender and the Law*, 2004 （2）.

［10］朱世霓. 英国有关复制人立法及胚胎干细胞研究争议发展始末及评析 ［J］. 科技法律透析，2002 （3）.

［11］王利明. 中国民法典学者建议稿及立法理由（总则编）［M］. 北京：法律出版社，2005.

［12］梁慧星. 中国民法典草案建议稿附理由 ［M］. 北京：法律出版社，2004.

［13］杨立新. 冷冻胚胎是具有人格属性的伦理物 ［N］. 检察日报，2014 - 07 - 19.

[14] 龚赛红. 人工生殖中的民法规制问题 [A]. 渠涛. 中日民商法研究（第二辑）[C]. 北京：法律出版社，2004.

[15] [美] 爱伦·艾德曼，卡洛琳·肯尼迪. 隐私的权利 [M]. 吴懿婷译. 北京：当代世界出版社，2003.

[16] 杨立新，朱呈义. 动物法律人格之否定——兼论动物之法律"物格" [J]. 法学研究，2004（5）.

[17] 麻昌华，李明，刘引玲. 论民法中的客体利益 [J]. 法商研究，1997（2）.

[18] 姜朋. 穿马褂与扒马褂：对法律关系主客体理论的初步反思 [J]. 法制与社会发展，2005（3）.

[19] 曾淑瑜. 人类胚胎在法律上之地位及其保护 [J]. 法令月刊，2003（6）.

[20] Brandon S. Mercer. Embryo Adoption：Where are the Laws? [J]. *Journal of Juvenile Law*, Vol. 26, 2006.

[21] 宗志翔. 论未上升为民事权利的法益 [J]. 江西社会科学，2012（6）.

[22] Akkad A_ Patients' Perceptions of Written Consent：Questionnaire Study [EB/OL]. http：//www. bmj. com/content/333/7567/528. full. pdf + html（accessed on April 15）.

[23] Sarah-Vaughan Brakman. The Ethics of Embryo Adoption and the Catholic Tradition：Moral Arguments [J]. *Economic Reality*. Social Analysis（New York：Springer-Verlag），2007.

[24] Molly Miller. Embryo Adoption——The Solution to an Ambiguous Intent Standard [J]. *Minnesota Law Review*, 2010（3）.

[25] 文希凯. 国外胚胎干细胞利用立法综述 [A]. 国家知识产权局. 专利法研究 [C]. 北京：知识产权出版社，2006.

[26] Richard Centers. *Psychology of Social Class*：*A Study of Class Consciousness* [M]. Princeton, NJ：Princeton University Press, 1949.

（原文刊载于《中华女子学院学报》2014 年第 6 期）

女性犯罪的法社会学分析

——以苏州工业园区女性犯罪为蓝本

苏云姝　　左国军

（苏州工业园区人民检察院）

苏州工业园区位于苏州市的东部，于 1994 年 2 月经国务院批准设立，行政区划总计 288 平方公里。苏州工业园区自成立以来，采用"吸引外资"的经济发展模式，现有 82 家世界 500 强企业"落户"苏州工业园区。截至 2010 年年底，园区实际利用外资（折合人民币）超千亿元，苏州工业园区累计完成固定资产投资 550 亿元，同比增长 15.1%，总量继续位居全市首位，以苏州 3.4% 的土地 5% 的人口，创造了苏州全市 16% 的经济总量。与此同时，外来人口急剧增加，截至 2010 年年底，苏州工业园区总计户籍人口（含外来苏州落户人员）32.7 万，常住人口已达 72.3 万，外来人口已超过本地人口。且人口流动频繁，导致社会管理难度增加，犯罪率不断上升，所以苏州工业园区已成为东南地区乃至全国的研究经济及社会发展的重要标本，以该区的女性犯罪为蓝本来研究经济发达地区的女性犯罪具有重要的意义。

一、女性的社会关系体系划分

（一）划分依据

近代社会学家将社会类型区分为熟人社会与陌生人社会。熟人社会意味着一个情感为主导的社会，陌生人社会是制度或契约维系的社会。此文中，笔者试图借用这种理论构架方式，从社会关系的性质入手将女性犯罪的社会体系区分出家庭、亲密关系的熟人关系与陌生社会关系。但这种划分也不是简单地根据物理意义的标准，即物理意义上的空间，判断的标准应该是关系的性质而不是关系发生的空间。

（二）家庭及亲密关系

从社会学角度看，家庭为社会的"初级群体"及"共同体"。库利认为，所谓初级群体是指具有亲密的、面对面交往与合作特征的群体，家庭是最富有感情色彩的社会初级群体。社会学家滕尼斯则从共同体的角度加以分析，认为共同体与社会存在着巨大的差别，共同体是亲密的、秘密的、单纯的及持久的和真正的共同生活，而社会则是公众的、世界的、陌生的及暂时的和表面的共同生活。亲密关系指以"情感"构建的关系，包括但不限于家庭关系，可扩大至同居等关系。[1]50~51在家庭及亲密关系中，情感是主旋律和核心。

传统社会赋予女性的目标是婚姻和家庭，大部分的女性仍然被教导通过婚姻和孩子获得充实的生活，她们主要关心的是丈夫、孩子和家庭，所以家庭及亲密关系是女性的主要领域，女性对于经济等目标的追求主要通过婚姻、家庭来实现，并不直接参与社会经济活动。但随着社会发展，至20世纪后，传统的家庭制度逐渐衰落，原有的家庭的功能不断被社会机构所代替，家庭已经被现代的各种机构侵蚀得千疮百孔。同时随着男女在思想观念、劳动就业方面日趋平等，女性所担当的角色迅速分化，许多女性从家庭中解脱出来，与社会接触越来越多，对社会角色的参与也越来越大。家庭与亲密关系已不再是女性涉足的唯一领域，而女性对于以情感为特征的家庭与亲密关系的依赖性明显减弱。但是与男性相比，家庭对女性的影响仍占据极其重要的位置。

（三）陌生社会关系

陌生社会关系由陌生人社会概念衍生而来，首先提出"陌生人社会"这一概念的是美国著名法学家劳伦斯·弗里德曼。他这样刻画现代社会的陌生性："当我们走在大街上，陌生人保护我们，如警察；或威胁我们，如犯罪。陌生人扑灭我们的火灾，陌生人教育我们的孩子，建筑我们的房子，用我们的钱投资。陌生人在收音机、电视或报纸上告诉我们世界上的新闻。当我们乘坐公共汽车、火车或飞机旅行，我们的生命便掌握在陌生人手中。如果我们得病进医院，陌生人切开我们的身体，清洗我们，护理我们，杀死我们或治愈我们。如果我们死了，陌生人将我们埋葬。""陌生人社会"即绝大多数的社会交往行为发生在互不相识、素昧平生的陌生人之间，主要依靠契约、制度、法律来维系。

女性从家庭中解脱出来，与社会接触越来越多，参与社会的程度越来越大。女性参与社会关系的最基本的路径为工作，女性通过工作来参与社会的竞争、生产、消费等经济关系及由此产生的政治等陌生社会关系的强度和广度愈来愈大。世界银行统计表明，到 2014 年，全球女性的收入总额将达到 18 万亿美元。女性通过工作产生经济的收入，同时女性对消费的贡献亦颇大，英国《经济学家》杂志用"女性经济"来描绘全球女性对经济发展的贡献。同时，女性在政治关系的参与度增强，20 世纪 50 年代全世界仅有 1 位女性担任国家领导人，60 年代增为 3 位，70 年代、80 年代、90 年代分别增至 7 人、11 人和 20 余人。2000 年以来，世界政坛上女性的身影愈来愈多，从法国历史上第一位女国防部长阿利奥特·玛丽到德国总理默克尔、乌克兰总理季莫申科，世人惊呼 21 世纪成为"她世纪"。

二、女性的社会关系冲突

科塞[①]在《社会冲突的功能》中将冲突看作有关价值、对稀有地位的要求、权力资源的斗争，在这种斗争中，对立双方的目的是破坏以致伤害对方。其将冲突划分为三种类型：现实性冲突与非现实性冲突；初级群体冲突与次级群体冲突；内部冲突与外部冲突。将女性罪犯置于整个社会关系中考察，可以将女性社会关系的冲突分为家庭及亲密关系的冲突与陌生社会关系冲突。

（一）家庭及亲密关系的冲突

家庭及亲密关系冲突即初级群体冲突，冲突的表现方式所达到的程度、后果有所不同，从言语上的冲突到行动上的冲突，并不是所有的冲突都具有法学研究的意义。生活中，大多数家庭及亲密关系的冲突仅限于口角之争。姑且不说轻微的家庭冲突发生的频率非常高，难以统计；严重的家庭冲突即家庭暴力的普遍性也令人震惊。有统计材料显示：在美国，28% 的女性至少有过一次肉体的家庭暴力经历；在加拿大，在 7 个成长中的女孩中，至少有 1 个是严重性虐待的受害者，犯罪者极可能是男性且通常是受害人认识的男性，处于对受害人具有权威的位置（如继父）。[2]171家庭及亲密关系是女性最初生活于其间的基础关系，对个体影响极为复杂，女性将家庭及亲密关系放在重要的位置，一旦她们所依赖的家庭及亲密关系发生非希望的破坏或变化，就会导致消极情绪进而产生犯罪心理，消极情绪是一切犯罪行为发生的根源。

---

① 刘易斯·科塞，社会学理论中冲突学派的代表人物。

（二）陌生社会关系冲突

社会的发展使女性参与的陌生社会领域不断扩大，参与的强度不断加深，但是女性在陌生社会关系中出现竞争困难、角色转换等冲突难题。首先，法国女作家西蒙·波伏娃曾说："女人虽然已不再是男人的奴隶，但仍然是男人的依赖者，这两种不同性别的人类从来没有平等共享过这个世界。①"在以男性为尊的理念下构造的社会体系中，女性的陌生社会关系的构建更加困难，定位更为复杂，更易发生冲突。其次，传统观念的阻力、社会支持缺乏及自身角色调节的不足，导致当代女性处于社会关系角色转换的冲突中。当代女性虽积极参与社会，但仍未摆脱家庭、亲密关系的角色，出现了角色的叠加性，既承担了传统的家庭、亲密关系的角色，同时又承担着社会角色。双重角色的身份使女性背负过重的包袱，同时，多重约束与现代角色的高度要求使得女性身心疲惫，如果不能适当调节，这些不利因素就可能部分地积蓄在女性的内心，成为消极的量变因素，诱发女性违法犯罪行为。

（三）社会流动性因素

如果说家庭及亲密关系与陌生社会关系冲突为空间纬度的讨论命题，那么社会流动性则属于时间维度的范畴。社会流动是研究社会变迁的一个重要范畴，指的是人们在社会关系空间中从一个地位向另一地位的移动。由于社会关系空间与地理空间具有密切的联系，因此一般把人们在地理空间的流动也归于社会流动。我国在改革开放以后，随着经济的迅速发展，社会流动以其前所未有的态势急剧增加，中国的人口流动可能达到了人类有史以来的空前规模。社会流动造成的社会控制力的弱化，高度流动导致匿名状态的刺激[3]，均是造成社会犯罪的重要因素。高度流动的状态使置身于陌生环境中的流动人员包括女性对他人和周围环境都无法产生一种切身的责任感和道义感，加上外在控制功能的降低，这就使得他们更易于从事一些在家乡或熟悉环境中所不为的行为。"没有人在家门口卖淫嫖娼，没有人在家门口诈骗偷窃。"[5]111-112关于社会流动引发的犯罪浪潮方面的著作汗牛充栋。②严景耀先生指出："犯罪行为是在突然的和迅猛的社会变化中发生的，是在新社会环境失去适应能力的情况下发生的，或者

---

① 苏云姝、左国军：《女性犯罪的法社会学分析》，载《中华女子学院学报》，2011年第4期，第18～23页。
② 例如吴满峰、陈沙麦的《当代中国的社会变迁与女性犯罪》，包路芳的《从角色转变解读女性犯罪》等。

是在新形势下，谋求他们原来的生活方式和满足他们的基本需求，而在这些传统形式被破坏的情况下发生的。"[5]78~79笔者对此不再赘述。

三、社会关系体系中的女性犯罪

家庭及亲密关系的冲突、陌生社会关系的冲突构成了女性犯罪的空间社会关系体系，而社会流动性因素成为分析女性犯罪的时间社会关系体系的重要因素。笔者对苏州工业园区四年来的女性犯罪案件进行梳理，将女性犯罪置于社会关系的整体体系中予以剖析，比较上述三方面对女性犯罪的影响，以期找出目前女性犯罪异于男性犯罪的特征，为女性犯罪的防治工作提供素材。

（一）案件数量分析

与男性犯罪案件相比，女性犯罪案件基础数量较小，但增幅明显。2007年该区受理的男性犯罪人数905人，女性犯罪人数36人；2010年男性犯罪890人，女性犯罪人数100人。与2007年受理的女性犯罪案件32件36人相比，2010年的女性案件已达81件100人，件数增加了153.1%，人数增加了177.8%。女性犯罪案件量增速明显，与大幅提升的案件总量相比，比例略有上升。

究其原因，虽然大部分女性已参与社会活动，但在传统社会因素的影响下，大部分的女性仍是通过婚姻和孩子获得充实的生活，女性对于经济的追求往往通过家庭和婚姻实现，避免了男性所面临的紧张和压力，所以女性的犯罪率较男性低。但随着女性参与陌生社会关系的增多，女性从仅仅家庭、亲密关系到涵盖家庭、亲密关系、陌生社会关系，与个人和社会的矛盾与冲突也随之增多，受到犯罪诱发因素刺激的机会也就愈多，直接导致了女性犯罪的增长。

（二）犯罪类型

1. 女性犯罪涉及罪名种类明显增多

传统的女性犯罪案件呈现出单一化的特点，一般以侵财类或者以财物为目标的案件为主，以2010年为例，盗窃，组织、容留卖淫，诈骗，掩饰隐瞒犯罪所得，职务侵占五类案件排列前位，共计61件，占案件总数的75%，其中盗窃等侵财类案件始居首位。但随着女性参与陌生社会关系强度的增大，女性犯罪种类明显增多。以2009年为例，女性犯罪的罪名扩大到赌博、贩卖毒品等26个，由传统的盗窃等侵财类案件扩大到出售非法制造的发票、行贿等破坏社会主义市场经济秩序罪，侵犯公民人身权利、民主权利罪，侵犯财产罪，妨害社会管理秩序罪，贪污贿赂罪六大类型。

2. 性犯罪问题突出

在近些年的女性犯罪中，性犯罪案件急剧增多，成为近年来女性犯罪案件中的突出问题。以 2009 年为例，组织卖淫，容留、介绍卖淫类犯罪 14 件，仅次于盗窃案件，位于女性犯罪的第二位。女性的性犯罪案件对女性犯罪案件总数的"贡献率"已从 2007 年的 5.5% 增加到 2010 年的 20%。

目前中国社会流动性过大，造成性犯罪的急剧增多。一方面，体力方面处于弱势地位的生理特征决定女性特别是低文化素质的女性就业途径较窄，易走上性犯罪的道路；以男性中青年为主的巨大流动大军造成买方市场的强力拉动；同时，随着社会改革的不断深入，各种性质经济的开发得到拓宽，治安管理工作的能见度降低，社会对个体行为的控制机能弱化，女性的性犯罪率明显提高。

（三）犯罪暴力程度

1. 女性犯罪总体呈现恶性较小，暴力程度不强的特点

2007 年以来，该区的女性犯罪案件中，轻微案件占案件总量的大多数，四年来案件不捕率分别达到 22.2%、29.4%、25.8%、27.1%。以 2009 年为例，女性犯罪嫌疑人在有期徒刑三年以下量刑的占 95.1%，缓刑适用率达到 31%。2007 年至 2010 年四年时间内，故意伤害、抢劫等暴力性犯罪案件累计 21 件，但大多女性都是与男性共同犯罪，且在共同犯罪中处于从犯地位的案件多达 71%。此点与女性自身生理特征有关，女性由于体力等方面的劣势，很难实施对身体要求比较高的犯罪。

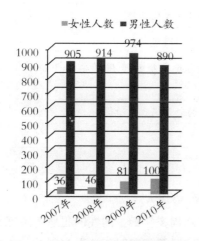

图 1 苏州工业园区女性犯罪数量

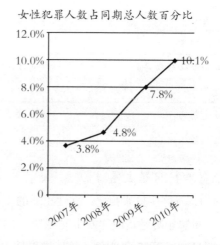

图 2 苏州工业园区女性犯罪比例

2. 在情感型及恶逆变型犯罪中，暴力犯罪手段残忍

2010 年该区办理的刘某抢劫案件，犯罪嫌疑人刘某抢劫案件，刘某与被害人丈夫郭某有不正当两性关系，后刘某因郭某冷淡，遂欲盗窃郭某家财物离开，恰被被害人周某发现，刘某为防事情败露顿生杀意，持刀砍向周某的头部、手、脚等部位，刀伤达一百多处，致周某直接死亡，手段非常残忍。女性遇到家庭纠纷、男女感情因素等发生矛盾时或者在家庭暴力等情况下，易产生突发性、难以控制性的暴力行为。科塞的冲突理论认为，家庭及亲密关系冲突具有压抑性的特点，在这种亲密关系里，一般是女性往往呈现出压抑性的特点，而如果平时不注意敌对情感的释放，让敌对情绪积累起来，冲突一旦爆发，就可能非常激烈，且极具破坏性。

表1 苏州工业园区 2009 年女性犯罪罪名一览表

罪名	数量	罪名	数量
出售非法制造的发票	2	诈骗	7
单位行贿	1	聚众斗殴	1
盗窃	33	开设赌场	3
赌博	1	伪造、买卖国家机关证件	2
贩卖毒品	1	抢劫	2
妨害信用卡管理、信用卡诈骗	1	容留、介绍卖淫	11
非法经营	1	组织卖淫	3
持有假币	2	违法发放贷款	1
非法拘禁	1	虚报注册资本	1
非法吸收公众存款	1	虚开增值税专用发票用于抵扣税款	1
受贿	2		
故意伤害	2	掩饰隐瞒犯罪所得	2
过失致人死亡	1	职务侵占	3

（四）犯罪主体因素

1. 与男性犯罪相比，女性犯罪的主体年龄偏大

犯罪年龄是指犯罪发生时犯罪人的实际周岁年龄。两性的犯罪年龄差异十分明显，以 2007 年为例，该区内男性犯罪人的平均犯罪年龄为 24.6 岁，女性犯

罪人的犯罪平均年龄为30.8岁。另外，从犯罪年龄结构的比较来看，以2009年为例，在男性罪犯的年龄构成中，25岁以下的人群为高发人群，占总数的57.7%；在女性的犯罪年龄构成中，25岁以上40岁以下的人最多，占总数的47.8%。

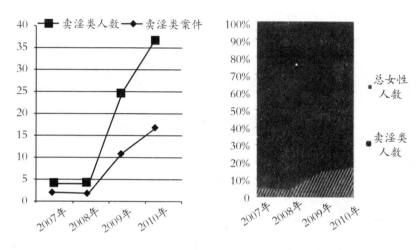

图3 女性犯罪比例

犯罪年龄的差异不仅仅是犯罪人生理差别的标志，更表明了犯罪人的生活阅历及社会心态的不同。在社会流动的背景下，25岁以下的年轻男性在城市中更容易受到不良诱惑，容易走上犯罪道路。女性则不同，犯罪平均年龄一般要高于男犯，原因如下：大多数家庭对女性强制力较强，在女性未成年之前，很少在社会中独立工作、生活，犯罪概率明显较少，而在45岁以后，社会活动的能量下降，多数以晚年生活有保障和精神有依托就满足了，犯罪行为发生较少。25岁至40岁年龄段的女性家庭负担较重，就业更易受到歧视，连门槛较低的服务业也很难进入。在家庭和社会的双重压力下，往往比年轻女性更易产生挫折感和焦虑情绪，这种失衡的心理更有可能驱使产生越轨行为。[6]

2. 与男性犯罪相比，女性犯罪外来人口比例较小

分析该区自2007年以来两性犯罪人口来源的数据可以看出，男性犯罪主体中外来人口的比重较大，分别占据总人数的88.4%、87.9%、85.5%、93.7%。女性外来人数占总人数比例均小于80%，故男性外来人口犯罪比例明显大于女性外来人口犯罪比例。

外来人口犯罪与社会流动性因素息息相关，在女性犯罪人口中，外来人员

犯罪比例增幅不明显，可以看出社会流动性对女性犯罪影响并不如男性大，女性犯罪的增加更多地源于陌生社会关系的冲突。社会如同唱片机，家庭及亲密关系为唱片的中心区域，陌生社会关系则为唱片的边缘区域，在唱片平稳转动的时候，社会中的人按照各自的"纹路"生存。随着社会的剧烈变迁，唱片机飞行旋转，唱片各区域内纹路对人无法予以约束，社会中的人出于离心力纷纷偏离原有的轨迹，因无法形成新的轨迹，故造成行为的失控，引发犯罪的发生。在这一过程中，大部分女性仍以家庭及亲密关系为主，使大部分女性人按照靠近唱片中心的"纹路"运行，故社会流动性对女性犯罪影响并不如男性大。

表2　苏州工业园区两性犯罪人口来源分析

年份	2007 年	2008 年	2009 年	2010 年
女性苏州籍人数	12	19	20	23
女性外来人数	24	27	61	77
男性苏州籍人数	105	111	141	56
男性外来人数	800	803	833	834

（五）家庭及亲密社会关系的冲突成为犯罪的重要诱因

1. 家庭及亲密社会关系的冲突诱发犯罪

通过对本区犯罪人口婚姻状况的分析可以得出，男性犯罪人的婚姻状况较为单一，主要以未婚和初婚为主，离婚、再婚和丧偶的比例非常低，合计为7.3%。而女性犯罪人离婚、丧偶、家庭结构异常等情况占60.4%。家庭、亲密关系的状况对于女性犯罪具有重要影响，特别是家庭及亲密社会关系的冲突，可能是促成女性犯罪行为发生的重要原因之一。在影响成年女性犯罪的相关因素中，如果家庭使用固定家规和程序且管理模式以家长制为主，民主气氛较淡，又缺乏相应的亲密性和较好的情感表达，家庭成员就容易形成诸多的情绪问题和心理冲突，这可能成为她们犯罪的潜隐和促发因素。在成年女犯中，家庭亲密度低及情感表达差，是十分突出的问题。[7]有犯罪学的学者指出，少年犯罪成因中，家庭环境因素最重要，是最有意义的关键性因素。

2. 家庭及亲密关系的冲突直接导致犯罪

依犯罪人与被害人的关系，犯罪可以划分为两种，即陌生人之间的犯罪和熟人之间的犯罪。熟人之间的犯罪则是依已有的社会关系进行，能够更为确切地反映社会关系的矛盾性。[8]男性犯罪主要是在陌生人之间进行，但是在女性犯

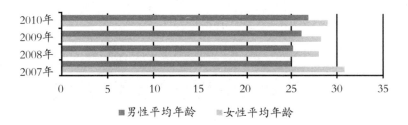

图4　男女性犯罪年龄相比图

罪中，情况则与男性犯罪相反，犯罪人与被害人之间相识的比例非常高，其中达到"很熟"的比例为34.2%，恋爱对象、丈夫等家庭及亲密关系中的被害人合计比例为30.1%。且在这些犯罪中，被害人的过错行为已被认为是犯罪发生的重要原因之一，由家庭暴力引发的恶逆变型犯罪并非罕见。

【参考文献】

[1] 安东尼·吉登斯.亲密关系的变革——现代社会中的性、爱和爱欲 [M].陈永国，汪安民，等译.北京：社会科学文献出版社.2001.

[2] 李银河.性的问题·福柯与性 [M].北京：文化艺术出版社，2003.

[3] 吴满峰，陈沙麦.当代中国的社会变迁与女性犯罪 [J].中华女子学院学报，2004（2）.

[4] 朱苏力.法治及其本土资源 [M].北京：中国政法大学出版社.1996.

[5] 刘作翔.法律文化理论 [M].北京：商务印书馆，1999.

[6] 包路芳.从角色转变解读流动女性犯罪 [J].中华女子学院学报，2008（6）.

[7] 刘兆玺，陈修哲，等.女性犯罪的相关危险因素分析 [J].中国心理卫生杂志，2002（2）.

[8] 张宝义.女性犯罪的主体"个性"及其分析——以天津为例 [EB/OL].湖南社会学网.

（原文刊载于《中华女子学院学报》2011年第4期，并被中国人民大学《复印报刊资料》全文转载）

当前生育保障体系中的矛盾关系与对策探究

蒋 莱

（上海对外贸易学院法学院）

向生育妇女提供社会保障是一项国际性举措，在各国的社会保障体系中都占有一席之地。早期生育保障制度是随着参与工业生产的妇女数量急剧增长而被迅速采纳的，随着社会文明进步与女性人力资源价值的提升，生育保障制度不仅是政府支持和照顾生育妇女的一项社会福利，也成为确保女性享有与男性同等的社会参与及劳动就业权利的重要途径。

生育保障的实施方式主要是通过生育保险立法，在女性生育期间对生育责任承担者给予收入补偿、医疗服务和生育休假。[1]36 国际劳工组织为促进妇女劳动保护颁布过多项国际公约，既有专门针对生育保障需求的《保护生育公约》，也有关涉女性生育前后劳动权益的《社会保障最低标准公约》、《女职工机会均等和待遇平等声明》等。我国生育保险制度在新中国成立初期就已建立，保障对象是"女工人和女职工."目前生育保障政策的法律依据是原劳动部《企业职工生育保险试行办法》（1995 年 1 月 1 日起试行）、国务院《女职工劳动保护规定》（1988 年 9 月 1 日施行）、《中国妇女发展纲要（1995—2000 年）》及于2011 年 7 月 1 日起施行的《中华人民共和国社会保险法》。从法规要求来看，我国生育保障仍然凸显职工福利性质，除了新社会保险法中规定的职工未就业配偶可享受生育医疗费用待遇外，生育保险待遇的主要内容——生育医疗费用、生育津贴和生育休假，都仅仅面向女性职工。

生育作为人类生命的生产过程，涉及国家和民族的繁衍生息。在五大社会保险项目中，如果按实际受益人数来说，依次应该为生育保险、医疗保险、养老保险、失业保险和工伤保险。生育保险事关母婴健康，人人从婴儿开始；享受医疗保险和养老保险的也人数众多，但有一部分参保人可能在实际享受之前就不幸去世；实际受益于失业保险和工伤保险的只有相对少数参保人。因此，不应把生育保障制度仅仅局限于女性权益保护的思路，而需要从社会政策的视角思考完善生育保障制度的重要意义。本研究正是立足于对生育保障中体系矛盾和问题的剖析，提出完善生育保障制度的思路。

一、当前生育保障制度面临的主要挑战

随着我国社会转型、经济结构调整及人们婚育观念的变化，生育保障制度也遭遇到越来越大的挑战。

（一）生育安全危机加大保障需求

表面看来，中国人口众多，但因此而忽视来自生育安全的潜在挑战却是不应该的。生育安全不仅关系着生育的质量，而且关系着生育权利、健康权利等广义的人道主义问题。近年来，由于环境污染、社会压力增大、多次人工流产等因素，已婚夫妇非意愿性不孕发生率为8% ~ 10%，而且，在工业化程度越高的地区，不孕不育者的比例越高，仅上海市有生育障碍的夫妇比例就高达15%。[2]全国目前有育龄夫妇大约2.3亿人，也就是说，全国有1000多万个家庭存在生育难题。[3]另一方面，由于怀孕困难引发滥用辅助生殖技术，造成人造多胞胎高发，影响了母婴安全和生育质量；强制婚检的取消也带来了出生缺陷迅速增加等问题，不仅使人口安全基础遭受到前所未有的挑战，而且对生育保障提出了更高的要求。

（二）生育成本上升催高保障水平

生育成本包含生育家庭成本、生育社会成本和社会生育成本三个层面的内容。仅就家庭成本一项来看，当代家庭承担生育和抚育新生儿的经济和精神投入与过往时代早已不可同日而语。随着第一代独生子女进入婚育年龄，近一亿人口规模的"独一代"人群将带来数以千万的独生子女养育独生子女家庭，生养一个孩子成为贯彻独生子女政策家庭的核心事务，只能成功不能失败的生养观念促成了不计成本全力以赴的生育行动。目前国家层面上的《女职工劳动保护规定》对女职工产前有酌情保护的规定，《上海市女职工劳动保护办法》规定了女职工怀孕期间可调至适当工作或酌情减轻工作量，妊娠七个月以上可请产前假两个半月。但在现实中，考虑到生育安全，越来越多的城市女性在家庭经济能力许可的情况下，选择怀孕后尽早休假甚至辞去工作，以避免生育风险。

（三）保障覆盖不足有悖社会公平

生育保障的职工福利性质决定了保障覆盖面的有限，未正规缴纳社会保险金的私营、个体企业中的女性职工，非正规就业的女性和失业女性及农村流动人口中的女性，都难以享受到生育保障。据官方数据，我国 2010 年年末参加生育保险的人数为 1.2 亿，而城镇就业人员有 3 亿多人，全部就业人口为 7 亿多人；2010 年共有 211 万人次享受了生育保险待遇，而当年生育的女性约为 1600 万人。由于覆盖面过小，导致了多年来我国生育保险基金累计结余逐年增加，甚至超过当年基金收入。同样以 2010 年为例，当年全国生育保险基金收入 160 亿元，支出 110 亿元，累计结余达到 261 亿元。① 基金结余率如此之高，不利于保障效果的落实，而无法享受到生育保障的广大女性更难以感受到社会对其生育行为的关怀。

二、生育保障体系中的几对矛盾关系

生育保障制度面临的种种挑战是与现实情况下人们生育行为中的新现象和新问题紧密联系的，从理论上可以将其概括为以下几对矛盾关系。

（一）女性自我实现需求与高质量完成生育使命的矛盾

随着女性受教育程度的提高和社会参与能力的增强，她们在公共领域实现个人价值的期望也迅速上升。尤其是进入知识经济时代，两性体力上的差异对职业选择和发展的影响越来越小，占人力资源近半数的女性已渗透各行各业，越来越多的女性走上中高层领导岗位。然而转型期经济的快速发展与观念的急剧变化给职业女性带来事业发展机会的同时，也给她们带来了巨大的考验和压力。世界知名办公服务商雷格斯（Regus）近日发布的一项全球性调查显示，中国有近三分之一的人每天工作超过 8 小时，远高于全球平均水平；中国员工平均每周的工作时间为 46 小时，有 62% 的人甚至每周工作 50 小时以上。[4]中国劳动和社会保障部曾有官员表示，中国已经成为世界上劳动时间最长的国家之一，许多行业的中国员工劳动时间几乎已赶超日韩。[5]267

身处其中的职业女性当然也不能幸免，更有甚者，女性为了达到和男性同等的职业地位往往需要付出更多的时间和心血。完成高层次的学历教育、在职业领域打下初步基础、担心生育期间错过发展机会甚至失业，种种原因导致育

---

① 上述数据来源于国家统计局网站发布的当年统计公报，http：//www.stats.gov.cn/.

龄女性控制和推迟生育的行为日趋增多，尤其在大城市的精英人群中更为普遍。20世纪90年代，中国35岁以上初次生育的高龄产妇占比仅为2%；而到2006年，这一比例翻了一番；时至今日，在北京、上海、深圳等城市，这一比例甚至高达10%以上。[6]

然而矛盾的是，许多自主意识和自主能力强的女性一旦认为外部条件成熟，或是生物钟敲响，催生出为母之心，生育一个健康、完美、成功的孩子立即会成为她们自我实现目标中的一部分。上文关于生育成本与生育安全的简述已表明，高龄、人工流产经历等之前推迟或控制生育的举措，往往成为之后求"好孕"而不得的隐患。于是，一方面是不想生育时以一切人工手段加以控制；另一方面是想生育后不惜一切代价强化生育目标，甚至甘愿做出诸多自我牺牲。表面上，这是许多接近最佳生育年龄上限的女性自己的纠结，但实质上反映出的是当前生育保障机制对这方面保障诉求的忽视：当她们难以在职场身份和母亲角色中游刃有余地转换，选择任何一个角色都不得不再三思量。

（二）女性平等就业权利与企业公平参与市场竞争的矛盾

女性的就业权是指有劳动能力和就业愿望的女性劳动者，依法享有的请求提供工作或获得有报酬的工作的权利，也可以称为女性的工作权或职业保障权。劳动就业权本身是一项国际公认的基本人权，女性的就业权更蕴含着消除对女性的歧视、保证男女平等的追求。无论是联合国的《消除对妇女一切形式歧视公约》，国际劳工组织的《消除就业和职业歧视公约》《就业政策公约》，还是我国的宪法、劳动法、妇女权益保障法、就业促进法、女职工劳动保护规定、妇女发展纲要等法律法规，都有禁止就业性别歧视的规定内容，为保障妇女就业权提供了充分的法律依据。劳动法第二章第十一条中，"在录用职工时，除国家规定的不适合妇女的工种或者岗位外，不得以性别为由拒绝录用妇女或者提高对妇女的录用标准"的规定，则简明地概括了劳动力市场就业性别歧视的典型模式。

与法律法规中明确的规定形成鲜明对比的是，现实中的劳动力市场上，用人单位对女性的歧视不仅随处可见，而且呈愈演愈烈之势。2009年发布的国内首份系统反映职场性别歧视的调查报告《中国职场性别歧视状况研究报告》指出：招聘时基于性别的歧视依然严重，平均每4个女性被调查者中就有1个因性别而被用人单位拒绝录用；平均每25个女性被调查者中有1个被迫签订带有"禁婚""禁孕"条款的劳动合同；28%的被调查者表示，从事相同工作时，用

人单位招聘男女成绩存在明显不平等情况。调查还发现，平均每 5 人中就有 1
人表示其所在单位不愿录用育龄尚未生育的女性；超过五分之一（20.9%）的
被调查者表示其所在单位存在"三期"（孕期、产期和哺乳期）内强迫女性调
岗降薪的情况，而"三期"内遭到强迫解雇的占到 11.2%；同时，15% 的被调
查者明确表示单位存在男女同工不同酬现象。[7]59

事实上，职业性别歧视的内容本身已经揭示，女性自然附着的生育功能是
阻碍女性平等就业的最根本原因。早在 1987 年，全国总工会女职工部对 660 家
企业的调查发现，88.7% 的行政领导不愿招收女工的真实原因是女职工生育哺
乳会影响企业的经济效益。[8]二十多年后逐步发展成熟的市场经济体制和现代企
业制度更加凸显了经济利益的驱动作用，在以劳动投入产出效率为唯一考量标
准的情况下，女性的先天特质使她们不得不在与男性的竞争中败下阵来。很多
学者指出，加强和完善生育保障制度是保障女性平等就业权利的重要途径，但
现实情况却常常呈现出相反的走向，对生育保障制度的强调与女性就业处境的
改善尚不能直接画等号。2011 年 11 月，国务院法制办公室公布《女职工特殊劳
动保护条例（征求意见稿）》，其中对产假、生育津贴、生育费用等生育待遇都
做出了较之以往明显提高的规定。然而调查显示，许多年轻女性对此却并不领
情，反而担心产假延长、未缴纳生育保险的用人单位须支付女职工生育津贴等
内容加重了企业雇用女性的负担，造成企业更不愿意接受女性。

从理论上讲，生育成本上升必然引发与生育保障的冲突，站在生育承担者
的立场，优生不仅是家庭私事，也是社会责任，与优生相关的成本有理由纳入
社会保障范畴；而站在用人单位的立场，虽然实施生育保险社会统筹后，减轻
了企业为女性职工提供产假期间基本福利的负担，但在女性享受产假及希望得
到产前休假时，寻找替代职工、对新职工和生育后回到岗位的女职工进行培训
等费用还是会增加企业的运行成本，企业必须为超额的顶替工支付额外的工资，
对企业而言，这是一种间接损失，导致成本相对提高而效益降低的局面。企业
的目标是核算成本与效益，是为了追求利润，由企业自身来承担女职工生育造
成的经济损失和人员更替损失是不合理的，不利于企业公平地参与市场竞争。
生育保障制度"保护女性就业之名"与"阻碍女性就业之实"的矛盾关系正在
于此。

（三）家庭过多保障责任与社会支持力量不足的矛盾

"独一代"生育"独二代"与"四二一"家庭结构的趋向不仅进一步提高

了孩子在家庭中的地位，也把家庭在生育保障制度中的影响推到了显要的位置。一方面，作为最基本、直接而富于情感的社会管理细胞单位，家庭有很强的主动性参与到生育支持事务中，新生儿在家庭的呵护关爱中才能得到最好的成长，生产前后辛劳疲惫的母亲也最需要从家庭中获得慰藉。尤其是城市中产阶层的崛起，带来了有别于中国传统文化的、具有"儿童中心"色彩的养育观念。根据中国社科院的研究，中国的中间阶层已达到23%的规模。[9]402城市中的"独生父母"在国家高等教育资源扩大、原生家庭的高期待和充分支持等因素的影响下，享受到较高的教育水平和较好的发展基础，为他们进入社会的中间阶层提供了条件。西方工业化前后的家庭文化变迁经验显示，"儿童中心"在城市的中产阶级中成为一种占支配地位的生活式样[10]3，虽然父母都必须外出工作，但对儿童的关注与重视均远甚于过去……此种家庭乃是现代社会的中产阶级的特征之一。[11]235这种关注与重视从生育之前延续到养育的全部过程，其中所需付出的财力、精力、时间和心血往往需要"四二一"结构中两代家长的全情投入。

另一方面，改革开放以后，中国的社会政策一直以减轻企业（国家）的社会负担、增加家庭和个人的责任为主导思想。[12]在现实环境中，除了社会保险法规定的产假与生育保险待遇的职工福利外，产前休养保胎、产后幼儿3岁（幼儿园的入园年龄）前的看护、婴幼儿病弱时的照料等社会需求强烈的保障服务内容都被自动归入家庭责任的范畴，无论客观条件是否允许，家庭都不得不被动地承担起越来越重的保障责任。据在中国改革开放前沿地区广东省的调查，目前有34.5%的母亲退离职场，自愿成为全职妈妈，专心料理家庭和照顾孩子，而其中高学历女性的比例正在逐年增加，拥有本科以上学历的全职妈妈高达九成。[13]新中国成立后被完全否定的"家庭妇女"现象如今又悄然回潮。依靠父母辈或保姆帮忙是职业女性生育前后的另一种选择，后者加重经济负担，前者则易导致家庭模式从核心返回主干的反向化变迁，以新的纵向型亲子轴取代夫妻轴，不仅存在着对老年人自主老年生活的剥夺，也不利于年轻夫妇学会独立承担生育事务。然而所有这些问题在社会支持力量不足的情况下都无法细究，成为选择生育后必须付出的代价。

三、矛盾的解决思路与对策建议

保障范围和保障力度是社会保障的两个基本维度，当前生育保障体系中的矛盾还需要从这两方面加以分析。保障范围方面，农村妇女、城镇正规就业女性和男性的未就业配偶都已纳入生育保障制度范畴，但人数众多的灵活就业、失业人员和农民工等群体尚未享受到统一的生育保险政策。保障力度方面，国家法律和地方政策规定的生育待遇能基本保障生产过程中的费用和产假期间的生活，但社会需求日益强烈的孕期和产后育儿中的保障内容都属空白。究其原因，在于现行生育保障制度的直接受益者是女性和婴幼儿，受传统的女性生育属于私人领域活动[14]和长期计划生育政策引导下孩子属于"社会负担"[15]的观念影响，生育活动的社会价值还没有得到充分的认识与广泛的接受。恩格斯在《家庭、私有制和国家起源》一书中指出："历史中的决定因素归根结底是直接生活的生产和再生产。但是，生产本身又有两种：一方面是生活资料，即食物、衣服、住房及为此所必需的工具的生产；另一方面是人类自身的生产，即种的繁衍。"[16]58生育作为一种生产行为，是一种特殊的社会劳动，是对国家人口的特殊贡献，应该得到一定的补偿。

（一）家庭视角在生育保障体系中的特殊价值

生育活动是家庭生活中的重要内容，生育保障水平与生育女性所在家庭的整体生活质量密切相关。女性暂停工作后的经济来源、维护母婴健康和营养的物质支持、抚育新生儿的经济和精神投入，都对家庭的稳定和谐起着重要的作用。这也从另一个角度启发我们，不应忽视家庭在生育保障中的重要功能和作用，家庭的保障价值与个体的福利获取有着相辅相成的关联。

今天的家庭已经在生育事务中承担了过多的保障责任，但无论是政策模式还是社会文化都未对家庭的保障价值给予足够关注，更谈不上支持帮助。在生育保障研究中强调家庭视角的意义，一方面有助于对家庭社会保障功能的再认识。注重家庭是中国社会的传统，为家庭成员提供社会保障，也是传统家庭的重要功能。受经济体制改革和社会转型的影响，大多数家庭失去了传统的就业保障与相关的福利服务，同时又承受着教育、医疗、养老、育幼等基本社会服务的日趋商品化，其保障功能正受到越来越严峻的考验。应该看到，家庭是最小的社会细胞，家庭有了社会保障，每个人也获得了保障服务；重视家庭的保障功能和责任，通过家庭政策渠道为家庭及其成员提供保障服务，是实现人人享有基本保障目标的有效途径。

另一方面，从生育保障自身的特点考虑，家庭支持的作用也是不可替代的。国际上对家庭功能及其需要的支持以家庭政策的形式开展，尽管由于家庭概念的差异，对于家庭支持政策的理解和设计有着不同的角度和方法，但支持生育与性别平等都是其中的基本精神。以欧盟家庭政策框架为例，其政策由儿童照料建议、孕产妇保护指令与亲职假指令构成。[17]孕产妇保护无疑是生育保障体系中的内容，亲职假与生育休假同样契合，提供生育津贴帮助家庭缓解养育新生儿的经济压力也可纳入儿童照料范畴。其他国家的家庭政策也有覆盖养老、失业等保障的内容，不过凭借生育在家庭功能中原初和基本的地位，家庭支持的目标导向与生育保障的价值诉求始终非常接近。

（二）建立以家庭为单位的生育保障政策框架

我国现有的社会保障体系除了最低生活保障制度以家庭成员人均收入为考量依据以外，其他基本社会保险政策都以个人为单位落实，很少对家庭提供支持，无法回应迅速变化的家庭的需要，也影响到个人和社会的发展。通过将家庭的生育功能和生育保障的关切价值对接，我们认为不应把生育保障制度仅仅局限于女性权益保障的思路，而有必要从家庭福祉和社会政策的角度完善生育保障制度，通过建立以家庭为单位的生育保障政策，支持家庭保障功能的实现，从而提高生育保障制度的政策效能和实施效果。

笔者认为，构建以家庭为单位的生育保障政策框架主要包含以下三方面的内容。

1. 生育的社会价值与家庭全覆盖的保障范围

长期以来，女性的生育价值就像家务劳动价值一样，被局限于私人领域，未上升到社会价值的高度。应该看到，物质生产和人类自身的生产二者之间存在紧密的联系，只有人类进行自身的延续，才能提供足够的劳动力进行物质生产，从而促进社会的维持和发展。[14]因此，女性的生育价值并非局限于小家庭内，社会对生育劳动的补偿也不应受到地区、身份、职业等因素的差别对待。考虑到我国城乡社会发展的严重不平衡性和不同阶层间的巨大差距，以家庭为单位参加生育保险是当前尽快实现生育保障制度全覆盖的有效方式。每一个生育家庭得到保障，家庭中的母亲和孩子也就得到了保障。

2. 两性平等诉求与男性的生育保障待遇

以"实现男女充分的平等"为目标的联合国《消除对妇女一切形式歧视公约》，不仅规定了"养育子女是男女和整个社会的共同责任"的基本原则，也明确提出了"改变男子和妇女在社会上和家庭中的传统任务"的共同理念。在生育活动中，"生"是夫妻双方共同参与的，"育"也不应该有任何一方缺位；参与到照料母亲和养育婴儿的家务事务中，既是为人夫、为人父的责任，也是男性公民的权利。国际上以"男性护理假"的立法方式为男性提供生育保障待遇。在我国，一些地方政府也根据本地的实际情况出台了尝试性的政策，男性护理假期从 3 天到 30 天不等。如果以家庭为单位落实生育保障，在逻辑上可以更合理地纳入男性的生育保障待遇，无论是生产护理假、育儿津贴，还是亲职假，都可以在家庭保障待遇的名义下提供给所有家庭成员，从而避免零散立法导致的社会保障体系碎片化问题。

3. 家庭政策目标与儿童福利和妇女福利

家庭政策是福利国家以解决社会问题和改善公民福利为主旨的举措，福利提供的普遍性与覆盖范围的广泛性是西方发达国家家庭政策的主要特征。[18] 各国在制定具体的家庭政策时，虽然出发点和着眼点不尽相同，但缓解父母特别是女性工作和家庭生活的矛盾是其中的一个重要目标[19]，与之相关的举措往往是与妇女和儿童的福利紧密相连的。例如，在妇女地位最高的北欧国家，生育前后的保护和国家向在职母亲提供福利责任是家庭政策中的重点原则。[20]443 建立以家庭为单位的生育保障制度，可以把儿童与女性的福利待遇囊括在家庭福利政策目标之中，通过家庭政策的"顶层设计"，系统地考虑女性和儿童的福利保障机制，这也是对生育保障最完整全面的诠释。

综上所述，建立以家庭为单位的生育保障政策框架，对于解决我国当前生育保障体系中存在的矛盾有着紧迫的现实意义和重要的理论意义。它不仅是完善我国生育保障制度的有效切入点，也可为社会保障体系中的其他保障政策所借鉴和吸收，从而推动我国社会保障事业的发展。

【参考文献】

[1] 汪弘. 医疗与生育保险：政策与实务 [M]. 北京：北京大学出版社，2008.

[2] 施嘉奇. 上海 15% 夫妇存在生育障碍，高压工作致不孕不育频发 [N]. 文汇报，2011 – 01 – 27.

[3] 周灿权. 育龄夫妇生育率下降 [N]. 广州日报，2010 – 03 – 06.

[4] 调查称中国人上班超时远高全球水平 [N]. 法制晚报，2011 – 11 – 22.

[5] 王晓春. 人力资源管理概论 [M]. 北京：化学工业出版社，2008.

[6] 张琴. 政协委员议 25～35 岁生孩子国家每月发放"奶粉钱" [N]. 天府早报，2011 – 02 – 28.

[7] 李莹. 中国职场性别歧视调查 [M]. 北京：中国社会科学出版社，2010.

[8] 全国总工会女工工作委员会. 城市妇女在就业方面面临的新问题 [J]. 工运研

究，1988（2）．

[9] 陆学艺．当代中国社会结构 [R]．北京：社会科学文献出版社，2010.

[10] 李大圣．百年反思——语文育人功能检视 [M]．桂林：广西师范大学出版社，2006.

[11] "国立" 编译馆．教育大辞书（四）[M]．台北：文景书局，2000.

[12] 张秀兰，徐月宾．建构中国的发展型家庭政策 [J]．中国社会科学，2003（6）．

[13] 黎冬梅．粤高学历全职妈妈趋增引争议 [N]．大公报，2011 - 06 - 23.

[14] 庄渝霞．透析实施生育保险制度的趋势 [J]．人口学刊，2009（4）．

[15] 唐钧．中国的儿童权利和儿童福利 [EB/OL]．价值中国网，http：// www. chinavalue. net/Finance/BIog/2011 - 12 - 27/868179. aspx，2011 - 12 - 27.

[16] 恩格斯．家庭、私有制和国家的起源 [M]．北京：人民出版社，1995.

[17] 吕亚军．欧盟家庭友好政策的性别视角分析——以父母假指令为例 [J]．妇女研究论丛，2008（1）．

[18] 吕亚军．战后西方发达国家家庭政策的嬗变 [J]．安庆师范学院学报（社会科学版），2010（1）．

[19] 和建花．法国家庭政策及其对支持妇女平衡工作家庭的作用 [J]．妇女研究论丛，2008（6）．

[20] Kamerman，S. B. & Kahn. A.. *Government and Families in Fourteen Countries* [M]. New York：Columbia University Press，1978.

（原文刊载于《中华女子学院学报》2012 年第 5 期）

03

婚姻家庭法研究

略论婚姻财产关系法律调整的价值取向

——由婚姻法司法解释（三）引起的社会反响谈起

杨大文

（中国人民大学法学院）

《最高人民法院关于适用〈中华人民共和国婚姻法〉若干问题的解释（三）》［以下简称"婚姻法司法解释（三）"］的颁行，引起了社会各界的热议。其中有关婚姻财产的归属的规定，尤为人们所瞩目。拍手称快者有之，认为这些规定有效地保护了婚姻主体个人的财产权益，使那些企图借婚姻掘金、谋利之辈无法逞其目的。不以为然者亦有之，认为有的规定不符合婚姻制度的宗旨或婚姻关系的性质，不利于对在经济上、财产上处于弱势一方的权益保护，感到现实生活中的某些婚姻已经变味，甚至发出了婚姻向何处去的质疑。

婚姻法司法解释（三）中既有实体性的规定，也有程序性的规定；既有财产关系方面的规定，也有人身关系方面的规定。就其总体而言，我认为是很有针对性的，它为现实生活中客观存在而又亟待解决的一些具体问题，制定了明确的法律对策，有助于统一适用法律的标准，消除某些同案不同判等现象。有的规定还从司法实践的角度对我国夫妻财产制的完善做了新的探索。我这里所说的是婚姻法司法解释（三）的第四条，期盼它能成为构建非常法定夫妻财产制的起点。需要说明的是，本文不拟对这个司法解释做全面、系统的评析，仅以财产归属问题为例，就婚姻财产关系法律调整的价值取向提出若干可供思考的意见（我认为，这些意见大体上也可适用于婚姻双方以外的、其他家庭主体之间的财产关系）。

思考之一：调整婚姻财产关系，既要保护主体个人的权益，又要符合婚姻家庭制度的宗旨，有利于发挥婚姻家庭的社会功能。

夫妻是以永久共同生活为目的而结合的人生伴侣，是家庭中的核心成员。双方承担着赡老、育幼、组织共同生活的责任。以婚姻为基础的家庭是社会的细胞，具有多种重要的社会功能。实现这些功能需要有一定的物质的、经济的条件，在我国社会发展的现阶段，以婚后所得共同制作为法定夫妻财产制，是符合婚姻家庭生活的实际情况的（同时，法律也肯定了夫妻双方有通过约定采用其他财产制的权利）。

回顾新中国成立以来的夫妻财产关系立法，可以清楚地看到这样一条历史轨迹：关于婚姻财产关系的法律调整，是逐渐向扩大一方个人财产权益的方向倾斜的。1950年婚姻法规定，夫妻双方于家庭财产有平等的所有权和处理权，大体上是以一般共同制作为法定夫妻财产制的。1980年婚姻法规定，夫妻在婚姻关系存续期间所得的财产，归夫妻共同所有，双方另有约定的除外。这一规定改采婚后所得共同制，一方个人的婚前财产已不属于夫妻共同财产。同时还为约定夫妻财产制的适用提供了立法依据。2011年修正的婚姻法进一步完善了法定夫妻财产制，分别规定了夫妻共同财产和一方个人财产的种类和范围，同时还从内容、形式、对内和对外效力等方面对夫妻财产约定有所规范。应当指出的是，修正后的婚姻法已在夫妻共同财产中排除了遗嘱或赠予合同中确定只归夫或妻一方的财产，婚姻财产中双方共有的因素和一方个人所有的因素是此消彼长的。历来有关司法解释的变化大体上与立法上的变化同步，这次的婚姻法新解中的某些规定，又在一定程度上强化了保护一方个人财产权益的力度。

依我之见，婚姻财产关系法律调整的价值取向主要有二：一是保障婚姻主体的个人权益，二是发挥婚姻家庭特有的社会功能。二者应当兼顾、并重，不可顾此失彼，有所偏废。当前的实际情况是，在侧重保护一方个人财产的同时，法定夫妻财产制下双方共有的空间已经受到较大的压缩。建议今后在修改或制定司法解释时，应当力求避免过犹不及可能发生的消极后果。法定夫妻财产制中共有因素的过分消减，是不利于婚姻家庭社会功能的发挥的，对某些法条中并未具体列举为双方共有或一方所有的财产，不妨根据共同生活的需要做某种偏于共有的认定。现行婚姻法第十七条第一款第五项的规定和第十八条第五项的规定同时并存，这是不够科学、严谨的，同时也会给认定和适用带来不便，建议保留第十八条第五项的规定，将第十七条第一款第五项改为："不属于本法第十八条规定情形的其他财产。"

思考之二：应当区别不同性质的财产关系，在适用公平原则时不能忽视婚姻主体的身份利益和非财产性的贡献。

婚姻财产关系是以配偶身份关系为其发生基础的。基于主体的身份性和伦理性，它在本质上并非物质利益的交换，这种财产关系应当符合婚姻家庭成员共同生活的要求及实现婚姻家庭经济功能的要求。婚姻财产关系不同于其他民事领域的财产关系，不应当仅以财产上是否等价有偿作为衡量是否公平的尺度。在婚姻财产关系中适用公平原则，有其自身的特点，一定要充分考虑主体的身份利益和非财产性的贡献。生育的负担和家务劳动的社会价值等，便是后者明显的例证。我们所追求的，不是仅仅以财产为砝码的形式意义上的公平，而是符合婚姻制度宗旨和婚姻关系性质在实质意义方面的公平。

对于不同性质的财产关系，不能完全采取相同的原则和方法，我们应当扩大视野，不仅要从财产法的角度，而且要从身份法的角度、社会法的角度对婚姻财产关系法律调整的价值取向做进一步的探讨。

思考之三：应当正确处理婚姻财产关系的法律适用问题，不可对"婚姻法向民法回归"产生误解。

这里所说的法律适用，涉及婚姻家庭法和其他民事法律的关系，即婚姻家庭法在民法体系中的定性和定位问题，在我国法制建设过程中，婚姻家庭法和民法始分后合，经历了一个从独立的法律部门向民法回归的转变。在新中国成立后一段相当长的时期，婚姻家庭法曾以独立部门说为通说，民法通则问世后，已从立法体制上将婚姻家庭法作为民法的组成部分。随着民法的法典化，婚姻家庭法将进一步从编制方法、体系结构上向民法回归。但是，我们绝不能对这种"回归"产生误解，不能因此而忽视婚姻家庭法的特性及它在价值取向、立法目标等方面与其他民事法律的区别。

婚姻法司法解释（三）施行后，有的民法学者赞许道："婚姻家庭法终于和物权法接轨了。"笔者则认为应当根据具体情况，有所接有所不接。其他民事法律中的财产法规范，有的可以适用于婚姻家庭领域，有的则不宜适用于婚姻家庭领域。婚姻家庭法和其他民事法律有不同规定的，应当适用婚姻家庭法的规定，而不应当适用其他民事法律的规定。此处不妨以婚姻法司法解释（三）第五条的规定为例，略加评析。

该条指出：夫妻一方个人财产和婚后产生的收益，除孳息和自然增值外，应认定为夫妻共同财产。与此前的征求意见稿相对照，是有所修改的（征求意见稿第六条的原文为：夫妻一方的个人财产在婚后产生的孳息或增值收益，应认定为一方的个人财产；但另一方对孳息或增值收益有贡献的，可以认定为夫妻共同财产），即便经过修改，仍然并不完全符合婚姻法有关规定的本意。在我国的法定夫妻财产制（婚后所得共同制）下，第十七条中列举的夫妻在婚姻关系存续期间所得的各项财产，均归夫妻共同所有。此类财产的归属，具有时间性的特点，是双方财产所产生的收益，还是一方个人财产所产生的收益，则是在所不问的。婚姻法司法解释（三）第五条的规定，似有缩小婚姻法规定的共有范围之嫌。孳息随原物，财产的收益归属财产的所有人，这无疑是符合物权法理的，但是，婚姻法已在法定夫妻财产制上做了不同于其他民事法律的规定，自可排除其他民事法律的使用。我们应当就物权法在婚姻家庭领域的适用等问题，做更为深入的探讨，这对发展法学理论、改进法律实务，都是具有重要意义的。

思考之余的期盼：

第一，以现行的司法解释为依据处理婚姻财产争议时，不要简单化地对号入座，应当全面地、综合地考虑有关法律的规定及其立法精神，如婚姻法中男女平等、保护妇女合法权益的原则，离婚时分割夫妻共同财产应照顾女方的权益及妇女权益保障法的相关规定等。

第二，婚姻当事人在财产归属问题上，不要一般地将司法解释中的底线作为优先选择或最佳选择，在许多情形下，一些实际问题是可以通过协商得到解决的。在财产归属问题上应当根据具体情况充分发挥夫妻财产约定的作用。例如，婚后由一方父母出资为子女购买的不动产，产权登记在出资人子女名下，司法解释中指出不动产应认定为夫妻一方的个人财产，但婚姻当事人也可约定为双方共有。由双方父母出资购买的不动产，产权登记在一方子女名下的，司法解释中指出，可认定为双方按照各自父母的出资份额按份共有，但婚姻当事人也可通过约定变按份共有为共同共有。赠予行为生效，产权依法移转后，受赠人处分赠予标的物，是不受赠予人干涉的。

第三，民法的法典化是完善我国婚姻家庭财产法规范体系的最佳时机，应当正确把握婚姻家庭财产关系法律调整的价值取向，通过对现行法的修改和补充，以期实现保护婚姻家庭主体个人的财产权益和发挥婚姻家庭的社会经济功能的双重目标。修改、补充时应凸显婚姻家庭财产法不同于一般财产法的特性，最好能在婚姻家庭编（或亲属编）的通则中就适用问题做出专门的规定。

（原文刊载于《中华女子学院学报》2011 年第 6 期）

婚姻关系适用合理信赖保护之思考

何丽新

（厦门大学法学院）

信赖是美国合同法上的产物，自产生之日起便一改美国传统契约理论中对价中心的局面，而成为整个合同制度运转的轴心，是合同具有执行力的根据，是契约责任扩张的源泉。[1]信赖含有在信的基础上加以依靠的意思，强调一方当事人对另一方当事人所怀有的一种确信或期待，一方当事人的行为将对另一方产生实质性的影响。在婚姻法领域，结婚是当事人满足自然属性并降低交易费用而实现效用最大化的一种组合方式。[2]113~116婚姻与签约有着相同的动因和本质，均是当事人处于共同的利益诉求而达成的合作协议。结婚意味着双方签订婚姻契约，交易成功，对交易双方带来预期利益：分工协作以期获得比较利益和报酬递增、获得性的满足和情感的寄托、基于信赖利益获得生活保障、相互提供信用而协调人力资本投资的收益等。[3]62~63法律应基于当事人因缔结婚姻而产生的合理信赖进行保护。

一、婚姻关系适用合理信赖保护的基础

信赖的产生是由一方当事人的某种表示、行为或承诺所引起。合理信赖的保护是指当与某人有一定关系的因素存在，使另一方当事人对其产生了合理的信赖，这种合理的信赖应受到法律的保护。其中"合理信赖"是真实的、确定的信赖，是客观主义思维下的理性人所具有的信赖，且受合理信赖保护的当事人应是善意的、无过失的。[4]合理信赖的保护，是维护社会秩序的基础，能够增进人们的信任，增加交易行为的可预见性，同时也敦促民事主体正当行使自由和权利，为相对弱势方提供法律的保障，以实现实质公平。

一切合同当其履行或执行时，当事人均负有诚实信用和公正交易的义务。婚姻是处于平等地位的男女双方以共同生活为目的，以从事配偶之间的权利义务为内容的两性结合。结婚是一种特殊对待关系，婚姻当事人将自己的利益和前途寄托在相互之间的配合与协作上，且从婚姻缔结开始，进入一种相对于外界而言属于内部的关系，一定程度上阻隔其他两性关系，使性伴侣长期化、稳定化，性生活安全化，且彼此产生权利义务关系。关于婚姻的实质，尽管存在众多学说，但主要表现为身份关系说和契约说。笔者认为，婚姻本质上是一种民事协议，以将来的交换为目的所为的某种企划皆为契约，这种将家庭关系也包含进去的人的关系用"交换"概念来把握，本身就清楚地表明婚姻关系的合约性，当然，此处所用的交换概念并非作为法的概念的交换，而是作为社会学概念的"交换"。[5]38~39婚姻的契约属性不因法律对婚姻身份关系的强制性规定而减损。契约的核心在于自由平等，确认婚姻的契约属性，并非将婚姻商品化，其根本原因在于婚姻的产生、延续及其解除符合契约的本质特征，其实质就是婚姻契约的缔结、履行和解除。[6]结婚体现两性建立在彼此间的积极的信赖或忠诚上的相互接纳、相互依赖和相互扶持的基础上，一旦婚姻契约有效成立，法律同样应对当事人之间的合作与交易提供保护，婚姻当事人即婚姻契约主体就应当自觉提供给付，履行自己所承诺的义务。我国合同法第二条规定："本法所称合同是平等主体的自然人、法人、其他组织之间设立、变更、终止民事权利义务关系的协议。婚姻、收养、监护等有关身份关系的协议，适用其他法律的规定。"因此，合同法一定程度上肯定了婚姻等涉及身份关系的约定也是一种协议或契约，只不过在法律适用上有特别规定。[7]353

婚姻当事人通过明示或默示的契约来调整其共同生活关系。明示契约内容涉及合同当事人、合同的目的、现有财产和将来财产的归属和管理及处分、生活费用的负担、债务的清偿、住所的选择、家务的负担、姓氏、继承、违反合同的责任、合同的变更或终止、纠纷的解决等。因此，婚姻关系实质上是一种契约关系，是当事人意思自治的反映，进入婚姻状态的当事人都愿意接受该两性关系的约束。既然婚姻当事人以契约形式约束其双方关系，而信赖关系是围绕契约关系展开的动态关系，那么婚姻关系就客观上存在法律所确认的合理信赖基础。即使婚姻当事人之间不存在明示契约，但双方的利益互相发生某种联系，也可通过当事人的行为来确定其契约关系的内容，婚姻当事人也产生信赖关系，因为信赖关系不是对某种社会关系的伦理道德评价，而是法律对于民事主体在相互接触过程中但又没有契约关系的状态予以必要的干预与调整的结果。[8]因此，婚姻关系是情绪的、肉体的和智慧的紧密的异性关系，在感情、经济和性等方面形成了相互依赖的生活共同体，这种紧密性和相互依赖性使婚姻当事人双方产生必要的、合理的、善意的信赖，并以一定形式公开同居事实和婚姻身份，从而排除或阻隔与他人发生两性关系。同时，婚姻当事人为维持亲密的共同生活，必然在情感上和物质上进行投资，存在信赖投资行为。合理信赖保护原则从约定人与其对方"关系"中寻找契约约束力的根据，该原则也可以发展并适用到一般社会关系，包括婚姻关系。

二、婚姻关系适用合理信赖保护的方式

在婚姻关系中适用合理信赖保护应解决以下两个基本问题：（1）合理信赖在何种情况下应得到保护；（2）合理信赖在何种范围内应给予保护。美国《契约法重述》第90条对信赖的保护规定了四个构成要件：（1）允诺者明确做出了允诺；（2）承诺者实际上信赖了允诺；（3）允诺者本应有理由期待信赖会发生；（4）须强制执行允诺才能避免不公平。① 可见，允诺人做出允诺，受允诺人相信该允诺并实施或放弃某种行为，如果允诺人不履行允诺，将会对受允诺人不公正，具备这些，就构成信赖。该条款以概括性规定在日趋复杂的社会关系中赢得无限的发展空间，这种灵活性赋予法律更多的柔韧性，并使法律借此实现实质的社会正义。[9]70~71大陆法系则以表见责任进行信赖保护，这种因权利表见责任而产生的请求权要求必须存在"信赖事实"，且以"信赖投资"或"安排"的方式予以客观化，即已进行信赖投资或安排等信赖行为，缔约一方对他方的信赖行为负有责任，与可归责性紧密相连，这样才产生积极的信赖保护和消极的信赖保护（信赖损害赔偿）的效果。可见，两大法系基于信赖保护的规范模式存在共同构成要素：缔约一方的意图或允诺强化另一方的确信，彼此产生信赖关系，信赖关系产生信赖行为，信赖行为产生信赖利益，信赖关系是信赖利益存在的环境和基础，信赖利益是蕴含于因合理信赖而预期得到的利益

---

① 《契约法重述》是美国法学会对契约判例法规则进行整理的结果，到目前为止，它已历经了两次。《契约法重述》（第一次）从20世纪20年代开始实施，于1933年完成。1952年，美国法学会又着手对《契约法重述》进行修改，修改之结果于1981年以《契约法重述》（第二次）正式发表。转引自朱广新：《信赖责任研究——以契约之缔结为分析对象》，法律出版社2007年版，第52页。

或付出的必要代价，只有通过信赖利益的合理保护才能实现公平正义。

但是，对信赖利益的保护，我国民法学界以损失说为主流，认为，信赖利益是信赖无效的法律行为为有效所受到的损害或蒙受的不利益或产生自我状态的变更。① 笔者认为，"利益"与"损失"完全是两个意思相悖的不同概念，且不说以"损失"界定"信赖利益"会造成词语上的矛盾、逻辑上的混乱和理论上的冲突，就是从信赖利益作为利益而言，亦是一种既存利益，因此，信赖利益的保护具有预防性和补偿性特点，具有积极保护和消极保护两种方式。合理信赖保护途径也有两种：（1）通过期待利益的实现对合理信赖进行保护，以保障当事人交易目的实现，促进交易，以预防信赖损失；（2）通过对信赖利益的损害赔偿使因信赖允诺而改变自己状况的一方回复到允诺做出之前其所处于的相同状况，以补偿信赖损失。[4]

婚姻当事人因缔结婚姻而产生信赖关系。婚姻成立后，在当事人之间，就此约束彼此的两性交往，不得与第三人发生性与婚姻或同居，在一定程度上增加了未来共同生活的可期望性，同时，在长期的共同生活过后，婚姻当事人一方的人生前景可能已无可挽回地改变了，给其未来生活的安排带来难以弥补的损害，其人生计划权可能遭遇损害。[10]因此，婚姻当事人享有因缔结婚姻所预期的利益和不受对方损害的利益，法律对于婚姻当事人因信赖关系而产生的信赖利益应予以保护：一方面，应对当事人因缔结婚姻而产生的直接或间接权益予以保护；另一方面，对婚姻当事人因信赖义务违反的损害后果予以救济。信赖利益至少包括"妨碍的收益"和"造成的损失"。[11]婚姻关系的信赖保护，不仅保护当事人在缔结婚姻时期望从此中获得的各种利益和好处，而且保护因信赖对方而在婚姻关系存续期间支付的代价或费用，因一方过错而无法继续婚姻关系时造成上述代价或费用的损失。婚姻关系中信赖利益具有财产和人身双重性，信赖相对方不履行信赖义务而使信赖权人遭受的固有利益的损害及丧失的其他交易机会，这是财产性支出；与此同时，因产生依赖的感觉并行事，这种紧密联系的当事人之间产生不同于不特定主体之间的关系和主观心理感受的独特之处，故还具有某种人身的属性。

---

① 参见史尚宽：《债法总论》，中国政法大学出版社 2000 年版，第 289 页；王利明：《违约责任》，中国政法大学出版社 1996 年版，第 601 页；林诚二：《民法理论与问题研究》，中国政法大学出版社 2000 年版，第 282 页；等等。

三、结婚取得婚姻财产权是合理信赖的积极保护

信赖利益是信赖合同有效或成立所带来的利益。男女双方以永久的共同生活为目的而缔结婚姻，婚姻共同生活必须有相应的物质条件保障，夫妻共有财产是婚姻共同生活的经济基础，这也是婚姻当事人追求婚姻形式所带来的信赖利益的体现。法律所保护的不仅是一个已经存在的婚姻，而且保护处于发生过程中的旨在缔结婚姻关系的当事人双方接触、磋商结婚的行为，包括婚姻缔结给予对婚姻的信赖而生的利益。因此，婚姻当事人因缔结婚姻而享有婚姻财产权的共有性。

婚姻财产权是指在婚姻关系存续期间，夫妻双方有权以共有人身份共同处理为婚姻共同生活所必需的财产的权利。[12] 婚姻财产权是婚姻当事人因缔结婚姻而产生的配偶权，解决的是婚姻共同生活运行所必需的财产权利。男女双方通过结婚这一行为而产生婚姻的财产效力，结婚可以作为一种继受取得财产的法律行为，使得夫或妻取得婚姻财产权。婚姻财产权不同于夫妻财产制，是一种综合性财产权利，在婚姻关系存续期间，夫妻作为共有人按照共有原则对婚姻共同生活的必要财产共享权利、共担义务。从某种程度上说，日常家事代理权就是夫妻双方在婚姻关系存续期间共同行使婚姻财产权的体现。婚姻财产权的共有是狭义的共同共有，指合有，即各共有人根据法律或合同的效力，共同结合在一起，不分份额地共同所有某项不动产或者动产。[13]125-126

婚姻财产权始于婚姻成立之时，婚姻的合法缔结是婚姻财产权生效的标志。婚姻当事人通过行使婚姻财产权来共同负担共同生活费用，以保障婚姻共同生活乃至家庭生活的正常运行。婚姻，作为一种共同生活体，其本身要求一定的财产利益共享机制，夫妻双方利用一定财产谋取共同利益或者服务于共同生活，其成员共同分享婚姻带来的物质利益和精神利益。婚姻财产权保障婚姻当事人对财产利益存在一定的共享性，这有利于促进婚姻的幸福和家庭的福利，有助于夫妻经济生活与身份生活的一致，完全符合婚姻共同生活的客观特点和本质目的。因此，无论何种形式的夫妻财产制，婚姻共同生活的实质特性都要求婚姻当事人享有婚姻财产权。共同财产制作为最具现代意义的财产制度[14]140，在共同财产制下，婚姻财产权的共有性十分明确，夫妻双方对共同所有的财产具有平等的处理权。即使在分别财产制下，婚姻的成立不改变彼此的财产关系，但分别财产制并不否认夫妻因配偶身份带来的伦理变化，婚姻共同生活所生费

用仍然由夫妻共同分担。实行分别财产制的夫妻，财产各自所有只是婚姻内部的财产分配规则和关系，对于外部社会来说，婚姻共同体的共性并不因此而改变。[15]97婚姻财产权的共有性是婚姻效力的体现，是婚姻共同生活的实质所在。因此，夫妻所得即使归各自所有，但婚姻共同生活使夫妻权属不明的财产，推定为夫妻共有，以保障共同生活的维系。可见，在婚姻关系存续期间，其共同生活体的存在和运行，必然涉及共同生活费用的支付。即使婚姻当事人拥有的财产不属于夫妻共同所有，仍不能排除婚姻财产权的共有性。即使在婚姻关系存续期间，当事人双方直接谋取物质财富的机会和情况存在差异，但夫妻的共同关系是处理夫妻财产关系的基础和根据，婚姻财产权以夫妻共同关系为基础，承认家事劳动的价值，肯定夫妻协力，形成夫妻在婚姻关系存续期间的财产共有性。[12]因此，无论夫妻财产制的种类如何，婚姻财产权的共有性都能够满足婚姻家庭的共同生活需要，保障和维持着婚姻共同生活的正常运转。

婚姻财产权的主体是婚姻当事人，这种财产权主要体现婚姻当事人共同生活的要求，目的在于实现婚姻的各种职能——生育、扶养和赡养、消费等。婚姻财产权的共有性，正是基于充分考虑婚姻家庭所担负的责任和具有的功能。通过结婚，当事人协商一致创设一种地位或状态共同生活，婚姻明确反映当事人的社会或法律地位，当事人双方自动地获得了法定权利，获得扶养和共享一方婚姻期间取得的财产、继承遗产等权利，且配偶所享有的这些权利优先于他们的父母和其他亲属。[16]9因结婚取得的婚姻财产权能有效地实现婚姻的价值和功能，符合婚姻的伦理机能和本质目的，体现婚姻当事人追求婚姻的结果。因此，夫妻应摒弃各自财产独立的机能，并排除个人的多种经济利益，而组成统筹支配的单一财团，必能夫妻同甘苦共患难，而符合婚姻道义的理想生活。[17]230婚姻作为人类社会普遍的组织形式，它最有效地分配男女双方在婚姻共同生活中共享的资源。

因此，男女双方选择婚姻形式，就一定程度上增加未来共同生活的可期待性，以这种信赖关系为基础，构建婚姻共同生活。信赖利益基于信赖关系而产生，为保障婚姻共同生活的物质基础——婚姻财产权的共有性，应以合理信赖保护，实现婚姻共同生活的功能。婚姻财产权的共有性有助于加强婚姻内部的凝聚力，适应家庭共同生活的需要，使婚姻共同体的差异消减到最小限度，建立、巩固和发展婚姻共同体的共同利益，以满足婚姻生活共同体的日常生活需求。

四、离婚经济赔偿是合理信赖的消极保护

在财产关系中,对任何交易行为,法律都赋予信赖利益受损的一方,在其信赖利益受损或期待利益落空时要求对方承担相应的责任。同理,法律在婚姻领域进行利益或负担分配时,也应公平合理地建立适当的救济制度对不当退出的一方进行赔偿,以使对方获得相应的补偿。[7]355信赖将合同内责任扩展到合同外责任,合同法之所以将合同外的义务强加于合同尚未成立或合同已经终止的当事人,其宗旨在于保护信赖。因此,一方面,合理信赖的积极保护具有保障当事人订约目的实现之功能,其实质在于保护相信契约履行而失去其他同样交易机会的信赖利益;另一方面,信赖利益主要指原告信赖被告的约定使自己产生的自我状态的变更,对此的保护意味着将原告复原到契约缔结前的状态。[5]90受允诺人基于对允诺的信赖而采取行为或放弃行为而遭受的地位的不利改变,可以视为信赖利益损害,这种损害,不限于物质的财产损失,还包括精神或身体的痛苦。损害赔偿是信赖利益保护的基本方法,也是合理信赖的消极保护方式。

(一)离婚损害赔偿

基于婚姻契约理论,在婚姻关系下,双方存在诚意履行,一方因可归责性原因不履行时,应承担赔偿责任,因此,当婚姻一方存在违背婚姻义务行为而致使婚姻破裂时,无过错方有权要求损害赔偿。离婚是夫妻之间的长期合作协议的解除,一方违反合同的结果,使另一方蒙受损害,实际上剥夺了他根据合同规定有权期待得到的婚姻利益。离婚损害赔偿是对婚姻当事人信赖利益受损害而提供的救济,因一方的过错行为导致婚姻关系终止时,另一方基于对婚姻的信赖所投入和付出的利益受到损害,为维护婚姻当事人的实质公平,应由过错方承担离婚损害赔偿。婚姻信赖利益的保护方式主要通过离婚损害赔偿的方式进行,其构成要件是:

1. 信赖关系的存在,是承担信赖利益损害赔偿责任的前提。婚姻关系是一种紧密的信赖关系,一方基于婚姻的信任而将婚姻视为长久存在,并且相信能从婚姻成功中获得婚姻利益,为此进行婚姻的投入和付出。因此,婚姻当事人一方往往相信对方不会解除婚姻关系或不会从事过错行为致使自身解除婚姻关系,这是双方基于长期、稳定的共同生活而产生的信赖关系。婚姻共同生活是利益产生和权利保护的基础,男女双方缔结婚姻,在相互协助、共同生活方面

构成婚姻契约关系，法律承认和保护合法的婚姻关系，在一方不当地结束婚姻关系时，应承担损害赔偿责任。

2. 以一方过错为前提。信赖利益的损害赔偿是信赖利益保护的最好救济手段，允诺人在允诺之时，预见到受允诺人的信赖行为，没有阻止，而后却又不履行自己的允诺，这是违反诚信义务的一种过错，因此，无过错即无信赖利益赔偿。[18]我国婚姻法所确立的离婚损害赔偿亦以一方存在重大过错行为为前提，没有正当理由而解除或因自己的过错行为导致对方解除婚姻关系，有过错的一方应赔偿对方因此所产生的损失。当然，以信赖利益损害赔偿理论来解释我国婚姻法下的离婚损害赔偿制度，就应适当扩大过错范围，不仅仅局限于婚姻法所界定的"重婚、有配偶者与他人同居、事实家庭暴力或虐待、遗弃家庭成员"四种情形，凡是违反婚姻义务的过错均应纳入信赖利益损害赔偿范围。

3. 存在损害的后果。信赖利益的损失，包括财产损失、机会损失、时间损失和精神损害等。财产损失包括既得财产利益的损失和应得财产利益的损失，如婚姻关系的不当解除会造成工作机会或工作条件损害而产生财产收益减少等。机会损失是婚姻当事人基于婚姻的信赖而丧失与他人缔结婚姻关系的机会所产生的损失。同时，时间不可能储存，人生是一种时间消耗的过程，不可能重来，与这个人共同生活 10 年，就意味着 10 年人生的彻底结束，婚姻市场价值与 10 年前不可相提并论。[15]31 信赖利益损害赔偿的基准是契约签订前的状态，因此，信赖利益的损失还包括时间损失和人生改变等。精神损害是非财产利益的损失，因一方不当解除婚姻而导致精神受到伤害，可以考虑婚姻存续的时间、当事人的经济状况、年龄、社会影响等因素来予以赔偿。

4. 赔偿范围界定在信赖利益的损失上。婚姻是一种利益，可分为现实利益、信赖利益和期待利益。婚姻的现实利益在缔结婚姻和婚姻关系存续期间已经获得，不存在损害赔偿问题。期待利益是只要婚姻关系维持，当事人对其付出或建立婚姻关系所期望的未来利益或可以实现的利益，其核定损失范围较之信赖利益的损失界定而言较为困难。因此，只有通过对婚姻信赖利益的保护，使受损害方在离婚时处于和婚姻延续时无差别的状态。信赖利益的损害赔偿包括物损害赔偿和精神损害赔偿，物质损害主要表现为既有财产利益的减少或丧失，是有形和可量化的。例如，一方为达到与对方缔结婚姻而放弃工作、支出费用等，也可以作为有形财产进行赔偿。与此同时，人生计划权受到破坏，因当事人信赖与对方能够维持共同生活关系而丧失与第三方接触、磋商或建立共同生活关系的机会，这种所包含的时间消耗等，也应包括在救济范围内。另一方面，一方信赖婚姻关系而为的人身性行为及其人身利益受到的损害具有精神损害性质，使人格、身份利益等非财产利益受到损害，包括因离婚而导致的社会评价的降低、将来生活不安、离开子女的痛苦、丧失共同生活的机会等，是婚姻信赖利益损害赔偿的范围。

当然，基于合理信赖保护而要求不当解除婚姻关系的承担损害赔偿责任，不能因此影响婚姻自由。这种信赖损失的赔偿责任，不是剥夺当事人终局地解除婚姻关系的自由，不是强制维持婚姻而要求承担损害赔偿责任，而是为了更好地维护婚姻自由，使赋予了信赖的一方当事人的利益通过损害赔偿而最大限度地获得满足，同时对违背诚信义务的一方予以有效惩罚，来维护婚姻当事人的合法权益。

（二）离婚家事补偿

婚姻当事人应依法对婚姻家庭享有或承担平等的权利义务。但在婚姻实际生活中，夫妻双方对婚姻家庭义务的履行与贡献往往差别较大，特别是一方基于婚姻的信赖而在抚育子女、照料老人、协助另一方工作等家事方面做出的努力超出其本人法定负担时，如果婚姻关系解除，这种婚姻利益与负担的不均衡就明显不公，为维护基于信赖婚姻而认真履行婚姻家庭义务的当事人合法权益，应适用合理信赖保护进行离婚家事补偿。

各国立法都在不同程度上关注和承认家事劳动价值。男女家庭角色的区别与生理构造和社会文化密切相关，社会中的男权中心在家庭中得以延续，社会中的两性关系的不平等也渗透到家庭关系中。[7]348 传统的社会性别规范将日常生活照料等家事劳动划归女性承担，女性因承担家事劳动减少社会工作时间而影响经济收入。家庭内的劳动也是劳动力再生产所不可缺的生产手段，因其担当生产的功能，当然产生价值，家庭内劳动力价值也是劳动力商品价值的体现。家事劳动对整个家庭而言，若将家事劳动委任于他人，须支付一定对价，女性为家事劳动，则不必支付对价于他人，家计费用即可减少，而其减少部分，就是家事劳动的价值。家事劳动防止家庭中积极财产流出的功能，即为其获得评价的主要根据和家庭劳动价值论的基础。[19]147~155

关于家事劳动价值的确认存在两种方式：一种是直接肯定家事劳动的价值并规定相应的补偿机制，另一种是在夫妻财产制度的设计中间接肯定家事劳动的价值。我国实行婚后所得共同财产制，平等赋予男女双方分享婚内所得的物质性财富的权利，这就是肯定家事劳动的参与对家庭物质性财富的取得有所贡献。[19]142在婚姻关系存续期间，为了共同生活，一方当事人所从事的操持家务、养育子女、护理对方等人身的给付，与对方当事人提供共同生活费用这一财产的给付，在价值上是相等的。法律应承认对婚姻关系存续期间所得财产的直接和间接贡献，赋予通过从事家务或照料孩子等形式服务而对财产的取得做出了贡献的婚姻当事人一方家事劳动的价值，直接性地规范家事劳动的社会价值和经济价值，且肯定从事家事劳动的一方有权参与财产分割请求。

　　离婚家事补偿是从实质公平维护婚姻双方利益的需要出发，对基于婚姻的信赖而在婚姻关系存续期间承担超出其法定负担家事的一方，有权在离婚时请求从该方贡献中获得利益的另一方给予适当的补偿。我国婚姻法所规定的家事补偿制度是以双方在婚姻关系存续期间适用分别财产制度为前提条件，使其适用范围大大受限。因婚姻双方对婚姻家庭的贡献和从中获得的利益是不平衡的，承担家事劳动较多而做出牺牲的一方因婚姻关系的终止，原所付出的奉献和牺牲无法获得收益和回报，且导致社会地位与谋生能力相对较弱，因此，不能局限于在分别财产制下，为实质公平和正义，以合理信赖保护为基础，而将家事补偿制度作为适用各种夫妻财产制下的一种离婚救济制度。

【参考文献】

　　[1] 马新彦. 信赖与信赖利益考 [J]. 法律科学, 2000 (3).

　　[2] [美] 加里·斯坦利·贝克尔. 家庭论 [M]. 王献生, 王宇译. 北京：商务印书馆, 1998.

　　[3] 夏吟兰. 离婚自由与限制论 [M]. 北京：中国政法大学出版社, 2007.

　　[4] 张素丽. 民法之合理信赖保护原则研究 [J]. 河南省政法管理干部学院学报, 2007, (5).

　　[5] [日] 内田贵. 契约的再生 [M]. 胡宝海译. 北京：中国法制出版社, 2005.

　　[6] 夏凤英. 论婚姻是一种契约 [J]. 法学家, 2001 (2).

　　[7] 何丽新. 我国非婚同居立法规制研究 [M]. 北京：法律出版社, 2010.

　　[8] 余立力. 试论信赖法律关系 [J]. 法学评论, 2006 (5).

　　[9] 朱广新. 信赖责任研究——以契约之缔结为分析对象 [M]. 北京：法律出版社, 2007.

　　[10] 徐国栋. 《绿色民法典草案》人身法二题 [J]. 福建师范大学学报（哲学社会科学版）, 2005 (1).

［11］［美］L·L. 富勒，小威廉·R. 帕杜. 合同损害赔偿中的信赖利益［M］. 韩世远译. 北京：中国法制出版社，2004.

［12］何丽新. 论婚姻财产权的共同性与私人财产的神圣化［J］. 中州学刊，2013（7）.

［13］杨立新. 共有权理论与适用［M］. 北京：法律出版社，2007.

［14］蒋月，何丽新. 婚姻家庭与继承法［M］. 厦门：厦门大学出版社，2013.

［15］蒋月. 婚姻家庭法前沿导论［M］. 北京：科学出版社，2007.

［16］胡苷用. 婚姻合伙视野下的夫妻共同财产制度研究［M］. 北京：法律出版社，2010.

［17］戴炎辉，戴东雄. 中国亲属法［M］. 台北：台湾顺清文化事业有限公司，2000.

［18］薄守省. 信赖与信赖利益赔偿新论［J］. 天津法学，2011（4）.

［19］林秀雄. 夫妻财产制之研究［M］. 北京：中国政法大学出版社，2001.

（原文刊载于《中华女子学院学报》2014 年第 2 期）

离婚债务清偿：法律规制与伦理关怀

王歌雅

（黑龙江大学法学院）

离婚债务清偿，是离婚财产效力的重要内容之一。就广义而言，其包括夫妻共同债务清偿与夫妻个人债务清偿；就狭义而言，仅指夫妻共同债务清偿。离婚债务清偿，既关涉离婚当事人的权益保障和债权人的债权实现，也关乎社会诚信风尚的确立与社会伦理关怀的推进。因为，离婚当事人的偿债能力，并非仅为民事主体经济负担能力的体现，也是其道德能力、社会责任承担能力的评价指数之一，更是其自由能力的象征。即"自由不仅是发展的首要目的，也是发展的主要手段"[1]7。

一、制度解构

我国婚姻法第四十一条规定："离婚时，原为夫妻共同生活所负的债务，应当共同偿还。共同财产不足清偿的，或财产归各自所有的，由双方协议清偿；协议不成时，由人民法院判决。"上述规定，构成我国离婚债务清偿制度的核心与内涵，该制度的特点：一是仅为关于夫妻共同债务清偿的原则与方法的规范；二是仅适用于离婚之时；三是平等地适用于夫妻双方——男女两性。由于离婚债务清偿关乎离婚当事人、利害关系人的利益，故我国贯彻执行婚姻法的相关司法解释也对夫妻共同债务的认定与清偿做了基本规定，以利债权债务关系的即时清结，实现社会的公正与人性的自由。

（一）离婚债务清偿以债务性质的认定为前提

由于"离婚不仅终止了夫妻之间的人身关系，也终止了彼此之间的财产关系，并引发相应的财产关系方面的法律后果"[2]303，故离婚债务清偿，是离婚引发的财产效力之一。离婚债务"既有对内效力,在夫妻之间有共同债务与个人债务之分,又有对外效力,即对债权人的效力"[3]201。凡"采用夫妻共同财产制的国家和地区,对于夫妻共同债务和个人债务通常都有所规定"[3]200。

关于夫妻共同债务,相关国家和地区的立法例大致规定了八类:(1)夫妻双方共同缔结或经另一方同意而缔结的债务;(2)夫妻一方缔结的能为家庭带来利益的债务;(3)共同财产的管理人一方缔结的债务;(4)维持家庭日常开支与子女教育所负的债务;(5)未履行扶养义务而产生的债务;(6)夫妻一方从事经营活动所负的债务;(7)附于共同财产上的债务;(8)推定为共同债务的债务;[3]200~202关于夫妻的个人债务,相关国家和地区的立法例规定了五类:(1)夫妻一方婚前所负的债务;(2)婚后夫妻一方缔结的与共同生活无关的债务;(3)夫妻一方因继承遗产或接受赠予所负的债务;(4)附属于个人财产上的债务;(5)因夫妻一方违法犯罪行为产生的债务。[3]203~204上述立法例为夫妻债务性质的认定提供了标准,有助于债权的实现。我国现行婚姻法第四十一条仅规定了夫妻共同债务的清偿原则,对夫妻个人债务未做规定。根据1993年《最高人民法院关于人民法院审理离婚案件处理财产分割问题的若干具体意见》第17条的规定,夫妻共同债务,即"夫妻为共同生活或为履行抚养、赡养义务等所负的债务","离婚时应当以夫妻共同财产清偿"。"下列债务不能认定为夫妻共同债务,应由一方以个人财产清偿:(1)夫妻双方约定由个人负担的债务,但以逃避债务为目的的除外。(2)一方未经对方同意,擅自资助与其没有抚养义务的亲朋所负的债务。(3)一方未经对方同意,独自筹资从事经营活动,其收入确未用于共同生活所负的债务。(4)其他应由个人承担的债务。"上述解释,构成我国法学界和司法界认定夫妻共同债务与夫妻个人债务的基本依据。为准确认定夫妻共同债务,解决错综复杂的离婚债务纠纷,最高人民法院关于适用《中华人民共和国婚姻法》若干问题的解释(二)、(三),也对夫妻共同债务的清偿确立了相关规则,相关规则有助于债务清偿与债权保护。

(二)离婚债务清偿以财产性质的确定为保障

债务性质不同,清偿离婚债务的财产也不同。许多国家和地区的婚姻家庭法明确规定了夫妻的共同财产和个人财产的认定标准。即在适用婚后所得共同制的国家,婚姻关系存续期间所得的一切财产属于夫妻共同财产,大致包括:(1)夫妻在婚姻期间共同或分别取得的财产。《德国民法典》第1416条规定:"夫或妻在财产共同制存续期间所取得的财产,属于共同财产。"有些国家则强调夫妻共同财产应为双方通过劳动取得的财产。如《越南婚姻家庭法》第 27 条第 1 项规定："夫妻的共有财产包括夫妻关系存续期间夫妻创造的财产、劳动和生产经营收入、其他合法收入、夫妻共同继承或共同获赠的财产及夫妻约定为共有财产的其他财产。"（2）夫妻在婚姻期间取得的收益、建立的商业。《法国民法典》第 1401 条规定："共同财产的组成，其资产是指夫妻在婚姻期间共同取得或分别取得的财产及夫妻凭各自的技艺所得的财产与各自财产之果实等收入所形成的节余。"《意大利民法典》第 178 条规定："在夫妻共有关系终止前尚存的，用于经营婚后设立的、属于夫妻一方的企业的财产及企业财产的增值部分，包括婚前设立的企业财产的增值部分视为夫妻共同财产。"（3）夫妻一方在婚姻期间对他方进行了大大超过该财产原来价值的投资。《阿根廷民法典》第 1271 条第 7 项规定："婚姻存续期间使夫妻各自所有财产得以增值的改良属夫妻共同财产。"[4][115]许多国家的法律规定，下列财产不属于夫妻共有财产：（1）具有严格人身性质的财产或个人从事职业所使用的财产。（2）配偶通过继承、受赠的财产。（3）保险金、因受害得到的补偿金。（4）用自己的钱购买的财产或出卖个人财产取得的价金。（5）奖品、奖金、科学或文学手稿和类似的物品。[4]115~116如《意大利民法典》第 179 条规定："下列物品不构成夫妻共同财产，属于夫妻个人所有：配偶一方在婚前享有所有权或某一物权的物品；配偶一方在婚后取得的、在赠予文书或遗嘱中没有特别表明属于共同财产的赠予或遗产；属于个人使用的物品及其附属物；属于配偶一方的职业用品；但是，属于夫妻共同财产的、用于企业经营的财产不在此限；因损害赔偿及因部分或全部丧失劳动能力而获得的赔偿；在购置文件中明确载明是用转让或交换本条所列个人财产获得的价金购置的物品。"《菲律宾民法典》第 201 条规定："下列财产被排除在绝对共有财产之外：任何一方配偶以无偿原因行为取得的财产，但这以赠予人或遗嘱人规定它不应成为共有财产的一部分为限；丈夫或妻子因一个先前婚姻生有的子女的死亡而继承得来的财产，但这以已死子女有全血缘的兄弟或姐妹为限；任一方配偶的先前婚姻的子女假定应继承的财产部分；属于各方配偶的动产。但是，上述种类财产的孳息和收益应包括在绝对共有财产之内。"我国婚姻法第十七条和第十八条分别对夫妻的共有财产与个人财产的性质及范围进行了界定。上述有关夫妻共同财产与个人财产的范围界定，有助于明晰财产的性质，并将为夫妻债务的清偿提供财产依据。

（三）离婚债务清偿以清偿责任的确定为依据

离婚债务清偿，因债务性质的不同而有所不同。由于"离婚夫妻财产分割，不应损害任何第三者的合法权益。因此，夫妻离婚前的共同债务，首先应由夫妻共同财产予以清偿"[4]192，不足部分，以个人财产清偿。《韩国民法典》第832条规定："夫妻一方，就日常家事与第三人实施法律行为时，另一方对因此而产生的债务负连带责任。但已向第三人明示另一方不负责任的，不在此限。""夫妻共同债务在性质上属于法定连带债务。连带之债是指债权人或者债务人有数人时，各债权人均得请求债务人履行全部债务，各债务人均负有全部给付的债务，且全部债权债务因一次全部给付而归于消灭。"[5]100夫妻个人债务，由个人财产清偿。《俄罗斯家庭法典》第45条第1款规定："对于夫妻一方的债务只能追索该一方的财产。在该财产不足时，债权人为追索债务有权请求分出作为债务人的夫妻一方在分割夫妻共同财产时应分给该债权人的份额。"离婚债务清偿责任的确定，即行为后果担当，是"自由意志行为主体对自身行为及其后果负责"，也是婚姻"共同体在共同生活过程中长期积淀形成的某种文化共识要求。这种既有的文化共识要求，无须具体个人认肯，且首先以天经地义的方式强加于每个人"[6]4。

二、法律规制

离婚债务清偿，是建构在私人领域与公共领域之间的制度建构，涉及个人利益、他人利益与公共利益的维护与统一。"在现代社会的公共领域或契约社会里，我们不能只依靠一般的道德伦理约束来确保公共生活的秩序规范"[7]82，还需要使用法律规范制约当事人之间的权利与义务关系。为此，完善我国的离婚债务清偿制度，是制度正义追求，也是社会正义要求。

（一）完善夫妻债务性质的认定制度

债务性质的认定，是清偿离婚债务的前提。许多国家和地区的婚姻立法对债务性质的认定形成了相应规则：一是考察目的。即为夫妻共同生活所负的债务，是夫妻共同债务；反之，是夫妻个人债务。我国婚姻法第四十一条之规定，属于此种立法例。二是界定期间。即在婚姻关系存续期间所负的债务，为夫妻共同债务。但以约定和法定为例外。《美国统一婚姻财产法》第8节第（a）款规定："在婚姻存续期间配偶一方所负债务，包括由作为、不作为所致债务，均推定为因婚姻利益或家庭利益所负之共同债务。"三是家事管理。即在家事代理或管理范围内所负债务为夫妻共同债务。《瑞士民法典》第 233 条第 3 项规定："在其行使夫妻财产共同体的代理权或共同财产管理权时发生的债务"，是夫妻共同债务。四是衡平权益。基于债权人利益的保护和夫妻责任共同体与家庭生活协同感的考虑，凡婚姻关系存续期间所发生的债务，无论是否取得一致意见，在法定范围内视为夫妻共同债务。我国婚姻法司法解释（二）第二十四条也对各方当事人的利益进行了平衡："债权人就婚姻关系存续期间夫妻一方以个人名义所负债务主张权利的，应当按夫妻共同债务处理。但夫妻一方能够证明债权人与债务人明确约定为个人债务，或者能够证明属于婚姻法第十九条第三款规定情形的除外。"关于夫妻债务的认定规则，我国婚姻法及司法解释采纳了考察目的、界定期间、衡平权益三种立法例，但未规定家事管理情形。为此，我国婚姻法及相关司法解释应进一步完善夫妻债务性质的认定规则，补充规定：夫妻基于日常家事管理所负的债务，属夫妻共同债务。倘超越家事管理范围，即"对于重大事务而言，只有在一方已经概括授权的情况下，才能认定为夫妻共同债务，构成'表见代理'的，另当别论；否则，只能认定夫妻个人债务"[5]103。

（二）完善夫妻财产性质的认定制度

我国婚姻法第十七条和第十八条采用例示制，对夫妻共有财产和夫妻个人财产的范围进行了界定。由于社会生活的复杂和财产关系的多样，究竟哪些财产属于其他应当归夫妻共同所有的财产和一方的财产，往往认识不一。为解决司法实践中的认定问题，婚姻法司法解释（一）、（二）、（三）中的相关条款对其他应当归夫妻共同所有的财产和归夫妻个人所有的财产进行了解释。上述司法解释基本遵循了我国的法定财产制，即婚后所得共同制与个人特有财产制并存的立法格局，对难以认定的财产性质进行了分类处理，有助于财产归属的确定及纠纷的解决。然而，司法解释毕竟仅是司法实践环节适用法律的具体操作方法，非同于法律，故完善我国夫妻财产性质的认定至关重要。根据我国夫妻财产制的立法传统，完善夫妻财产性质的认定制度应关注以下环节：

一是确立夫妻共同财产推定制度。从世界立法例看，夫妻共同财产的推定规则可在不同性质的夫妻财产制、不同类型的财产上适用。例如，《法国民法典》第 1401 条规定：在共有财产制下，"任何财产，不论是动产还是不动产，如不能证明其依据法律的规定属于夫妻一方的自有财产，均视为共同财产"。《日本民法典》第 76 条第 2 款规定：在分别财产制下，"夫妻间归属不明的财产，推定为共有"。我国现行婚姻法虽规定了婚后所得共同制和个人特有财产制，但未有关于夫妻共同财产的推定制度。在审判实践中，离婚当事人的夫妻财产制主要是婚后所得共同制，占案件总数的 90% 以上，分别财产制低于 10%。① 婚后所得共同制为常态夫妻财产制的现实，要求我国婚姻法应对夫妻共同财产的推定制度予以规制。即任何财产，如不能依据法律规定证明其为应当归夫妻一方的财产，应视为夫妻共有财产。规制夫妻共同财产推定制度，既有助于财产性质的界定，也便于当事人利益的维护。

二是完善夫妻个人特有财产制度。依据婚后所得共同制和夫妻共同财产推定制，夫妻个人财产之外的财产，应视为夫妻共同财产。为此，明确夫妻个人特有财产范围，有助于财产性质的界定和夫妻债务的清偿。从世界立法例看，许多国家和地区的婚姻立法对夫妻特有财产的规定较为详尽。例如，《意大利民法典》、《德国民法典》、加拿大《魁北克民法典》和美国加利福尼亚州《家庭法典》等，均对夫妻特有财产的范围进行了详细的列举。我国婚姻法也可在总结司法实践经验的基础上，将切实可行的相关司法解释上升为法律规范，以细化夫妻特有财产的范围。同时，应将非基于夫妻协力而产生的财产，界定为夫妻个人财产，但双方另有约定的除外。

（三）完善夫妻债务清偿责任的认定制度

离婚债务清偿，因债务性质、财产性质的不同而有所不同。基于婚姻共同体和家庭贡献协力的考虑，我国婚姻法第四十一条对夫妻共同债务的清偿责任与清偿方法进行了原则规定。即共同债务，共同偿还；共同债务，协议清偿；协议不成，法院判决。然而，关于夫妻共同债务的协议清偿与法院判决的标准是什么，婚姻法未做出明确规定。为此，完善我国夫妻债务清偿责任的认定制度，协调夫妻共同债务与个人债务的清偿及追偿，有助于离婚当事人和债权人利益的双重保护。

---

① 2010 年，为考察我国民众的离婚意向与价值期待，笔者分别对北京、上海、哈尔滨三座城市 2008 年审结的离婚案卷进行了抽样调查。在北京市，共查阅海淀区人民法院有效案卷 143 份；上海市，共查阅闵行区人民法院有效案卷 116 份；哈尔滨市，共查阅南岗区人民法院有效案卷 120 份。在北京，适用婚后所得共同制的案件共计 141 件，占案件总数的 98.6%；约定财产归各自所有的 1 件，占案件总数的 0.7%；约定婚后财产部分共有、部分各自所有的 1 件，占案件总数的 0.7%。在上海，适用婚后所得共同制的案件 49 件，占案件总数的 42.2%。在哈尔滨，适用婚后所得共同制的案件 63 件，占案件总数的 52.5%；约定财产归各自所有的 7 件，占案件总数的 5.8%；约定婚后财产部分共有、部分归各自所有的 3 件，占案件总数的 2.5%。

首先，明确债务清偿的顺序规则。即在夫妻共同财产不足以清偿共同债务且双方又协议不成时，亟须明确债务的清偿原则。例如，我国《澳门民法典》第1563条规定："属共同财产制者，共同财产先用以支付夫妻共同负责的债务，继而支付其他债务。"《美国统一婚姻财产法》第8节（b）款（4）项规定："在婚姻关系存续期间，配偶一方所负的其他任何债务，包括作为、不作为所致的债务，只能按如下顺序清偿：负债配偶一方的非婚姻财产；负债配偶一方从婚姻财产中所获利益。"上述规定明确了夫妻债务的清偿顺序，即夫妻共同财产优先用于清偿共同债务；当共同财产有剩余时，才清偿夫妻个人的其他债务。借鉴上述立法例，我国婚姻法应明确规定：夫妻共同财产应先用以清偿共同债务，继而支付其他债务。

其次，明确债务清偿的追偿规则。在司法实践中，对于夫妻的共同债务或个人债务，有以个人财产或共同财产清偿的情形。该情形既源于夫妻约定，也源于法律规定。基于夫妻约定而产生的债务清偿，遵循婚姻当事人的意思自治。基于法律规定的债务清偿及夫妻未进行约定的债务清偿，则需明确债务清偿的追偿原则，以明确当事人的责任范围与权利边界。《菲律宾家庭法》第122条规定："夫妻个人债务在义务方配偶无特有财产或特有财产不足的，在支付本法第121条规定的负担后，可以强制执行夫妻共同财产，但在清算共同财产时，原应由配偶个人承担但已由夫妻双方共同财产垫付的部分应予扣除。"《美国路易斯安那民法典》第2364条规定："如共有财产被用来清偿夫妻一方的单方债务，则另一方有权在共有财产制终止后，要求返还该财产在使用时的一半数额。"其第2365条规定："如夫妻一方以其单独财产清偿了共同债务，则其有权在共有财产制终止之后，要求追还该财产在使用时的一半数额。"借鉴上述立法例，以平衡离婚当事人的利益，我国婚姻法应明确规定："夫妻一方在以共同财产或个人财产清偿夫妻个人债务或夫妻共同债务后，离婚时，有向对方追还相应价值或数额的权利。"

三、伦理关怀

伦理关怀的核心内涵："其一，关怀与责任感相似，关怀意味着对他人他事的负责；其二，关怀一般是通过行为来表达的，关怀行为就是根据具体情境中的特定个体及其特定需要做出的旨在增进其福祉、有利于其发展的行为。"[8]224将伦理关怀植入离婚债务清偿制度的立法设计与司法实践，其强调的"不是道德主体对道德原则的遵循，而是道德主体在实际行为中对道德原则的调整和创造"[8]226。即根据具体情境适用离婚债务清偿原则，公正解决离婚债务清偿纠纷。

（一）性别关怀原则

关于离婚债务清偿，我国婚姻法采取的是性别中立原则。而在离婚债务清偿中适用性别关怀原则，正是伦理关怀适用于异性之间的体现。"道德原则是与情境相融合的，道德原则是道德自我在运用中生成的。""对特殊情境中的道德原则应当有特殊的理据，而不能借由普遍的原则直接加以演绎。关怀伦理拒绝无差异"。[8]226

1. 性别关怀是我国的婚姻立法传统

离婚债务清偿适用性别关怀原则，是我国的婚姻立法传统。早在 1931 年 12 月 1 日公布的《中华苏维埃共和国婚姻条例》中，就有关于债务承担的性别关怀规定。"男女同居所负的共同债务，归男子负责清偿。男女离婚后所负的债务，由各自处理。"[9]30该规定，在 1934 年 4 月 8 日颁布的《中华苏维埃共和国婚姻法》中得以延续。其意旨在于建立民主主义的婚姻制度，打碎中国四千年来束缚人类尤其是女性的封建枷锁，建立适合人性的新规律。[9]33 1941 年 7 月 7 日颁行的《晋察冀边区婚姻条例（草案）》，也将性别关怀作为债务清偿的基本原则。"男女双方为经营共同生活所负的债务，该类债务由夫妻双方共同清偿。但女方离婚后无劳动能力及特有财产时，由男方负担。""上述规定既体现了男女平等的精神，又对特殊情形下的女方给予了适当照顾，有助于解决女方离婚后所面临的经济问题。"[9]68新中国成立后，性别关怀原则在 1950 年婚姻法第二十四条中得以体现，即"基于夫妻共同生活所负的债务，为夫妻共同债务，由夫妻双方以共同财产偿还。倘共同财产不足清偿时，由男方负责清偿。这一规定，是基于当时社会条件下，女方一般地较男方的经济地位弱的缘故。如果女方经济地位确比男方强时，女方也可对共同生活时所负的债务，承担比男方较多的清偿责任"[9]152。离婚债务清偿适用性别关怀原则，因为它既符合道义规范，也符合性别正义。因为，性别正义，是在性别"平衡中考虑的道德判断"[10]125。

2. 性别关怀是我国的社会现实需要

离婚债务清偿适用性别关怀原则，是我国的社会现实需要。根据全国妇联、国家统计局于 2011 年 10 月 21 日做的《第三期中国妇女社会地位调查主要数据》显示，女性的社会地位依然弱于男性。一是女性受教育状况弱于男性。女性中接受过高中阶段及以上教育的占 33.7%；女性中接受过大学专科及以上高等教育的占 14.3%。二是女性经济状况弱于男性。18～64 岁女性的在业率为 71.1%，城镇为 60.8%，农村为 82.0%。城镇和农村在业女性的年均劳动收入分别为男性的 67.3% 和 56.0%。农村在业女性主要从事非农劳动的比例为 24.9%，男性为 36.8%。三是女性社会保障状况弱于男性。在非农业户口女性中，享有社会养老保障的比例为 73.3%，享有社会医疗保障的比例为 87.6%；农村户口女性中，享有社会养老保障的比例为 31.1%，享有社会医疗保障的比例为 95.05%。四是老年女性状况弱于男性。农村老年女性的首要生活来源为其他家庭成员资助的比例为 59.1%，男性为 38.8%。女性的教育、经济、社会保障等状况弱于男性，必然导致女性的综合社会地位尤其是经济地位弱于男性，从而使女性的离婚偿债能力弱于男性。为此，离婚债务清偿适用性别关怀原则，是社会性别平等的要求。因为，我国还未实现社会性别平等。而离婚债务清偿，是有关公正的制度。"公正所促进的是另一个人的利益，不论那个人是一个治理者还是一个合伙者。"[10]130 故 "公正必定是适度的、平等的（并且与某些事物相关的）。作为适度，它涉及两个极端（过多与过少）；作为平等，它涉及两份事物；作为公正，它涉及某些特定的人"[10]134。

3. 性别关怀是我国的司法实践智慧

离婚债务清偿适用性别关怀原则，是我国司法实践智慧的显现。在司法实践中，当夫妻共有财产不足以清偿夫妻共同债务时，该共同债务如何清偿，是制约纠纷解决的关键，也是对法官的审判智慧与适用法律规范能力的考验。阅卷显示，在北京，显明离婚债务清偿相关信息的案件共 12 件，占案件总数的 8.4%。其中，男女双方均等清偿共同债务的 9 件，占案件总数的 6.29%。男方多负担一些债务的 1 件，占案件总数的 0.7%。全部由男方清偿的 1 件，占案件总数的 0.7%。在其他债务清偿情形中，男女双方自由协商清偿债务的 1 件，占案件总数的 0.7%。上述数据表明，离婚债务清偿贯彻了男女平等精神，也兼顾了照顾女方的原则；既有助于避免离婚女性的贫困化和离婚后生活水平的下降，也有助于促进社会性别的平等。离婚债务清偿适用性别关怀原则，以平等关系为前提："无论是关怀方还是被关怀方地位都是平等的。关怀也要求关怀方和被关怀方的角色互换。"[8]231

（二）德性关怀原则

离婚债务清偿，既是法律义务，也是道德责任。离婚当事人能否切实履行清偿债务的义务，关乎离婚当事人和债权人的利益与德性。"德性以好品质为前提，而好品质需在好法律下养成。这种教育可由公共制度或个人来实施。但懂得立法学才能更好地进行教育。"[10]330

1. 德性关怀是离婚债务清偿的目的指向

离婚债务清偿适用德性关怀原则，是对离婚当事人、债的主体及社会公众的诚信约束。诚信清偿离婚债务，可能出于三种动机："一是出于外在压力被迫遵守；二是出于理性权衡自愿遵守；三是出于德性品质自发遵守。"[11]9无论基于何种动机清偿离婚债务，均会使当事人从债的关系中解脱出来，成为自由、自尊之人。"一种品质之所以被看作德性，是因为它有利于具有者、他活动于其中的共同体及其成员更好生存的，或者有利于其中一者更好生存而无碍并无害于他者更好生存的"[11]4品质。因而，诚信构成离婚债务清偿的德性关怀内涵，是离婚债务清偿的目的指向。离婚债务清偿制度必须廓清离婚债务性质的认定标准、离婚债务清偿责任的确定原则，为离婚债务清偿提供法律依据，为当事人的德性养成与德性发挥奠定制度基础。

2. 德性关怀是离婚债务清偿的价值意向

离婚债务清偿的立法规制与司法实践，既对当事人和社会公众具有规范和导向作用，也具有心理定式，即养成有关离婚债务清偿的德性。此种"德性的规范和导向作用是自发的、不需要理性的判断，也不需意志的强制力。所以，许多西方学者认为'德性是一以贯之地以正当方式行动的有价值的品质特性或意向'"[11]6。倘离婚债务清偿未显现出德性品质，则应以法律规范强制：一要遏制违法行为。即离婚时，伪造债务企图侵占另一方财产的，分割夫妻共同财产时，对伪造债务的一方，可以不分或少分。离婚后，另一方发现有上述行为的，可以向人民法院提起诉讼，请求再次分割夫妻共同财产。① 二要保护债权人利益。即当事人的离婚协议或者人民法院的判决书、裁定书、调解书已经对夫妻财产分割问题做出处理的，债权人仍有权就夫妻共同债务向男女双方主张权利。② 三要确定债务清偿责任。即一方就共同债务承担连带责任后，基于离婚协

---

① 婚姻法第四十七条。

② 婚姻法司法解释（二）第二十五条第一款。

议或者人民法院的法律文书向另一方主张追偿的，人民法院应当支持。① 因此，"德性不是与生俱来的，也不是自发形成的，而是在环境的作用下通过智慧选择形成的"[11]3。

3. 德性关怀是离婚债务清偿的普适基准

离婚债务清偿原则的确立，体现为对离婚当事人、债的当事人的法律规范与伦理规范。"虽然'不同社会强调不同的德性'，但如果从全人类来看，有不少德性是相同的或可得到不同道德和文化体系认可的。"[12]7如节制、公正与诚信清偿离婚债务。《汉穆拉比法典》第151条和152条分别规定了夫妻的共同债务与个人债务的认定标准与清偿原则。"倘居于自由民之家之妇，为使其夫之债权人不至于将她扣押，曾与其夫立约，使之给她以有关文书，则此自由民于娶妇前倘负有债务，其债权人不得扣押其妻。与此同时，倘此妇入于夫家前负有债务，其债权人亦不得扣押其夫。""倘在此妇入于自由民之家后彼等负有债务，则彼等共同对塔木卡负责。"该规定表明，夫妻的婚前债务，基于约定，由个人偿还；夫妻的婚后债务，由双方共同偿还。尽管时事变迁、世事沧桑，但在现当代，离婚债务清偿的原则基本相同，且基于法律规范与道德实践，逐步形成了离婚债务清偿的德性要求。确立"德性的一般原则并根据这种原则审查人类已经存在过的德性，认定人类已经存在过的德性哪些是真正的德性，哪些不是真正的德性，通过去伪存真的功夫批判地继承人类的德性遗产，并在此基础上构建适合当代的德性。所以这种构建的德性不再是只适合特定道德和文化体系的德性，而是适合全人类的具有普适性的德性"[11]7。

（三）生存关怀原则

人，不但是自然界的重要组成部分，也是离婚债务清偿的责任承担者。离婚债务清偿，关涉人与人、人与社会的协调及沟通，关乎个人利益、他人利益与社会利益之间的相互作用及平衡发展。因而，离婚债务清偿制度"要获得正义性必须思考自由权利对于一种伦理精神和自由秩序及德性主体生成的意义"[12]49。

1. 生存关怀倡导离婚债务清偿的协商精神

在世界各国的婚姻立法中，离婚债务清偿基本贯穿着法定与约定相结合的原则，即共同债务共同清偿；个人债务个人清偿。但男女双方如何清偿共同债

---

① 婚姻法司法解释（二）第二十五条第二款。

务，由当事人约定，以体现当事人的意思自治。倘约定不成，则由法院酌情判决。然而，当事人如何约定债务清偿，则体现出当事人的商谈能力与协商精神。"'商谈'的个人能够真正倾听别人的意见，并且试图把这种意见结合进自己的观点中。当交流和倾听扮演关键角色时，'主体间性'取代了主体性的作用。"[8]233为此，协商离婚债务清偿，须关注以下环节：一是债务产生的原因。即有些债务虽被认定为共同债务，但该债务的产生曾对某一方的事业发展、择业能力、自由生存、亲情维系具有重要影响，故受益方应承担较多比例的债务清偿责任。二是清偿债务的能力。在存在社会排挤的背景下，对当事人偿债能力的考核，应综合评估年龄、性别、学历、职业、健康、收入、社会地位等因素。三是考虑子女的利益。即离婚后直接抚养子女的一方，将对子女成长投入精力、财力，该投入势必影响其职业发展、收入增加及地位提升。为确保子女利益的最大化，不直接抚养子女一方应在同等条件下，适当多承担债务清偿份额，以减轻直接抚养子女一方的经济负担与精神压力。倡导离婚债务清偿的协商，将有助于平衡离婚当事人的利益与责任，并将有助于债权人债权的实现。债权的实现，主要在于债务人履行债务的道德能力与经济能力，而经济能力又成为偿债的主要保障手段。

2. 生存关怀牵涉离婚债务清偿的可行能力

"一个人的'可行能力'（Capability）指的是此人有可能实现的、各种可能的功能组合。可行能力因此是一种自由，是实现各种可能的功能性活动组合的行动自由（或者用日常语言说，就是实现各种不同的生活方式的自由）。"[1]62可行能力也预示着离婚当事人的偿债能力与行为自由。阅卷显示，在显明债务记载的案件中，离婚当事人无债务的案件比例较高。北京，30件，占案件总数的20.98%；上海，22件，占案件总数的18.97%；哈尔滨，51件，占案件总数的42.5%。在有债务的案件中，离婚当事人债务产生的原因包括：男方或女方治疗疾病、购买婚姻住房、子女上学、购买家庭生活用品、投资、偿还贷款、为父母治病或赡养父母、资助其他亲友、其他情形等。上述债务，多数为夫妻共同债务，少数为夫妻个人债务。债务产生的原因主要是经济贫困。经济"贫困必须被视为基本可行能力的被剥夺，而不仅仅是收入低下……低收入可以是一个人的可行能力剥夺的重要原因"[1]85。"除了收入低下以外，还有其他因素也影响可行能力的被剥夺，从而影响到真实的贫困（收入不是产生可行能力的唯一工具）。"[1]86例如，年龄、性别、健康、学历、就业状况、社会角色、居住地域、家庭内部分配等。生存关怀的价值之一就是消除社会歧视，"实现一个人人平等自由而全面发展的社会，使每一个人的自由全面发展成为一切人发展的条件"[13]44，进而增加社会中人参与社会、分享社会改革发展成果的平等机会，提升可行能力。性别平等、就业机会平等及"更好的教育和医疗保健不仅能直接改善生活质量，同时也能提高获取收入并摆脱收入贫困的能力"[1]88。

3. 生存关怀呼吁离婚债务清偿的利益平衡

离婚债务清偿，涉及个人利益、他人利益与社会利益。无论何种利益，都涉及着生存与发展、诚信与公平。利益平衡，就是"要求任何利益主体都不能片面地追求自身的利益，而要兼顾其他'利益相关者'的利益"[14]33。早在罗马法中，就有关于"能力利益"的规定，以协调婚内债务。"夫妻双方除可进行法律行为外，还可以互相起诉。但关于债权之诉，作为债务人的夫妻一方，可享受'能力利益'（Beneficium Competentiae）的优待。即他（她）只限在清偿能力范围内还债，超过现有财产，债务人可免除责任。优帝一世时则进一步规定，享受'能力利益'的债务人还可保留他（她）的基本生活费。"[15]184该规定，有助于维护债务人的基本生存利益。而在现当代，离婚债务清偿则要在诚信的基础上，体现公平与正义，即离婚当事人应在平等协商的基础上，约定债务的清偿责任。如约定不成，则由法院综合评估离婚当事人的偿债能力予以判决。因为，"正义原则不仅包括公平原则，而且还暗含了对在平等竞争中处于弱势的人给予关爱"[14]。故离婚债务清偿，要实现实质正义，就应贯彻性别关怀原则、德性关怀原则和利益平衡原则，以协调离婚当事人的偿债能力与利益冲突，维护债权人的利益。

【参考文献】

[1] 阿马蒂亚·森. 以自由看待发展 [M]. 任赜，于真译. 北京：中国人民大学出版社，2007.

[2] 王歌雅，贺轶文. 婚姻家庭法论 [M]. 哈尔滨：黑龙江人民出版社，2004.

[3] 裴桦. 夫妻共同财产制研究 [M]. 北京：法律出版社，2009.

[4] 李志敏. 比较家庭法 [M]. 北京：北京大学出版社，1988.

[5] 胡苷用. 婚姻合伙视野下的夫妻共同财产制度研究 [M]. 北京：北京法律出版社，2010.

[6] 高兆明. 道德责任：规范维度与美德维度 [J]. 伦理学，2009（5）.

[7] 万俊人. 公民道德建设的制度之维 [J]. 伦理学，2009（5）.

[8] 袁玲红. 生态女性主义伦理形态研究 [M]. 上海：上海人民出版社，2011.

[9] 王歌雅. 中国现代婚姻家庭立法研究 [M]. 哈尔滨：黑龙江人民出版社，2004.

[10] 罗尔斯. 正义论 [M]. 何怀宏，何包钢，廖申白译. 北京：中国社会科学出版社，1998.

[11] 江畅. 论德性 [J]. 伦理学，2010（12）.

[12] 马向真，张廷干. 和谐伦理精神的后现代建构 [J]. 东南大学学报（哲学社会科学版），2010（5）.

[13] 龚群. 论人的尊严与社会主义核心价值体系的内在关系 [J]. 伦理学，2010（12）.

[14] 王正平，刘玉. 利益兼顾：构建社会主义和谐社会的根本道德原则 [J]. 伦理学，2010（12）.

[15] 周枏. 罗马法原论（上册）[M]. 北京：商务印书馆，1994.

（原文刊载于《中华女子学院学报》2013 年第 2 期）

夫妻共同债务认定的法理基础及离婚妇女财产权益保护

官玉琴

（福建工程学院法学院）

随着我国经济发展，夫妻共有财产不断增多。同时，在市场交易和物质往来中产生的夫妻共同债务的情形也越来越复杂，离婚后的夫妻共有财产分割和夫妻共同债务的承担成了司法实务中必须面对的重要问题。但由于我国现行婚姻法及相关司法解释对夫妻共同债务的认定标准存在冲突和矛盾，尤其是婚姻法司法解释（二）第二十四条规定，加重了婚姻关系中非举债方配偶（通常为女方）的举证责任，使其举证不能而无端承担举债方的个人债务。这样的认定结果又不可避免地助长了离婚诉讼中男方恶意编造夫妻共同债务，侵害离婚妇女合法财产权益的行为。为此，本文拟通过阐述我国离婚诉讼中夫妻共同债务认定标准之历史演进及立法导向，分析夫妻共同债务认定标准的法理依据，提出完善我国夫妻财产制相关配套措施，引导司法工作者正确理解我国婚姻立法精神，并加以贯彻适用，切实维护离婚妇女合法财产权益，实现法律的公平与正义。

一、离婚中夫妻共同债务认定及处理规则的演进

（一）夫妻共同债务认定标准的历史演进

1. 1950 年婚姻法

1950 年，婚姻法第二十四条规定，离婚时，为夫妻共同生活所负债务的，以共同生活时所得财产偿还；如共同生活所得财产不足清偿的，由男方清偿。男女一方单独所负债务，以各自财产偿还。这一规定充分体现了对离婚妇女财

产利益的保护，符合当时的社会经济情况。

2. 1980 年婚姻法

1980 年，婚姻法第三十二条规定，离婚时，为夫妻共同生活所负债务的，以共同财产偿还；不足清偿时，由双方协商清偿；协商不成时，由法院判决。男女一方单独所负债务，以各自财产偿还。这一规定充分肯定了婚姻当事人的意思自治原则，但没有规定在夫妻双方协商不成的情况下，对共同债务承担连带清偿责任，这不利于债权人利益保护。

3. 1993 年婚姻法司法解释

1993 年，最高人民法院《关于人民法院审理离婚案件处理财产分割问题的若干具体意见》第 17 条规定，夫妻为共同生活或为履行抚养、赡养义务所负债务，应认定为夫妻共同债务。该规定详细列举了不能认定为夫妻共同债务的情形，包括：夫妻双方约定由个人负担的债务；未经对方同意，擅自资助与其没有抚养义务的亲友所负的债务；未经对方同意，独自筹资从事经营活动，其收入确未用于共同生活所负的债务，及其他应由个人承担的债务。该司法解释明确了为家庭共同生活所需，或履行法定抚养义务等所负的债务为夫妻共同债务的唯一认定标准，即共同生活目的论，这对于离婚时夫妻双方各自财产利益保护起到很好作用，但不利于债权人利益保护。作为婚姻生活之外的第三人债权人难以举证说明债务人借债有否用于夫妻共同生活，由此，该司法解释成了夫妻双方逃避共同债务的法律依据。

4. 2001 年婚姻法修正案

2001 年，婚姻法修正案第四十一条规定，离婚时，为夫妻共同生活所负债务的，共同偿还；不足清偿的，或财产归个人所有的，由双方协商清偿；协商不成时，由法院判决。该规定明确了夫妻共同债务共同偿还，承担连带责任。但不足清偿的，由双方约定，这不利于债权人利益的保护，属于未经债权人同意擅自转移债务的行为，不符合民法和合同法的规定精神。

5. 2004 年婚姻法司法解释（二）

2004 年，《最高人民法院关于适用婚姻法若干问题的解释（二）》第二十四条规定，债权人就婚姻关系存续期间夫妻一方以个人名义所负债务主张权利的，应按夫妻共同债务处理。但夫妻一方有证据证明债权人与债务人明确约定为个人债务，或有证据证明夫妻在婚姻关系存续期间实行约定财产制，且债权人知道该约定的，夫或妻所负债务由个人承担。该司法解释将夫妻关系存续期间一方所欠债务，均认定为夫妻共同债务，但虽有规定两种除外情形，但非举债方配偶，很难举证证明是配偶一方个人行为。由此，不可避免地成了夫妻双方离婚时，配偶一方（通常是男方）与第三人恶意串通，虚构债务，侵害非举债方配偶（通常是女方）财产权益之法律依据，致使离婚妇女的财产利益无法得到保障。

（二）笔者观点

我国立法在夫妻共同债务认定与处理的规则上，经历了20世纪50年代的离婚妇女财产利益的绝对保护，80年代的尊重夫妻双方意思自治原则，及现代的强调对债权人利益保护，但忽视夫妻双方中非举债一方配偶财产权利保护，不利于离婚妇女财产权益保护。

随着社会进步，妇女在社会经济生活、婚姻家庭生活中的地位得到极大提高，我国婚姻立法也日趋强调男女平等，并体现在具体的法律条文中。不可否认，这是社会的进步，法制的进步。但我们必须清醒地看到，无论如何，男女两性终究有别，社会对男女两性的认知与评价也不尽相同。1980年的婚姻法将原先规定的"男女权利平等原则"改为"男女平等原则"，其实质意义就在于通过对妇女权益的倾斜保护，达到男女实质性平等原则的实现。男女平等原则不能简单地理解为如我国民法上所主张的独立主体间的权利平等，而是具有特定夫妻身份的相对独立的平等关系，夫妻财产关系的前提基础是夫妻身份关系，同样与民法所调整的财产关系有着本质区别。因此，婚姻法基本原则规定了男女平等原则，也规定了维护妇女合法权益原则，并强调在离婚时对妇女财产利益的特别保护，但由于司法实践没有落实到位，实施意见规定不具体，考虑问题不全面，在夫妻共同财产认定问题上，没有兼顾夫妻共同债务中债权人和非举债配偶方利益平衡，甚至还存在相互矛盾冲突的现象，存在认定标准的多重性，导致审判实践中的同案不同判结果。

此外，现实中还存在一些年轻法官社会阅历浅，男女性别平等意识淡薄，在审理离婚案件中没有从婚姻家庭法的男女平等原则的社会价值、公平价值角度加以考量，在审理离婚案件认定夫妻共同债务等问题上没有充分体现照顾妇女原则，致使离婚妇女的财产利益得不到有效保护的问题。

二、夫妻共同债务认定法理基础分析

我国夫妻共同债务的认定标准，目前主要存在三种倾向：一是所负债务为以家庭共同生活为目的的认定为夫妻共同债务，即家庭共同生活目的论；二是所负债务为婚姻关系存续期间夫妻共同分享了该利益的推定为夫妻共同债务，即利益分享推定制；三是夫妻一方借债经另一方同意的可以认定为共同债务，即夫妻合意制。由于第三种认定标准不涉及离婚中夫妻双方共同债务争议的内容，本文不予阐述。针对上述两种标准，具体分析如下。

（一）利益分享推定制

利益分享推定制，是以夫妻是否分享了该债务所带来的利益作为推定夫妻共同债务的标准。即使夫妻在事前或事后都没有共同举债的合意，只要该债务发生，夫妻双方共同分享了该债务所带来的利益，就视为共同债务，包括婚前和婚后夫妻一方以个人名义所欠债务。[1]31 婚前夫妻一方以个人名义所欠债务，主要是指婚前男方购买或装修婚房对外所欠债务，或为了结婚操办酒席对外所欠债务，推定为女方与其共同分享了该债务所带来的利益，这些欠款推定为夫妻共同债务，离婚时可要求女方共同偿还。婚后夫妻一方所欠债务，不论是以个人名义还是以夫妻共同名义，不论非举债方是否知晓或同意，均认定为在婚姻关系存续期间共同分享了该债务所带来的利益，推定为共同债务①，离婚时由夫妻双方共同偿还。

利益分享推定制强调了市场经济活动中债权人利益保护，无视婚姻家庭法的身份属性，忽视婚姻家庭生活中妇女财产利益保护。突出表现在 2004 年婚姻法司法解释（二）第二十四条的规定，即在婚姻关系存续期间一方所欠债务，均推定为夫妻共同债务，使得离婚妇女的财产利益遭受侵害。②

利益分享推定制违背了婚姻法基本原则，也不符合以日常事务代理权为基础的法律理论。虽然我国目前尚未明确规定日常事务代理权权限范围，但 2001 年婚姻法对夫妻财产权做了明确规定，即夫妻对共同所有的财产有平等的处理

---

① 根据 2004 年婚姻法司法解释第二十四条、婚姻法第十九条规定，除外情形为：非举债一方可以证明债权人与债务人明确约定为个人债务；或夫妻财产约定为分别财产制，且债权人知道的。这两种除外情形在司法实践中几乎不存在，非举债方根本无法履行举债义务，只能面临败诉。

② 兰州首例夫债妻还案：戴某向张某借款逾期未还，张某将戴某及其妻邵某告上法庭要求共同偿还。戴某下落不明，未应诉，邵某以在借款前与戴某分居为由进行抗辩。法院依司法解释（二）第二十四条规定，判戴某与邵某共同还债。参见：《兰州首例"夫债妻还案"维持原判》，中国法律网，http://www.5law.cn/info/minshang/hunyin/hunyinfaan-li/2010/1125/7418.html，2004 - 10 - 25.

权。而利益分享推定制没有尊重夫妻双方意愿，任何夫妻一方所欠债务均可推定为夫妻共同债务，以夫妻身份作为确定夫妻共同债务的唯一标准，严重侵害了非举债方（通常是女方）的财产利益，因而不符合我国婚姻立法精神。

（二）家庭共同生活目的论

1. 家庭共同生活目的论界定

家庭共同生活目的论，是指夫妻双方举债用于婚后共同生活的，应当推定为夫妻共同债务。共同生活包括：夫妻履行抚养子女义务、赡养双方老人义务所负债务，为维持家庭生活所支出的购房与装修、教育和医疗等各项生活费用；也包括夫妻共同生产、经营所产生的债务（如家庭承包经营、夫妻个体经营所欠债务）；还包括夫妻共同实施违法行为所生债务（如共同实施侵权行为造成第三方经济损失的）。[2]

2. 家庭共同生活目的论中夫妻共同债务构成要件

构成夫妻共同债务条件：第一，合法的夫妻关系存在；第二，举债目的和用途为"共同生活"。婚姻关系存续期间所借债务并不能作为推定夫妻共同债务的充分条件，只能是必要条件。判断夫妻共同债务的关键点为因家庭共同生活而举债，它符合婚姻法中的家庭基本职能定位，有利于维持家庭共同体的生存、合作与发展，是婚姻法社会属性的体现。同样，在司法实践中通过审查欠债的原因、目的和用途，也能对各种复杂的以夫妻一方名义所欠债务的性质做出准确的判断，具有较强的可操作性。

3. 家庭共同生活目的论符合多数国家立法规则

家庭共同生活目的论符合多数国家夫妻共同债务之认定规则，如《法国民法典》第 1409 条规定，为维持家庭日常开支与子女教育的费用，夫妻双方应当负担的生活费用及缔结的债务，属于永久性负债（共同债务）。同样，《德国民法典》第 1438 条①，《瑞士民法典》第 166 条②，均做了相同的规定，是世界各

---

① 《德国民法典》第 1438 条："基于在财产共同制存续期间实施的法律行为而发生的债务，仅在管理共同财产的配偶一方实施该法律行为或该方同意实施之，或该法律行为不经其同意也为共同财产的利益而有效时，共同财产才就该债务负责任。"参见陈卫佐译注：《德国民法典》，法律出版社 2006 年版，第 454 页。

② 《瑞士民法典》第 166 条："配偶双方中任何一方，于共同生活期间，代表婚姻共同生活处理家庭日常生活事务。……如为婚姻共同生活利益考虑，某业务不容延缓，且配偶他方因疾病、缺席或类似原因无法表示同意时。"参见殷生根、王燕译：《瑞士民法典》，中国政法大学出版社 1999 年版，第 45 页。

国较为认可的一种认定规则。

4. 家庭共同生活目的论有效地维护了离婚妇女合法财产权

家庭共同生活目的论有利于预防夫妻一方编造债务虚假诉讼行为的出现。现实中有不少离婚案件，在他们夫妻关系进入紧张阶段（甚至已分居多年）或离婚诉讼阶段时，一方（通常是男方）为了侵吞另一方财产，捏造事实，虚构债务，侵害配偶财产权。假如在审理离婚案件中夫妻共同债务认定范围，适用配偶一方举债必须用于家庭共同生活，这些编造的债务就不能纳入夫妻共同债务范围。2015 年 9 月 1 日生效的最高人民法院《关于民间借贷案件适用法律若干问题的规定》第十九条指出："人民法院在审理民间借贷纠纷案中，必须查明借贷发生原因、时间、款项来源、交付方式，及借贷双方关系、经济状况等事实，以此判断是否存在虚假诉讼。"该规定同样适用于离婚诉讼案件中债权债务的审理，法庭通过审查债权人和举债方之间发生债务原因、款项交付时间、地点、方式等，即可判断其真假债务。对于婚姻当事人中举债一方在开庭时有意回避不出庭参与诉讼导致案情无法查清的，法庭不可轻易适用缺席审理和缺席判决方式予以结案。对于案情不清，债权人仅凭一张婚姻当事人举债方所写借条，无法合理解释并提供初步证据证明借贷用于家庭共同生活的，可驳回债权人对非举债方的诉讼请求，由举债方单独承担举债责任。法官在审理此类案件中要平衡双方关系，既要维护债权人的利益，又要维护离婚案件中非举债方配偶的财产利益。

（三）笔者观点

通过上述理论阐述，笔者更赞同夫妻共同债务认定标准为配偶一方对外所借债务是否用于家庭共同生活，这种认定标准符合我国婚姻家庭生活现状。

婚姻法明确规定，夫妻共同债务认定应当以借债为双方合意，并以"共同生活"为基本要件，婚姻法司法解释（二）内容与之存在一定差异性。从法理上说，当二者发生冲突时，婚姻法为上位法，是全国人大制定的基本法，司法解释则为下位法，是最高人民法院对案件处理的指导性意见，上位法效力高于下位法，司法解释服从于婚姻法。

因此，夫妻共同债务案件的审理，应当优先适用婚姻法规定，司法解释只能作为补充规定加以适用，不能毫无原则地依照司法解释规定将夫妻关系本身作为构成共同债务的充分条件，应当结合婚姻法规定之精神，综合考虑其他因素，尤其是举债是否为了家庭共同生活所需。否则，在司法实践中，处于分居或已经进入离婚诉讼阶段的夫妻一方（通常是男方），势必会片面理解该司法解释规定之精神，肆意编造虚假债务，侵害离婚妇女合法财产权。

三、完善夫妻共同债务认定规则的相关制度，维护离婚妇女合法权益

国家统计局《第三期中国妇女社会地位调查主要数据》（2011）的相关数据显示：18~64 岁女性的就业率为 71.1%，城镇为 60.8%，农村为 82.0%；城镇和农村女性的年劳动收入分别为男性的 67.3% 和 56.0%。[3] 蒋月教授课题组成员在 2013 年所撰写的调研报告《福建妇女地位变迁与婚姻家庭权利调查研究（1978—2010）》的数据显示："2010 年对于家庭主要财产：房产、宅基地（农村）和机动车，女性只有 14.1%、6.8%、19.7%，远低于男性的 46.4%、42.4%、49、8%"。[4]221 可见，现实的婚姻生活中，女性在经济收入、家庭主要财产等方面明显低于男性。在婚姻习俗上依然存在"男娶女嫁"，婚房、婚事男方操办，女方添置嫁妆、生活日用品等，家庭主要财产登记在男方名下。如果说男方举债购房、装修是为了结婚，为共同债务，那么，女方举债添置嫁妆也是为了结婚，也应当认定为夫妻共同债务。房产不会自然损耗，但嫁妆却会自然损耗，且在司法实践中难以认定。婚前利益分享推定制不利于妇女财产利益保护。同样，中国传统的"男主外，女主内"生活模式，男方的社会地位、经济地位明显高于女方，且家庭主要财产（包括私营企业生产经营权，公司股权等）多数掌握在男方手中，在婚姻关系出现紧张状态时，男方为了保住自己手中掌控的家庭共有财产，往往通过编造对外债务等方式，达到侵吞女方财产的目的，婚后利益分享推定制进一步加剧了离婚妇女的生活贫困化，且不利于妇女权益保护。

因此说，夫妻共同债务认定标准应当推行家庭生活目的论，同时修订完善夫妻财产制等相关配套措施，维护离婚妇女的合法财产权。

（一）构建夫妻日常事务代理权制度

夫妻日常事务代理权，是指在共同生活期间，配偶一方因处理家庭日常事务与第三人为一定行为，视为双方共同的意思表示，并共同承担为此带来的法律后果。我国现行婚姻法规定："夫或妻对夫妻共同所有的财产，有平等的处理权。"婚姻法司法解释（一）第十七条进一步规定："（一）夫或妻在处理夫妻共同财产上的权利是平等的。因日常生活需要而处理夫妻共同财产的，任何一方均有权决定。（二）夫或妻非因日常生活需要对夫妻共同财产做重要处理决

定，夫妻双方应当平等协商，取得一致意见。他人有理由相信其为夫妻双方共同意思表示的，另一方不得以不同意或不知道为由对抗善意第三人。"这是我国婚姻法对夫妻日常事务代理权制度的概括性、原则性的规定，但还不够全面、具体，无法满足处理现实生活中复杂多样的夫妻共同债务问题，因而需进一步加以完善。

在立法上，建议采取概括性的列举和排除式的立法模式，明确界定日常事务代理范围，即双方配偶为满足婚姻家庭生活需要，征得另一方配偶同意，或因情况紧急另一方配偶无法表示同意，由一方配偶做出的法律行为属于日常家事代理的，其后果由双方配偶共同承担。但对于不动产处分，或价值较大的家庭财产处分，或基于一方配偶身份权的财产处分（如继承权放弃），不属于家事代理范畴。在日常事务代理权范围内，推定为夫妻共同债务；在日常事务代理权范围外，则要求债权人承担相应的证明责任，即是否构成表见代理承担举证责任。

夫妻共同债务中债权人可以引用民法学中表见代理制度，对自己的财产权益加以保护，但债权人需要承担相应的举证责任，即有证据使其足以相信该债务确实为夫妻日常生活所需。如不具备表见代理条件，则推定为夫妻个人债务。该观点在婚姻立法上可借鉴国外做法，如《瑞士民法典》第166条第3款规定："配偶中任何一方对其行为负个人责任，但该行为无法使第三人辨明已超越代理权的，配偶他方亦应负连带责任。"[5]45 同时，为了避免婚姻当事人一方（通常是男方），为了侵吞另一方（通常是女方）资产，编造债务行为的，可要求举债方承担该债务确实用于婚姻家庭生活所需的证明责任，如果不能举证的，则推定为个人债务。

（二）增设非常法定财产制

我国现行婚姻法仅规定了夫妻关系通常情况下的法定财产制——婚后所得共有制。当夫妻关系处于紧张乃至分居状态时，夫妻一方滥用管理共有财产权利，或对外举债，或编造债务，通常法定财产制不能适用，否则，将侵害到另一方的配偶财产权。因此，世界上多数国家均在通常法定财产制基础上增设了非常法定财产制：夫妻关系出现法定事由时，如分居，或一方滥用日常事务代理权侵害另一方财产权，根据法律规定当然适用分别财产制，或经夫妻一方申请，由法院裁定宣告适用分别财产制。

该制度的设置对于夫妻关系处于紧张状态或进入离婚诉讼前期，掌握家庭主要财产权和对外经济交易权一方配偶（通常是男方）不支付家庭生活费用、处分、转移、隐匿、挥霍共有财产，对外大量举债，或编造债务等行为将起到约束作用，并能最大限度地保护另一方配偶（通常是女方）的家庭财产权。

借鉴国外经验，我国在立法上宜采取例示主义，即列举与概括相结合原则。如《瑞士民法典》185条第1款概括规定："应配偶一方之申请，如确有成立夫妻分别财产制之理由，法官应命令设定之。"同条第2款列举了五种情形："特别是在下述任何情况下，已存在前款之重要理由：（1）如配偶他方的财产不足清偿债务或其共同财产中的应有部分已被扣押；（2）如配偶他方危害到申请人或婚姻共同生活的利益；（3）如配偶他方以无理由方式拒绝给予处分共同财产之必要同意；（4）如配偶他方拒绝向申请人报告其收入、财产及债务或共同财产状况；（5）如配偶他方持续无判断能力。"[5]51该规定值得我国立法时借鉴采纳。

我国目前的婚姻生活模式依然是以"男主外，女主内"为主，家庭主要财产，包括生产经营资料、不动产等多数掌握在男方手中，在离婚诉讼中，男方为了继续控制家庭共有资产，对外编造债务，对内隐匿转移家庭财产。为预防此类事件发生，为维护离婚妇女合法权益，建议在我国非常法定财产的立法中，规定有下列情形之一的，夫妻一方或双方可请求法院裁定适用分别财产制：夫妻一方不履行其应尽家庭义务的；夫妻一方未经另一方同意，擅自处分夫妻共有财产的；夫妻一方任意挥霍共有财产，可能影响其家庭生活维持的；夫妻一方破产或财产不足以清偿其债务的；夫妻双方分居达一定期限的；其他重大理由，不适用分别财产制足以影响双方利益的。[6]297~298

（三）建立夫妻约定财产登记公示制

我国婚姻法规定，夫妻约定适用分别财产制的，夫或妻一方对外所负债务，第三人知道该约定的，由夫或妻一方承担。但对于约定财产制，我国法律并无要求登记公示，使得该约定也无法对抗第三人，非举债一方对外仍承担连带责任。同时，根据蒋月教授课题组成员2013年撰写的调研报告《福建妇女地位变迁与婚姻家庭权利调查研究（1978—2010）》的数据显示，在高层女性中拥有机动车的比例较大，拥有股票或基金的比例为55.6%，夫妻联名的也有42.8%。可见，在高层妇女家庭中，双方所掌握的财产差距不大，有利于保障双方的家庭地位平衡，但由于夫妻联名财产较高，在离婚时财产分割容易出现纠纷。[4]223

对此，建议进一步完善我国夫妻约定财产制，借鉴《日本民法典》第756

条规定①、台湾"民法典"第 1008 条规定②之立法经验，结合我国实际情况，在婚姻立法中明确夫妻约定财产登记制，推行婚前财产、婚后重大财产登记公示制，做到提前预防纠纷，切实保障妇女的财产权益。

（四）增设个人婚前财产婚后自然损耗补偿制

长期以来我国一直沿袭"男娶女嫁"的风俗，房产一般由男方家庭置办，嫁妆由女方家庭添置。根据现行法律，男方婚前置办房产，登记在男方名下的，离婚后归男方所有，婚后有共同还贷的，给予女方一定补偿。那么对于女方婚前置办的嫁妆，甚至包括装修新房所投入的资产，由于在日后家庭共同生活中会逐渐损耗，离婚时，却难以得到应有的补偿。

基于该现实情况，根据《法国民法典》第 1433 条规定："只要共同财产从夫妻一方特有财产中获得利益，均应用共同财产对作为特有财产所有人的该配偶一方给予补偿。"为此，建议我国增补有关规定，确立个人婚前财产婚后自然损耗补偿制度。[7]

（五）建立家事审判诉讼制度

针对婚姻家庭案件具有身份性特征，建议我国尽快建立和完善家事审判诉讼制度。如澳大利亚 1975 年实施《家事法案》并设立家事法院；德国 2009 年 9 月 1 日起将家事案件纳入非诉讼案件范围，不再由民事诉讼法调整；日本 1948 年设立家事法院，并于 2003 年进一步修订完善《人事诉讼程序法》[8]；我国香港地区于 1983 年和台湾地区于 2006 年分别设立了家事法庭。应借鉴国外/域外立法和司法经验，构建具有中国特色的家事审判诉讼程序，引进家事调查官制度，改进调解制度及结案家事案件的跟踪、回访和帮扶制度。加大家事诉讼中的法官职权干预力度，对于重要案件事实，在当事人确实难以举证的情况下，人民法院应当按照当事人提供的线索，依职权向有关单位调取证据，查清案件事实，公平、公正审理离婚案件。

《中国妇女报》报道：2016 年 6 月 1 日起，最高法院将在全国范围内 118 个基层人民法院和中级人民法院开展为期两年的家事审判方式和工作机制改革试点工作。在法院系统内建立家事法庭，适用家事审判诉讼程序，加大公权力介

---

① 《日本民法典》第 756 条规定："当事人必须在婚姻申报前登记财产契约，否则不得对抗第三人。"

② 我国台湾地区"民法典"第 1008 条规定："夫妻财产契约之订立、变更或废止，非经登记不得以之对抗第三人。"

入家事纠纷力度。明确界定夫妻共同财产和个人财产、夫妻共同债务和个人债务，有效防范离婚诉讼中虚假债务发生，从而维护妇女合法财产权益，实现男女实质性平等。

【参考文献】

[1] 夏吟兰. 我国夫妻共同债务推定规则之检讨 [J]. 西南政法大学学报，2011 (1).

[2] 姜大伟. 我国夫妻共同债务认定规则的反思与重构 [J]. 西南政法大学学报，2013 (4).

[3] 中华全国妇女联合会，国家统计局. 第三期中国妇女社会地位调查主要数据报告 [EB/OL]. http://www.china.com.cn/zhibo/zhuanti/ch-xinwen/2011—10/21/content_23687810.htm.

[4] 蒋月，等. 福建妇女地位变迁与婚姻家庭权利调查研究（1978—2010）[A]. 厦门大学法律评论 [C]. 厦门：厦门大学出版社，2013.

[5] 瑞士民法典 [Z]. 殷生根，王燕译. 北京：中国政法大学出版社，1999.

[6] 杨晋玲. 夫妻财产制比较研究 [M]. 北京：民族出版社，2004.

[7] 陈苇. 诉讼离婚财产清算中妇女财产权益法律保护实证研究——以我国重庆市某基层人民法院 2011—2013 年审结的离婚案件为对象 [J]. 河北法学，2016 (8).

[8] 陈爱武. 论家事审判机构之专门化——以家事法院（庭）为中心的比较分析 [J]. 法律科学，2012 (1).

（原文刊载于《中华女子学院学报》2016 年第 6 期）

婚姻法第四十六条实证分析

——离婚损害赔偿的影响因素和审判思路

马忆南　贾　雪

（北京大学法学院）

2001 年婚姻法修订新增了离婚损害赔偿制度，主要见于婚姻法第四十六条（后文简称为"第四十六条"），即有下列情形之一，导致离婚的，无过错方有权请求损害赔偿：（一）重婚的；（二）有配偶者与他人同居的；（三）实施家庭暴力的；（四）虐待、遗弃家庭成员的。其目的在于制裁实施重婚、姘居、家庭暴力等行为的有过错当事人，保护无过错方的权益。作为当年婚姻法修订的亮点和重点，离婚损害赔偿制度在司法实践中运行的效果如何？是否实现了保护无过错方的目的？现有的实证研究资料指出，离婚损害赔偿的运行效果并不理想，很难为当事人提供救济，已成为"名存实亡"的制度。[1][2]一方面，提出离婚损害赔偿的案件数量不多；另一方面，法院准予离婚损害赔偿的比例低。主要原因是第四十六条规定的过错范围过窄、当事人举证困难、赔偿的责任主体有限等。[3][4][5][6]15~25[7]24~25,30~33

本文在现有实证研究的基础上，以北大法宝数据库收录的离婚损害赔偿案件为基础进行了实证考察，发现第四十六条所涉及的案件虽然绝对数量不多，但是以该条第二项和第三项为由提起的损害赔偿案件中，超过半数的当事人获得了法院的支持。那么，现有研究指出的第四十六条存在的诸多制度缺陷对判决结果是否产生影响？获得支持的案件中，法官如何突破第四十六条的上述适用瓶颈进而支持当事人的主张？是否存在运用自由裁量权、扩大适用离婚损害赔偿的可能？其审判的思路和逻辑是什么？针对这些问题，本文在考察离婚损害赔偿制度运行效果的同时，将通过实证分析重点研究法官认定离婚损害赔偿的影响因素，探究、总结其审判的思路，进而揭示司法实务中离婚损害赔偿制度的运行逻辑，厘清离婚损害赔偿和一般侵权的关系，并对离婚损害赔偿存废之争做出回应。

一、研究样本与研究重点

北大法宝数据库中，第四十六条涉及的案例与裁判文书共有 162 篇。[①] 其中，可用于研究离婚损害赔偿的案件为 117 件，这是本文进行实证分析的基础。

表1　离婚损害赔偿制度的研究样本（起,%）

案件总量	离婚损害赔偿	解除同居关系	案情过于简略
162	117	38	7
100	72.22	23.46	4.32

上表中，"解除同居关系"是指，当事人的同居关系属于第四十六条规定的"有配偶者与他人同居"，请求依据婚姻法司法解释（二）第一条解除同居关系。[②] 此外，还有 7 起案件案情过于简单，不便进行深入分析。本文分析不涉及这两类案件。

表2　四类离婚损害赔偿情形的数量和比重（起,%）

案件数量	重婚	有配偶者与他人同居	家庭暴力	虐待遗弃家庭成员	有配偶者与他人同居＋家庭暴力	其他
117	3	60	33	4	8	9
	2.56	51.28	28.21	3.42	6.84	7.69

第四十六条规定了四类可请求离婚损害赔偿的行为。从表 2 可知，司法实务中，涉及重婚和虐待遗弃家庭成员的案件较少，分别为 3 起（占 2.56%）和4 起（占 3.42%）。超过一半的案件（60 起，占 51.28%）是因配偶与他人同居

---

① 北大法宝数据库仅收录了婚姻法第四十六条所涉及部分案件及其裁判文书。虽然数量有限，但是涵盖了不同的审级、地域，较为全面地反映了离婚损害赔偿制度运行的实际情况，因此以此为基础进行实证研究是可行的。参见：http://www.pkulaw.cn/CLink_form.aspx?Gid=35339&Tiao=46&km=pfnl&subkm=0&db=pfnl.

② 婚姻法司法解释（二）第一条："当事人起诉请求解除同居关系的，人民法院不予受理。但当事人请求解除的同居关系，属于婚姻法第三条、第三十二条、第四十六条规定的'有配偶者与他人同居'的，人民法院应当受理并依法予以解除。"

而提起损害赔偿。其次为因家庭暴力而提起损害赔偿，共 33 起，占近 30%。故而，后文在分析法官认定离婚损害赔偿的影响因素和审判逻辑时，将以第四十六条第二项、第三项为重点。

另外，值得关注的是，一些案件虽然根本不属于第四十六条规定的四类情况，但当事人依然会在诉讼中依第四十六条提起离婚损害赔偿，即表 2 列出的 9 起"其他"类型的案件。主要包括以下三种情形：（1）夫妻间的一般的侵权行为①；（2）同居关系中存在家庭暴力②；（3）夫妻间的一般矛盾③。这表明，一方面，离婚损害赔偿的救济范围确实有限，只限于四种法定的情形；但婚姻关系中的过错行为甚至是严重的过错行为远不止这些。[3]另一方面，很多离婚案件的当事人并不真正理解离婚损害赔偿的意义，缺乏寻求一般侵权救济的思维。④那么，这些非第四十六条的情形中，当事人是否必须提供法律救济及如何救济，须充分考虑婚姻的本质、一般侵权和离婚损害赔偿的关系。对此，将在后文详述。

二、"有配偶者与他人同居"的实证分析

（一）请求被驳回的原因

从表 3 可知，在因配偶与他人同居而提起损害赔偿的 60 起案件中，近一半的案件（28/60）未能获得支持。其中超过 80% 的案件（23/28）是因证据不足而被驳回诉讼请求（见表 4），这表明举证难是阻碍无过错方获得赔偿的最主要原因。

---

① 例如，一方开车载另一方，发生车祸；一方未停稳车，另一方下车受伤等。怀疑男方有外遇，伤害其下身。参见"阎贵柱等诉喻小龙等交通事故人身损害赔偿纠纷案"，北大法宝引证码 CLI. C. 1498462；"吴某某诉戴某某身体权纠纷案"，北大法宝引证码 CLI. C. 877015；"赵静与王允离婚案"，北大法宝引证码 CLI. C. 49290。

② 参见"李某诉许某同居关系析产纠纷案"，北大法宝引证码 CLI. C. 1013218。

③ 例如，怀孕期间疏于照顾、受骗结婚、琐事争吵。参见"仇某某与员某某离婚纠纷上诉案"，北大法宝引证码 CLI. C. 266031；"袁某诉钱某某离婚纠纷案"，北大法宝引证码 CLI. C. 266031；"杨某诉熊某某离婚纠纷案"，北大法宝引证码 CLI. C. 12526。

④ 例如，在不支持离婚损害赔偿请求的案件中，两起是因为遭受家庭暴力者并非离婚当事人，而是该方当事人的父母。参见薛宁兰：《离婚法的诉讼实践及其评析》。事实上，因遭受家庭暴力而提起离婚损害赔偿时，不仅可以依据婚姻法第四十六条，还可依据《侵权责任法》第六条第一款，从而避开离婚损害赔偿制度在请求主体、责任主体方面的限制。但当事人往往缺乏一般侵权救济的思维。

表 3　案件判决结果（起）

案件数量	驳回	支持	和解
60	28	31	1

表 4　请求被驳回的原因（起）

驳回案件	证据		程序	责任主体
	未能提出证据	证据不足		
28	4	19	4	1

1. 举证困难

为何会产生举证难的问题？这是因为证明"有配偶者与他人同居"本身是非常困难的。根据婚姻法司法解释（二）第一条对"有配偶者与他人同居"的规定，举证证明配偶与他人同居，须提供配偶"与婚外异性，不以夫妻名义，持续、稳定地共同居住"的证据。① 通常而言，证明存在或者发生某个事件或行为相对容易，证明存在某种持续、稳定的状态则比较困难。特别是在婚外同居这一非常私密的领域，证明"持续、稳定地共同居住"难度非常大。对当事人而言，掌握此类证据需做出很多努力，成本很高；并且很多时候，即便做出了大量努力，也不一定能够取得证据。[1] 司法实践中，主张赔偿一方提供的证据非常丰富，包括照片、录像、保证书、忏悔信等。但法院认为，这只能证明另一方存在违反忠实义务的行为，并不能证明与他人同居。除证明"持续、稳定地共同居住"本身非常困难之外，一方取证的行为还很有可能构成对他人隐私权的侵犯，从而使取得的证据不能被采用。司法实践中，当事人为了获得配偶与婚外异性持续、稳定地共同居住的证据，可能需要到一些非常隐蔽的场所取证，例如怀疑配偶与他人共同居住的场所，并且需要借助私拍、私录的方式。而私拍、私录的内容很有可能侵犯到当事人的配偶、同居对象甚至无关第三人的隐私权。根据最高人民法院《关于适用〈中华人民共和国民事诉讼法〉的解释》第一百〇四条的规定，法院组织当事人围绕证据的真实性、合法性等进行质证，并针对证据有无证明力和证明力大小进行说明和辩论。将"能够反映案件真实

---

① 婚姻法司法解释（一）第二条，婚姻法第三条、第三十二条、第四十六条规定的"有配偶者与他人同居"的情形，是指有配偶者与婚外异性，不以夫妻名义，持续、稳定地共同居住。

情况、与待证事实相关联、来源和形式符合法律规定的证据"，作为认定案件事实的根据。也就是说，来源和形式皆合法的证据才能作为认定案件事实的根据。民事诉讼法司法解释第一百〇六条规定："以严重侵害他人合法权益、违反法律禁止性规定或者严重违背公序良俗的方法形成或者获取的证据，不得作为认定案件事实的根据。"因此当事人费尽努力取得的证据很有可能因侵犯他人隐私权而不能作为认定案件事实的根据。①

由上述分析可以看出，举证证明"有配偶者与他人同居"是一个天生的难题，正因为如此，它不可避免地转化成了后天的难题，即证据法上的难题。这些难题，一方面给当事人产生了不当的激励，促使无过错方采取各种方式寻找对方与他人同居的证据，在此过程中不断加重于对方的怨气，承担着物质和精神的双重压力，使本已恶化的夫妻关系雪上加霜，而一旦不能获得保护，情绪反应激烈；另一方面，对法官而言，证据的认定也很困难，需要在隐私权保护和无过错方之间进行价值的判断、选择，审判成本很高。[1]

2. 程序问题

举证困难是当事人诉讼请求被驳回的最主要原因，其次为与诉讼程序有关的原因。② 司法解释对离婚损害赔偿之诉的启动方式做了十分复杂的规定，如图 1 所示：

在四起因程序问题被驳回诉讼请求的案件中，两起是无过错方作为原告起诉离婚，但未在离婚诉讼的同时提出损害赔偿请求而被驳回诉讼请求。婚姻法司法解释（一）第三十条第一项规定："符合婚姻法第四十六条规定的无过错方作为原告基于该条规定向人民法院提起损害赔偿请求的，必须在离婚诉讼的同时提出。"原告的诉讼请求被驳回。③ 该规定否认了无过错方起诉离婚时离婚损害赔偿之诉的独立性，将其纳入离婚之诉。若无过错方未能在离婚时同时提出损害赔偿之诉，将丧失救济的机会，造成不公平的结果。目前，司法实践中一些法院的判决已经背离了司法解释的规定，甚至直接跳出了离婚损害赔偿制度

---

① 如何判断"严重侵害他人合法权益"？这是否意味着轻微及一般侵害他人权益获得的证据可以作为认定案件事实的根据？哪些是法律禁止的方法？这些问题非常复杂，理论界争议颇多。

② 参见"冯某某与关某某离婚纠纷上诉案"，北大法宝引证码 CLI. C. 65893。

③ 参见"陈某某与潘某某离婚纠纷上诉案"，北大法宝引证码 CLI. C. 64361；"曾某某与梁某某离婚纠纷上诉案"，北大法宝引证码 CLI. C. 115109。

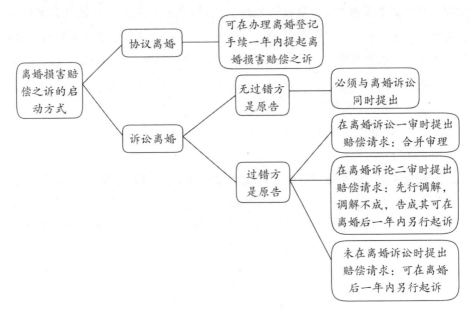

图1　离婚损害赔偿之诉的启动方式

的框架，转向了一般侵权。

"陈某某与潘某某离婚纠纷上诉案"即突破了第三十条第一项，法院认为，最高人民法院《关于适用〈中华人民共和国婚姻法〉若干问题的解释（一）》第三十条第一项的规定，无过错方作为原告必须在离婚诉讼的同时提出损害赔偿请求，现陈某某在二审期间提出离婚损害赔偿请求，符合上述规定，但由于该请求并未在一审期间提出，因此，根据最高人民法院《关于适用〈中华人民共和国民事诉讼法〉若干问题的意见》第184条的规定，陈某某可就离婚损害赔偿的主张另行起诉。

而在"罗甲与周某侵权损害赔偿纠纷上诉案"中，法院直接跳出了离婚损害赔偿的思考路径，转向了一般侵权。法院认为，婚内私生他人子女的行为，虽不属于婚姻法第四十六条规定的离婚损害赔偿事由，但女方仍应承担侵权赔偿责任；男方提出赔偿请求不受一年除斥期间的限制，适用普通诉讼时效的规定。①

上述案例表明，离婚损害赔偿之诉在诉讼程序上的复杂规则已经给当事人

---

① 参见北大法宝引证码 CLI. C. 1765272。

行使权利造成了阻碍，也容易产生不公平的后果。法院通过对实质正义的考量，要么背离了离婚损害赔偿诉讼程序的规则；要么不再适用离婚损害赔偿制度，通过一般侵权为当事人提供救济。离婚损害赔偿制度存在之必要性遭受到考验和质疑。

3. 责任主体

除了证据和程序方面的原因，还有一起案件是配偶一方请求婚姻关系以外的第三人承担侵权责任，因不满足第四十六条对责任主体的要求而被驳回诉讼请求。在"王芳与章红侵权赔偿纠纷上诉案"中[①]，初审法院认为，王芳（婚外第三者）的违法行为使章红（无过错方）的身心遭受了极大摧残，精神上受到了严重损害，其行为严重侵害了章红的合法权益，特别是配偶身份利益。若受害人不能得到有效的法律救济和经济上的补偿，显然违反民法的公平原则，也与侵权法的保护公民合法权益的功能相悖。故王芳不仅需要向章红书面赔礼道歉，还应赔偿精神抚慰金。但二审法院则认为，根据最高人民法院《关于适用〈中华人民共和国婚姻法〉若干问题的解释（一）》第二十九条的规定，承担婚姻法第四十六条规定的损害赔偿责任的主体，为离婚诉讼当事人中无过错方的配偶。据此，本案被上诉人章红与罗庆在婚姻登记机关办理离婚登记手续后，以婚姻关系之外的王芳为当事人提起诉讼，请求王芳给予损害赔偿，尚无法律依据，欠缺请求权基础。原审判决认为王芳侵犯了章红的配偶权，应当承担损害赔偿责任依据不足，遂判决：撤销一审判决，驳回章红的诉讼请求。

事实上，一审法院判决婚外第三人承担侵权责任，其依据并非第四十六条，而是侵权责任法第六条第一款。只不过由于侵权责任法第二条列举的民事权益不包括配偶权、配偶身份利益，其判决中对"所侵害权利"的说理显得有些薄弱。二审法院则完全抛开一般侵权的思考，直接通过司法解释对离婚损害赔偿责任主体的限制驳回了无过错方的请求。这表明，由于法律和司法解释对离婚损害赔偿的请求主体、责任主体都进行了限制，缩小了离婚损害赔偿的救济范围，使受害配偶不能依据该条对第三人主张侵权赔偿。若像本案二审法院一样缺乏一般侵权的思考，无过错配偶对第三人的主张将彻底不能获得支持。即便像本案一审法院一样试图通过一般侵权来寻求救济，由于我国法律对配偶权缺乏明确规定，法院要么通过补充法律漏洞的方式来引入配偶权、配偶身份利益，

---

① 参见北大法宝引证码 CLI. C. 1762105。

要么通过解释法律从现有民事权益中（例如名誉权、人格尊严）为当事人寻求请求权基础，但是在我国现有的法律环境下，法官补充法律漏洞和解释法律的工作并不充分，无过错方配偶对第三人的请求很难获得支持。

（二）影响法官认定离婚损害赔偿的因素

上文分析指出，举证难是当事人请求难以获得支持的最主要的原因。然而根据本文的实证分析，在涉及有配偶者与他人同居的情形中，仍有超过一半的案件（31/60）获得了法院的支持。既然证明配偶与他人同居是一个天生的难题，那么司法实践是如何突破这一难题而支持当事人的请求的呢？通过分析31起请求获得支持的案件，本文发现，司法实践中存在法院运用司法裁量权、扩大适用第四十六条第二项的情形。

表5分析了影响法院认定存在婚外同居进而支持无过错配偶的决定性因素。需要注意的是，这里的分类并不是严格的互斥性分类。比如在公权力介入的情形下，肯定也有原告的举证。该表只是在探寻法院在认定过错方应当赔偿的过程中发挥关键作用的因素，目的是发现请求获得支持的案件如何破解"举证难"这个天生的难题。

表5 请求获得支持的类型（起,%）

	丈夫与他人在婚外生育孩子	3	
原告	妻子所生子女非丈夫亲生	4	46.67
举证证明	另有住所与他人同居	7	
	子女的陈述	1	3.33
公权力介入	法院或其他公权力机关提供证据	4	13.33
自认	承认与他人同居	7	23.33
不详		4	13.33
合计		30	100.00

前文分析指出，在婚姻关系中证明发生某一事件相对容易，例如一方出轨、子女非亲生；而证明持续与他人同居的稳定状态则比较困难，这导致证明配偶与他人同居成为一个天生的难题。而实证分析表明，司法实践中原告证明的并不是"同居状态"，而是可能与同居状态紧密相连的事件或情况，例如丈夫与他

人生育子女、妻子所生子女非丈夫亲生。①

在丈夫与他人在婚外生育孩子的案件中，法官在判决书中写道，被告与原告结婚后与他人同居且生育小孩，符合我国婚姻法第四十六条规定的情形。② 因被上诉人江某某与上诉人张某某在婚姻关系存续期间，与案外人唐某共同生活并生育子女，对离婚存在过错。张某某在双方签订的离婚协议中没有明确表示放弃该项请求，在办理离婚登记手续完毕后一年内向江某某提出离婚精神损害赔偿有法律依据，应予以支持。③ 在这些案件中，法官直接根据丈夫在婚外与他人生育子女即认定符合第四十六条第二项的构成要件，至于丈夫是否与他人"不以夫妻名义，持续稳定地共同居住"，法院并没有进行考察，而是径行支持了原告的诉讼请求。

在妻子所生子女非丈夫亲生的案件中，法院的判决书会这样写："原告与被告在婚姻关系存续期间的 2007 年 1 月 19 日所生一女陈思颖与原告不存在生物学意义上的亲子关系，这一事实表明，被告在婚姻关系存续期间与他人存在婚外性行为，该行为违反了《中华人民共和国婚姻法》第四条关于夫妻之间应当互相忠实、互相尊重的法律规定。且被告的上述行为侵犯了原告的配偶权，给原告带来了精神压力和痛苦，对原告所造成的精神损害是显而易见的，被告应当给予原告精神抚慰和补偿。"④ "毛某在与王某结婚前后与第三者往来生子王某某，经鉴定非王某亲生，给王某身心造成巨大打击，精神遭受严重伤害，毛某应向王某支付精神损害赔偿金 1.5 万元。"⑤ "陈某称那小小是因强暴所生，显然与事实不符。陈某违背了夫妻之间应当互相忠实、互相尊重的义务，严重侵害了原告作为配偶应当享有的权利。那某就此承受了巨大的精神痛苦，被告应

---

① 丈夫与他人在婚外生育孩子的案件，参见"张某某诉晏某某变更抚养关系纠纷案"，北大法宝引证码 CLI. C. 1438929；"张某某与江某某离婚后财产纠纷上诉案"，北大法宝引证码 CLI. C. 1425044；"牛某某与苏某某离婚纠纷上诉案"，北大法宝引证码 CLI. C. 271651。
　　妻子所生子女非丈夫亲生的案件，参见"应小明诉陈淑红配偶权侵权案"，北大法宝引证码 CLI. C. 352964；"毛某与王某离婚纠纷上诉案"，北大法宝引证码 CLI. C. 268019；"陈某与那某侵权纠纷上诉案"，北大法宝引证码 CLI. C. 1762120；"罗甲与周某侵权损害赔偿纠纷上诉案"，北大法宝引证码 CLI. C. 1765272。
② 参见"张某某诉晏某某变更抚养关系纠纷案"，北大法宝引证码 CLI. C. 1438929。
③ 参见"张某某与江某某离婚后财产纠纷上诉案"，北大法宝引证码 CLI. C. 1425044。
④ 参见"应小明诉陈淑红配偶权侵权案"，北大法宝引证码 CLI. C. 352964。
⑤ 参见"毛某与王某离婚纠纷上诉案"，北大法宝引证码 CLI. C. 268019。

当承担精神损害的赔偿责任。"① 与丈夫在婚外与他人生育子女一样，法官依然是直接依据子女非丈夫亲生这一事实即认定满足第四十六条第二项的构成要件，并没有再行考察妻子是否与他人"不以夫妻名义，持续稳定地共同居住"，而是直接通过子女非亲生这一事实便支持了原告的主张。

在公权力机关提供证据的情形中，同样如此。在"周某某诉陈某某离婚纠纷案"中，被告与女职工陈某产生婚外情，到外地留宿并发生不正当男女关系，纪委经查证属实后给予被告处分。据此法院认为有充分的证据证明被告存在明显过错。考虑到法院裁判的法律依据是第四十六条第二项，可推断这里的过错是指"有配偶者与他人同居"。② 可见，法官根据纪委的决定直接认定被告的过错，而没有再行考察是否存在婚外同居。

以上分析表明，无论是原告提供证据还是公权力机关提供证明，法院在支持原告诉讼请求时，所依据的事实并非第四十六条第二项所指向的事实——同居状态，而是夫妻关系中一方侵害对方权利的事实，这并不符合第四十六条第二项对构成要件的要求，即法官通过自由裁量权扩大适用了第四十六条第二项。③ 因此，在严格意义上，这些情形中法院做出判决的依据和背后的逻辑，并非第四十六条第二项，而是一般侵权——一方的行为严重侵害了对方的权利，据此支持了原告的主张，无论是否同居。

司法实践中，已经有法官认识到了第四十六条第二项的规定，婚外同居与"婚外生育子女""婚内子女非亲生"的区别，并且主张通过一般侵权法为当事人提供救济。在"罗某与周某侵权损害赔偿纠纷上诉案"中，法官认为，婚姻法第四十六条规定的侧重点在于重婚及与他人婚外同居的行为，即制裁的是挑战一夫一妻制的行为，仅凭通奸并生育子女的事实是不能支持其离婚损害赔偿请求的，但并不意味不承担其他侵权损害赔偿责任。婚内与他人通奸生育子女，应承担侵权损害赔偿责任，这种侵权损害赔偿与婚姻法第四十六条规定的离婚损害赔偿是两码事，婚姻关系存续期间与他人通奸生育子女并不一定构成与他

---

① 参见"陈某与那某侵权纠纷上诉案"，北大法宝引证码 CLI. C. 1762120。

② 参见北大法宝引证码 CLI. C. 41882。由于原告未提出离婚损害赔偿，法官不能超越当事人的处分权而做出损害赔偿的判决，只是在分割夫妻共同财产时酌情考虑。但可以肯定的是，法官认为被告存在第四十六条第二项的过错行为。

③ 暂且不论是何种权利，可以说是人格尊严、名誉权，也可以说是我国尚未明确规定的配偶权，事实上已经有法院的判决直接采用了"配偶权"的概念。到底通过何种权利来搭建无过错方救济的道路，本文将在后文论述。

人婚外同居的赔偿要件，即通奸生育子女与持续、稳定地共同居住不能等同。①

事实上，在法院支持无过错方请求的 30 起案件中，真正符合第四十六条第二项的不是很多，大多数是通过上文提到的扩大认定，即运用一般侵权法的思维，来实现对无过错方的救济。在此逻辑下，婚外同居的认定已经被架空。进一步讲，即使确实存在婚外同居的情形，亦可通过一般侵权赔偿获得救济（关于侵害的权利种类，详见后文论述）。这表明，至少在"有配偶者与他人同居"情形中，离婚损害赔偿制度并没有单独存在的必要。退一步说，即使为了保护离婚中的无过错方而创设一个离婚损害赔偿制度，这个制度的运行也应该比一般侵权赔偿更加便利、构成要件更为宽松，否则其保护效果并不优于一般侵权赔偿。然而，前文分析已经指出，离婚损害赔偿的构成要件并没有比一般侵权赔偿更加宽松，反而更加严格，包括对同居状态的证明之难、对责任主体的严格限制、对离婚损害赔偿之诉设置了复杂的启动条件，等等。这些规则使无过错方的救济之路更加艰难，而不是更加畅通。

三、离婚损害赔偿制度存废之争

离婚损害赔偿请求权是婚姻一方的权益受到对方损害而产生的一种请求权，这是第二性权利。那么，第一性的权利是什么？我国婚姻法并没有规定配偶权，也没有规定夫妻有相互忠实的义务，因此"忠实"不能作为第一性的权利。自然，婚姻一方不能因配偶权受到侵害或者对方违反忠实义务而请求损害赔偿。这一点成为理论和实务界反复论证离婚损害赔偿制度有无存在必要的依据。代表性观点认为，如果不建立离婚损害赔偿制度，许多无过错离婚当事人尤其是女性当事人因配偶重婚、与他人同居等侵害婚姻关系的行为而受到严重身心伤害，却无法得到法律救济。有必要填补这个"法律漏洞"，建立离婚损害赔偿制度。在此背景下，2001 年婚姻法修订新增了离婚损害赔偿制度。

本文认为，存在"法律漏洞"的说法本身值得怀疑。虽然 2001 年我国尚未

---

① 参见北大法宝引证码 CLI. C. 1765272。该案法官认为，在侵害配偶权损害赔偿与离婚损害赔偿的交叉部分（与他人同居、重婚），婚姻法第四十六条规定的离婚损害赔偿制度与侵权责任法第二条规定的一般侵权损害赔偿制度之间，构成特别法与一般法的关系。依特别法优于一般法的原则，受害人只能依婚姻法第四十六条规定请求离婚损害赔偿。对此，本文并不赞同。将离婚损害赔偿之诉作为一般侵权的特别法，并不能为当事人提供更加畅通的救济渠道，是没有价值的，反而会引起适用法律的混乱。

颁布侵权责任法，但事实上民法通则中的规定可以作为无过错方请求赔偿的依据。民法通则第一百〇一条规定："公民、法人享有名誉权，公民的人格尊严受法律保护，禁止用侮辱、诽谤等方式损害公民、法人的名誉。"第一百〇六条第二款规定："公民、法人由于过错侵害国家的、集体的财产，侵害他人财产、人身的应当承担民事责任。"第一百二十条规定："公民的姓名权、肖像权、名誉权、荣誉权受到侵害的，有权要求停止侵害，恢复名誉，消除影响，赔礼道歉，并可以要求赔偿损失。"在配偶与他人同居的情形中，无过错方可以名誉权受到侵犯提起损害赔偿之诉；如果无过错方并没有因此遭受歧视或讥笑，即名誉权没有受到损害，也可以提起人格尊严损害赔偿之诉。由此可见，在离婚损害赔偿制度确立之前所谓的"法律漏洞"并不是真正的漏洞，只不过由于法院没有充分地解释法律、适用法律，才造成了当事人的请求于法无据的现象。

2010 年侵权责任法实施，明确规定其保护的民事权益包括名誉权，行为人因过错侵害他人民事权益，应当承担侵权责任。因此，即使没有离婚损害赔偿制度，若法院能够充分地解释法律，挖掘一般侵权救济渠道，依然可以为无过错当事人提供保护。退一步讲，即使限于目前法律发展的阶段，法律解释的工作不够充分，需要通过确立离婚损害赔偿制度来为无过错方提供保护，那么这种保护应该是比一般侵权法的保护更加充分和便利的。

然而，前文多次提及，我国现有的离婚损害赔偿制度与离婚捆绑在一起，仅仅只是指出四种情形下的损害赔偿，对责任主体、启动程序进行了严格限定，并没有发挥期待的功能，反而会造成不公正的后果，以致法官不得不在裁决中运用自由裁量权，扩大第四十六条的适用，甚至不惜违背司法解释的规定，实际的审判思路和逻辑已经转向了一般侵权损害赔偿。就第四十六条第二项的实践来看，离婚损害赔偿制度已失去了存在的独立价值。

第四十六条第三项的实证分析同样表明，法官已经从一般侵权法的进路进行审判。表 6 显示了 33 起因家庭暴力而提起离婚损害赔偿案件的判决结果。

表 6　案件判决结果（起,%）

案件数量	驳回	支持
33	13	20
100.00	39.39	60.61

同前文对第四十六条第二项案件的判决结果的分析类似，虽然60%的请求获得支持，但是法院的审判思路中体现着一般侵权法的思维。对此，从法院判决文书的名称，能够看到一些线索。在本文考察的117个案件中，大多数文书命名都是"××与××离婚纠纷案/离婚纠纷上诉案"，但是在因家庭暴力提起离婚损害赔偿的案件中，有些判决书名称却是"郭春帅诉金国新生命权、健康权、身体权纠纷案""杨某某诉李某健康权纠纷案""柳清汶与曹永明生命权、健康权、身体权纠纷上诉案"。

这表明，法院依据第四十六条第三款审判时，其实已经融入了一般侵权法的思考。事实上，家庭暴力产生的损害赔偿在一般侵权法之下，原本就可以获得解决。这是因为，身体权、健康权是自然人自出生即享有的权利，除该自然人死亡，不因任何情况而变化和消灭。身体权、健康权不会因结婚而消失，自然人在身份法上建立的配偶关系并不能吸附其自身固有的身体权和健康权。因此，配偶一方的身体权、健康权受到侵害的，依据民法对身体权和健康权保护的规定提起一般侵权损害赔偿即可，并不需要一个特别的离婚损害赔偿制度来提供救济。①

四、结论

虽然婚姻法第四十六条试图弥补我国配偶权规定不完善造成的"法律漏洞"（其实并不是真正的漏洞），但是这种尝试并不成功——这条另外开辟的救济道路上存在更多的障碍。

在第四十六条无法提供救济的领域，一般侵权法可以发挥作用。对于夫妻间的一般的侵权行为和同居关系中存在的家庭暴力，根据侵权责任法和反家庭暴力法②提起一般侵权损害赔偿即可。而夫妻间的一般矛盾纠纷，则鼓励当事人自主解决，尊重其家庭自治。在第四十六条可以提供救济的四类情形中，一般侵权法同样可以提供救济。第四十六条的功能完全可以被一般侵权法包容吸收，且后者提供的救济更加充分和便利。

---

① 参见马忆南：《离婚救济制度的评价与选择》，第233、234页。第四十六条第四项，即虐待、遗弃家庭成员的，与第三项的分析思路基本一致，不再展开论述。

② 《中华人民共和国反家庭暴力法》于2015年12月27日已由第十二届全国人民代表大会常务委员会第十八次会议通过，自2016年3月1日起施行。

【参考文献】

[1] 马忆南. 离婚救济制度的评价与选择 [J]. 中外法学, 2005 (2).

[2] 马东红. 走不通的离婚损害赔偿之路——婚姻法第四十六条第（二）项之我见 [J]. 南方论刊, 2007 (2).

[3] 夏吟兰. 离婚救济制度之实证研究 [J]. 政法论坛, 2003 (6).

[4] 薛宁兰. 离婚法的诉讼实践及其评析 [J]. 法学论坛, 2014 (4).

[5] 陈苇, 张鑫. 我国内地离婚损害赔偿制度存废论——以我国内地司法实践实证调查及与台湾地区制度比较为视角 [J]. 河北法学, 2015 (4).

[6] 王梅霞. 我国离婚损害赔偿适用研究 [D]. 清华大学硕士学位论文, 2005.

[7] 吴佳男. 离婚损害赔偿案件实证考察 [D]. 复旦大学硕士学位论文, 2012.

（原文刊载于《中华女子学院学报》2016 年第 1 期，并被中国人民大学《复印报刊资料》全文转载）

离婚案件中涉及未成年子女抚养权归属
存在的问题及对策

——以南京市六家基层法院四年（2011—2014）离婚纠纷案件判决书为样本

赵　莉　丁　钰

（南京师范大学法学院，南京市中级人民法院）

一、问题的提起

我国婚姻法关于离婚时未成年子女抚养权归属问题，主要在第三十六条做了原则性规定，因此，1993 年，最高人民法院颁布了《最高人民法院关于人民法院审理离婚案件处理子女抚养问题的若干具体意见》（以下简称《意见》），用六个条文详细规定了在实务中如何处理抚养权归属问题，即将子女分为两周岁（含）以下、两周岁以上十周岁以下（均不含）和十周岁（含）以上三个年龄段，规定了人民法院在审理案件时的不同判断因素，还规定了可轮流抚养。此后，唯有 2001 年颁布的《最高人民法院关于适用〈中华人民共和国婚姻法〉若干问题的解释（一）》第二十条，对婚姻法第二十一条规定的"不能独立生活的子女"，重新解释为"是指尚在校接受高中及其以下学历教育，或者丧失或未完全丧失劳动能力等非因主观原因而无法维持正常生活的成年子女"，缩小了《意见》第十二条中对于"尚未独立生活的成年子女有下列情形之一，父母又有给付能力的，仍应负担必要的抚育费"规定中的"尚在校就读的"成年子女的范围。

但是，司法实践中又是如何处理离婚时子女抚养权归属问题的？带着此问题，笔者选取了南京市区及原郊县法院的六家基层法院四年间（2011—2014）

审理的离婚纠纷案件判决书进行实证研究，以期发现立法、司法解释和执法中存在的问题，更好地完善对离婚时子女抚养权归属问题的处理。

二、对案例样本的说明：六家基层法院四年间判决离婚中涉及未成年子女抚养的 1182 件判决

（一）关于调研判决对象：判决准予离婚的案件

南京市原有三个区，现有 11 个区，2013 年，原鼓楼区人民法院与原下关区人民法院合并为鼓楼区人民法院，原白下区人民法院与秦淮区人民法院合并为秦淮区人民法院。此次调研覆盖了全市基层法院 2011—2014 年四年间的离婚案件判决书，但最终选取了南京市溧水区、六合区、雨花台区、秦淮区、鼓楼区、玄武区六家基层法院的判决离婚的案件的统计结果，即撤诉、调解和好和调解离婚的案件不包括在内。

（二）关于调研样本的说明：判决准予离婚的案件中涉未成年人抚养的案件占比为 54%，其中两周岁以上十周岁以下较多

1. 判决准予离婚的案件与审理总案件之比为 14%，占比较低

南京市六家基层法院四年间审结的离婚案件数 8299 件，判决准予离婚的案件计 1182 件，约占审理案件总数的 14%。可见，占比不高（详见表 1 和表 2）。

表 1　六城区四年间审结的离婚案件数（件）

年份	溧水	玄武	鼓楼	六合	雨花	秦淮	合计
2011	411	276	308	198	250	221	1664
2012	430	291	357	172	220	193	1663
2013	415	336	661	295	247	486	2440
2014	466	250	576	558	242	440	2532
合计	1722	1153	1902	1223	959	1340	8299

表 2　六城区四年间判决准予离婚的案件数（件）

年份	溧水	玄武	鼓楼	六合	雨花	秦淮	合计
2011	61	44	43	42	22	50	262
2012	78	28	62	28	28	33	257
2013	52	47	100	96	17	69	381
2014	61	13	49	110	22	27	282
合计	252	132	254	276	89	179	1182

2. 判决离婚案件中涉及未成年人抚养问题的案件占54%

在四年间判决离婚的1182件案件中，涉及子女抚养的案件有639件，占总数的54%；因未生育或者子女死亡及子女成年等原因不涉及子女抚养问题的案件有543件，占总数的46%（详见表3）。

表3　六城区四年间判决准予离婚案件中涉及子女抚养案件数（件）

年份	溧水	玄武	鼓楼	六合	雨花	秦淮	合计
2011	34	20	22	22	16	15	129
2012	36	12	35	14	19	20	136
2013	26	26	54	51	12	41	210
2014	25	10	31	70	14	14	164
合计	121	68	142	157	61	90	639

3. 涉及未成年人抚养案件中未成年子女的年龄结构：两周岁以上十周岁以下的案件405件，占比达66%

在涉及子女抚养的639件案件中，未成年子女的年龄结构如表4所示，从六家基层法院四年的数据汇总看，在判决准予离婚案件涉及独生子女抚养权判决中，占比最多的为子女两周岁至十周岁以下的案件，有405件，高达66%；其次为十周岁以上年龄段，有168件，占比为27%。不满两周岁的未成年子女案件数为43件，占比为7%，极少。多子女案件为24件。

表4　六城区四年间判决准予离婚案件中涉及子女抚养案件子女年龄构成

	Estimate	Std. Error	Z value	Pr（>|z|）
（Intercept）	−1.7094	0.3810	−4.487	7.23e−06
婚外情	0.3273	0.7436	0.440	0.65988
家庭暴力	1.3780	0.5290	2.606	0.00916
有恶心	0.7822	1.1090	0.705	0.48062
分居	1.3119	0.4146	3.164	0.00155
婚前缺乏了解	0.2066	0.3622	0.570	0.56837
性格不合	0.6163	0.4804	1.283	0.19954
被告刑事犯罪	−0.3497	1.1168	−0.313	0.75422
未尽家庭责任	0.4266	0.4851	0.880	0.37912
婚姻不自主	1.0163	1.2826	0.792	0.42816

	Estimate	Std. Error	Z value	Pr（>|z|）
被告精神疾病或生理疾病	0.2146	0.8893	0.240	0.80930
被告缺席	1.7331	0.4276	4.053	5.06e－05[1]
第二次起诉	1.5186	0.4737	3.206	0.00135

三、司法审判中离婚时判决未成年子女抚养权归属的考虑因素

（一）司法审判中对独生子女抚养权归属的考虑因素

1. 不满两周岁未成年子女抚养权归属的考虑因素

调研结果：判归母亲抚养较多，占比达79%。

在调研六个区四年的该年龄段的43件判决中，法院判决子女抚养权归母亲的有34件，占比达79%；其余9件的子女抚养权判归父亲。如表5所示，判归母亲的主要原因除了双方协商一致以外，则为子女年龄因素和处于哺乳期。而判归父亲的主要原因除双方协商一致、女方离家出走的原因外，还有3件的原因是父亲抚养的现状。

表5　六城区四年间两周岁以下抚养权归属及判决理由统计（件）

法院项目	独生子女				多子女	合计
	未成年			已成年但需抚养		
	不满2周岁	2周岁以上不满10周岁	10周岁以上不满18周岁			
溧水	2	59	54	0	6	121
玄武	5	49	14	0	0	68
鼓楼	13	96	27	0	6	142
六合	11	101	39	0	6	157
雨花	5	37	18	0	1	61
秦淮	7	62	16	0	5	90
合计	43	404	168	0	24	639

从调研结果看，法院在判决处理不满2周岁子女的抚养权时，较为注重对哺乳期子女及母亲的保护；判决给父亲的，除1件女方起诉的离婚案件，片面

基于"现状"判给父亲以外①，其他也都是母亲无法或不愿意抚养的。特别值得肯定的是，鼓楼区人民法院审理的一离婚案件，孩子被男方抢走，法院认为："双方所生子女年龄尚小，刚满一周岁，因此随母亲生活，更有利于其身心健康发展，另外被告虽然具有较好的物质条件，工资收入也较高，但其无视婴儿成长的规律，擅自将婴儿与母亲分离，该行为严重侵害了少年儿童的基本权利，亦使本院不能相信其能为孩子的利益进行全面考虑，故本院认定双方所生子女应随原告生活。"② 应该说这一判决较好地体现了对哺乳期子女的保护。

2. 两周岁以上不满十周岁未成年子女抚养权归属的考虑因素

（1）关于调研对象的说明：有效调研判决为 399 件

该年龄段调研案件有 404 件，占涉及独生子女抚养权案件之比达 66%。但其中有 1 件因女方将未成年子女带走下落不明而未判决未成年子女抚养权的归属（判决中未明确写明对未成年子女的抚养权问题不予处理）。故针对此年龄段实际需调研案件数为 403 件。另有 4 件均因判决书未陈述判决抚养权归属的理由且事实极为简单，涉及子女的部分，只有子女出生年月的信息，无子女现状的说明，从而完全无法推测判决子女抚养权归属的理由。故涉及该年龄段未成年子女抚养的案件的有效调研判决为 399 件。

（2）调研结果：以现状作为判决因素的居多，占比约 45%

在 399 件调研案件中，因一方离家出走而判决抚养权归属带子女一方的有 84 件；原告要求抚养子女、被告缺席未表达意见的有 23 件；因双方协商一致而判决予以确认的有 47 件。综上，计 154 件系双方对抚养权归属无争议，占比 38.5%。

对抚养权有争议的 245 件案件中，法院判决未成年子女抚养权归属的因素，按照占比多少总结如下：

其一，以未成年子女现状为由判决该子女随现在生活一方的有 111 件，占比约 45%。多数案件中法院直接以"现状"为理由判决抚养权归属，在考虑其

---

① 法院在查明事实中认定男方不仅对女方有暴力行为，还有赌博行为（被告自称其有赌债 100 万）的前提下，却以鉴于双方女儿王某某的现状，从有利于子女健康、照顾角度考虑，王某某由被告直接抚养，由原告负担部分抚养费为宜，判决一周岁的女儿的抚养权归男方所有。至于"现状"，应该是查明事实中认定的孩子"由被告母亲在照料"这一事实，且双方曾于起诉到法院后达成过离婚协议，抚养权归男方，女方支付抚养费，但后来男方反悔。

② 由于离婚案件涉及当事人隐私，故本报告不具体注明案号与当事人姓名。

他因素时也会提到子女的生活现状作为辅助理由。法院考虑的子女的生活现状不仅包括子女目前随哪一方生活，也会考虑祖辈对照顾子女的影响，还包括不改变子女稳定的生活学习环境、方便子女接受教育等因素。在考虑祖辈照顾子女的案件中，有的法院对比了祖辈的抚养能力。① 但是，调研也发现有的案件片面考虑现状而不考虑是否对未成年子女的成长有利，如一双方均主张孩子抚养权的离婚案件，法院查明原告系聋哑人，被告系智力残疾人，判决理由为："因原告系聋哑人，如由其抚养女儿，现在女儿较小，无法与女儿进行正常的交流沟通，虽然被告有智力残疾人证，但其语言表达能力较好，且自 2010 年 11 月 15 日起孩子亦一直由被告抚养，综合原、被告的实际情况，本院认为原、被告所生之女现在由被告抚养，对孩子的成长较为有利。"

其二，综合考虑的有 55 件，占比约为 22%。法院在判决理由中以"综合考虑"为因素的较多，而主要列举的因素有：依据"双方住房经济情况、性别因素、能提供的教育环境等""从原、被告各自的工作单位、收入水平、居住条件等方面综合考虑"等，亦有更详细如"原告父母亦书写情况说明，表示自孩子出生后一直参与照顾孩子，现愿意协助原告共同教育照顾孩子。本院以有利于孩子成长为原则，综合考虑子女的成长需要、双方抚养能力等因素，确定原、被告离婚后子女由原告抚养"。

其三，以子女年龄幼小为理由将孩子抚养权判归母亲的有 38 件，占比约为 15%。法院对于"年龄幼小"的理解各不相同，大部分案件中法院认为两周岁到五周岁的孩子仍然属于年龄幼小，由母亲照顾更好，但也有一起案例的判决认为"考虑孩子年龄较小，更加需要母亲细致全面的关爱"，而该案当事人于 2005 年 5 月生育一子，判决时已经满八周岁。

其四，以一方有过错为由判决子女由另一方抚养的有 14 件，占比约 6%。判决认定的过错原因有：赌博、吸毒等不良嗜好，婚外情，家庭暴力，阻碍子女受教育或者阻碍子女与另一方联系，服刑，明显无责任心等情形。比如鼓楼

---

① 如在一起女方起诉男方的离婚案件中，双方均主张抚养权，法院查明子女"自出生后长期在原告老家由原告父母抚养照顾"，"原告父母年龄五十多岁、被告父母是知识分子、年龄已七八十岁、被告父母向法院表明他们愿意为孙子的生活和教育提供住房及经济帮助"，法院认为"关于婚生子的抚养问题，考虑到子女长期随原告父母生活，改变生活环境对其健康成长不利，且原告父母能够帮助原告照顾子女，虽然被告父母是知识分子，但年事已高，故婚生子随原告生活为宜"。

法院有一起案件，女方擅自带孩子与男方分离，脱离孩子已经适应的稳定的学习生活环境，法院认为这种阻止子女与父亲联系、改变子女生活学习环境的行为失当，从而将子女抚养权判归男方。

其五，以一方有对子女抚养的有利因素判归该方抚养的有 10 件。司法实践中认定对子女抚养有利的因素主要有：一方为教师的，如秦淮区人民法院在一离婚案件中认为，双方所生之子才五岁，虽之前由被告父母照顾较多，但也一直与原、被告共同生活，原告系幼儿园教师，为有利于孩子的成长，目前孩子随原告生活为宜。[①] 另外，住房等也是有利因素，比如鼓楼法院有 5 件案件，因为一方拥有更稳定的工作、收入或固定住所，或者该方父母也有能力帮助抚养而判决子女随现在共同生活的该方。即使有房一方在抚养上存在一些问题，个别法院还是会考虑居住问题。

表6　六家基层法院四年间两周岁以上十周岁以下抚养权
有争议案件判决理由统计表（件）

归属	理由	溧水	玄武	鼓楼	六合	雨花	秦淮	合计
判归母亲	协商一致	1		3	3	2	4	13
	年龄因素			4		1	1	6
	要求抚养			1				1
	哺乳期且父亲有过错			1			2	3
	哺乳期且随母亲生活		4	4	2	1		11
小计								34
判归父亲	协商一致		1		2			3
	父亲抚养现状	1			1	1		3
	女方离家出走无法到庭				3			3
小计								9
合计		2	5	13	11	5	7	43

其六，一方有不便于抚养子女的条件而将子女抚养权判归另一方的有 8 件。不方便因素主要是指没有固定的住所、稳定的工作、收入或者患有疾病及在国

---

① 玄武区人民法院也在某离婚案件中认为，原、被告均对婚生子有深厚的感情，但原告一直重视提高自己的受教育程度，所受教育程度较被告高，最终判决抚养权归属女方。

外、外地工作等情形。比如，六合区人民法院在某离婚案件中查明原告有工作（教师）和收入，但认为："鉴于双方所生子女一直在被告处生活，且，原告目前无固定的住所，故从有利于子女的生活成长出发，婚生女由被告抚养。"溧水区人民法院在一男第四次起诉并要求抚养孩子的离婚案件中查明，女方患有膜增生性肾小球肾炎，据此判决男方抚养。

其七，以性别为由判决该子女随同性一方的有7件。有5件是考虑女孩的生理特点，如原下关区人民法院审理的一男方起诉离婚的案件，法院认为："原、被告所生一女，现不满三周岁，且自2011年12月至今一直随被告共同居住，同时考虑到子女系女孩，随着年龄的增长，与母亲沟通更为方便，故由被告直接抚养为宜。"也有个别案件以性别为理由但较为牵强，如某案件在判决时双方所生之女差一个月三周岁，女方因交通事故被鉴定为七级伤残，而法院则认为"考虑到女孩的生理特点，其抚养有一定的特殊性"，从而将孩子的抚养权判归女方，但判决亦查明，孩子现状是由女方母亲照顾。另有2件以孩子系男孩而将抚养权判归父亲。

其八，以一方另有子女为由判决抚养权归另一方的有1件。

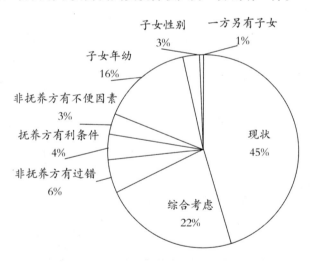

图1　六家基层法院四年间两周岁以上十周岁以下抚养权有争议案件判决理由统计

（3）小结

综上，法院以子女现状即跟随何方生活而做出抚养权归属判断的占比最多，其次是综合考虑，但其中有部分是没有具体阐述理由而是以套话或者笼统提及综合考虑的，两项合计占比高达约67%。

3. 十周岁以上未成年子女抚养权归属的考虑因素

（1）关于调研对象的说明：调研对象为167件案件

六家基层法院四年判决离婚中涉及十周岁未成年人抚养权归属的168件案件中，有1件因被告带走未成年子女，下落不明，判决中明确写明对未成年子女的抚养权问题不予处理，故调研对象为167件案件。

（2）调研结果：征求该年龄段未成年子女意见占比达63%

首先，关于无须或者无法征求未成年子女意见的问题。通过调研发现，该年龄段的167件判决中，有49件案件是当事人一方离家出走，30件是当事人协商一致，2件是被告缺席也未向法院表达意见，另有1件，因为子女随被告生活，而被告未到庭缺席判决而无法征求未成年子女意见。故根据《意见》的规定，无须或者无法征求未成年子女意见的案件有81件。但是，协商一致的案件中，并非均有利于未成年子女成长，例如，其一，协商给精神病一方。某案件，女方患有精神病且有暴力倾向，但男方与女方的法定代理人达成协议，抚养权归精神病母亲，法院未征求年满12岁的婚生子的意见，却基于当事人协议予以确认判决直接抚养权归患精神病的母亲。其二，协商给贩毒服刑一方。某案件，男方起诉离婚，双方协商一致由原告抚养，但原告因贩毒罪正在服刑中，婚生女（1999年生）随原告父母生活，法院的判决理由为："被告同意原告关于女儿抚养问题及抚养费数额的诉讼请求，本院予以确定。"另外有两件当事人协商的案件，双方都不适合抚养，如某案件，女方被确诊患有乳腺癌，男方目前无业，双方协商一致孩子由母亲抚养，法院认为："对于双方所生之女，原告要求归其抚养，被告亦同意由原告抚养，本院照准。"另一案件，法院认定原告（男方）"存在家庭暴力现象"，而被告又因吸食"冰毒"，2012年曾受到公安机关罚款处理。法院认为："原告主张婚生女由原告抚养，被告表示同意，本院予以支持。"

其次，关于应该征求未成年子女意见的问题。通过对86件案件进行调研发现，法院在判决书中明确写明征求该未成年人意见的有54份判决，占比为63%，其中有1件系非抚养方与正在读职高的十六岁女儿达成协议，计入其中。多数案件以子女意愿作为判决理由，但是也有法院并非单纯征求子女意见，还是能在征求意见的基础上，从有利于未成年人利益出发做出判决。例如某案件中，婚生子表示愿意随原告（男方）生活，而法院认为婚生子"虽书面向本院表示更愿意跟随原告生活，且被告也表示无能力抚养孩子，但被告坚决要求平均分割马鞍山房屋，而原告则表示如被告抚养孩子则愿意将马鞍山房屋产权全部归被告所有。考虑到如强行分割马鞍山房屋可能导致孩子居无定所，且婚生子自 2009 年起一直跟随被告在马鞍山房屋内生活，改变其生活环境可能会对其健康成长、学习等造成不良影响，为保障婚生子在原、被告离婚后有一个稳定的生活和学习环境，故原、被告离婚后马鞍山房屋及室内家具、家电宜归被告所有，婚生子宜由被告抚养。"

最后，有 32 件案件未写明是否征求了该年龄段未成年人意见而径行判决，其中阐述判决抚养权归属的理由的有 26 件案件，未阐述判决理由的有 6 件。通过对包含 2 件虽未写判决理由但从查明事实可推测理由的计 28 件未征求未成年子女意见，但阐述了判决理由的案件进行调研发现，法院对该年龄段子女抚养权归属的判断因素主要为：维持子女随一方生活之现状的有 19 件，占比达 68%；以套话或者综合考虑来表述的有 4 件，占比为 14%。套话主要为"有利于子女身心健康，保障子女合法权益"、"考虑原、被告的抚养能力"等，但未结合案件的具体情况去分析。有案件以"从有利于孩子的身心健康，综合原、被告的文化水平、经济收入及抚养孩子的条件等因素予以考虑"为由做出的判决，但在事实查明中并无关于双方文化水平、经济收入的阐述。上述判决因素与涉及两周岁以上十周岁以下子女抚养权案件的调研结果基本一致。更有 1 件以当事人请求为判决理由，如"因原告坚决要求由被告抚养小孩，婚生子以被告抚养为宜"，当然此案中被告（男方）亦主张，如果女儿愿意，自己也愿意抚养。还有 1 件系一方多子女，另一方只有一个子女。

（3）小结

综上可见，虽然征求此年龄段未成年子女意见的判决较多，但仍有 37% 的案件未征求，显然，审判人员对十周岁以上未成年人的保护意识有待提高。相反，如果法官有此意识，则有些案件，子女距满十周岁差几个月，法院依然会征求子女意见，比如，六合区人民法院审理的某男方起诉并主张子女抚养权的案件，被告对抚养权没有表示，法院查明孩子差两个多月满十周岁，目前随原告生活，征求子女意见时孩子表示愿意随原告生活，故"综合考虑原、被告的生活现状、抚养能力、原被告意愿、小孩意愿及其目前的生活环境等因素，本院确定双方婚生女随原告生活"。

（二）司法审判中对多子女抚养权归属的考虑因素

1. 关于调研对象的说明：实际涉及多子女抚养权案件的有 20 件

调研对象判决中离婚双方当事人有两个及以上子女的有 24 件，但其中有 3 件案件，两个子女中的一个子女已成年，因此涉及抚养权的实际只有一个子女；有 1 个案件两个孩子系同父异母，故实际涉及两个及以上的未成年子女的抚养权的案件有 20 件。

2. 调研结果：拆分多子女抚养权判归父母各一方占比略多

（1）有 11 件将多子女的抚养权拆分判归父母各一方

在 11 件中，法院在判决中明确以子女各随一方且男孩随父亲、女孩随母亲为因素的有 4 件，体现了法院的主要考虑因素为父母双方的利益，即保证父母身边有子女陪伴。即使当事人双方均主张两个孩子的抚养权且法院认定双方均具备抚养两个子女的能力和条件，亦会判决由原、被告各抚养一个孩子为宜；个别案件在当事人自身有分别抚养孩子的愿望并协商一致时，法院也未审查是否对未成年子女有利，比如，某离婚案件中的子女系八岁的龙凤双生子女，当事人双方要求一人带一个，法院在事实认定中查明父亲是有赌博现象的，但依然判决女孩随母，男孩随父。其他考虑因素为听取子女意愿的有 3 件；考虑子女年龄因素的有 2 件，即年纪小的孩子随母亲、年纪大的孩子随父亲。另有 2 件是根据子女生活现状判决抚养权随现在共同生活的一方，即离婚前两个孩子就是分开抚养的。

表 7 十周岁以上未成年子女抚养权归属调查（件）

法院 项目	写明征求子女意见案件数（件）	未写明征求子女意见案件数（件）							合计
		未阐述判决理由			阐述判决理由				
		完全无法推测	从查明事实可推测	现状	当事人请求	一方多子女，另一方一个子女	综合考虑	套话	
溧水	12	3	2	5	0	1	0	0	23
玄武	6	0		1	0	0	0	1	8
鼓楼	11	1	0	4	0	0	0	0	16
六合	14	0		3	0	0	1	3	21
雨花	6	0		1	1	0	0	0	8
秦淮	5	0		5	0	0	0	0	10
合计	54	4	2	19	1	1	1	4	86

（2）有 9 件将多子女的抚养权判归父母一方

将多子女的抚养权判归父母一方的理由中，考虑子女目前随一方或者一方父母生活因素的有 5 件，一方离家出走而不得不判给另一方的有 3 件，合计 8 件，占比 89%；其他 1 件系考虑子女意愿的。其中，法院明确认为拆开抚养对子女不利的有某涉及双生子的男方起诉离婚的案件，长子"在身心发育方面受到一定影响，学习及生活自理能力逊于常人"，次子发育正常，原、被告双方均主张抚养双生子。法院查明孩子出生后"一直随被告及被告父母共同生活"，后"原告自被告父母处将次子接走"，而长子"仍由被告及被告父母照顾抚养"，认为，对于双方婚生子女的抚养问题，应从双方的抚养条件、抚养能力及有利于孩子身心健康成长等多方面进行考虑。原、被告所生双生子中，长子身心发展因客观原因受碍，其不仅需要直接抚养一方更为细致、辛苦的照料，更需要双生子之间携手合作，特别是弟弟对哥哥的引领和扶助，"故在父母离婚后两个孩子宜由一方抚养，共同生活，以有利于他们今后的成长"。

3. 小结

综上可见，法院将多子女抚养分开判决的占比略多，且无案件阐述分开抚养对未成年子女利益的保护体现在何处。而将抚养权判归一方的案件中，子女的意愿或者另一方无法抚养等情形占比亦比较大，而只有上述一件是法院明确以将兄弟分开抚养不利为由判决的。显然，司法实践中对多子女抚养权归属的判断标准分歧较大。

四、司法审判中离婚案件涉及未成年子女抚养权归属判断存在的问题

通过上述调研，可以看出，在离婚案件中，涉及未成年子女抚养权归属的司法解释和执法上存在以下问题。

（一）司法解释存在的问题

1. 未成年人年龄段划分不科学

首先，《意见》在规定抚养权归属问题上，将子女划分为三个阶段，但是，通过调研可以发现，法官在审理案件中会认为四至五周岁以下，个别案件认为八周岁以下依然年幼，需要母亲照料。

其次，相当数量的判决片面地以十周岁以上的子女意见为判决理由，而不考量是否对子女有利。比如某女方起诉离婚的案件，原告诉称其"生重病"并要求抚养女儿（2000 年 9 月生），被告也"坚决要求抚养小孩"，并称"原告有乳房癌、大脑里有肌瘤、糖尿病、眩晕症、高血压等疾病，没办法抚养小孩"，但法院在查明中未阐述原告的身体状况，而以"双方所生女表示愿意和原告共同生活"为由，进而认为，"双方所生女表示愿意和原告共同生活，原告亦表示愿意抚养婚生女，从有利于子女身心健康目的出发，双方所生婚生女由原告抚养为宜"，从而得出被告要求抚养婚生女的主张不予采纳的结论。但是，一个生重病的母亲如何抚养未成年子女，却是个现实问题。

2. 缺乏对发现父母双方均有对未成年子女抚养不利因素时的处理规定

调研中发现，有部分案件中存在双方均有抚养未成年子女的不利因素。如双方均吸毒，或者一方有重病需治疗而另一方服刑的，或者双方原因导致未成年子女辍学的，从未成年人保护视角看，无论判给哪一方都对未成年子女的成长不利，但因法律、司法解释均缺乏相关规定，法院只能或者依照双方的协商，或者以套话为理由选择一方判决子女抚养权的归属。还有双方都要求不抚养子女的案件，如某案件，双方均不主张抚养权。法院认为"双方所生子因患先天性眼疾，且长年与被告一起生活，而原告长期在外打工，无法给其一个稳定的生活环境，故综合各方面考虑，暂由被告抚养较为妥当"，用的是"暂由"一词。

3. 对轮流抚养的前提规定较为抽象

《意见》第六条规定："在有利于保护子女利益的前提下，父母双方协议轮流抚养子女的，可行准许。"但由于对"有利于保护子女利益"的判断标准模糊，较为抽象，导致司法实践难以把握，特别是轮流抚养本就因会导致未成年子女生活不稳定，极少被法院准许。调研中仅发现一件，法院查明"在双方分居期间，双方婚生女一直由双方轮流抚养，周一至周四在原告处生活，周五被告接回被告住处生活，周一早晨被告将其送至幼儿园"。对于婚生女的抚养问题，"原、被告在法院判决准予离婚的前提下，达成由原、被告轮流抚养的一致意见，即上学及短节假日期间，周一至周四随原告生活，周五至周日随被告生活；遇七天及以上长假期，由原、被告各自抚养二分之一时间；遇春节，单年在原告处生活，双年在被告处生活"，进而予以了准许。

（二）法院执法中存在的问题

1. 片面考虑子女现状，未成年人最佳利益原则体现不够

通过上述调研可见，涉及未成年子女抚养权的离婚案件中的未成年子女在两周岁以上十周岁以下的占比最多，根据《意见》第三条的规定，对此年龄段

子女抚养权归属的认定，应考虑以下四方面因素，即"（1）已做绝育手术或因其他原因丧失生育能力的；（2）子女随其生活时间较长，改变生活环境对子女健康成长明显不利的；（3）无其他子女，而另一方有其他子女的；（4）子女随其生活，对子女成长有利，而另一方患有久治不愈的传染性疾病或其他严重疾病，或者有其他不利于子女身心健康的情形，不宜与子女共同生活的"。但上述因素均未将未成年人利益最佳原则作为优先考虑的因素，且（1）和（3）的因素，从理论上看完全是以父母利益为中心，而从调研看，此类案件不多，占比最多的是（2）的现状因素。因司法实践中执行较难，因此未成年子女的"现状"成为法院考虑的首要因素，而"现状"究竟对未成年子女是否有利，在案多人少的现状下法官已经无力调查。且调研还发现，有相当数量的"现状"背后都有隔代抚养的因素，有法院能在考虑父母均能抚养的前提下再考虑隔代抚养中祖辈的情形，但也有案件双方当事人均在外打工，但判决未阐述双方当事人对子女抚养的意见而将子女判给有赌博恶习的父亲，且在判决主文中注明"实际在爷爷处生活"。

此外，大量案件的判决理由虽然写明是综合考虑，但在事实查明部分和说理部分并无理由阐述，套话较多，无法体现法官在行使自由裁量权时遵循了未成年人利益最佳原则。

2. 简单拆分多子女的抚养权归属

调研发现，在多子女抚养权归属案件中以离婚夫妻各抚养一个占据多数，呈现简单拆分化现象，即使是双生子也是一人一个，而并非从未成年子女的成长角度出发判决子女抚养权的归属。

五、解决问题的对策

针对上述问题，笔者提出以下解决对策，以期更好地保护离婚案件中的未成年人利益。

（一）重新划分需考量的未成年人的年龄段

俗语曰："三岁看大。"未成年人三岁前的人格形成对其一生都有影响，而母亲的陪伴尤为重要。[1]258~259一方面，子女是否上学也是法官考虑抚养权归属的重要因素，因为就学涉及义务教育的问题，故将两周岁至十周岁划至一个年龄段适用一个判断标准显然不符合实际，也不科学合理；另一方面，对于征求未成年子女的意见，根据《意见》第五条的规定，仅限于离婚双方对抚养权归属未协商一致有争议时，即"父母双方对十周岁以上的未成年子女随父或随母生活发生争执的，应考虑该子女的意见"，如此，当离婚父母达成协议时，则可以不征求十周岁以上未成年子女的意见，从而剥夺了有表达能力的未成年子女对涉及自身利益问题的表达权。联合国《儿童权利公约》第12条规定："缔约国应确保能够形成自己看法的儿童有权对影响儿童的一切事项自由发表自己的意见，对儿童的意见应按照其年龄和成熟程度给以适当的重视"，"为此目的，儿童应特别享有机会在影响到儿童的任何司法和行政诉讼中阐述见解，以符合国家法律的诉讼规则的方式，直接或通过代表或适当机构陈述意见"。2007年6月1日起实行的我国未成年人保护法第五十二条第二款亦规定："人民法院审理离婚案件，涉及未成年子女抚养问题的，应当听取有表达意愿能力的未成年子女的意见，根据保障子女权益的原则和双方具体情况依法处理。"可见，一般情况下，已经就学识字的未成年人一般是具有表达能力的，应该征求其意见。

因此，建议重新划分未成年子女的抚养权判断年龄，将三周岁以下作为一个年龄段，规定该年龄段的子女原则上应由母亲抚养。三周岁以上六周岁以下作为一个年龄段，总结实践中对未成年人成长的有利因素，按照未成年人利益最佳原则由法院综合考虑，并删除隔代抚养的考量因素。而对于六周岁以上的未成年人，应当征求该年龄段有表达能力的未成年人的意见，而不必建立在父母有争议的前提下，同时，将征求子女意见仅仅作为重要参考因素而不能作为唯一的因素，从而充分保障未成年人在涉及自身利益问题上的表达权。

（二）明确规定不应当判决抚养权归属给不利方的情形

在保留《意见》中有关未成年子女最佳利益原则和不利因素规定的前提下，结合调研中发现的不利于未成年子女成长的具体情形，明确不应当判决抚养权归属给不利方的情形，否则，极有可能发生未成年人利益被父母侵害的后续问题。如2014年发生在南京市秦淮区的郑东因教育女儿而将女儿打死一案，郑东有过两次失败的婚姻，1986年，因犯奸淫幼女罪被判刑，1990年、2000年时又因为故意伤害罪、寻衅滋事罪先后被法院判刑。2008年之后，郑东染上了毒品，先后因吸毒被公安部门行政拘留和强制戒毒。[2]但是，在离婚时，其还是"争取到"了抚养权。

因此，应当规定法院在审理离婚案件中发现父母均存在可能侵害未成年人利益的，如赌博、吸毒等最高人民法院、最高人民检察院、公安部、民政部2014年12月18日颁布的《关于依法处理监护人侵害未成年人权益行为若干问题的意见》第三十五条规定的情形的，必须和民政部门联系，寻求政府的介入和社会工作者的帮助，形成联动机制，否则，不仅案结之后事并未了，而且忽视了对未成年子女的保护，甚至可能酿出悲剧。

（三）修改轮流抚养的前提标准

在少子化的现实下，司法实践中部分当事人有强烈主张轮流抚养的愿望，法官也须面对此问题，此问题早已经引起司法实践的关注。[3]15~17但是，司法解释规定的"在有利于保护子女利益的前提下"较为抽象，使得法官轻易不予准许，同时，学界相关探讨的论文也较少。① 故建议对轮流抚养的前提予以具体化，即以双方居住在同一城市、孩子在三周岁以上，且双方已经轮流抚养三个月以上作为前提，有利于法官确实把握评估，从而做出判断。

（四）倡导多子女抚养权归属由一方抚养的判断理念

兄弟姐妹的相处是儿童成长过程中的重要一环，不应因为父母离婚而被拆开，因此，有必要纠正审判实践中简单拆分一人抚养一个的判决模式，当然，半血缘的兄弟姐妹应该规定在除外情形中。不过，也必须考虑强制让一方抚养两个子女所造成的负担。因此，建议做出倡导性规定，即离婚中处理多子女抚养权案件时，人民法院应将多子女的抚养权作为整体予以考虑，可能的情况下应尽可能使多子女在父母离婚后仍能共同生活、共同成长，故在当事人有抚养能力的情况下应当优先采纳一方抚养多子女的意见。

六、总结兼立法条文建议

陈苇教授早在 1998 年就呼吁："立法明文规定法院确定由父母何方行使未成年人监护权或亲权应考虑的基本情形，既便于审判人员执法操作，防止自由裁量权被滥用，又可指导离婚父母双方依法处理其亲权行使问题，减少纷争和讼累，有利于保护未成年子女的利益。"[4]47但 2001 年婚姻法的修改并未对离婚后未成年子女抚养权问题予以细化规定，而上述实证调研所反映的问题，也再次支持了陈苇教授的呼吁，因此，在民法典纳入立法规划之际，有必要对此问

---

① 笔者查询到的相关论文仅有数篇，除前注外，还有如曹琳：《浅析抚养未成年子女的权利义务——对离婚后父母轮流抚养子女制度的思考》，载《河南教育学院学报》2007 年第 3 期；张迎秀：《对父母轮流抚养子女的思考》，载《政法论丛》1999 年第 4 期；叶烨：《制定离婚双方轮流抚养子女的强制性法律制度的思考》，载《辽宁青年管理干部学院学报》2000 年第 2 期。

题予以重视，为此，提出以下立法条文建议。

（一）设立总则性规定

人民法院在审理离婚案件时，发现有危害或者有可能危害未成年子女健康成长情形的，应当及时通知未成年人保护机构。

人民法院在判断直接抚养权归属时，应当坚持未成年人利益最佳原则，并依法支持父或者母履行监护义务的请求。

（二）分情形具体规定

建议将现行婚姻法第三十六条第三款单立，并增加修改条文如下：

1. 对抚养权归属有争议的规定

离婚当事人对未成年子女抚养权归属无法达成协议的，人民法院应当从有利于子女身心健康、保障子女的合法权益出发，根据子女的年龄、性别、父母双方的抚养能力和抚养条件，听取六周岁以上有表达能力的未成年子女的意见等，综合判断并予以判决。但不得将抚养权判归有下列情形的一方：

（1）患有久治不愈的传染性疾病或者精神病、忧郁症等其他严重疾病的或者轻度智障的；

（2）有赌博、吸毒、酗酒、沉溺于网络等恶习或者有家庭暴力行为的；

（3）遗弃未成年子女的，或者有抚养条件不尽抚养义务的，或者明显不具备责任心的；

（4）诉讼中，为争夺子女抚养权擅自将未成年子女带离正在居住的场所或者将子女藏匿的。

离婚当事人对三周岁以下子女抚养权归属发生争议的，人民法院应当判决女方直接抚养。但女方有前款不得抚养情形或者确实无法抚养的，可以判决男方抚养。

2. 离婚当事人对子女轮流抚养达成协议时的规定

离婚当事人居住在同一城市且已经轮流抚养三周岁以上未成年子女三个月以上并达成轮流抚养协议的，人民法院审查无对未成年子女健康成长不利影响的，可以准许。

3. 多子女抚养权归属的规定

人民法院审理离婚案件时涉及多子女抚养权归属的，应当按照前几款的规定处理，且以不分开抚养为首选方式，但半血缘关系的子女除外。

离婚中涉及子女抚养权归属判断是处理离婚时子女抚养问题的首要问题，

解决此问题，方能进一步解决子女抚养费的支付和探望权行使问题。另一方面，子女抚养权归属问题不仅仅是实体法的问题，同样是程序法的问题，在民事审判中建立未成年人观护制度亦刻不容缓，司法实践也已经开始了探索。[5]56~57 只有两条腿走路，方能全方位地在离婚案件中保护未成年子女的利益。

【参考文献】

[1] 陈能新. 重视0~3岁婴儿的心理保健 促进儿童健康成长 [J]. 佳木斯教育学院学报, 2012 (8).

[2] 只懂棍棒教育失手打死女儿, 监狱中严父只求一死 [EB/OL]. 扬子晚报网, 2015-08-20.

[3] 吕玉宝. 谈父母离婚后协议轮流抚养子女 [J]. 人民司法, 1995 (9).

[4] 陈苇. 离婚后父母对未成年子女监护权问题研究——兼谈我国婚姻法相关内容的修改与补充 [J]. 中国法学, 1998 (3).

[5] 李华斌, 郭京霞, 等. 社会观护: 为了孩子的合法权益 [J]. 中国审判, 2013 (7).

（原文刊载于《中华女子学院学报》2016 年第 1 期，并被中国人民大学《复印报刊资料》全文转载）

瑕疵结婚登记处理方式的体系化思考

孙若军

（中国人民大学法学院）

2011 年《最高人民法院关于适用〈中华人民共和国婚姻法〉若干问题的解释（三）》［以下简称"婚姻法司法解释（三）"］第一条规定："当事人以婚姻法第十条规定以外的情形申请宣告婚姻无效的，人民法院应当判决驳回当事人的申请。当事人以结婚登记程序存在瑕疵为由提起民事诉讼，主张撤销结婚登记的，告知其可以依法申请行政复议或者提起行政诉讼。"这一规定解决了多年来瑕疵结婚登记投诉无门，或按无效婚姻处理的困境。但由于该规定并未明确行政程序应当如何处理，因而，婚姻法司法解释（三）的实施，给婚姻登记机关和人民法院造成了极大的困扰，也给登记时存在各种瑕疵的"婚姻"关系带来了不确定的因素。如何解读这一规定，人民法院在行政诉讼中应当如何处理各种具体的瑕疵登记，是尚需进一步研究和明确的重大问题。

一、婚姻法司法解释（三）第一条规定在适用中暴露出的问题

婚姻登记是婚姻登记机关依照婚姻法和条例的具体规定，为符合结婚或离婚条件的当事人办理结婚或离婚登记的法定程序。① 婚姻登记机关办理的结婚登记存在瑕疵，是指结婚登记在权限、程序、内容和形式上存在着各种问题和错误。婚姻法司法解释（三）对瑕疵结婚登记的处理思路是，将婚姻成立与效力分开，当事人办理了结婚登记，但存在重大瑕疵的，属于无效行政行为，可直接由人民法院通过民事诉讼程序宣告婚姻无效，无效婚姻自始不具有婚姻的法

---

① 参见民政部：《关于学习宣传和贯彻执行〈婚姻登记条例〉的通知》，2014 年 4 月 15 日。

律效力。除此之外，其他瑕疵登记一律通过行政程序，即按照行政复议法或行政诉讼法的规定处理。这一处理模式的意义在于：一方面，构建了完整的婚姻成立、效力和终止这一递进有序的制度体系，重申了民事诉讼程序对无效婚姻案件的受理范围，明确了无效婚姻之外的其他瑕疵登记的处理路径，解决了多年来瑕疵登记无法可依的问题。另一方面，瑕疵结婚登记通过行政程序处理，有利于强化行政登记机关的责任意识，对进一步规范结婚登记制度具有积极的意义。

　　然而，这一原本为遏制无效婚姻被扩大适用的条款，却因行政程序处理方式的模糊，反而增加了瑕疵结婚登记被撤销的风险。这是因为，2003 年修订后的婚姻登记条例明确规定："除受胁迫结婚之外，以任何理由请求宣告婚姻无效或者撤销婚姻的，婚姻登记机关不予受理。"① 婚姻法司法解释（三）颁布后，社会普遍认为该条是对婚姻登记条例的修正，即"胁迫"之外的其他瑕疵登记纠纷，又再次被纳入婚姻登记机关应当受理的范围[1]，登记机关或人民法院应视情节轻重决定或裁判结婚登记行政行为是否有效。虽然最高法院一再强调，婚姻无效是欠缺结婚实质要件的婚姻在民事法律关系上的后果，不能以结婚登记时的程序瑕疵来主张婚姻无效。除重大瑕疵外，不要轻易否定结婚登记的效力。[2]但是，无论从哪个角度讲，婚姻登记机关越权管辖、一方或双方当事人未亲自办理登记手续、借用或冒用他人身份登记结婚及提交虚假材料和声明等，都属于存在明显且有重大瑕疵的行政行为，都应当依行政复议或行政诉讼法程序予以撤销。以无效婚姻为例，婚姻法规定的四种法定无效婚姻情形②均属于存在重大瑕疵的结婚登记，婚姻法司法解释（三）实施后，当事人既可以选择民事诉讼程序申请宣告婚姻无效，也可以选择行政程序申请撤销结婚登记。由于婚姻无效和婚姻不成立的法律后果不同③，在利益的驱动下，当事人必然选择有利于自己的程序解决"婚姻"问题，如此，原本依民事诉讼程序不做无效宣告

---

① 《婚姻登记工作暂行规范》第四十六条规定。
② 婚姻法第十条规定："有下列情形之一的，婚姻无效：（一）重婚的；（二）有禁止结婚的亲属关系的；（三）婚前患有医学上认为不应当结婚的疾病的，婚后尚未治愈的；（四）未达到法定婚龄的。"
③ 参见婚姻法第十二条规定。

的案件①，却可以通过行政程序以具体行政行为"不合法"为由予以撤销，这显然与婚姻法司法解释（三）规定的初衷背道而驰。

事实上，结婚登记存在瑕疵的纠纷通过行政程序处理所产生的问题远不止于此，这一处理模式不仅增加了行政成本，浪费了司法资源，降低了婚姻登记机关的公信力，而且通过行政程序处理瑕疵登记还存在功能错位的问题。从表面上看，行政复议或行政诉讼的被告是婚姻登记机关，但实际上绝大多数瑕疵登记的纠纷都不是行政相对人与婚姻登记机关之间的纠纷，而是行政相对人之间的情感与财产纠纷，或行政相对人与第三人之间的利益纠纷。按照行政诉讼法的规定，人民法院审理行政案件，是对具体行政行为是否合法进行审查，这不仅与瑕疵登记行政相对人的诉讼目的相左，而且支持原告的诉讼请求，通常都会损害到另一方行政相对人（原告"配偶"）的合法权益。此外，造成瑕疵登记的原因很多，有行政相对人一方或双方弄虚作假的问题，也有婚姻登记人员疏忽大意、玩忽职守或滥用职权的问题。如果瑕疵是因婚姻登记人员的过错造成的，为规范行政管理而撤销结婚登记，无异于是用登记机关的过错惩罚行政相对人；如果瑕疵是因当事人的过错造成的，撤销结婚登记不仅损害了婚姻登记机关的信誉和权威性，而且还在客观上鼓励一些人将结婚登记沦为谋取利益的工具。

二、瑕疵结婚登记审理模式的选择困境

婚姻法司法解释（三）出台前后，瑕疵结婚登记应当依民事诉讼程序处理的呼声很高。婚姻法学界和实务界普遍认为，依行政程序解决瑕疵结婚登记不具有合理性和正当性。[3]凡涉及婚姻是否成立或有效的案件，应全部统一由法院主管，按民事诉讼程序处理。[4]笔者也认为，依单一的民事诉讼程序审理各种婚姻案件，不仅能有效节约司法资源，降低行政成本，而且以民事诉讼的方式处理瑕疵登记，从实体法到程序法的运用上都较行政程序更加顺畅，也更符合此类案件的本质，既有利于法律适用的统一，又能最大限度地保障婚姻法精神的落实，实现法律对家庭关系的特殊保护。

---

① 《最高人民法院关于适用〈中华人民共和国婚姻法〉若干问题的解释（一）》第八条规定："当事人依据婚姻法第十条规定向人民法院申请宣告婚姻无效的，申请时，法定的无效婚姻情形已经消失的，人民法院不予支持。"

但是，依民事程序处理瑕疵登记存在理论和法律分工上的障碍。从理论上讲，法律行为的成立与效力是应当明确区别开的，法律行为成立与否并不等同于法律行为的有效与否，二者适用不同的法律规则和判断标准。[5]据此，婚姻成立、效力与终止在理论上被界定为三种不同性质的问题，应当分别依不同程序、适用不同法律、形成不同的法律后果。当男女具有结婚合意并在婚姻登记机关办理了结婚登记手续的，婚姻即告成立；成立的婚姻只有在不违反法定阻却要件时方为有效；有效的婚姻需要通过法定的离婚程序才能解除。结婚登记存在瑕疵涉及婚姻是否成立和婚姻是否有效两个问题，前者是结婚登记程序的合法性问题，后者是婚姻的价值判断问题。按照传统理论，婚姻成立是婚姻有效的逻辑前提，二者不能无所差异。在司法实践中，结婚登记行为一般仅做证据使用，并非婚姻案件的诉讼标的。但有些婚姻案件的处理，包括效力的认定及婚姻的解除，却有赖于结婚登记行为效力的先行解决，如此，结婚登记行政行为的效力就成为民事诉讼的先决问题。

行政先决源于行政行为的公定力及我国民事诉讼和行政诉讼的职能分工。按照通识的观点，行政行为具有公定力，除无效行政行为外，行政主体的行政行为一经做出，不论其实质上是否合法，都具有被推定为合法而要求所有机关、组织或个人予以尊重的一种法律效力。[6]近年来我国在对民事诉讼与行政诉讼交叉案件审理模式的探讨中，一些学者对不动产登记的法律性质提出了质疑，认为行政机关做出的行为，不一定都是行政行为，不动产登记不是行政行为[7]，不具有公定力。但是，结婚登记是婚姻登记机关依当事人的申请做出的具体行政行为[8]，是国家确立夫妻身份关系的法定程序，不应与不动产权属登记相提并论。结婚登记的目的不仅是要公示和记载当事人的婚姻状态，而且还要将建立起来的夫妻关系纳入国家法律的监督和控制当中，实施对具体婚姻行为的干预和管理，保障当事人依法享有和履行法定的权利义务，维护当事人的合法权益和社会公共利益。尽管婚姻登记机关在办理结婚登记时，仅就当事人提交的材料进行形式审查，并不对材料的真实性予以核实，不能推定登记机关确认的婚姻关系具有真实性。但是，结婚登记行政行为源自行政权，具有对世性，除法定无效婚姻情形可以由人民法院在民事诉讼中宣告无效外，其他任何单位和个人都不得否定结婚登记的效力。在英美法系国家，由于不存在行政诉讼与民事诉讼的划分，因此，对行政机关做出的决定，统一由民事诉讼处理。但在大陆法系国家，存在公私法的划分，除无效的行政行为可由民事裁判直接否定行政行为的效力外，其他非无效的行政行为都要走行政诉讼的程序，不能用民事诉讼的方法直接否定行政行为的效力。我国借鉴大陆法系体例，存在民事诉讼与行政诉讼的划分，人民法院设行政审判庭审理行政案件。由于民事诉讼和行政诉讼的规则差异很大，如果由审理民事案件的法官审理行政行为的效力问题，则违背了设立行政审判庭的初衷。[9]从这个意义上讲，对属于公法范畴的结婚登记行政行为的效力问题，应当通过行政程序予以解决，民事审判可以解决结婚登记的公信力问题，却不能解决结婚登记的公定力问题。

瑕疵结婚登记案件的处理，大多都涉及民事争议和行政争议的交叉问题，二者相互关联、互为因果，包括婚姻纠纷的解决有待于行政先决及行政诉讼的裁判引发民事法律后果的处理。无论是将结婚登记瑕疵纠纷全部纳入法院的民事诉讼轨道处理，实行由行政诉讼向民事诉讼"并轨"[10]，还是由行政诉讼附带民事诉讼，采用民事与行政诉讼的交叉处理模式，都是需要进一步深入研究的重大课题。但如有的学者指出的，构建具有实效性和灵便性的行政、民事争议交叉案件合并审理机制，无疑是客观现实和审判实践的必然要求。大量实践层面的探索已经表明，对于并存的、具有内在关联性的行政、民事争议案件进行一并审理，是迅速、公正、有效地保护当事人合法权益的重要选择。然而，在我国现行体制下建构全面系统的行政、民事争议交叉案件合并审理机制，不具有可行性。[11]据此，本文避开现时交叉案件审理模式难以逾越的障碍，仅就当前司法实践亟待解决的婚姻法司法解释（三）第一条的法律适用问题，借助行政诉讼法的最新发展①，从体系化思考的角度探讨各种具体瑕疵结婚登记的处理方式。

三、瑕疵结婚登记处理方式的体系化思考

体系化的核心是系统的内在统一性和一贯性。法的体系化有助于实定法体系与现实法秩序的安定。[12]婚姻法作为调整身份关系的实体法律规范，确立了婚姻成立的实质要件和形式要件。婚姻登记条例依据婚姻法的规定制定的婚姻登记程序，是行政机关办理婚姻登记的法律依据。为实现法律制度的和谐与统一，依行政程序处理瑕疵结婚登记应当与婚姻法、婚姻登记条例的规定协调一致，充分考虑裁决对实体结果的影响，不应产生与婚姻法的立法精神和价值取

---

① 2014 年 11 月 1 日，第十二届全国人民代表大会常务委员会第十一次会议通过《全国人民代表大会常务委员会关于修改〈中华人民共和国行政诉讼法〉的决定》。

向相悖的法律后果。换句话说，为"维持法律制度之间价值取向的和谐和维持法律制度的逻辑和谐"[13]，我们应当采取体系化的思考方式探讨瑕疵结婚登记的处理规则，唯有如此，才能实现与婚姻法价值的同一和逻辑契合，从而保障和维护婚姻秩序的稳定。

从立法的历史沿革看，新中国成立后，我国废除了两千多年的仪式制结婚形式，将结婚登记规定为婚姻成立的唯一法定形式。① 为此，1955年、1980年和1986年先后三次颁布婚姻登记办法以规范结婚登记行为。但鉴于历史形成的传统习俗根深蒂固，为保护妇女、儿童的合法权益，有利于婚姻家庭关系的稳定，维护安定团结，又在司法实践中一直承认事实婚姻的法律效力。② 很显然，司法实践对事实婚姻的承认，不仅严重损害了法律的权威性和严肃性，而且也严重影响到婚姻登记管理条例的实施，不利于公民法制观念的提高。[14] 据此，1989年《最高人民法院颁布了关于人民法院审理未办理结婚登记而以夫妻名义共同生活案件的若干意见》，试图分阶段过渡性地严格事实婚姻的条件，逐步收紧直至不再承认事实婚姻的法律效力。1994年婚姻登记管理条例明确规定，未到结婚年龄的公民以夫妻名义同居的，或符合结婚条件的当事人未经登记以夫妻名义同居的，其婚姻关系无效，不受法律保护。欠缺形式要件的婚姻行为，不承认其效力。申请婚姻登记的当事人弄虚作假、骗取婚姻登记的，婚姻登记管理机关应当撤销婚姻登记，对结婚、复婚的当事人宣布其婚姻关系无效并收回结婚证，并对当事人处以200元以下的罚款。然而，最高法院的这一处理思路并未能持续。2001年全国人大法律委员会在审议修改婚姻法时提出，未办理登记的原因很复杂，一律简单地宣布为无效婚姻，对保护妇女和儿童的合法权益不利，应当采取补办登记等救济办法解决。[14] 与此同时，立法者在事实婚姻和无效婚姻的问题上坚持了以下两点：第一，在原婚姻法第八条婚姻成立的条款上增加了"未办理结婚登记的可以补办"的规定，即法律承认事实先行的婚姻关系因补办结婚登记手续而具有法律效力，补办的效力从当事人符合结婚的实质要件时起算。第二，在新增设的无效婚姻和可撤销婚姻制度中，严格限定了无效和可撤销婚姻的适用情形，并对可撤销婚姻规定了明确的除斥期间。可

---

① 1950年的婚姻法第六条规定："结婚应男女双方亲自到所在地（区、乡）人民政府登记。"
② 1989年《最高人民法院关于人民法院审理未办理结婚登记而以夫妻名义共同生活案件的若干意见》。

以肯定的是，现行婚姻法在事实婚姻问题上出现的逆转性变化及对无效和可撤销婚姻秉持的宽容态度，昭示了立法者对事实已经存在的"婚姻"关系所予以的关怀和保护立场。为贯彻婚姻法的精神，2003 年婚姻登记管理条例再次修订，除"胁迫"外，不再撤销瑕疵结婚登记，目的就是尽量维系和稳定已经建立起来的家庭关系。

毋庸置疑，尽管现行婚姻法和婚姻登记条例都没有直接规定瑕疵登记的处理方式，但立法者的价值取向是清晰的，婚姻法的精神是明确的。由于婚姻关系具有的事实先行、自愈性和不可逆转的特点，撤销结婚登记不仅与客观事实不符，而且也不能使已经共同生活的男女身心恢复原状。最重要的是，依结婚登记程序建立起来的婚姻关系，不仅是公民重要的身份关系，而且涉及子女、双方亲属及第三人的利益。因此，瑕疵结婚登记纠纷的处理，应当严格遵循婚姻法的规定，除法定无效和可撤销情形外，其他存在瑕疵的结婚登记，凡当事人在提起行政程序时符合结婚实质性要件形成了事实婚姻关系的，均不应做撤销结婚登记的处理。

四、依行政诉讼程序处理瑕疵结婚登记方式的选择

依行政诉讼程序处理瑕疵结婚登记的方式，现婚姻法学界的研究结论主要集中在"补正和重新确认"上[1]，认为对程序瑕疵的结婚登记予以补正或重新确认是可行的。[8]但笔者发现，大多"补正和重新确认"的提法都十分笼统，一言概之的结论并不能给司法实践以明确的指引。少数学者虽对"补正和重新确认"的研究落实到了具体的瑕疵上，但因各自解读的"重大瑕疵"和"一般瑕疵"不同，实际处理结果大相径庭。事实上，在行政诉讼法修订前，该法并无适合处理瑕疵结婚登记的方式，而针对"补正和重新确认"的研究存在以下两方面的问题。

首先，瑕疵结婚登记并不适宜以"重作"的方式处理。所谓重作，是指婚姻登记机关对当事人是否符合结婚条件进行重新确认。但重作是以撤销行政行为为前提的。重作并非独立形式，其从属于撤销判决①，不撤销结婚登记就不可

---

① 修订前的行政诉讼法第五十四条规定："具体行政行为有法定情形之一的，判决撤销或者部分撤销，并可以判决被告重新做出具体行政行为。"新修订的行政诉讼法第七十条规定："行政行为有下列情形之一的，人民法院判决撤销或者部分撤销，并可以判决被告重新做出行政行为：（一）主要证据不足的；（二）适用法律、法规错误的；（三）违反法定程序的；（四）超越职权的；（五）滥用职权的；（六）明显不当的。"

能重作。行政诉讼的本质是司法权对行政权的监督，但司法权并不能代替行政权，人民法院不能在行政诉讼中代替行政机关行使行政管理的职能[15]，因此，行政诉讼本身并不就婚姻关系进行认定。如果人民法院判决撤销结婚登记行政行为，并责令婚姻登记机关对当事人是否符合结婚条件进行重新确认，那么从撤销到重作这段时间内，不仅行政相对人的身份关系将处于不确定状态，给当事人和社会造成极大的隐患，而且对已经撤销的婚姻关系重作为有效，有违身份关系不可逆转的特性。此外，如果行政相对人的一方是基于自身利益提起的行政诉讼，其目的就是恢复到结婚登记前的状况，重作不仅有违原告诉讼的本意，而且也超出了其诉讼请求的范围，如果原告一方拒绝重作，行政机关强制重作有违婚姻自由原则。

其次，瑕疵结婚登记的处理方式，不应以"重大瑕疵"和"一般瑕疵"为判断标准。按照最高法院的解释，结婚登记程序瑕疵并不必然导致婚姻关系无效，应当区别是重大瑕疵还是一般瑕疵，对于存在一般瑕疵的能够通过补正等方式解决。[1]于此，依瑕疵的违法程度区分"重大瑕疵"和"一般瑕疵"，俨然已成为结婚登记行政行为是否有效的关键。但正如有的学者指出的，合法性只是行政行为效力判断的一个基准而非全部基准，是进行判断的重要条件而非充分条件。行政行为的效力判断不可能是一个在合法性与效力之间进行简单比照的过程，而必须综合考虑各项基准，运用相关规则进行判断。违反程序的行政行为，对行政行为的实体内容没有决定性影响的，虽违法亦有效。[15]这就是说，即使结婚登记程序严重违法，也并不必然导致结婚登记行政行为无效，瑕疵结婚登记行政行为的效力，应当从是否影响了行政相对人实体权益的角度加以判断。只有在违反法定程序，且可能对原告权利产生实际影响的情形下，人民法院才可判决撤销或者部分撤销。依此，对瑕疵结婚登记的处理，不应重新界定"重大瑕疵"和"一般瑕疵"的标准，所谓"重大瑕疵"应当仅限于不符合婚姻法规定的结婚实质要件，除此之外，其他瑕疵登记都应当认定为"一般瑕疵"。只要当事人在请求撤销结婚登记时已经符合结婚实质要件并形成了事实婚姻关系的，就不应做撤销处理。如果重新划分瑕疵标准并依此决定是否撤销，势必破坏婚姻法律制度之间的内在关联和功能协调，影响婚姻法追求的利益和目标的实现。

笔者认为，从体系化思考的角度来讲，除具有违反结婚实质要件的重大瑕疵的结婚登记，由人民法院宣告无效或撤销外，其他一般瑕疵的结婚登记，均应当依修订后的行政诉讼法增设的"补正"方式处理。所谓补正，是指人民法院确认具体行政行为违法，但未对原告权利产生实际影响的，责令被告采取补救措施。作为一项瑕疵行政行为效力的矫正制度，补正是修订后的行政诉讼法在原无效和可撤销行政行为之外新增的一种处理违法行政行为的补救措施①，对提高行政行为的公信力和行政效率，实现司法对行政行为的监督都具有重要的意义。瑕疵结婚登记的补正，是指人民法院对结婚登记行政行为违法做出宣告，并责令婚姻登记机关对存在瑕疵的登记进行修复，继续维持结婚登记的法律效力。

需要指出的是，与其他行政行为的补正不同，瑕疵结婚登记的补正是以事后结果评判结婚登记行为，这是否违反了行政诉讼的目的和原则？笔者的观点是，瑕疵结婚登记的行政诉讼，虽然有督促行政机关依法行政的目的，但是"保障行政相对人的合法权益才是行政诉讼的真实追求"[16]，而且是从公平正义的角度保障行政相对人双方的合法权益。在此重申，婚姻法对事实先行的婚姻关系的承认与保护，是立法者对婚姻实质要件与形式要件进行权衡后所做价值选择的结果，未办理结婚登记的事实婚姻尚且可补办，办理了结婚登记的更应当允许对瑕疵予以补正。婚姻法为保护事实已经存在的婚姻关系而淡化结婚登记程序的立法理念，应当推移到瑕疵登记的补救措施上。

无须讳言，以"补正"的方式处理瑕疵结婚登记，并不能解决司法资源浪费及功能错位等问题。但在理想化的民事与行政诉讼交叉案件审理模式出台前，"补正"无疑是最佳的选择，不仅能最大限度地保障结婚登记目的的实现，维护婚姻登记机关的公信力，保护行政相对人的信赖利益，而且还能避免撤销"重作"存在的风险，抑制滥讼、恶讼案件的发生，大幅降低依行政程序一并审理民事争议案件的数量，使补正后的婚姻纠纷得以通过离婚程序处理。

---

① 新修订的行政诉讼法第七十四条规定："行政行为有下列情形之一的，人民法院判决确认违法，但不撤销行政行为：（一）行政行为依法应当撤销，但撤销会给国家利益、社会公共利益造成重大损害的；（二）行政行为程序轻微违法，但对原告权利不产生实际影响的。行政行为有下列情形之一，不需要撤销或者判决履行的，人民法院判决确认违法：（一）行政行为违法，但不具有可撤销内容的；（二）被告改变原违法行政行为，原告仍要求确认原行政行为违法的；（三）被告不履行或者拖延履行法定职责，判决履行没有意义的。"第七十六条规定："人民法院判决确认违法或者无效的，可以同时判决责令被告采取补救措施；给原告造成损失的，依法判决被告承担赔偿责任。"

五、各种瑕疵登记的具体处理方式

（一）结婚登记在权限上存在瑕疵的处理方式

结婚登记存在权限上的瑕疵，是指没有婚姻登记权限的机构或没有婚姻登记资格的人员办理的结婚登记。按照婚姻登记条例的规定，除婚姻登记机关外，任何单位或个人都无权行使婚姻登记行为。① 据此，凡不在婚姻登记机关办理的结婚登记，不具有结婚登记行政行为的法律效力。但笔者想指出的是，非户籍所在地的婚姻登记机关办理的结婚登记和婚姻登记机关的非婚姻登记人员办理的结婚登记，不应一概做撤销处理。尽管婚姻登记条例规定，男女双方应当共同到一方当事人常住户口所在地的婚姻登记机关办理结婚登记。但我国各地的婚姻登记机关适用统一的结婚条件和法定程序，不存在地域性差异。婚姻登记管辖的规定，重点是明确婚姻登记机关内部职权范围，也是为了方便申请结婚登记的当事人及便于监督管理。有观点称，只要办理结婚登记时没有违反其他规定，双方当事人系完全自愿结婚，完成了结婚登记程序，并符合结婚的实质要件，法院应当认定婚姻登记机关发放的结婚证有效。[2] 对此，笔者认为不尽然，当事人之所以选择异地登记结婚，大多都是因为登记时不符合结婚条件，因此，人民法院在审理行政诉讼时，应当考虑婚姻关系具有自愈性，只要行政诉讼时双方当事人已经符合了结婚实质要件的，人民法院就应当确认婚姻从符合结婚实质要件时具有法律效力，不宜以登记时不符合结婚条件而予以撤销。此外，虽然婚姻登记条例规定，婚姻登记机关的婚姻登记员应当接受婚姻登记业务培训，经考核合格，方可从事婚姻登记工作。但结婚登记是羁束性行政行为，登记人员办理结婚登记手续不具有自由裁量权，因此，婚姻登记机关的非婚姻登记人员办理结婚登记的，应当依法追究相关责任人员的行政责任，但只要在行政诉讼时当事人符合结婚实质要件，人民法院就应当确认当事人在婚姻登记机关办理的结婚登记有效，婚姻关系从双方符合结婚实质要件时起算，而不应该做撤销处理。

（二）结婚登记在程序上存在瑕疵的处理方式

结婚登记存在程序上的瑕疵，是指婚姻登记机关未按照婚姻登记条例规定

---

① 婚姻登记条例第二条规定："内地居民办理婚姻登记的机关是县级人民政府民政部门或者乡（镇）人民政府，省、自治区、直辖市人民政府可以按照便民原则确定农村居民办理婚姻登记的具体机关。"

的程序办理的结婚登记。常见的主要是未按法律规定提交相关材料、声明，一方或双方未亲自到场等。首先，如果婚姻登记机关为材料不全的当事人办理了结婚登记，但事后或纠纷发生时已经补正或能够补正的，婚姻登记依然有效，不应做撤销处理。如果纠纷发生时，当事人仍不能提供符合结婚实质要件的相关材料的，结婚登记行政行为应当予以撤销。其次，婚姻法规定，结婚必须男女双方完全自愿。依此，婚姻登记机关为没有结婚合意的当事人办理的结婚登记，应当予以撤销。主要包括：（1）登记结婚时一方有胁迫行为，另一方当事人在法定除斥期间申请撤销的；（2）登记结婚时当事人一方或双方为无行为能力人或限制行为能力人的；（3）被他人冒用身份、姓名登记结婚，被冒名者没有结婚合意和共同生活事实的；（4）一方或双方未亲自办理结婚登记手续，被代办的当事人知悉后，在诉讼时效期间申请行政复议或提起行政诉讼要求撤销的。这里要指出的是，法律要求当事人必须双方亲自办理结婚登记，是为确认双方是否具有结婚的合意，如果当事人未亲自办理结婚登记手续，但有事实证明双方有结婚的意愿，或者当事人原本并无结婚的合意，但在知悉他人为自己办理了结婚登记手续后，遂以夫妻名义共同生活的，应当视为能够证明婚姻登记系男女双方的真实意思表示①，结婚登记行政行为有效，不宜以撤销的方式处理。（5）以虚假身份登记结婚后下落不明，且能够推定结婚登记行为是为以合法形式掩盖非法目的的，登记机关应当撤销该结婚登记。在现实生活中，当事人一方或双方因各种原因以虚假身份办理结婚登记的情况很多，笔者并不认为此类婚姻应一概做撤销处理，但如果有证据能够推定一方当事人以虚假身份登记结婚是为谋取非法利益，且已经下落不明的，应当撤销该结婚登记。为防止原告在出现"夫妻"矛盾时借对方以虚假身份登记结婚而否定双方已经形成的事实婚姻关系，法官需要根据事实判断当事人以虚假身份登记结婚的真实目的，并在此基础上认定结婚登记行政行为是否有效。凡有事实能够证明以虚假身份登记的一方不具有结婚的真实意愿的，登记机关应当撤销结婚登记，婚姻自始不成立。

---

① 《最高人民法院关于婚姻登记行政案件原告资格及判决方式有关问题的答复》中指出："婚姻关系双方或一方当事人未亲自到婚姻登记机关进行结婚登记，且不能证明婚姻登记系男女双方的真实意思表示，当事人对该婚姻登记不服提起诉讼的，人民法院应当依法予以撤销。"

（三）结婚登记在内容上存在瑕疵的处理方式

结婚登记在内容上存在瑕疵，主要是指婚姻登记机关依据当事人提供的虚假材料或声明办理的结婚登记。当事人以虚假材料办理结婚登记，主要基于以下几个原因：一是办理结婚登记的当事人有结婚的意愿，但因一方或双方不符合结婚的条件，遂向登记机关提供虚假的户口簿、身份证或声明等材料办理了结婚登记；二是办理结婚登记的当事人有结婚的意愿，双方符合结婚的条件，但因种种原因无法提供相关材料，因而借用、盗用他人身份或以虚拟的身份办理了结婚登记；三是办理结婚登记的一方没有结婚的意愿，但为谋求不法利益以虚假或他人的身份办理了结婚登记。除第三种情况，当事人不具有结婚的合意应当予以撤销外，第一、二种情况，因婚姻登记机关颁发的结婚证书上记载的当事人，并非实际共同生活的当事人，结婚证书的效力无法及于共同生活的当事人，从这个意义上讲，人民法院应当撤销结婚证书上记载的行政相对人之间的婚姻关系。有观点称，婚姻登记的事实依据是各种证明材料，当提供的证明材料虚假时，撤销婚姻登记的后果等同于没有登记，双方当事人之间不存在受到法律保护的夫妻关系。[2]如果该观点所称的当事人，是指实际共同生活的当事人的婚姻关系不受法律保护，对此笔者不敢苟同。婚姻法规定的结婚条件不受姓名、出身和职业的限制，当事人无论以何种身份登记结婚，申请结婚的意愿是本人做出的，夫妻生活也是由本人实际行使的，不能因当事人一方或双方的姓名或身份出现错误就全盘否定客观存在的事实。更重要的是，当事人无论借用谁的身份办理的结婚登记手续，都应当对自己的婚姻行为负责并承担相应的法律后果。在此需要强调，婚姻法将可撤销婚姻限定在"胁迫"上，排除了欺诈、显失公平、重大误解和乘人之危等可撤销民事行为的法定情形在婚姻登记领域的适用，目的就是最大限度地保护和稳定事实上已经建立起来的家庭关系。从这个意义上讲，对结婚登记内容上存在瑕疵的处理，人民法院应当判决结婚登记行政行为违法，但实际申请结婚并一直以夫妻名义共同生活的当事人的婚姻关系有效，责令婚姻登记机关对虚假材料予以补正，婚姻关系从当事人符合结婚实质要件时起算。如果在原告提起行政诉讼时，实际共同生活的当事人仍然存在法定的结婚障碍，人民法院应当判决结婚登记行政行为无效，撤销结婚登记，该婚姻关系自始不成立。

（四）结婚登记在形式上存在瑕疵的处理方式

结婚登记存在形式上的瑕疵，主要是指记载的姓名、出生年月有误，未加盖印章等。婚姻登记机关办理结婚登记时出现的形式上的瑕疵，并不影响结婚登记的实质内容，因此，应一律以补正的方式予以处理。

【参考文献】

［1］杜万华，程新文，吴晓芳．关于适用婚姻法若干问题的解释（三）的理解与适用［J］.人民司法，2011（17）．

［2］奚晓明．最高人民法院婚姻法司法解释（三）理解与适用［M］.北京：人民法院出版社，2011.

［3］郭丽恒，李明舜．对婚姻家庭中人身关系规定的几点思考——评析婚姻法司法解释（三）中的相关规定［J］.中华女子学院学报，2011（2）．

［4］王礼仁．婚姻诉讼前沿理论与审判实务［M］.北京：人民法院出版社，2009.

［5］董安生．民事法律行为——合同、遗嘱和婚姻行为的一般规律［M］.北京：中国人民大学出版社，1994.

［6］罗豪才，湛中乐．行政法学［M］.北京：北京大学出版社，2012.

［7］吴光荣．论行政争议与民事争议相互交织的解决路径——评《行政诉讼法修正案（草案）》第63条第1款［J］.政治与法律，2014（5）．

［8］马忆南．论结婚登记程序瑕疵的处理——兼评"《婚姻法》司法解释（三）征求意见稿"第1条［J］.西南政法大学学报，2011（1）．

［9］方世荣，羊琴．论行政行为作为民事诉讼先决问题之解决——从行政行为的效力差异进行分析［J］.中国法学，2005（4）．

［10］王礼仁．婚姻登记瑕疵纠纷诉讼路径之选择［J］.政治与法律，2011（4）．

［11］杨建顺．行政、民事争议交叉案件审理机制的困境与对策［J］.法律适用，2009（5）．

［12］赵宏．行政法学的体系化建构与均衡［J］.法学家，2013（5）．

［13］王轶．对中国民法学学术路向的初步思考——过分侧重制度性研究的缺陷及其克服［J］.法制与社会发展，2006（1）．

［14］最高人民法院民事审判第一庭．婚姻法司法解释的理解与适用［M］.北京：中国法制出版社，2002.

［15］江必新．行政行为效力判断之基准与规则［J］.法学研究，2009（5）．

［16］谭宗泽．行政诉讼目的新论——以行政诉讼结构转换为维度［J］.现代法学，2010（4）．

（原文刊载于《中华女子学院学报》2014年第6期，并被中国人民大学《复印报刊资料》全文转载）

徒"法"[*] 不足以自行

——从"张学英诉蒋伦芳遗赠纠纷案"看我国继承法、婚姻法相关制度的完善

杨晋玲

（云南大学法学院）

"张学英诉蒋伦芳遗赠纠纷案"是一则发生在十多年前的案件，之所以旧事重提，一方面是因为它的典型性为学术研究提供了难得的范例；另一方面是因为时至今日与案件处理相关的一些具体规定在我国继承法与婚姻法中仍付之阙如，所以即便案件已成过去，但仍然有学者在质疑其"何以合法"？[①]因此，我们可以假定如果案件发生在今日，受诉法院在审理时仍然会面临着两难的困境：依法条裁判难以实现实质正义，依原则裁判又会被指责为违背法律规定、以道德代替法律。学界也依然会从各自的视角出发，对案件的处理褒贬不一。我国现今正在对继承法进行修改，婚姻法学界又提出了推动婚姻法进入修改程序的主张[②]，故值此之际，笔者将以该案为例，谈谈我国继承法与婚姻法中相关制度的完善问题。

---

* 这里所说的"法"，是指在宜粗不宜细思想指导下制定出来的，只有原则规定而缺乏可操作性之法。

① 参见何海波：《何以合法？——对"二奶继承案"的追问》，载《中外法学》2009 年第 3 期。该文作者指出："本文的目的不是为上述问题提供一个正确答案，而是追问司法判决合法性的来源。"

② 2014 年 10 月，在浙江杭州举行的婚姻家庭法年会上，资深婚姻法学者陈明侠教授在大会发言时表示，婚姻法学会将向全国人大提出这一修法建议。

一、公序良俗原则在具体案件中适用的方法及存在的不足

"张学英诉蒋伦芳遗赠纠纷案"的案情公众已熟知，在此就不再赘述。被称为我国"公序良俗原则第一案"的该案判决后，在学界和社会上引起了很大争议。学界除一位学者支持法院的判决外，其他基本上都是持批评的态度①，只是表述、论证的方式各不相同而已。

而该案的审理之所以引发极大的争议，是因为法院运用了公序良俗原则来裁判。公序良俗原则既是法律规定的一项基本原则，又是一个相当不确定及高度抽象的概念，且随着时代的发展其内涵还会发生变化，因此很难通过定义的方式确定其内涵。对于这样的概括条款，其适用的效果往往呈现出两极化的倾向。"法律原则的不确定性使其能弥补成文法的不足、矫正形式正义的偏差，因而备受推崇，甚至被誉为'法律帝国之王'，但也势必导致裁判的不确定，从而危及法的安定性。公序良俗内涵的高度抽象性甚至'连可能的文义也都缺乏'，以致其司法适用成为长期困扰各国的实践与理论难题。在'理查德森诉梅丽什案'中，法官将其喻为一匹极难驾驭的烈马，只在缺乏先例的情况下不得已才被援引。在'费兰德诉迈尔德梅案'中，英国上议院决议不再通过司法机关扩展公共政策内涵。德国立法者对此也是忧心忡忡：'善良风俗的一般条款赋予了法官史无前例的自由裁量权，其在适用时错误难免。'"[1]为了避免公序良俗原则因内涵的不确定性而危及法的安定性，在法学理论和司法实践中，主要是通过类型化及价值补充的方法来加以解决。

（一）类型化的方法

"当抽象——一般概念及其逻辑体系不足以掌握某生活现象或意义脉络的多样表现形态时，大家首先会想到的补助思考形式是'类型'。"[2]337"类型几乎处于个别直观及具体的掌握与'抽象概念'二者之间；'它比概念更具体'"[2]338。

---

① 据何海波介绍，其在《何以合法？——对"二奶继承案"的追问》一文写作过程中，曾经尽可能地搜索有关本案的评论文章。其文中引注提到的批评者有十余位且都是男性，而其所见的支持法院判决的只有一位且是女性，即范愉教授。参见何海波：《何以合法？——对"二奶继承案"的追问》，载《中外法学》2009年第3期。笔者在写作本文时还见到了支持法院判决的另一学者的观点，他认为该案"由于很好地考量了法律制度规定与社会公序良俗之间的关系，弘扬了中国传统社会的价值，因此至今仍堪称司法捍卫社会价值的典范"。参见杨建军：《司法改革的理论论争及其启迪》，载《法商研究》2015年第2期。

"类型化适用源于案例的比较，反过来类型化有助于具体分析同类案件的构成要件、判断标准及法律效果。"[1] "公序良俗原则的类型化则是在符合公序良俗特征的前提下对所包含的复杂关系做进一步分类，使其趋于明确、便于区分，以利于法官依据法律关系的'同理性'对同一类的案件做出相近或相同的裁判，也可因类型化的逐步完善为公序良俗原则逐渐具体化为法律规则提供理论与实践依据。"[1] 但在我国，由于案例指导制度才刚建立，各地法院在裁判时都是各自按照自己对法律的理解来裁判，因此相同案件不同判决的情况普遍存在。在上海发生的一件类似案件，法院即做出了支持婚外同居者获得遗赠的主张。故希望通过类型化而做到同类案件相同裁判及使概括条款具体化以便适用的意图在短期内将难以达成。再加上类型化方法在司法中的适用存在着一定的局限性：一方面通过案例比较形成的类型化会衍生出不周延性与滞后性，另一方面类型的层次性、边界模糊性及组成要素不固定性使得精确地、统一地归类难以实现。[1] 因此，在司法实务中又通过价值补充法来适用公序良俗原则。

（二）价值补充法

"价值补充法的典型特征表现为法官造法，就公序良俗原则的司法适用而言则体现为法官超越实证法的范畴，运用其所蕴含的价值理念对个案进行价值判断并依此做出裁判。"[1] 由于价值补充法是由法官依价值判断将不确定概念和一般条款具体化，相比于类型化方法，它更受法官主观判断的影响，也更容易造成法的不安定性，因此对其适用时的要求，学者提出了各种主张。梁慧星教授认为，法官于价值判断时，应依据客观标准，应负充分说理的义务，应注意社会一般观念及伦理标准的变迁。[3]296~297 王利明教授认为，在适用公序良俗原则时，其一，应以一个社会特定时期的主流价值观念为基础。因为道德观念本身是在不断发展变化的，所以应当以当下的价值观念作为类型化的标准。其二，应把握善良风俗的变动性。善良风俗的内涵会随着时代的变化而变化，而且这种变化会独立于实证法本身的变化。这种变化不仅体现在交往范围的观念变化上，还可能体现在整个法律共同体的基本价值上。[4]140 李双元教授针对价值补充法适用的不足，提出可从以下方面予以规制：其一，明确价值补充法适用的顺位，即法官首先应穷尽法律规则，其次应判断个案是否属于类型化适用的范围，价值补充法仅在缺乏以上两种适用方法之后才能得以适用；其二，禁止价值补充法适用向"法外空间"的渗透，因为"法外空间"属于道德、习俗等社会规范调整的范畴，价值补充法不应涉足其中；其三，科学规制价值判断。[1]

由于我国司法实务涉及的运用公序良俗原则处理的案例比较少，现有的类型化主张基本都是学者借鉴国外的经验总结出来的，属于学术探索的范围，因此司法实践中更多是运用价值补充法。或者说，类型化的实现也首先是法官在司法实务中通过价值补充法使公序良俗原则这类一般条款在相关案件中具体化，并通过长期积累达到一定程度后才能做到的。而作为新类型的案件，法官既无可依赖的先例，也无法类推适用时，只能进行价值补充。在婚姻家庭法领域，由于我国现正处于社会经济文化急剧变化时期，传统价值观受到各种思潮的冲击、挑战，道德观念呈现出多元化的倾向。根据私法自治的理念，对于日常生活中人们达成的各种协议、所为的各种赠予（包括遗赠），相关机关并不主动介入，更不会加以干涉，但一旦涉讼，法院必须做出裁判，而公序良俗原则的存在"只是为了阻止法律行为为实施不道德行为提供服务"。"人们不得通过法律行为，使不道德的行为变成法律上可强制要求履行的行为。简言之，法律秩序拒绝给不道德的行为提供履行强制。"[5]511根据学者的观点，结合我国公序良俗第一案"张学英诉蒋伦芳遗赠纠纷案"的处理结果及学界对此案的不同意见，笔者将就价值补充法的运用谈点个人看法。

其一，在我国婚姻法、继承法相关制度缺失时，如何决定价值补充的顺位？李双元教授提出，价值补充的适用顺位是先穷尽规则，然后判断是否属于类型化的适用范畴，如果二者都缺乏，才能适用价值补充法。但在我国婚姻法、继承法中，从形式上看，相关规则是存在的，但与相关规则配套的其他制度或规范却是缺失的。如我国继承法规定了遗嘱自由原则，但没有关于特留份制度的规定，当遗嘱人的遗嘱自由损害了其合法配偶、子女的继承权时，法律无法应对。又如，我国婚姻法规定了夫妻间的法定财产制和约定财产制，但对夫妻财产权利的行使却无限制性规定，当夫妻一方擅自处分家庭财产时，另一方的权利受损却难以有效防止。特别是在一方为无偿赠予时，如果赠予财产已经过公证或交付、登记时，另一方要想在维持婚姻的同时又维护其财产权利，几乎是不可能的。在"张学英诉蒋伦芳遗赠纠纷案"一案的讨论中，学者经常把该案与"德国情妇继承案"① 相比较，并得出结论认为："中德两案事实几乎完全相同，均是遗赠人与受赠人有婚外同居关系，且将受赠人立为唯一继承人。判决相隔31年，立场也大相径庭。泸州市两级法院判遗嘱无效，德国三级法院判遗嘱部分无效。两判决最重要的区别在于，如何认定遗赠人与受赠人的婚外同居关系与遗嘱之间的联系，泸州情妇遗嘱案的审理法院认为，二者有因果联系，而德国情妇遗嘱案的审理法院认为，二者各为独立行为。"[6]但实际上该案最后的争议是发生在这名男子的姐妹与其情妇之间，法院的判决理由也是针对其姐妹与情妇之间的争议做出的。且法院在判决中也表述过这样的观点："通过遗嘱给予（通奸对方）财产以作为对保持通奸关系的酬谢（的行为），只有在被继承人的配偶及其他享有特留份权利的直系卑亲属因此受到损害时，才属于道德上应予谴责的行为。"换言之，如果遗赠给情妇的财产损害了合法配偶的特留份权利，也一样可认定为违背善良风俗的行为而导致遗嘱无效（当然也可能只是部分无效）。但由于我国没有特留份制度，按继承法的规定来处理，属于黄永彬的遗产就将全部归张学英所有，而这些遗产中还包括了出卖蒋伦芳父母遗留的房产款的一半。父母遗产属于个人财产是国外许多国家的普遍做法，我国之所以将其列为夫妻共同财产是有着特殊缘由的。在现行婚姻法修订前，婚姻法学界对于继承或赠予的财产究竟应属于夫妻共同财产还是个人财产，曾有过激烈的争论。反对作为共同财产者认为：第一，它变相扩大了法定继承人的范围。

---

① 该案的案件事实是：1965 年，一名已婚但无子女的男子死亡，他于 1948 年在一份遗嘱中，将自 1942 年起与之像夫妻一样生活的一离异女士立为唯一继承人，这不仅排除了其妻子的继承权，也将其两个姐妹排除在继承之外。该男子死亡后，其情妇、妻子及姐妹围绕着遗产继承发生了争执。先是其情妇向柏林州法院提出申请，要求作为唯一继承人。柏林州法院和州高等法院相继驳回了其情妇的申请。接着，其妻子向法院提出申请，要求获得四分之三遗产，而其情妇提出自己享有四分之一遗产权利。柏林基层法院的遗产法庭颁发了相应的继承证书。

此时，被继承人的两个姐妹也向基层法院提出申请：一是要求继承其兄弟的相应遗产，二是要求在该诉讼中获得诉讼费用救助。遗产法庭裁定，拒绝承认两姐妹享有继承权和诉讼费用救助权利。

姐妹二人既不服法院关于处理情妇继承遗产的第一项裁定，也不服法院关于拒绝诉讼费用救济的第二项裁定，故向柏林州法院提起抗告，被州法院驳回。二人又向州高等法院提起再抗告。州高等法院将本案呈报联邦最高法院。1970 年 3 月 31 日，联邦最高法院在其判决中最终支持柏林州法院和州高等法院的立场，驳回了姐妹二人的请求。参见郑永流：《道德立场与法律技术——中德情妇遗嘱案的比较和评析》，载《中国法学》2008 年第 4 期。案件判决的全文来自王泽鉴先生的网易邮箱：yd-lawschool1@163.com。

因为根据我国继承法的规定，女婿、儿媳不在法定继承人的范围之内，只有丧偶女婿和儿媳对岳父母、公婆尽了主要的赡养义务，才可以享有继承权。如果将婚姻存续期间一方继承的财产作为夫妻共同财产，等于扩大了法定继承人的范围，这与继承法的规定是相违背的。第二，它违背了遗嘱人和赠予人的意愿。遗嘱继承体现了强烈的个人意志性，在遗嘱继承的情况下，遗嘱人将其财产指定由特定的人继承，体现了其所拥有的财产处分权。如果将夫妻一方因遗嘱继承而得到的财产视为夫妻的共同财产，无异于变更了遗嘱，这不仅违背了遗嘱人的意愿，限制了其对财产的自由处分权，而且与民法的基本原理和规范相冲突。在赠予的情形下也同样会出现这样的后果。[7]233 第三，它与世界上大多数国家的规定不相符合。世界上的大多数国家，如法国、德国、瑞士等，通常都是将婚后所得和受赠的财产划分为夫妻一方所有的财产。[8]赞同作为夫妻共同财产者则认为：第一，我国继承制度规定的继承人，均是与死者具有近亲属关系的自然人。这些继承人在继承遗产之前，往往对被继承人尽过赡养扶助义务，而这些义务的履行与配偶方的支持、帮助是分不开的。第二，我国继承法规定的财产继承，其中一项重要功能在于帮助家庭完成养老育幼的职责。只有继承所得归夫妻共有，才能更好地实现继承立法的意图。第三，外国许多民法典虽然规定继承或赠予所得的财产归夫妻一方个人所有，但是外国许多民法典规定的夫妻财产制都与我国婚姻法规定的夫妻财产制不同。① 在综合考虑以上两方面意见及世界继承制度发展趋势的基础上，立法者采用了一个折中的做法，即在继承或赠予过程中，如果被继承人或赠予人没有指明只归夫妻一方的，则作为夫妻共同财产；如果指明归夫妻一方的财产，则作为一方的个人财产。并指出："共同财产制关注更多的是家庭，是夫妻共同组成的生活共同体，而不是个人，在这一制度下，夫妻一方经法定继承或遗嘱继承的财产，同个人的工资收入、知识产权收益一样，都是满足婚姻共同体存在的必要财产，应当归夫妻共同所有。"[9]66~67 在这样的情况下，如果法院支持了黄永彬的遗嘱，则不仅立法机关意图通过将继承所得认定为夫妻共同财产以"满足婚姻共同体存在的必要财产"的愿望难以实现，且有违法律的公平正义理念。为了实现此个案的正义，法院只能直接诉诸公序良俗原则来处理。

---

① 参见蔡福华：《夫妻财产纠纷解析》，人民法院出版社 2003 年版，第 46~47 页；蒋月：《夫妻的权利与义务》，法律出版社 2001 年版，第 145 页。

其二，适用价值补充法时能否向"法外空间"渗透？黄茂荣先生认为："法内空间与法外空间是法律事实与非法律事实分别存在的领域，是国家权力介入范围的分野。"[10]423 李双元教授认为："'法外空间'属于道德、习俗等社会规范调整的范畴，价值补充法不应涉足其中。"[1]但也有学者提出了不同的看法，并引用了德国学者卢曼的观点来分析这一问题。卢曼主张："把法律看作整个社会系统中区别于经济、政治、道德、宗教的一个独立的子系统。这一子系统以'合法/非法'的符码为其特征。它保持运作上的封闭性，同时具有认知上的开放性。"[11]并认为在宏观范畴，作为一个社会子系统，法律保持体系上的独立性和运作上的封闭性是可能的。但在微观范畴，法律被看成某个特定情景中人们应当遵循的行为规则。在很多情况下，当事人对应当适用什么法律理解一致、态度确信，法律规则的内容被认为是"清楚"的。这时，法律只是关于法律规则是什么的一个事实陈述。但实际上在很多场合，当事人对应当适用的法律规则充满分歧，法律规则的内容是被争论的，这时，法律是关于法律规则应当是什么的一个规范命题。围绕这个规范命题，法律向其他社会子系统实行认知上的开放，各方当事人可以引入各种社会情境、运用多个论据展开论证。法律条文及法律原则、法律学说、外国经验、公共政策和社会道德，都可能作为法律论证的论据被援引。[11]此时，价值补充法不可能不向"法外空间"渗透，"但在逻辑上讲，在法律论证中不存在什么法律与道德的'冲突'，因为二者是论点与论据的关系"[11]。在笔者看来，在其他法律关系中，"法内空间与法外空间"二者的界限也许是清晰可分的，但在与婚姻家庭有关的问题上，二者的界限就不那么泾渭分明了。与其他法律相比，婚姻家庭法具有强烈的伦理性，其许多条文规定被称为"道德化的法律"或"法律化的道德"。如婚外同居，既是一个道德领域的问题，也是一个法律领域的问题。虽然法律不主动追究，但在夫妻忠实义务的要求下，违反者也需要承担一定的法律责任。

其三，法官在进行价值判断时依据的客观标准如何把握？"价值衡量的主观性不可避免地削弱了它在法律论证中的作用，削弱了它为司法判决合法性的保障。"[11]基于此，在公序良俗原则适用于司法实务时，中外学者都主张法官必须依据客观的标准做出价值判断，这是必需的也是合理的，但"客观标准"如何把握？如在"张学英诉蒋伦芳遗赠纠纷案"中，有学者认为法官没有保持应有的中立，这使其判决的合法性更受质疑。因为基于程序正义的要求，"裁判的过程应当是公平的，包括裁判机构和人员保持中立、给予各方当事人平等的机会、充分听取各方的意见，等等"[11]。但郑永流教授认为："法院也无权价值中立，因为判断性是法院工作的最根本性质。这也是有人将法学称为'评价法学'的根据之一，如拉伦茨说：'评价法学'强调，无论是立法者的全部行为，还是法律适用者特别是法官的全部行为，最终都具有评价性质。……所以，法律技术并非总是中立的无情无义的技术，法律技术不能排斥道德立场，法律技术服务于道德立场，尤其是在道德立场对立且无法判明对错的案件中。"[6]尽管法官在进行价值判断时，无法完全做到价值中立，但尽量使其判断客观化以减少个人主观因素的干扰却是必要的，由此才能避免法官的个人擅断，其判决也才能更加具有说服力。为此，有学者提出了"以基本权利条款作为对'原则'进行'客观化'塑造的制度载体，从而防范其沦为法官进行自身价值理念走私的工具凭借。……通过援引基本权利条款，法律原则内涵上的不确定性被打上了一个刚性的轮毂，不仅由此消除了法官进行价值走私的风险、塑造了原则适用及进而做出的裁决的正当性，而且客观上也为基本权利在民事审判中的注入提供了一个妥适的管道"[12]。依据这一观点，在"张学英诉蒋伦芳遗赠纠纷案"中涉及两种基本权利：一种是财产权，即宪法第十三条规定的"国家依照法律规定保护公民的私有财产权和继承权"；另一种是社会权，即宪法第四十九条规定的"婚姻、家庭、母亲和儿童受国家的保护"。作为两项都需要保护的基本权利，在二者发生冲突时，如何平衡呢？或者说，何者具有优先性呢？在本案判决后的争论中，学界基于合法的私有财产权和继承权不容侵犯的理由对法院的判决结果进行了质疑。有学者在客观地分析了各种争论的观点后，将这场争论归纳为："本案各方争论的背后，存在着婚姻道德与财产权利两种道德主张的冲突，即维护'一夫一妻'的婚姻制度与强调当事人处分自由的冲突。这种冲突反映了掌握强势话语的社会精英和'沉默的大多数'之间两种价值观、两种生活方式的冲撞。"[11]但其也提出了这样的疑问："如果法律为了保护婚姻关系而限制当事人的财产处分权，那么，我们有没有认真考虑过，它对保护婚姻关系又能起到多大作用？"[11]在笔者看来，不管能起到多大作用，当婚姻家庭权利与财产权发生冲突时，思考的路径应该是这样的：财产权是所有主体都享有的一项基本权利，而宪法第四十九条所规定的权利属于社会权中的"类主体的权利"，"这是只有部分弱者才享有的权利，是易于受伤害的具有某种'类'特征的人才享有的权利，而不是所有人都享有的权利"[13]220。既然是针对特殊对象而设置的权利，在保护上自然也应优先保护，这应该是不言而喻的。而财产权的行使从来都不是毫无限制的，随着近代民法向现代民法的演变，所有权负有义务已是各国民事立法的普遍做法。虽然"现代民法中私法自治、公序良俗与诚实信用三项基本原则的立法意旨都是追求法的正义，只是前者侧重于法的形式正义，后二者重在矫正形式正义的偏差，以实现实质正义。可见，公序良俗原则并非简单地对私法自治的限制，而是基于正义的制衡。……公序良俗原则对私法自治的制衡从实质上捍卫了私法自治在整个私法体系中的核心地位，是民法趋于成熟、迈向现代化的体现与必然选择。"[1]而泸州两级法院的裁判，也正是通过公序良俗原则的适用来达到对遗嘱自由的矫正，是实现实质正义的要求。

其四，法院裁判如何适应善良风俗的变动性？善良风俗一方面会随着社会生活的变化而发生变化，另一方面在价值多元的社会中，不同的利益群体会有着不同的评判善良风俗的标准。但宪法和法律的规定为评判一个社会中占主流意识的道德观念提供了依据。我国在违反法律与违反公序良俗的关系方面采用"二元论"的立场。"该立场将违反法律的强制性规定和违反公序良俗在结构上予以分开，二者都是导致法律行为无效的原因，同时，后者又是对前者的补充。在该种方式下，私法自治受到来自公法层面的较为严格的审查。"[12] "张学英诉蒋伦芳遗赠纠纷案"发生时，虽然2001年新的婚姻法才刚刚颁布实施，第四条规定，"夫妻应当互相忠实"的倡导性条款也才首次写入法律之中，但即便是按1980年婚姻法的规定来判断黄永彬与张学英的关系，其行为也是违背法律规定的。我国实行一夫一妻的婚姻制度，禁止重婚。重婚包括事实上的重婚、婚外与他人长期同居并以夫妻相待、民众也认为是夫妻的可构成事实上的重婚。所以黄永彬与张学英婚外同居的行为不仅是违背社会道德的，也是法律所禁止的。法院据此对其行为做出违反公序良俗的评价，不仅有法可依，而且也符合按客观标准评判的要求。因为"客观标准"的判断首先应在现行法律规定的精神之下进行，其次应秉持现行社会中占主流意识的道德观念进行判断，同时注意社会一般观念与道德意识的发展变化情况。按这样的标准来衡量，基于婚外的同居关系而获得赠予或遗赠都称不上是符合公序良俗原则的。

在"张学英诉蒋伦芳遗赠纠纷案"发生后，许多学者经常引用梅迪库斯的观点来指责法院的判决结果，即"在私人领域中，虽然有偿性交合同也是无效的，但是有关的合同（如关于提供扶养费的合同）及在遗嘱中给予财产的行为，并不因当事人之间存在性关系即为无效。今天，司法判例也不再推定性关系是行为人给予对方财产的主导性原因。而由于财产给予人的真实动机往往是无法证明的，因此在今天，几乎所有的财产赠予行为，不论其动机是否与性有关，都是有效的"[5]526。并在比较了国外的一些案例后，认为如果是为了维系婚外性关系而进行的赠予违反公序良俗，而如果同居者之间是出于情感上的原因（例如感激、愧疚、补偿）实施的赠予行为，不应认定为违反公序良俗。[14]

但笔者认为，婚姻继承领域的规范一方面是本土化色彩浓厚，其他法域的做法只有与本国本地的风俗习惯相契合，才有借鉴和参照的价值；另一方面是婚姻法领域的许多规范本身就带有强烈的伦理性，是"道德的法律化"，公序良俗原则体现的社会一般道德观念也应是立足于本国本地民众的道德观念，因此在进行判断时应符合国情民意的走向。在"张学英诉蒋伦芳遗赠纠纷案"发生的当时及现在，我国的主流价值观念都不赞同婚外同居关系，并认为这种行为是不道德的。现行婚姻法也将有配偶者与他人保持同居关系规定为禁止行为，并将其列为离婚损害赔偿的情形之一。虽然公序良俗原则会随着社会的发展而发生变化，但作为法律共同体的一员的法官，其基本的价值观念是应当与法律的规定保持协同的，也就是说其基本的价值观念应基于法律的精神实质并在此范围内做出裁判。由此来看，该案法官的裁判是符合这一要求的。另外，公序良俗原则作为对私法自治的限制及补充法律规定的不足，其功能的发挥与相关制度的配套完善也密切相关。如德国情妇继承案，由于有特留份制度的保护，其合法配偶的继承权得到了保障，加之其亲属法对夫妻财产权利的行使的限制，使夫妻一方在进行婚外赠予时受到相应限制。而我国由于相关制度的缺失，不仅一方任意处置家庭财产时其行为不受约束，而且没有特留份制度的保护，当一方将财产遗赠给他人时，其合法配偶的财产继承权被完全剥夺。此时法院陷入两难处境，如不动用公序良俗条款，无以保护合法配偶的权利，动用了则又会受到以德入法的指责。

二、继承法、婚姻法相关制度的完善

"徒法不足以自行。"一般来说，法律只有原则规定而缺乏可操作性及相关法律规范的缺失，都是造成法院判决向一般条款逃逸或法官造法的制度性原因，同时也使负有不得拒绝裁判义务的法院经常陷入进退两难、左右不是的尴尬境地，来自方方面面的指责和质疑使其背负了不该背负的重负。同时，无论是类型化的方法还是价值补充法，都因存在适用上的不足而很难为司法实务普遍采用，而只能是不得已而为之的权宜之计。对于社会公众来说，法无禁止即可为；

而对于法院来说，则应依法断案。因此，为了避免这种情况的发生，法律的完善就必不可少。而继承法、婚姻法的完善是一个系统工程，需要全盘考虑、合理布局。在此，笔者仅以其中的几项制度为例谈点看法。

（一）特留份制度

"特留份，是指由法律规定的遗嘱人不得以遗嘱取消的，由特定的法定继承人继承的遗产份额。特留份的实质是通过对特定的法定继承人规定一定的应继份额，来限制遗嘱人的遗嘱自由。"[15]21 特留份制度源于罗马法中的"遗嘱逆伦之诉"，后被大陆法系国家普遍接受，其目的是"通过对特定近亲属的继承期待权的保护，维护亲属身份的伦理价值，保护近亲属的继承权益，从而维护家庭的稳定，实现家庭养老育幼的功能"[16]94。但在我国现行继承法中没有关于特留份制度的规定，而只有关于必留份制度的规定。这两种制度的根本差异在于："特留份制度是基于公序良俗对意思自治的限定，而必留份制度是基于对弱势群体的保护而对意思自治的补正。"[17] 除此之外，二者还存在以下不同：其一，适用的前提不同。特留份的权利人只需要具有特定身份，就可以享有特留份权利，而不管其是否需要被继承人扶养；必留份的权利人除具有特定身份外，还必须是缺乏劳动能力又没有生活来源的"双缺"人员。其二，适用的范围不同。在设置了特留份制度的国家，享有特留份权利人的范围都是具体明确的（当然，各国规定的范围不尽相同，如法国只有子女和直系尊血亲享有特留份权利，配偶和旁系血亲不享有，而德国则配偶、父母和子女都享有）；而在我国由于只有缺乏劳动能力又没有生活来源的"双缺"人员才能享有必留份，不仅适用的标准严格，而且范围也不确定。其三，从限制处分遗产的份额标准来看，设置了特留份制度的国家，其法律对特留份额的标准都有明文规定，如遗产的二分之一或三分之一等，故其享有的特留份额是确定的；而我国必要的遗产份额的标准是不确定的。它既可以多于或少于法定继承的平均份额，也可与法定继承的平均份额相等，因此法官在确定具体份额时有较大的自由裁量权。[18]408~411

有学者认为，我国没有选择特留份制度而采用了必留份制度，是基于立法当时的社会背景在财产的取得方面提倡自立、自强、自食其力，因此，以维系人伦亲情为主要功能的特留份制度的价值没有得到重视。[19]112~113 而由于特留份制度的缺失，使"我国成为当今世界上对遗嘱自由限制最少的国家之一"[18]340。当遗嘱人将财产遗赠给法定继承人以外的第三人，甚至是与其有非法同居关系者时，如黄永彬对张学英的赠予，法律只能听之任之。当法院以违反公序良俗裁判时，又会面临着很高的道德风险。

故值此继承法修改之际，学界已达成的基本共识是在继承法中增加特留份制度①，而且笔者认为我国应借鉴德国的立法例，将特留份的权利人规定为配偶、父母和子女。在应继份额中，如果夫妻实行的是法定财产制，则配偶的应继份额应高于父母和子女，因为共同财产中有配偶的贡献；如果实行的是分别财产制（这在我国所占比例不高），则可赋予法官一定的自由裁量权，在斟酌各方情况后，可以做出份额均等或不等的裁判，以实现老有所养，幼有所依，弱者可得到更多扶助的价值目标。

（二）配偶权制度

"配偶权利是直接标志和象征婚姻关系实际价值的唯一法律范畴。虽然法律上有关婚姻的其他问题，如纳税、继承范围等都可以表明法律对婚姻的注重，但由于这些问题都不直接反映婚姻关系的实质，因而并不能反映婚姻的心理内容。在今天看来，配偶权利这一概念的价值仅在于它依然可以反映婚姻中的人性，从而，它可以用以区别形式婚姻关系和实质（有人性的）婚姻关系。"[20]74 正是基于配偶权的这一作用和价值，在 20 世纪末 21 世纪初修改现行婚姻法时，婚姻法学界为婚姻法中是否应该规定配偶权制度发生了激烈的争论②，并形成了赞成派和反对派两大阵营。赞成派中，有的从一夫一妻制的内在要求入手，认为法律中确立配偶权，规定夫妻有相互忠实的义务，是一夫一妻制的必然要求；有的从追究过错方责任的需要出发，认为配偶权是夫妻权利的一个重要基础，配偶权属于一种身份权，如果在婚姻法中引入配偶权的概念，则处理夫妻间的侵权行为就可以适用民法中的侵权行为法。反对者的理由则多种多样，如"无为说"认为，婚姻建立在合意的基础上，男女双方在达成婚姻合意时已默认了同居和忠实义务，故无须法律再做强制规定；"不通说"认为，确立配偶权未必能解决"婚外情"问题；"有害说"认为，确立配偶权不利于保护妇女的合法权益，因为这会导致婚内强奸合法化，助长家庭暴力；"难办说"认为，认定配偶权被侵犯的法律操作难度太大，等等。[21]200~201 虽然现行婚姻法最终没有规定配偶权，但关于配偶权制度在婚姻家庭法律制度中的作用和价值，已在学界和

---

① 在陈苇教授主编的《中国继承法修改热点难点问题研究》一书中，第一专题和第二专题的多篇文章都谈到这个问题。

② 相关争论可参见李银河、马忆南主编：《婚姻法修改的论争》，光明日报出版社1999年版，第 259~316 页。

实务界取得了一定的共识，在将来制定民法典或修改现行婚姻法时，应增加这项内容的规定。下面，笔者仅就配偶权制度涉及的几个问题谈点看法。

1. 配偶权的概念问题。"配偶权的概念，乃是由英美法系国家率先提出并使其日臻完善的。在英美法国家看来，配偶权是指配偶之间要求对方陪伴、钟爱和帮助的权利。"[22]但我国学者认为这一定义并不准确，并提出了各自不同的看法。如有的学者认为："配偶权是夫对妻及妻对夫的身份权。"[23]161有的学者认为："配偶权应当是指基于合法婚姻关系而在夫妻双方之间发生的、由夫妻双方平等专属享有的要求对方陪伴生活、钟爱、帮助的基本身份权利。"[22]杨立新教授认为："配偶权是指夫妻之间互为配偶的基本身份权，表明夫妻之间互为配偶的身份利益，由权利人专属支配，其他任何人均负有不得侵犯的义务。"[24]768还有的学者从发生学的视角分析了配偶权的概念，认为："发生学意义上的配偶权是一种对性资源的排他占有权，因而配偶权首先应被理解为'丈夫对其他男性的权利'或'妻子对其他女性的权利'。""即便在现代社会中，配偶权也首先是一种丈夫对其他男性的权利、妻子对其他女性的权利，其次才是一种'夫对妻、妻对夫'的权利。"[25]这一分析对认识配偶权的性质很有意义，说明了配偶权从其产生之时起即具有了绝对权的性质，它所具有的排他性使权利主体以外的任何人都负有不得侵犯的义务，其次它又是一种相对权，约束配偶之间不得为婚外性行为的义务。

而在立法时具体应如何界定配偶权的概念，学界还应再进行深入的探讨。诚如黄茂荣先生所言："法律概念不是毫无目的而诞生，也不是毫无目的地被凑合在一起。……因此，在法律概念的构成上必须考虑到拟借助于该法律概念达到之目的，或实现的价值。亦即必须考虑：构成之法律概念是否具备实现期待之目的或价值的功能。"[10]66笔者认为，在婚姻法中增设配偶权，其一为的是向全社会宣示男女双方基于配偶身份所享有的权利，使配偶之外的不特定的人懂得尊重配偶的权利，不为侵害配偶权的行为；其二是让成为配偶的男女双方知晓自己的权利和基于配偶身份可享有的身份利益，以便在婚姻生活中更好地行使自己的权利，履行自己的义务；其三是当侵害行为发生后为法律救济提供直接的法律依据，而不是无法获得救济或是需要借助于其他权利形式获得救济。因此，在界定其概念时，应明确其权利的享有者和义务的承担者（桑本谦教授从发生学的视角对配偶权的解读对我们从立法上来界定提供了新的视角）及内涵和区别于其他权利的法律特征。

2. 配偶权的性质问题。关于配偶权的性质学界也是众说纷纭，概括起来主要有以下几种观点：其一，配偶权是绝对权①；其二，配偶权是相对权[26]②；其三，配偶权具有绝对权和相对权的双重属性。"配偶权的同居权、相互协作权具有相对权的性质，但配偶权的性质不仅是夫妻之间的相对权，而且具有对世权、绝对权的属性，即配偶双方的特定化，使其他任何人负有不得侵害该配偶权的义务。"[27]③

配偶权具有绝对权和相对权的双重属性的观点得到了较多学者的认同，但在理解上却仍存在差异。如有的学者认为，配偶权具有权利上的绝对性和行使上的相对性的特点，故从理论上说，权利人以外的任何人都负有尊重其权利的义务，但在行使时，其只能针对相对方提出。如果采用这样的观点，则在第三人侵扰婚姻关系时，受害的配偶一方就不能追究第三人的侵权责任了。而如果不离婚，在现行的法律规定中，无过错一方也无法要求过错方承担相应的责任。即便是离婚，如果不属于婚姻法第四十六条规定的情形，也无法得到救济。如果以这样的视角来设置配偶权，则不仅其绝对权的属性不能得到彰显，而且其相对权的行使也将受到诸多限制。而现实的情况是，近年来我国离婚率持续走高，据民政部发布的《2014 年社会服务发展统计公报》显示，2003 年以来，我国离婚率已连续 12 年呈递增状态。离婚人数更是持续走高，从 2010 年的 267.8 万对增加至 2014 年的 363.7 万对。而据相关专家介绍，从一些律师事务所了解

---

① 如杨立新教授认为："配偶权虽然权利主体为夫妻二人，但它的性质不是夫妻之间的相对权，而是配偶共同享有的对世权、绝对权，是表明该配偶之所以为配偶，其他任何人均不能与其成为配偶。因而，配偶权的权利主体虽然为配偶二人，但该对配偶特定化，其他任何人均负有不得侵害该配偶权的义务。这种义务是不作为的义务，违反不作为而作为，构成侵害配偶权的侵权行为。"参见杨立新：《人身权法论》，人民法院出版社 2002 年版，第 769 页。

② 有学者分析了配偶权概念的演变过程后提出："理论上将夫妻之间基于配偶身份而享有的一切权利与义务抽象概括为所谓的'配偶权'。但概念的抽象概括并非承认了夫妻间基于配偶身份所产生的权利义务具有对世权的效力。配偶权的本质特点还是相对权，即权利主体和与之相对应的义务主体都是特定的，其并非像人格权那样为对世权，而是对人权。配偶权依然是夫对妻或妻对夫互为权利义务主体的民事权利。"参见余延满、张继承：《试析配偶权的侵权行为法保护》，载《江西社会科学》2008 年第 2 期。

③ "配偶权的同居权、相互协作权具有相对权的性质，但配偶权的性质不仅是夫妻之间的相对权，而且具有对世权、绝对权的属性，即配偶双方的特定化，使其他任何人负有不得侵害该配偶权的义务。"参见史浩明：《论配偶权及其立法完善》，载《学术论坛》2001 年第 2 期。

到，在离婚官司中，一半以上的都涉及婚外情。① 如此看来，婚姻法第四条所规定的"夫妻应当互相忠实"的要求，在现实生活中并没有发挥出其应有的功效。而对于夫妻不忠实行为中的通奸行为对婚姻造成的破坏力，正如学者所言："对于多数夫妻来说，性生活上的忠诚是婚姻存续中至关重要的要素，并构成了婚姻的生命基础。因此，通奸行为完全可能毁灭婚姻。不仅如此，由于性行为内在地涉及生育，所以通奸又会引起子女父系确定问题，进而影响家庭结构。"[20]82 正是基于这样的原因，在早期英美国家的法律中，普遍承认通奸之诉，只是"待到晚近，随着社会观念的发展、性自主意识的增强、通奸的除罪化，一些西方国家逐渐承认，与人格自由相比，婚姻保护在价值位阶上并不具有优越性，因此逐步废弃通奸之诉"[28]。"但是在中国台湾地区和日本（可以推至其他东亚地区），婚姻仍是家庭和社会制度的重要基础，在人们的观念中，性官能的专属性是婚姻的本质之一，且这种专属性往往通过大型的婚礼等方式予以公示，从而内含了他人不得僭越侵犯的意蕴。不得破坏他人婚姻关系作为基本的道德规范维系着社会成员间的信任关系。通奸行为严重影响婚姻家庭、社会秩序，乃至动摇道德基础。正是这些道德和秩序诉求给法律带来巨大的压力，为承认第三人侵扰婚姻关系的侵权责任奠定了社会基础。"[28] 作为东亚地区的我国，尽管对两性关系的观念已经比较开放，但传统观念的影响仍然巨大，人们仍然把通奸行为看成是破坏婚姻家庭、社会秩序的元凶。但在我国现行的婚姻法中，单纯的通奸行为并不能获得法律的救济。由于在此情形发生后，除了离婚，对无过错的当事人缺乏有效的救济和慰藉，为了泄愤，在一些极端的情形下，还由此导致了凶杀、灭门等惨剧的发生。虽然说对通奸行为归由道德调控体现了国家法律对人们私生活自主权的尊重与克制，但在道德失控或乏力的情况下，国家法律也不能完全置之事外。虽然侵权责任法第二十二条已规定："侵害他人人身权益，造成他人严重精神损害的，被侵权人可以请求精神损害赔偿。"但仍有学者不赞成依据这一条的规定追究通奸者的损害赔偿责任，理由是："对单纯通奸行为的干预，婚姻法所显示的克制态度应予尊重，避免其因侵权责任法之适用而遭遇冲突，以维护法律体系的价值观上的和谐。"[29] 夫妻忠实义务是配偶权中的一项重要内容，如果违背这一义务而不需要承担任何责任，那么在我国，配偶权的绝对权性质不仅无法得到体现，就是其相对权的属性也

---

① 参见《云南信息报》2015年7月6日，A06版。

得不到起码的保障了。而这与我国法律一贯重视对婚姻家庭关系的保护的价值目标背道而驰，具有人格象征意义的特定纪念物品如结婚戒指、结婚照等因侵权行为而永久性灭失或者毁损都能请求精神损害赔偿①，而婚姻关系因一方与第三者通奸而被破坏了，却救济无门，这不能不说是对法律规定的本末倒置。且既然侵权责任法已有了保护身份权益的规范，婚姻法修改时考虑的应是与该法的协调问题，在克制与保护之间寻求平衡，而不是固守现有的规定一成不变。鉴于配偶权具有绝对权和相对权的双重性质，在其受侵害而寻求救济时，应既可针对第三人提出，也可针对相对方配偶提出，此外，在具体行使时还应为其设置相应的前置条件或限制性规范。

（三）设置夫妻财产权行使的限制制度

在《何以合法？——对"二奶继承案"的追问》一文中，何海波针对范愉教授认为"这样一个判决的意义在于，法官向公众宣示了法律的态度，让当事人预见到破坏合法婚姻应当付出的代价，从而促使他们三思而后行"的看法，提出了这样的观点："首先，在多数情况下，有第三者的一方往往将其财产（也可能是夫妻共同财产）的一部分甚至大部分转移到同居者那里，而其受害的配偶特别是没有经济来源和生活能力的配偶，却不得不忍辱求全；而且，同居者所获得的'不正当利益'往往不会被追究责任。……其次，如果说法院的判决让当事人'三思而行'，那么对一个准备把财产给情人的人来说，思虑的结果恐怕不是断绝送财产给情人的念头，而是如何更快、更隐蔽地转移财产。他能够学到的唯一教训大概是，千万不要临死才立遗嘱处理财产。"[11]在我国，这种担忧是有一定的道理的，因为在我国现行的婚姻法中并没有对夫妻财产权利的行使设置限制性的规定，但在设置了完善的夫妻财产制度的国家，这种担忧则只能说是"杞人忧天"了。以法国和德国民法典的规定为例，在规定了每一种夫妻财产制类型的同时，其法律都对财产权的行使做出了限制性的规定，如一方单独管理家庭财产时的要求、处分财产时的限制等。限于篇幅，现仅以其对法定财产制的规定为例。法国的法定夫妻财产制与我国一样，都采用了共同财产制中的婚后所得共同制，但与我国对夫妻财产权的行使基本没有做出多少限制

---

① 《最高人民法院关于确定民事侵权精神损害赔偿责任若干问题的解释》第 4 条规定：具有人格象征意义的特定纪念物品，因侵权行为而永久性灭失或者毁损，物品所有人以侵权为由，向人民法院起诉请求赔偿精神损害的，人民法院应当依法予以受理。

性规定不同，基于"任何权利都有被滥用的可能"的理念，《法国民法典》在赋予夫妻对共同财产的权利的同时，对其权利的行使做出了一系列的限制性规定。如第 1422 条规定："非经另一方同意，夫妻任何一方均不得生前无偿处分属于共同财产的财产。非经另一方同意，夫妻任何一方均不得用某项共同财产担保第三人的债务。"第 1423 条第 1 款规定："夫妻一方所为之遗赠，不得超过其在共同财产内应占之部分。"第 1424 条第 1 款规定："非经他方同意，夫妻任何一方均不得让与属于共同财产的不动产、商业营业资产及经营的事业，或者用这些财产设定物权；也不得转让非流通上市的公司权益及如果转让即应进行公示的有形动产。"第 1427 条规定："如夫妻一方超越其对共同财产的权利而实施行为，另一方得诉请撤销之；但如该另一方批准此种行为，不在此限。该另一方自知道越权行为之日起 2 年期间均可向法院提出撤销之诉。"《德国民法典》规定的法定夫妻财产制是财产增加额共同制。依据这一财产制的原理，男女双方结婚后，在婚姻关系存续期间，夫妻之间并无共同共有的财产，夫妻双方婚前的财产及在婚姻关系存续期间所获得的财产仍归各自所有。但在财产增加额共同制终止时，双方在婚姻存续期间取得的增加额的一半要归于另一方。为了保证另一方最终能够取得增加额的利益，《德国民法典》第 1375 条第 2 款规定："配偶一方的财产因夫妻财产制开始后有下列情形之一而减少的数额，仍算入其终结财产：1. 配偶该方已进行其因之而未满足道德上的义务或对礼仪所须做的考虑的无偿财产给予的；2. 配偶该方已挥霍财产的；3. 配偶该方已出于使配偶另一方受不利益的意图而实施行为的。"所以，夫妻一方如果在婚姻存续期间要想把财产转移出去或为大额赠予时，必然会受到法律规定的限制。

但在我国，这种情况可能就更容易发生了。因为在有关夫妻财产制的立法规定中，夫妻财产权的享有及行使是其中的一项重要内容，而我国现行婚姻法只在第十七条第二款中对此做了一条原则性的规定："夫妻对共同所有的财产，有平等的处理权。"对这一规定，学界有两种不同的理解。传统的观点认为，这里的"处理权"就是民法意义上的处分权。法律之所以特别明文规定夫妻对共同所有的财产有平等的处分权，是考虑到处分权是所有权的最高表现形式。① 另一种观点则认为，处理权与处分权应是两个不同的概念，如果意思相同，婚姻法为何不用处分权代替处理权更明白易懂？并进而认为："新婚姻法对夫妻共同财产有平等的处理权的规定，是从权利行使的角度来表述的，而不是从财产所有权的角度来表述的，更不是从处分权权能的角度来表述的。"[30]57 在全国人大常务委员会法制工作委员会编写的《中华人民共和国婚姻法释义》一书中，同样也持这一观点，认为"这是关于夫妻如何对共同财产行使所有权的规定"[31]67。如果按照后一种观点来理解的话，那么可以说我国婚姻法对夫妻财产权的行使的规定也太过原则化和简单了，这样的规定不仅不能有效保护婚姻家庭成员的利益，而且也已不再适应现今复杂多变的社会现实的需要了。就前者而言，何海波教授所担心的情况发生后，配偶另一方只能按婚姻法司法解释（三）第四条的规定请求分割共同财产。就后者而言，在当今市场经济的时代，"公民财产权利，不仅是公民对其现有财产占有、使用、处分及排除妨害的权利，还应包括公民在财产方面的发展权利，如投资权利、从事生产经营的权利及以一切合法手段获取财产的权利等"[32]。因而法律不仅需要对夫妻财产所有的权利做出规定，而且还应对权利行使过程中的相关内容，如行使的方法、范围，特别是权利限制等做出明确规定，以符合"权利行使者，乃有权行使权利者，就其权利之客体而实现其内容之正当行为也"[33]56 的要求。因此，在编纂民法典婚姻家庭编或提请修改现行婚姻法时，应增加夫妻财产权行使的限制性规定。②

【参考文献】

[1] 李双元，杨德群. 论公序良俗原则的司法适用 [J]. 法商研究，2014（3）.

[2] [德] 卡尔·拉伦茨. 法学方法论 [M]. 陈爱娥译. 北京：商务印书馆，2005.

[3] 梁慧星. 民法解释学 [M]. 北京：中国政法大学出版社，1995.

---

① 参见蒋月：《夫妻的权利与义务》，法律出版社 2001 年版，第 150 页。这一观点在有关婚姻法的一些教科书及类似文章中都能看到，如杨大文主编的《亲属法》，法律出版社 1997 年 12 月第 1 版，第 150 页；杨大文主编的《婚姻家庭法》，中国人民大学出版社 2000 年 8 月第 1 版，第 140 页，等等。

② 限于篇幅，对于这方面更详尽的分析参见杨晋玲：《试论夫妻财产权行使的法律限制》，载《云南大学学报》（法学版）2009 年第 6 期；张学军、庄素娟：《论基于夫妻身份对夫妻个人财产处分权的法定限制》，载《金陵法律评论》2005 年春季刊。

[4] 王利明. 民法总则研究（第二版）[M]. 北京：中国人民大学出版社，2012.

[5] [德] 迪特尔·梅迪库斯. 德国民法总论 [M]. 邵建东译. 北京：法律出版社，2001.

[6] 郑永流. 道德立场与法律技术——中德情妇遗嘱案的比较和评析 [J]. 中国法学，2008 (4).

[7] 王胜明，孙礼海. 中华人民共和国婚姻法修改立法资料选 [M]. 北京：法律出版社，2001.

[8] 邓宏碧. 完善我国婚姻家庭制度的法律思考（下）[J]. 现代法学，1997 (2).

[9] 胡康生. 中华人民共和国婚姻法释义 [M]. 北京：法律出版社，2001.

[10] 黄茂荣. 法学方法与现代民法 [M]. 北京：法律出版社，2007.

[11] 何海波. 何以合法？——对"二奶继承案"的追问 [J]. 中外法学，2009 (3).

[12] 刘志刚. 公序良俗与基本权利 [J]. 法律科学，2009 (3).

[13] 张千帆. 宪法学（第二版）[M]. 北京：法律出版社，2008.

[14] 金锦萍. 当赠与（遗赠）遭遇婚外同居的时候：公序良俗与制度协调 [J]. 北大法律评论，2004 (1).

[15] 杨立新. 对修正继承法十个问题的意见 [A]. 陈苇. 中国继承法修改热点难点问题研究 [C]. 北京：群众出版社，2013.

[16] 夏吟兰. 特留份制度之伦理价值分析 [A]. 陈苇. 中国继承法修改热点难点问题研究 [C]. 北京：群众出版社，2013.

[17] 杨立新，和丽军. 对我国继承法特留份制度的再思考 [J]. 国家检察官学院学报，2013 (4).

[18] 刘春茂. 中国民法学财产继承 [M]. 北京：中国人民公安大学出版社，1990.

[19] 许莉. 必留份还是特留份——论我国遗产处分限制的立法选择 [A]. 陈苇. 中国继承法修改热点难点问题研究 [C]. 北京：群众出版社，2013.

[20] [美] 威廉·杰，欧·唐奈，大卫·艾·琼斯. 美国婚姻与婚姻法 [M]. 顾培东，杨遂全译. 重庆：重庆出版社，1986.

[21] 裴桦. 重新认识配偶权 [A]. 夏吟兰，龙翼飞，张学军. 婚姻法学专题研究（2007 年卷）[C]. 北京：中国人民公安大学出版社，2008.

[22] 马强. 试论配偶权 [J]. 法学论坛，2000 (2).

[23] 张俊浩. 民法学原理 [M]. 北京：中国政法大学出版社，1991.

[24] 杨立新. 人身权法论 [M]. 北京：人民法院出版社，2002.

[25] 桑本谦. 配偶权：一种夫对妻、妻对夫的权利？——从发生学的视角对婚姻制度和配偶权的重新解读 [J]. 山东大学学报（哲社版），2004 (1).

［26］余延满，张继承．试析配偶权的侵权行为法保护［J］．江西社会科学，2008（2）．

［27］史浩明．论配偶权及其立法完善［J］．学术论坛，2001（2）．

［28］孙维飞，解亘，詹森林．第三人侵扰婚姻关系法律问题的比较研究［J］．华东政法大学学报，2013（3）．

［29］孙维飞．通奸与干扰婚姻关系之损害赔偿——以英美法为视角［J］．华东政法大学学报，2013（3）．

［30］蔡福华．夫妻财产纠纷解析［M］．北京：人民法院出版社，2003．

［31］胡康生．中华人民共和国婚姻法释义［M］．北京：法律出版社，2001．

［32］陈甦．公民财产权利及其保护［J］．法学研究，1994（3）．

［33］林诚二．民法总则（下册）［M］．北京：法律出版社，2008．

（原文刊载于《中华女子学院学报》2015 年第 6 期，并被中国人民大学《复印报刊资料》全文转载）

生育政策对婚姻家庭的影响及对策

许　莉

（华东政法大学）

一、引言

生育政策也称计划生育政策，是我国有关计划生育调节方面的法律法规、规章制度、单项政策等规范性文件的总称。从 20 世纪 70 年代起，我国开始执行以控制人口增长为目标的计划生育政策，人口规模快速增长的态势得到有效的控制。计划生育政策推行近四十年，不仅对我国人口结构、人口质量、劳动力结构、经济和社会发展等各方面产生重大影响，也对作为民众基本生活单位的婚姻家庭带来了较大影响。

目前，学界对计划生育政策实施后果的研究多集中在人口变动及因人口变动带来的经济问题等方面，较少涉及生育政策对婚姻家庭关系及婚姻家庭行为的影响。计划生育政策作为公共政策的重要组成部分，对人们的行为选择具有导向性功能。考察计划生育政策对婚姻家庭产生的影响，可以在政策制定和实施过程中最大限度地趋利避害。本文以婚姻家庭为视角，探求其所受计划生育政策的影响，并以地区调研成果为基础，提出相应的制度建议。①

---

① 2014 年 2 月至 2014 年 4 月，笔者组织了华东政法大学民商法专业研究生近 10 人，以上海地区为调查研究样本，就计划生育政策对婚姻家庭的影响这一问题进行了访谈调研。调研范围涵盖了长宁区、徐汇区、黄浦区、静安区等多个区域，访谈对象涵盖了上海市卫计委主管官员、律师、在读学生、企业职员、教师、商贩、下岗职工、外来流动人口等多层次多样化的居民群体。在调查的方法上，采取了面谈和电话访谈相结合的方式，共获取有效访谈样本 34 例，以此为依据形成该调研报告。

二、我国计划生育政策的特点

我国计划生育政策经历了几十年的演变，已经发展成为包括法律法规、规章制度、单项政策等各效力层级、各地方性规定的规范综合体。梳理计划生育政策的演变过程，可以发现我国生育政策的立法及实施具有以下特点。

（一）生育政策具有稳定性

我国计划生育政策实施近四十年，始终以提高人口素质、控制人口数量为目标，生育政策具有连续性、稳定性的特点。

自 20 世纪 70 年代，以节制生育为主要内容的生育政策开始在我国推行。1980 年中共中央发表了《关于控制我国人口增长问题致全体共产党员、共青团员的公开信》，提倡"一对夫妇只生育一个孩子"，表明"独生子女"政策确立。同年 9 月 10 日通过的《中华人民共和国婚姻法》（第二部婚姻法）将计划生育作为婚姻立法的基本原则之一，并在夫妻关系中明确规定，"夫妻双方有实行计划生育的义务"。此后，各省市根据具体情况制定了实行计划生育的条例或办法，计划生育政策逐步完善。2002 年 9 月 1 日，《中华人民共和国人口与计划生育法》（以下简称人口与计划生育法）开始实施，标志着计划生育政策被正式纳入法制轨道，实行计划生育，成为中国公民的法定义务。计划生育政策从提出到正式立法，经历了逐步完善的过程，过期间虽有变化，但"提高人口素质、控制人口数量"的目标始终未变，而一对夫妻只生育一个子女的"独生子女政策"成为计划生育政策的核心内容。

（二）不同地区、不同省份的具体政策有适度微调

虽然以节制生育为基本目标的生育政策在全国范围内得以推行，但在具体实施中，各省市也存在一些差异，主要表现在以下几方面。

1. 基于少数民族人口现状的考虑，对少数民族的生育限制适当放宽。2. 基于城乡差别，适当放宽农村人口的生育政策。3. 基于人口状况的差异，各省市在生育间隔、再婚生育、独生子女婚姻生育等方面的具体规定存在差异。

（三）计划生育政策的实施具有一定的强制性

人口与计划生育法第十八条规定："国家稳定现行生育政策，鼓励公民晚婚晚育，提倡一对夫妻生育一个子女；符合法律、法规规定条件的，可以要求安排生育第二个子女。"从条文字面意义上看，计划生育的核心内容"独生子女"政策是"提倡"，但在具体实施过程中，该政策具有一定的强制性。

为落实计划生育政策，各地根据实际情况，分别采用利益导向与惩罚两类措施。利益导向主要是对遵守计划生育的公民给予一定的奖励，包括生育假期的增加、相关费用的减免及一定数额的经济奖励。惩罚性的措施主要是要求超计划生育的当事人承担一定数额的费用，早期称为罚款，现改为社会抚养费。此外，针对国家机关、事业单位等特定身份的人，违反计划生育还可能受到一定的行政处罚，情节严重的甚至会被开除公职。可见计划生育的实施具有一定的强制性。

三、计划生育政策对婚姻家庭的影响

计划生育政策的实行，对我国经济社会、人口发展、资源环境等方面产生重大影响，其中最直接的后果就是总和生育率的降低①，而总和生育率的降低对婚姻家庭产生了较大影响。具体表现为：

（一）家庭结构发生变动

家庭结构是指家庭中成员的构成方式、比例关系和相互作用的状态。[1]婚姻家庭结构的变化包括家庭规模和家庭类型的变化。计划生育的实施导致家庭结构发生了重大改变。

1. 生育率的降低，导致家庭成员数量减少，居民家庭规模呈不断缩小的趋势。2014年《中国家庭发展报告》中的数据显示②，在20世纪50年代之前，中国家庭户均人数基本上保持在5.3人的水平上，而到2012年户均规模仅为3.02人的水平。中国已成为平均家庭规模较小的国家。分析认为，家庭观念的变化、生活水平的提高、生活方式的现代化、居住条件的改善等经济社会发展因素直接促进了家庭规模的小型化，但不能否认，因计划生育政策导致的人口出生率降低与家庭规模缩小有着直接关系。

---

① 总和生育率（英文中称 Total Fertility Rate，简称 TFR），也称总生育率，是指该国家或地区的妇女在育龄期间，每个妇女平均的生育子女数。总和生育率是一个合成指标，一般来讲，如果总和生育率小于2.1，新生人口则不足以弥补生育妇女及其伴侣数量，即达不到更替水平。

20世纪90年代，我国的总和生育率下降到更替水平以下，正式进入世界低生育水平国家行列。根据全国人口普查数据显示，我国育龄妇女总和生育率为1.22，而城市、乡村的育龄妇女的总和生育率分别为0.86、1.43，均低于人口更替水平。更替水平是生育足以维持人类延续的子女个数的水平。更替水平是个理论值，我国定为2.1，生育水平在更替水平之下，称为低生育水平。

② 国家卫生与计划生育委员会发布。

2. 家庭类型日趋多样化，空巢家庭增多。相关研究表明，近年来我国单亲家庭和夫妇家庭比例上升，核心家庭依然占据主导地位，主干家庭比例在下降，而联合家庭近于消亡。[2]《中国家庭发展报告》证实了上述分析。报告显示，目前中国计划生育家庭为 3 亿户左右，约占全国家庭户总数的 70%。"晚婚晚育"的要求促使代际间隔的拉长，子女因为求学、就业、结婚等原因离开父母家庭，使家庭的空巢期提前来临。[3]

3. "失独"家庭成为特殊家庭类型。一对夫妇只生育一个孩子是带有很大风险的决策，这种风险就是独生子女的意外伤亡对家庭带来的致命创伤。如果是成年子女意外死亡，则父母丧失了补偿性生育的机会，其晚年生活状况可想而知。根据我国生命表死亡概率推算，至少 8% 的独生子女在 55 岁以前因患疾病或者非正常原因死亡，涉及 800～900 万个家庭。[4]

本次调研信息与上述分析基本一致。多数访谈对象家庭为核心家庭。而对"失独"家庭的扶助已成为上海市计生工作关注的重点。独生子女伤残死亡家庭是目前上海计划生育工作中面临的最大难题。这类家庭每年以 10% 的速度快速增长，平均每年增加 500 户，伤残家庭和"失独"家庭占独生子女家庭的 0.8%。目前，上海市符合发放特别扶助金条件的伤残居民有 33000 多人，独生子女死亡的家庭接近 8000 户。① 可以说，在我国强制推行多年的独生子女政策是产生"失独"家庭的直接原因。

（二）传统家庭养老模式受到冲击

因计划生育政策的推行，人口红利期逐渐消失，我国形成了"未富先老"的人口现状，养老已成为亟须解决的社会问题。

我国传统养老模式是居家养老、家庭养老，子女对父母的赡养不仅是伦理道德的要求，也是法律规定的义务。在独生子女政策之下，独生子女的养老压力加大，家庭养老模式陷入困境。在经济方面，第一代独生子女已经开始步入婚姻，高房价、不断攀升的生活成本及抚养教育支出，使这一群体承受着巨大的经济压力。"上有多老"的情况下，任何一位老人的疾病都可能使新组建的小家庭陷于经济上的困境。在时间和精力上，这一群体处于事业发展期和生育期，工作和家庭生活都处在压力最大的阶段，不仅不能分身照顾父母，还多需要父母协助抚养子女，承担养老职责显然力不从心。

---

① 上述数据来源于对上海市卫生与计划生育委员会官员的访谈。

正因如此，居民的养老模式和养老观念已经开始改变。由于缺乏多子女可能给予的照顾，居民养老已经更多地依赖于社会保障制度。

（三）家庭人际关系发生改变

家庭关系是研究社会变迁的重要维度。① 计划生育政策的施行也对家庭人际关系产生了一定的影响。具体表现为：

1. 人际关系趋于简单化，家庭稳定性受到冲击。计划生育政策实行后，独生子女家庭占主导地位，大多数家庭形成了"4—2—1"的家庭结构，即祖父母、外祖父母4人，父母2人和子女1人，家庭关系日趋简单化。而且这种倒三角形的家庭结构并不稳定。

2. 代际关系发生了颠覆性的变化。"晚婚晚育"使女性初婚和初育年龄大大延长，导致代际间隔拉长，原有家庭中的子孙众多、家长独尊的局面被颠覆。独生子女成为家庭成员关注的焦点，代际关系的重心发生下移，由原来的"尊老"趋向"抚幼"，由此导致了过度溺爱子女晚辈问题的出现。

3. 计划生育政策对夫妻关系也有所影响。子女数量减少减轻了家庭劳务负担，增加了夫妻相处的时间和机会，提升了婚姻质量。但生育期缩短也导致家庭养育子女功能弱化，情感维系功能越来越重要。当子女成家立业之后，中老年人离婚受到的阻力较之以往减小很多，更多的人不想在不幸福的婚姻中委屈自己，这客观上促进了中老年离婚率的上升。[5] 生育政策也会成为引发夫妻矛盾的诱因，如受制于独生子女政策，夫妻会因性别偏好发生矛盾；在计划生育政策变动、允许生育二胎时，夫妻可能会因为是否生育二胎发生矛盾，甚至导致离婚。②

四、以家庭支持为目标完善生育政策及相关公共政策

家庭是最基本的社会群体单位，国家对家庭的发展承担重要的责任。如计划生育不能满足家庭的稳定和发展，会引发多重社会矛盾。因此，有必要对现有生育政策加以修正完善。而公共政策是一个整体，各项政策之间需要互相协调才能发挥最佳效果。消减计划生育政策对婚姻家庭已经产生和将来可能产生

---

① 具体而言，家庭关系包括：夫妻关系、父母子女关系、兄弟姐妹关系、婆媳关系、妯娌关系等。关于家庭、家庭关系的定义和论述，参见潘允康：《社会变迁中的家庭：家庭社会学》，天津社会科学出版社2002年版。

② 2014年6月9日，上海闵行法院审结上海首起因"单独二胎"新政引发的离婚案件，即是夫妻双方因是否生育二胎意见不一而诉请。

的负面影响，不仅要修正现有的生育制度，也要完善与生育相关的公共政策和公共服务。

（一）生育政策的修正

1. 生育政策的理念应有所改变。长期以来，我国生育政策的理念立足于降低人口出生率，这一理念在相当长时期内是符合我国现实的。但随着经济的快速发展和计划生育政策的长期实施，我国民众的生育观念已发生重大改变，生育意愿趋于理性。因此，控制生育孩子的数量不应再作为计划生育政策的全部内容，计划生育政策的理念应从降低人口出生率转向维系家庭完整和功能实现、促进家庭幸福。

2. 生育政策的具体内容应有所调整。生育问题事关民众个体的幸福和家庭的完整。研究报告显示，独生子女政策对家庭结构、家庭关系产生了重大影响；而独生子女语境中固有亲属称谓的缺失，也必然冲击固有的家庭伦理秩序。在人口结构老龄化、社会保障措施不够完善、意外事件频发的现今社会，独生子女政策受到越来越多的质疑。正因如此，近年来全面放开二胎生育的呼声越来越高。允许每对夫妇生育二胎，有利于稳定家庭结构，减少独生子女家庭风险，增强家庭成员赡养和照料老人的能力，对出生性别比趋于正常也有积极作用。

（二）社会福利政策的完善

逐步建立覆盖城乡的社会保障体系，是实施人口战略的基础。建立健全社会保障体系有利于从根本上减少家庭实施计划生育的后顾之忧。但完善的社会保障制度不可能在短期内建立。针对计划生育政策带来的现实问题，可以采取一些弥补性质的措施，如建立特殊家庭扶助制度。

国家对因计划生育政策带来的家庭问题负有不可推卸的救济责任。近年来上海市推行的针对"失独"家庭的特别保障措施，取得了较好的社会效果。除给予"失独"家庭以特别的经济扶助外，自2013年起，上海开始逐步将"失独"家庭的帮扶纳入社会养老保障格局之中，并给予优先保障。具体措施包括：(1)"失独"家庭收养子女可得到优先照顾。上海户籍中申请收养市儿童福利院弃（婴）儿的独生子女死亡家庭，符合收养有关规定的，优先安排家庭评估、优先予以配对试养、优先进入收养登记程序。(2)"失独"家庭可获得特殊关爱殡葬服务。凡上海独生子女伤残死亡家庭，至少一方是上海户籍、年满70周岁或医学界认定身患危重疾病不能逆转的，可以由本人或监护人提出申请，授权委托本市殡仪单位对身后事进行安排和处理。(3)"失独"家庭申请最低生活保障时，特别扶助金不计入家庭收入。（4）市计生协会与市人口福利基金会共同筹建了具有社会公募资质的"生育关怀专项基金"，重点针对"失独"家庭在内的计划生育特殊困难对象进行帮扶。（5）通过政府购买服务，为"失独"家庭提供专业的心理咨询服务。（6）"失独"的60周岁及以上本市户籍老年人，申请养老服务补贴时，不需要经济状况审核，直接进入身体状况评估程序，经评估结论为生活自理有障碍的，即可获得相应标准的养老服务补贴。同时为生活自理出现困难的"失独"老年群体，优先提供社区居家养老服务、机构养老服务。[①]

（三）劳动保障政策的完善

生育政策的逐步放宽有利于家庭结构的完整和家庭关系的稳定，但也同样会带来负面影响，其中之一就是加大了女性权利保护的难度。

由于生育（包括抚育）行为主要由女性承担，生育政策放宽会直接影响女性的就业和职业发展。在计划经济时代，企业承担了主要的社会服务职能，从幼儿抚育到医疗卫生都能在企业内部解决，女性因生育而受到的就业及职业发展影响并不明显。但在市场经济日益成熟的今天，要求以营利为目的的企业承担全部生育成本，不仅缺乏依据，也不具有可行性。女职工因怀孕、生育、哺乳等原因给用人单位带来的人员紧缺、工作开展不畅，甚至因寻找替代劳动力而增加经营成本等实际困难也是不可否认的社会现实。在目前一胎政策下，企业对女性员工休产假带来的损失是可预期的。但二胎政策放开后，企业面临着女性员工第二次休产假的"风险"，企业可以承受女性员工休一次产假，恐怕很难承受休两次产假。趋利避害的本能使企业不愿选择女性，特别是正处于生育年龄的未生育女性。随着二胎政策的实施，针对女性的就业歧视现象，在今后一段时期可能会更加严重。

要减少因生育政策放宽而给女性发展带来的负面影响，应完善相关的公共政策和公共服务，合理分配生育责任与生育负担。在国家与个人之间，需明确生育不是公民的私人事务，更不是女性的私人事务，而是事关种族繁衍、社会发展与进步的公共利益，国家理应承担人口再生产的主要成本。为降低生育政策放宽而带来的就业歧视和限制，国家应有所作为。在此建议采取以下具体措施。

[①] 参见：《上海将失独家庭帮扶纳入社会养老保障格局》，http://www.shanghai.gov.cn/shanghai/node2314/node2315/node4411/u2lai794986.html. 2015 年 6 月 29 日。

1. 为企业分担接受女性就业而增加的成本，即对女职工达到一定比例的企业予以适当的补贴和税收政策的倾斜。企业出于经营成本的考虑，一般不愿意雇用处于生育年龄的女性员工，这在一定程度上加大了女性就业的难度。对此，国家可以采用补贴或税收政策倾斜的方式，鼓励企业雇用女性员工。

2. 劳动保障政策中体现社会性别意识。首先，建议增设男职工的生育护理假或育婴假。目前，部分地方性政策已有规定，如上海市晚育者配偶享受晚育护理假 3 天，河北省晚育者配偶享受晚育护理假 10 天等。但一般时间较短，且主要针对晚育的配偶双方。建议扩大适用范围和假期时间，只要是计划内生育的，其配偶都可以享有护理假，时间可规定为一个月。这一个月可由当事人自行安排，可以根据需要间隔休假。其次，对已有规定的产假和哺乳假，在假期不变的情况下，允许当事人选择由女方或男方请假。

3. 完善婴幼儿看护机构，加大对公益性幼托教育事业的资金支持。目前入托、入园难已成为社会问题。以上海为例，公立托儿所已经极少存在，3 岁半以下的孩子很难进入公立幼儿园的幼托班，父母要么选择费用高昂的私立幼儿园，要么求助于双方老人。商业化的幼托机构非工薪阶层能够负担，由老人抚养幼儿不仅存在养育理念的相对落后问题，也加重了老年人的负担。因此，国家加大对幼儿看护机构及幼教机构的资金投入，完善婴幼看护机构则十分必要。

（四）婚姻政策的完善

在婚姻关系内部，同样涉及生育成本的分担问题。生育是婚姻生活中的重大事项，而怀孕分娩及对婴幼儿的抚育主要由女性完成，生育对妻子生活、工作的影响远远超过丈夫。因此，无论是生育政策还是婚姻政策都应具有鲜明的社会性别意识，尽可能避免因性别差异而导致的实质不公平。

1. 充分尊重女性的生育自主权，并给予切实有效的保障。随着生育政策的逐步放开，因是否生育二胎而引发的夫妻纠纷会日益增多。由于两性客观存在的生理差异，受孕后是否完成生育行为涉及女性对自己人身的支配，因此，在处理此类纠纷时，应充分保障女性的自主选择权。我国妇女权益保障法第四十七条规定："妇女有按照国家有关规定生育子女的权利，也有不生育的自由。"《最高人民法院关于适用〈中华人民共和国婚姻法〉若干问题的解释（三）》第九条规定："夫以妻擅自中止妊娠侵犯其生育权为由请求损害赔偿的，人民法院不予支持；夫妻双方因是否生育发生纠纷，致使感情确已破裂，一方请求离婚的，人民法院经调解无效，应按照婚姻法第三十二条第三款第（五）项的规定处理。"上述规定明确了女性的生育选择权，有积极作用。但其中关于夫妻因是否生育产生纠纷而导致感情破裂的规定，在适用中应持慎重态度。不宜将夫妻对是否生育子女无法达成一致意见的情形，直接视为感情确已破裂的证据。否则在男方希望生育的情形下，女方要么选择生育，要么只能接受结束婚姻，所谓的生育自主权难以体现。[①]

2. 以维系婚姻稳定为价值取向完善夫妻财产制度。近年来，我国婚姻立法和司法实务中呈现了注重个人权利保护、弱化婚姻共同利益的倾向，尤其是在处理夫妻财产纠纷时，注重财产来源而忽略夫妻共同生活中的互相协助作用，未能给予承担生育职责及主要家务劳动的女性以充分保护，在一定程度上使女性陷入职业发展和婚姻生活的双重困境，部分职业女性甚至不得不放弃婚姻或生育。要改变这一现状，我国婚姻立法应以维系婚姻家庭稳定为目标，充分考虑生育行为对女性自身职业发展的负面影响，进一步完善法定夫妻财产制。

我国现有法定夫妻财产制为婚后所得共有制。婚后所得共同制体现了夫妻之间的互相协力；认可婚姻关系存续期间夫妻一方取得财产的行为，与另一方的协助不可分；旨在鼓励夫妻之间合理分工、互相协助、同甘共苦，不仅符合我国传统的婚姻理念，也有利于提升婚姻家庭的保障功能，解除女性对生育的后顾之忧。但由于现行婚姻立法条文过于简单，不仅不能适应越来越复杂的夫妻财产现状，甚至还引发了法官和学者对法定夫妻财产制性质的争议。[②] 而为弥补婚姻立法不足而制定的司法解释，又出现了价值取向偏离婚后所得共有制的情形。要解决上述问题，必须对现行法定夫妻财产制进行细化、完善，并明确规定：夫妻一方婚后所得财产，除法律另有规定或当事人另有约定，应属于夫妻共有财产。同时梳理现有司法解释中涉及财产归属的规定，按照夫妻一方取得的财产是否与另一方的协力相关的标准界定婚后所得财产的性质，避免出现将婚姻财产关系等同于普通财产关系的做法。

3. 完善离婚救济制度，尽可能避免因婚姻关系破裂而导致的单身母亲贫困

[①] 这一点在涉及是否生育二胎纠纷中尤其值得关注。一般情况下，夫妻双方对是否生育子女少有争议，但在生育政策放宽后，是否要生育二胎，夫妻之间则容易产生分歧。

[②] 最高人民法院民一庭吴晓芳法官认为，我国2001年婚姻法修正案已经改变了1980年婚姻法中的"婚后所得共同制"的规定，并据此得出最高院司法解释中将夫妻一方婚后所得规定视为个人财产，与我国现行婚姻立法并无冲突的结论。参见吴晓芳：《〈婚姻法〉司法解释（三）适用中的疑难问题》，载于《法律适用》2014年第1期。

化现象。在目前的立法框架下，适当放宽离婚经济帮助条件可以在一定程度上对承担抚育子女责任的当事人有所救济。

离婚经济帮助的适用条件是"离婚时一方有困难，另一方有能力"，单从文意上理解适用范围应该较广，但由于司法实务中对"一方生活有困难"采用了非常严格的认定标准，即"婚姻法第四十二条所称一方生活困难，是指依靠个人财产和离婚时分得的财产无法维持当地的基本生活水平。一方离婚后没有住处的，属于生活困难"①。根据这一解释，只有"请求方无法通过自己的全部财产和收入维持当地最基本生活水平"，才属于"生活困难"，即通常所说的"绝对困难"标准。近年来我国的社会保障制度正在不断完善，城市实行最低生活保障制度后，无收入人群的基本生活可以通过低保政策得到保障。如以此为标准，则绝大多数请求帮助人都会被视为不具备"无法维持基本生活水平"这一条件。显然，"不能维持当地基本生活水平"这一标准大大限制了离婚经济帮助制度在司法实践中的适用，也无法将夫妻离婚后的子女抚育行为纳入考虑因素，这样规定显然不妥。

目前，我国离婚率呈逐年攀升态势。夫妻离婚后，不直接抚养子女的一方只需承担一定数额的抚养费。整体上看，法院判决支付的抚养费数额偏低，直接抚养方承担的义务更重。子女抚养费的数额取决于子女的实际需要、当地的生活水准和父母的负担能力。审判实践中，对子女实际需要的判断，一般很少考虑年幼子女的特殊照顾需要。目前我国职业女性享有的产假只有 100 天左右，而孩子可以送入幼儿园的年龄要接近 4 周岁，这期间幼儿需要全天的照顾，即使可以雇请保姆，抚养方对幼儿的照顾也是必不可少的，由此给抚养方带来的经济、劳力及精神上的压力远大于不直接抚养幼小子女的一方。

而在离婚经济帮助制度适用中，抚养年幼子女并不当然构成"一方有需要"；在抚养方有工作的前提下，一般也不认定其有帮助的需要。这一问题看似对离异后负责抚养子女的父亲或母亲都存在，但根据我国婚姻法的规定，哺乳期的子女原则上由女方抚养②；现实生活中，除哺乳期子女外，年幼子女由母亲抚养的比例也很高，因此，抚育幼年子女带来的困难主要由女方承担，单身母

---

① 参见：最高人民法院《关于适用中华人民共和国婚姻法若干问题的解释（一）》第二十七条。

② 参见：《中华人民共和国婚姻法》第三十六条。

亲贫困化的现象自然难以避免。

　　建议适当放宽现有离婚经济帮助制度的适用条件，在认定"离婚时生活有困难"时，充分考虑女性因照顾年幼子女而影响正常工作的因素，可以将有婴幼儿需要抚育的一方认定为"需要帮助方"而给予适当的经济帮助。

五、结语

　　家庭是人类最基本的社会组织，理应受到国家和社会的保护。国家对家庭的发展和稳定负有不可推卸的责任，公共政策的制定应有婚姻家庭视角。

　　生育政策是公共政策的重要组成部分。生育子女是婚姻家庭所承担的重要的职能。人类自身的繁衍主要在婚姻家庭中完成，婚姻制度的形成与生育有直接的关系。因此，生育行为会对婚姻家庭产生直接的影响。

　　以控制人口数量为目标的计划生育政策在我国实施近四十年，不仅对我国的人口出生率产生了直接影响，其作用也延伸到社会发展和人民生活的各方面，其中对婚姻家庭所产生的影响尤为明显。以"一对夫妻只生一个子女"为核心内容的计划生育政策的实施，改变了家庭的人口基础，在一定程度上影响了婚姻家庭的稳定性，削弱了家庭的社会职能。因此，修正现有生育政策迫在眉睫。

　　公共政策是一个整体，各项政策之间需要互相协调才能发挥最佳效果。消减计划生育政策对婚姻家庭已经产生和将来可能产生的负面影响，既要反思、修正现有的生育政策，也要完善与生育相关的公共政策和公共服务，合理分配国家与个人之间、夫妻之间的生育负担。

【参考文献】

　　[1] 谢志强，王剑莹. 宏观环境对家庭变迁的影响观察 [J]. 人民论坛，2013（8）.

　　[2] 李银河. 中国城市家庭变迁的趋势和最新发现 [J]. 社会学研究，2011（2）.

　　[3] 李健民. 计划生育对中国家庭结构的影响及其社会后果 [A]. 中国社会服务政策与家庭福利国际研讨会论文 [C]. 2008.

　　[4] 原新. 独生子女家庭的养老支持——从人口学视角的分析 [J]. 人口研究，2004（5）.

　　[5] 王晓波. 影响城市婚姻家庭稳定的社会因素研究 [J]. 社科纵横，2012（2）.

　　（原文刊载于《中华女子学院学报》2015 年第 6 期）

04

监护制度研究

未成年人监护制度演进规律与现实走向

曹诗权

（中国人民公安大学）

编纂民法典是全面推进依法治国的重要任务之一。未成年人监护与多个民事法律关系相关联，在民法典总则及分编的各个领域、各个方位和各个层面都有程度不同的牵扯和反映，应为民法典中不可或缺的基础性制度。构建中国特色未成年人监护法，必须厘清历时性演进规律，精准把握共时性现实走向，奠定立法的科学性、先进性、前瞻性和实效性。

一、未成年人监护从家庭主义走进国家主义

早在 20 世纪六七十年代，我国台湾地区学者就认识到，民法监护制度已由宗法家族价值转向个人和社会价值，由"为家之监护"转向"为受监护人之监护"。[1]622~623 监护制度逐渐摆脱传统家庭法的范围，监护人与被监护人之间，不再限定于家长家属的身份关系或亲属关系。国家以公权、公职、公责方式介入和干涉监护事务的态度，不断增强和显著，如德国设监护法院、瑞士设监护主管官署、日本设家庭裁判所、苏联设置中央及地方社会福利局作为监护职务之主管机关等，监护制度社会化、公法化之趋势正与日俱增。"基于社会连带责任思想之社会本位立法，监护事关公益，不容单纯以家务私事视之。监护事务要由亲属自治已非其时，继之以公权力干涉乃势所必然。"[2]291~293

学者梳理监护制度的源流，认为总体上大致经历了四个阶段。第一阶段，按照家庭、私有制和国家起源规律，在原始社会父系氏族向奴隶制阶级社会的转型过程中，监护基于家庭或家族利益而被家长制吸纳包容，同时是家长权主体出现缺失或障碍时的保障和补救，属于典型的亲属自治制度。第二阶段，伴

随罗马法、日耳曼法的流变、宗族制和家长制的逐步消减，亲权和夫权逐渐独立于家长权之外而相应形成的监护制度。其承担监护职责的主体主要还是家庭成员，只在特殊情形下超出亲属体系之外，所以仍带有明显的父权家长制性质；未成年人监护的家庭化、亲属化特征仍然根深蒂固。国家的公力责任和公权干预不具有常态性。第三阶段，婚姻家庭的封建性、宗教性减弱，监护的人身性、支配权属性呈现淡化，监护制度的私法性能及其与民事主体制度、婚姻家庭制度的连接价值得以确立；国家司法和行政手段开始引入监护程序之中，形成了亲属监护为主体、国家公力为辅助的制度构造。第四阶段，监护制度进一步现代化，公益性、社会性、专门性监护机制强化，亲属或家庭的私力自治的监护责任弱化，监护的社会化、公职化趋势强劲；在大陆法系，虽然还存在父母"亲权"与未成年人监护两种制度样态，但仅具形式上的名谓之别，在实质内容和运作机制上正走向完全的对接和融合，统构成现代社会完整统一的未成年人监护制度体系。①

受到上述学界观点的启迪，源于未成年人监护发生机理的逻辑支撑和社会条件，通过对罗马法、法国民法典 200 多年、德国民法典 100 多年和瑞士、日本、俄罗斯等国家民法监护制度源流的梳理剖析及英美法有关变革递进轨迹的分析印证，笔者认为，家庭主义、个人主义和国家主义是未成年人监护制度渐次演进的三大历史样态。

家庭主义的未成年人监护制度是奴隶制社会和封建社会的未成年人监护模式，即古代社会的监护样态。其实质在于家庭及由家庭扩展的亲属体系构成未成年人监护的社会组织形式，家庭或亲属是真正的、现实意义上的监护职责主体，家长权的赋予和运行则是家庭监护职责的具体表现。所以，在整个古代社会，监护制度，除了罗马法上有相对独立的形式意义之外，在其他地方都是被家庭亲属制度所包容，即使是罗马法，其未适婚人的监护在早期也是罗马政治家庭和家长权的附带产品。

个人主义的未成年人监护制度是近代资本主义社会的未成年人监护模式，

---

① 本段内容参见巫昌祯、杨大文主编：《走向 21 世纪的中国婚姻家庭》，吉林人民出版社 1995 年版，第 173 ~ 174 页；杨大文主编：《亲属法》，法律出版社 1997 年版，第 306 ~ 307 页；杨大文主编：《婚姻家庭法学》，复旦大学出版社 2002 年版；曹诗权：《未成年人监护制度研究》，中国政法大学出版社 2003 年版，第 233 ~ 235 页。作者在表述上有一定的修改和添加。

即从 1804 年《法国民法典》问世至 20 世纪"第二次世界大战"之前的监护样态。一方面传统家长权被进行改塑，家父的权力实质还在一定程度地存在着，而家庭作为社会政治组织形式的人格机能一去不复返，但亲属的监护责任仍居于法定或指定的首选之中；另一方面，在人格独立、私权神圣的旗帜下，从身份到契约的嬗变，使家庭和亲属的身份支配关系受到冲击，未成年人的独立人格和利益获得一定层面的社会认知，私法自治中嵌入了一定的国家干预因素。在这一历史时代，家庭和亲属实际上处于国家公共体系与市民社会的中间地带，是一个在夹缝中生存的身份社会，对未成年人的监护在总体上还表现为父母和特定亲属的主体化的私域权力、权利及义务、责任，同时也在一定程度上反映未成年人的个人利益，尤其是财产上的权益。所以，个人主义的未成年人监护是家庭主义向国家主义的过渡样态，更是近代社会资产阶级革命在家庭亲属领域向传统势力的妥协和让步[①]，同时还是资产阶级国家转嫁其对未成年人监护职责的一种灵巧安排。

国家主义的未成年人监护是 20 世纪"第二次世界大战"之后尤其是 60 年代以来，全球性儿童保护事业发展的客观要求和表现，是各国未成年人监护立法改革的方向和现行态势。其实质在于未成年人监护不再被简单地归入个人和家庭的私事，而被认为是父母、社会和国家的共同责任，国家凭借各种社会公权手段、社会公共机制干预介入未成年人监护中，实践其保护未成年人合法权益的职责。因此，在这一样态中，尽管父母还是未成年人的首位监护责任人，但国家才是真正的未成年人监护的责任主体，父母只不过是国家强制赋予的责任替代者和义务履行者，并受国家的监督和辅助；当父母在客观上或法律上不能践行这一责任时，国家应当通过其公权机构或社会组织，义不容辞、责无旁

[①] 西方近代市民法的形成过程，并非是在与传统主义完全断绝的基础上，来贯彻近代主义的理念的。事实上，近代市民法是在与"传统主义"相互妥协和冲突的情况下，才逐步贯彻近代主义精神的。而法律的体系中，家族法还是在这一妥协和冲突的交会点上。作为追求个人主义的拿破仑民法典，其实并不是平等的法典，而依然是以封建的家父权思想为基础，残留着家父长或家族制度痕迹的法典。法典中所揭示的"个人"概念，也同时反映出当时的时代理念，即一方面在财产法部分，充满着近代主义所强调的自由与平等的个人主义精神，而另一方面在家庭法部分，则是调和着近代主义与传统主义之间的冲突与矛盾，企图重新建立起强而稳固的家族制度。参见吴煜宗：《近代·家族·法》，载于谢在全主编的《物权、亲属编》论文集，中国政法大学出版社 2002 年版，第 314～325 页。

贷地担负起实际责任。①

二、国家主义监护的公法化、社会化展示

当代家族法领域内的家族构造，也就逐渐远离以往的固定性、外部性"制度家族"（Institutional Family）形态，而转换成基于各个家族成员之爱情与关怀的自发性、内面性"友爱家族"（Companion-ate Family）形态了。此时的家族内部秩序，不是由来自外部的法所强制的，而应该是由各个家族成员间存在的爱情与关怀的伦理心情来维持。事实上，这一种形态的家族及家族法制度，才是真正合乎近代主义的人本主义性格。[3]339~341 但是，法律的实践并没有也不可能完全沿着这一理论的思路行进，社会现实生活的矛盾与复杂也不会期待和允许走上这一纯净的理论之途。因为"人本主义"的张扬必然带来利他性家庭自治体系的离散，个人价值的凸显肯定引发亲属乃至父母传统责任的减弱，而家庭亲属结构的社会性解体或自然性、法律性残损又会造成所谓的"爱情与关怀"伦理机制的缺位，这对于任何社会中都需要监护和保障的未成年人来说，不只是其个人的不幸，也是社会的灾难。因此，真正的人本主义就应该在家庭中、在监护关系中反映弱势群体的要求，贯彻未成年人最大利益或以未成年人保护为重心的本位原则，现代世界各国的家庭或监护立法正是做出了这一明智的选择。于此之中我们看到四重法律态度：（1）既充分肯定和保护人们在婚姻家庭生活中的自由与隐私，赋予其人格尊严的法律属性，又不断强化对家庭这一微观自治领域的公力干预和介入；（2）既充分确认和尊重父母对未成年子女基于爱情与关怀的天然伦理责任，赋予其普适性的职责自觉，又不断强化社会性、公共性的监督和限制；（3）既期待和相信"人本主义"下的家庭有适宜于未成年人监护的平等、自由的幸福和谐氛围，又不得不正视频繁发生的家庭破裂和暴力、父母失职和罪恶下的未成年人的凄凉悲惨，从而需要提供公权力的保障和社会救治；（4）既承认亲属责任的懈怠而将父母之外的亲属从未成年人的监护网络中撤出，又必须建立健全国家监护责任体系和社会监护网络，由"陌生人"填补父母监护的不足和无亲属监护的空缺。

交织在这四重矛盾体中，无论是主观上，还是客观上，抑或已经存在的社会实践中，不得不做两方面的同时构建：一方面，近现代的国家统治者，继续

---

① 参见曹诗权：《未成年人监护制度研究》，中国政法大学出版社2003年版。

"透过对家族的掌握，来作为支配社会、控制国家的手段。就这一点而言，近代的家族，实际上发挥了极大的政治工具性。具体来说，家族法的法典化，就是国家掌握家族的重要方法。经由立法者们的意思表现，国家巧妙地在家族领域建立了公共的空间，并且以公共之名将'个人'限制于家族共同体的法秩序之内。在此，国家的家族价值超越了'个人'的家族价值，国家所定的家族价值才是'正统'，而不同于此的则皆被贬为'异端'，非但无法获得来自国家的法的承认，甚至可能受到国家公权力的无情侵害"[3]342~343。另一方面，国家的统治者秉承对自身统治地位和社会公共利益维护的责任，真切地感受到，在当今社会中，家庭或亲属不可能是万能的；家庭自治体系无论在权力支配服从格局下，还是在人本主义的自由平等氛围中，无论是外力强制，还是内力自控，都不可能是完美无缺的；父母亲属的爱情与关怀在主客观因素的变异作用下是脆弱的，也是动态且因人而异的；父母的无能、失职、缺位和家庭的破损总是客观存在、不断发生的，因此必须以法律的形式，借助非家庭的方法，通过国家机构的作用和社会组织的方式，监督家庭公共职能的运作，或者直接替代传统家庭的角色，完成未成年人监护职责。现代国家在监护制度或家庭法中的这两种巧妙设计，都是未成年人监护的国家主义样态的展示，一者是内在的国家主义强力渗透，另一者是外在的国家主义的公然表现，其整合之实质，就是未成年人监护的公法化和社会化。

所谓未成年人监护的公法化，学者谓之曰："就传统思考方式而言，未成年人之监护既为亲权之延长，则监护人原则上就为受监护人之近亲。但是，随着时代潮流的变化，法律对于未成年人之保护，不再放任由私人任意为之，而积极加以监督与干涉。亦即，未成年人之监护制度，已由私的亲属监护走向公的法律监护，而有监护公法化的倾向。"[2]273换言之，"近年来，由于社会变迁，亲属间、家庭间之关系日渐松弛，原具有私法色彩之监护制度乃逐渐脱离亲属法之范畴。多数国家以监护职务为国家之公务而设专责机构执行监护工作，使得监护制度兼具有公法、私法之双重色彩"[4]293。其公法化的表现为：（1）在民法有关未成年人监护的规范形式中，具有明显的强行性、义务性规范特质，尤其是对监护人的职责及履行职责的行为要求，多以应然性、禁止性的规范形式表现，是授权性的意思自治之民法特点的例外。（2）现代未成年人监护法规范和调整的法律关系的主体，已不仅限于传统民法之私法主体，不限于自然人，还包括代表国家行使社会公共权力和职责的主体，如国家司法机关、国家行政机关和公益性社会机构。(3) 现代未成年人监护法已明确意识到确认和保护的利益，既不是微观的家庭、父母或亲属的私人利益，又不是简单的未成年人的个体利益，而是通过未成年人利益所负载的国家或民族生存与发展、社会长治久安、人类文明不断前进的宏观利益和社会长远利益。正因为如此，各国在民法典中将未成年人监护设定为强制性社会公职。(4) 现代未成年人监护法既有实体性规范，又有程序性规范。通过这种双重规范的安排，使监护关系的得失变更和实际运作中，不断减少监护人的个人自由意志，强化国家意志。代表国家行使公权的有关机构或组织依据法定的程序直接干预监护活动，介入监护全程，监督监护行为。(5) 现代未成年人监护法赋予国家公权机构解决监护纠纷的主导性主体权威和职责，无论是父母离婚中的未成年子女监护问题，还是监护人的选择、指定、撤换和监护权的剥夺，国家在很大程度上是未成年人利益的代言者、维护者，是调处纠纷的主持者、决定者，是实施指定、撤换和剥夺行为的权力者。(6) 现代未成年人监护法已超出了民法之私法的范畴，即不仅民法中的监护法与时俱进，不断修改、充实，注入了公法的性能，而且各国都制定了少年福利法、儿童福利法、未成年人教育法、未成年人保护法等公法性、社会法性的专门法律。即使是其他公法法律部门中也渗透了未成年人监护和保护的内容，从而形成了辐射整个法律体系的公、私法都予以关照的法律保障格局。不仅如此，未成年人的保护和监护已不是国内法的境界，实际上成为一系列国际法的规范内容和国际社会的共同关注，是国际人权保护的重要组成部分。

　　未成年人监护的社会化是公法化的必然归属和现实表现，或者说社会化与公法化是现代未成年人监护制度同一态势的不同表述而已。尽管如此，未成年人监护的社会化除了上述公法化的展示之外，还可以有五个具体表征予以印证：(1) 法定监护人范围缩小乃至以德国民法为代表的法定监护的取消，意味着传统的亲属协力自治的家庭监护走到了尽头，非亲属的"社会人"在更广泛的意义上成为监护人；法律在考量监护人资格时不再主要置放于亲属关系的有无和亲等亲系的亲疏远近，而是履行监护职责的社会性能力和是否同意做他人监护人的志愿，此乃监护人由身份到社会的转变。(2) 在历史上曾作为解决家庭内部纠纷、决定亲属中主要问题和指定、撤换、监督亲属监护人的私力自治机构——亲属会议已走向了结构离散、人数规模不够、权威功能减退的穷途末路，甚至直接或间接遭法律唾弃，代之而起的是没有亲属身份和家庭渊源的并以国家公权做后盾的社会性机构或社会组织。此乃未成年人监护由亲属自决向社会公决的转变，是监护事务决定权、监督权的社会化。（3）传统家庭模式下，家长权或家长以权力形态表现的父母对未成年子女的权利、义务和责任在父母生存时是处于封闭、独断、内敛的人身专属状态，父母对未成年子女的人身和财产监护终身享有，既不能外移、转嫁，又几乎不受外在社会的监控和干涉，具有较高程度的伦理自律性和专权自治性。现代社会的未成年人监护突破了父母监护的封闭性、自律性和专属性，不仅使父母的监护行为受制于国家和社会的指导、监控和督促，而且可以基于法定事由将监护职责由父母转移给他人或社会，甚至可以依法剥夺父母的监护权，由具有社会监护功能的个人或组织替代。（4）传统监护模式下，如父母死亡或丧失能力，在客观事实上或法律上不能履行监护职责，家庭或亲属是主要的甚至是唯一的可依托为继续完成监护责任的保障体系。在现代社会，各国则从未成年人利益出发，建立了社会公益性组织和福利性保障体系，专门用于弥补父母监护的不能和家庭、亲属监护的缺位，减轻了亲属的保障责任，强化了社会责任。（5）传统监护模式下，未成年人监护职责在权能上具有高度的整合性和主体归属的全面性与单一性，在监护人角色上集合了法律意义和社会意义之监护的所有职责内容，没有也不允许权能职责的主体分离。现代社会的发展和社会分工体系的细化、专职化、专业化，全日托育机构、义务教育学校、医疗救治网络、不良行为的社会矫正组织等公益性、服务性、福利性社会体系，使未成年人在多数时间游离于监护人之外，许多监护职责已从父母、监护人和家庭中分离出去，被不同的社会性机构或专职人员承担，社会实际上负载了更多更重的监护责任和风险。

根据上述五方面的具体表现，可以将现代未成年人监护之社会化取向概括为八点：一是监护宗旨、价值的社会化；二是监护空间场所的社会化；三是监护职责的社会化；四是监护机关的社会化；五是监护功能的社会化；六是监护责任的社会化；七是监护监督的社会化；八是监护救济的社会化。[5]240~245

未成年人监护从家庭主义到个人主义再到国家主义，是人类社会适应生产力发展水平的需求而呈现的客观规律，也是人类文明和进步的必然现象。在这一总体性演进轨迹中，包容和隐含着不少的进化变素，亦即在公法化、社会化的渐进框架下，未成年人监护已经发生或正在经历着一系列的转型。其表现就是：从家庭监护转向国家监护；从亲属监护转向社会监护；从私法监护转向公私法混合监护；从私域监护转向公域监护；从自治监护转向公治监护；从自律监护转向他律监护；从性别差异监护转向男女平权监护；从受人格身份限制的监护转向人格平等的普适性监护；从财产利益驱动的监护转向人身与财产兼顾的双重监护；从父母单亲监护转向父母共同监护；从为家为亲的监护转向为未成年人的监护。

三、公法化、社会化监护是一系列社会因素共同作用的结果

未成年人监护制度及其运作样态在历史上的发展变化和公法化、社会化的国家主义现代演进方向，是社会力量的作用结果；各种社会条件、社会因素的综合影响，是未成年人监护发展、变异的前置或互动诱因。其中，在宏观的抽象意义上，社会生产力的发展状况是根本性动力，社会经济基础是决定性因素，上层建筑和意识形态的诸方面受着现实的制约和影响。在微观的具象意义上，植根于工业化、城市化及信息网络化和社会保障公共福利化的现代化潮流背景之中，未成年人监护交织在十个因素的共同作用之中①，而关于未成年人的保障和特殊权益的维护恰好对应在社会法②语境中。

在这十个背景因素中，有些对未成年人监护制度直接或间接施以作用与影响，有些则可以通过未成年人监护制度得到呼应和印证。其中，对现代未成年

---

① 十个因素为：一是社会制度体系的价值重心全面移位，近代的形式人权转变为现代的实质人权，并渗透到社会的各个方位；二是制度型的特权、等级身份消退，自然型、社会型的弱者身份获得重视，社会福利、社会保障和社会公益事业得到空前发展并不断健全、完善；三是作为独立人格主体和社会创新发展主体的未成年人，关涉国家和民族持续健康稳定兴旺的长远全局的现实利益属性得以显现和普遍认同；四是家庭规模缩小，家庭结构核心化，破裂家庭或畸变家庭形式增多；五是家庭职能衰微、外移和被替代，家庭的亲和力、凝聚力、保障力和社会抗震力减弱；六是亲属体系分崩瓦解，以亲缘、血缘、姻缘、情缘和地缘为基础的亲属网络丧失社会功能，亲属的社会角色的期待、认知和扮演发生更新；七是成年人和未成年人无论是否有亲属身份，主体性、独立性意识增强，张扬个体价值和发展享乐需要的人本主义、个人主义攀升；八是20世纪五六十年代以来，离婚、家庭暴力、青少年违法犯罪及同性恋、吸毒和人工生殖技术的临床实用等社会问题激起了社会对婚姻家庭和未成年人抚养、教育、保护等方面的反思，驱动着制度设计及其运作的加强与重构；九是私法自治暴露出先天的惰性和后天的不良，社会治理和保护力度疲软，民法中公力机制渗入，民法公法化露出端倪且不断增强；十是横断于公法、私法之间的所谓社会法潜生暗长，显示出不断丰富和发展的势头。参见曹诗权：《未成年人监护制度研究》，中国政法大学出版社2003年版，第246~248页。

② 社会法是国家为保障社会利益、通过加强对社会生活干预而产生的一种立法。如果我们将以国家本位为特征的公法看作第一法域，以个人本位为特征的私法看作第二法域，那么，私法与公法相融合而产生的、以社会本位为特征的社会法则是第三法域。参见董保华等著：《社会法原论》，中国政法大学出版社2001年版，第3~10页。

人监护公法化、社会化发展取向连带性作用最突出的结构性因素有四个。

第一，现代产业分工和社会保障事业、公共服务体系的发展，伴生亲属功能的解构和替代。社会分工首先表现为产业分工；现代产业分工带来了工业与社会服务业的分离，并在工业内部进一步分工，形成了能源基础、加工制造、信息产业化等鲜活的产业格局；社会服务业在内部也进一步展开，形成了社会福利保障、政府公益服务、生活商业服务和信息服务等异彩纷呈的服务网络。从总体性能讲，这都属于产业性分工。自从工业与服务业先后分化出来后，便开始了人类社会独特的第二种形式的分工——家庭分工，即家庭职能分离出去，交给了社会；这不是家庭内部分工，而是家庭与社会职能的重置再构。产业分工是原有产业把内含的新产业因素分化出去，家庭分工则是把家庭内含的功能因素分化出去。所以，产业分工是结构性的，家庭分工是功能性的；产业分工为家庭分工提供功能替代物，家庭分工为产业分工带来结构形成的一种重要动因。

基于这种分工体系，现代社会日益发达的工业、教育、福利、服务组织，把家庭的经济、教育、保障、看护、监管、抚养乃至生育功能不断吸收过来，获得自身发展变化的新的依据和动力源泉，并把这些功能提高到新的水平，呈现质量与效益的双重绩效。与此同时，家庭丢掉了"世袭领地"，亲属远离了"传统舞台"，即使父母对未成年子女也有了一份沉重的疏离和失落；融于未成年人监护中的照顾、监控、看护、教育、扶助、指导等常规功能内容由家庭走上了社会，由亲属主体变成了职业性服务的社会主体。"由于正在工业化的社会愈来愈多地建立正式的机构来代行比核心家庭大的亲属群体的许多任务。工业化的主要进程最终会对亲属模式产生影响，在开放的市场上，人们可得到多种服务。这使得个人更能摆脱亲戚关系网的控制而独立生活。同样重要的是，这也破坏了大规模的亲戚群体对个体家庭的控制。亲戚群体过去所提供的服务和帮助现在可以从别处得到。"[6]244~251

第二，现代人需求结构的转换和升格，牵引亲属内涵和价值的充新。根据马斯洛的人格与动机理论，人类基本需要组成一个相对的优势层次。[7]40~90不同社会的发展水平，有不同的满足人的需要的条件，从而决定了人的需要在不同社会中有不同的结构、不同的追求境界和层次。

古代社会或传统的农业社会，人的需要局限于生理和安全的基本层面，即物质性、环境性需要至关重要。现代社会物质文明和精神文明的发展，使人们的精神需要随着物质需要的上升而上升，并且比物质需要上升得更为迅速。安全、爱和归属、自尊、自我实现等精神含量多的需要层次跃居为常态下人们的普遍追求。这种需要结构的变化既反映在成年人身上，又反映在未成年人身上，从而对传统家庭功能、亲属关系和未成年人监护提出了挑战，带来了双重冲击：一方面它要求在家庭和监护中，必须进行功能性调适和更新，强化精神性、情感性因素，使家庭成员和未成年人获得充分的精神需要的满足，而不能再停留于简单的衣食住行等物质性保障和生活照顾；另一方面，不得不向社会全面开放，将一系列的功能释放给社会，让家庭成员和未成年人充分享受社会已经能够提供的资源，获得精神需要的满足，使爱、自尊、自我实现等高级层次的需要得以充分彰显而不是压抑，从而既有利于未成年人的健康成长和进步，又能推动社会的发展。

第三，现代文化结构的变异，浸润亲属内聚力的松软，个人独立性意识提高。无论是家庭共同体或亲属团体，还是未成年人的亲属型监护，在其内在运行机制上，总共有五个特性：一是鲜明的利他性，要求主体具有一种无私、奉献、牺牲自我现实利益的精神；二是人格融入的全面性，要求人身、财产的浑然同构；三是强烈的情感性，要求精神、情感、心理的深刻沟通交融；四是高度的责任自律性，要求伦理、道德、法律所赋予的责任和期待内化为主体的自觉自律；五是时间持续的长期性和日常互动的密切性，要求主体有巨大的包容、宽谅和忍耐。

这五个特性在传统家庭中，可通过家长权威和高度自治的内控获得圆满的化解。但在现代社会中，以个人自由、个人权利、个人价值和个人精神需要追求为内核的人格独立意识与这五个特性格格不入，亦即文化结构中个人独立性意识的提高和社会价值观念的变化，冲击着家庭的功能，阻止了家庭职能的实现，使依靠家庭或亲属来承担未成年人监护职责显得异常脆弱。从而，现代国家必须做出选择：要么重新打造人们的观念，培育非独立主体意识，引导"人心复古"、"克己复礼"；要么正视现实，顺应社会发展和观念的变化，完善社会构造，释放家庭的某些功能，将未成年人的监护更多地纳入社会和国家的职责领域。显然，前一种选择是不现实的，也是逆历史而动的；后一种选择才是明智之举，也正是当今未成年人监护的发展方向，更是家庭功能向社会分化的严峻现实。

对此，早在20世纪80年代以前，西方社会学家就已做了历史性解说。"当今世界正经历着一场波及整个人类的戏剧性的深刻变革，它反映在当代世界的政治、经济和社会生活的态度、行为等各方面。基本的宗教、道德伦理观念和价值受到了剧烈的冲击——怀疑、考验乃至批判。社会结构及文化价值上的巨大变化和解体是与社会、个人的危机联系在一起的，这种危机便是：以往的经验和意义不再被人们认为是理所当然的。传统的性别角色、婚姻和家庭也面临着挑战。"[8]1可以说，"现代化有助于个人摆脱扩大家庭、亲属、部落的控制，它为个人提供了寻求前所未有的选择的机会"[8]51；而个体独立意识的增强，又进一步加剧了家庭社会功能的萎缩，扩大了无论是成年人还是未成年人对社会的依赖。

第四，现代家庭结构的"核缩"，驱动亲属体系的"离散"。家庭结构是指家庭成员的代际与亲缘关系的组合状况。无论历史上的家庭结构形态如何，在现代社会，具有普遍性的家庭结构是核心家庭，即家庭规模意义上的小家庭。家庭结构和规模的这一现代定位，至少有五个原因：一是生育政策的导向；二是抚育成本的制约；三是老年社会保障的建立；四是生活价值观、生育观的影响；五是社会分工和职业的牵引。随着家庭核心化结构的普遍态势，加上上述三个结构性因素的同步作用，传统家庭和亲属团体所负载的功能已难于见效。

马克·赫特尔评论说："梅因假定地位社会恪守传统的群体关系，反过来，传统决定着个人的权利和义务。个人的地位也是由其家庭和亲属制度决定的，家庭和亲属制度则构成了社会组织的基础。工业化促进了各种对立关系的发展，同时亲属关系也随之受到削弱。随着国家占据主导地位，民法取代了传统习惯来实施和调整社会依从与社会控制。梅因证明由于国家权力的日益上升，家庭对个人的影响也日渐削弱，与此同时，妇女的社会地位也将得到提高，家庭主义便失去了市场。梅因论证的中心命题是曾经为家庭所具有的权力、特权和责任已移交给了国家，建立于人们地位之上的社会关系也已转变为每个人都认可的'契约'关系。"[8]67W.古德在描述核心家庭时认为，夫妇式家庭更加强调深厚的感情。这种感情色彩使得夫妇式家庭既亲密又脆弱。如果夫妻任何一方从家中得不到爱和安慰，那么双方也就很难继续相处。因此，在夫妇式家庭制度下，离婚率往往较高。由于夫妇式家庭没有较大的亲属群体来提供各种社会福利，它对老弱病残者的照顾也就成问题了。如果孩子们失去了双亲，也就没有什么亲属群体负责照看他们。当夫妻离婚以后，也没有什么亲属群体自动照顾他们。[6]155~156为解决这个问题，工业社会建立了复杂的社会保险制度，并兴建了老人之家和孤儿院之类的机构，一些私人和政府还专门为残疾人制订了援助计划。事实上，形形色色的社会服务已经代替了从前的扩大家庭或其他形式的亲戚网络所能给予的帮助。总之，夫妇式家庭比其他任何家庭形式都更能适应工业化制度的需要。个人更容易顺应劳动市场的需要，更能集中精力于工作，而不是集中精力考虑其亲戚网络的需要。

四、我国现行未成年人监护制度的理念差异

在延续数千年的中国历史中，齐家治国安天下的宗法治理结构及其社会控制和管理模式，使宗法家族从内部吸纳了未成年人的监护功能，也排斥了监护的独立存在意义和价值；而以地缘、血缘、姻缘为纽带的小农经济的乡土社会和身份社会又牢牢限定了一个人、一个家庭的空间和人际范围，现代意义上的未成年人监护制度缺乏滋生的社会驱动力和现实需求。

新中国成立后，由于多种因素的影响，民事立法几起几落且迟缓滞后，未成年人监护制度和其他民法制度一样，长期未得到社会应有的重视和立法层面的反映。在特定社会历史背景驱动及其赖以支撑的法学理论指导下的1950年婚姻法、1980年婚姻法虽然在有关亲子关系和亲属扶养关系中涉及一些本应属于监护方面的实体内容，但并未形成相对完整、独立、清晰的未成年人监护制度架构，也始终没有使用监护这一法律话语，整个法律体系中也无监护概念出现。直至1986年，作为民事活动基本准则的《中华人民共和国民法通则》（以下简称民法通则）的颁行，才在民事主体"公民"一章中对监护做了原则性的规定，在新中国法律中第一次正式以规范形式和制度语境认可并使用监护这一称谓，从而为监护制度在中国的研究和操作适用提供了基本的规范性依据，进而在随后各有关法律部门和所制定的法律规范中，监护这一特定概念得到普遍的接纳和援用，俨然成为中国当今法律体系中的一个基础性、制度性的法律术语。在这一趋进过程中，基于民法通则的基本法奠基效果，未成年人监护制度在整个法律体系中获得了开放和丰富，逐步形成了以民法通则和婚姻法为主体，以收养法、未成年人保护法、义务教育法、残疾人保护法、预防未成年人犯罪法、母婴保健法、人口与计划生育法、妇女权益保护法等特别法为配套，以其他法律部门的相关规定、最高人民法院的司法解释和各有关行政法规、行政规章及被授权立法的地方性规范为补充的未成年人监护法的形式样态。

但严格说来，在很大程度上，我国系统完整的未成年人监护制度还没有真正建立起来，民法通则的少量的原则性规定只是起到了对建立具体、完备监护制度的基本规则性指导作用，婚姻法虽经2001年的修改，仍停留在亲属扶养制度定式下而未能向监护做更多的靠近，司法解释中有关监护的内容，也不过是

对实际操作过程中出现的问题所进行的零星修补，其他法律规范中的反映更不能取代民法的任务。基于此，现行监护制度缺失甚多，其首位问题应归因于立法理念的历史局限性。

通过民法通则和婚姻法对有关未成年人监护的几条简短的规定，可以很清楚地看到，因应于 20 世纪 80 年代的社会背景和法学思维，在未成年人监护的制度设计中，在思想理念上明显地表现出"八重八轻"：一是重家庭责任，轻国家责任；二是重亲属监护，轻社会监护；三是重私力自治，轻公力干预；四是重固有传统，轻继受文明；五是重扶养关系，轻监护体系；六是重身份伦理道德，轻法律规制调整；七是重单位基层义务，轻政府公益保障；八是重人身监护，轻财产监护。在此理念下，未成年人的监护乃至法律保护在很大程度上还停留在私域性、家庭性、亲属性和自治性的水平，国家或政府在未成年人监护中应有的权力、义务和职责、责任仍处在相当后位乃至没有的状态，不堪负荷实际上也无从运作的所谓未成年人父母所在单位和村民委员会、居民委员会这种基层群众性自治组织，无端地替代国家或政府成了家庭与社会的中间责任环节，而应该代表国家或政府介入监护、承担监护之公益职责的政府专门机构和社会福利保障组织却超越在外，责任甚微。这是一种私法化、亲属化、自治化和浅表化、分割化的监护模式，是监护观念落后的表现，意味着未成年人在很大意义上还处在"家庭人""亲属人""单位人""地方人"的传统偏狭私域，而"国家人""社会人"的现代身份境界尚未获得确认。

之所以形成这一导向和定格，有其深刻的思想根源和背景因素。"第一，在于几千年传统观念的影响。在我国的家庭制度中，长期实行的是家长制，在家庭关系中，家长的权威胜过法律的权威，子女始终被视为家长的财产，家长对子女拥有绝对的控制权。新中国成立后，虽然在法律上废除了家长制，但传统观念仍然影响着人们的行为，因而强调监护人的义务多于权利、监护人的监护行为须受外部机关乃至公权力监督的现代监护观，还难以被广泛认可。第二，由于家庭是以血缘关系为基础的，因而人们往往将家庭视为私之又私的领域，甚至相当一部分司法工作人员也持这种看法；即使监护人严重失职，乃至于侵犯被监护人的人身权利与财产权利，'异姓旁人'也不愿插手于'清官难断家庭纠纷'。第三，虽然我国现代家庭财产制度正在发生重要变化，传统的不分彼此的共同家庭财产制随着人们法律意识的提高，正遭受冲击，但新的多样化的和包含更多法律意义的家庭财产制尚未建立，因此，诸如要求监护人区分自己的财产与被监护人的财产，妥善管理被监护人的财产，不得随意处置被监护人的财产等规定，也难于被接受。"[9]145~151第四，立法受当时社会经济发展水平的局限。20世纪80年代前、中期，中国还背负着沉重的生产力水平低下、国家经济实力不强、国民生活水平不高、社会保障体系难以到位的历史包袱和现实压力，整个社会还处在追求温饱的目标下，无论是未成年人，还是其他老弱病残"弱势"群体，大多只能分化到家庭、亲属等私域责任机制中，国家和社会在贫困的条件下，在社会主义初级阶段之初期，必须通过这种职责的转移和消化，才能集合更多的社会资源维护社会稳定，推动社会的快速发展。第五，是中国由社会主义计划经济向市场经济转型的过渡性反映。80年代，中国的改革开放尚处在"摸着石头过河"的探索和逐步启动的艰难时期，顽强的计划经济体制定式及其相随的政治体制、社会保障体制不仅左右着人们的观念，而且还强劲地实际运行着；国家政策和社会实态有着浓厚的"有计划的商品经济"的定位特性，农村的分田到户和家庭承包责任制还原了"家庭人""亲属人"传统，城市现代企业制度尚未亮相，国家机关、事业单位的机构、人事、福利改革未能展开，社会化服务和保障体系步履维艰，城乡基层群众自治体系更未来得及塑造和重构……在这一背景下，关于未成年人监护的立法选择和诸多法律、政策一样，带有强烈的计划经济时代的烙印和单位负载社会、政府职责的"单位人"特色，所以国家机关、企业、事业单位等所谓未成年人父母所在单位及村民委员会、居民委员会成了法定监护人和监护人"指定"机构，扮演了一个怎么也不该扮演、实际也扮演不好的特殊角色。第六，对家庭结构、亲属关系的迅速发展变异预期不足。从20世纪80年代后期至今，中国的家庭结构、家庭规模、家庭关系、家庭观念和亲属纽带可谓经历了前所未有的变化，以血缘、姻缘、地缘为纽带的乡土社会、身份社会受到社会变革和价值观念的冲击，"熟悉人""单位人""亲属人"的传统社会在客观上走向了"社会人""陌生人"的市民社会，家庭功能的社会期待和法律要求与社会的实际运行态势发生阻隔和错位。对此，无论是1980年的婚姻法，还是1986年的民法通则，都没有也不可能有准确的预测和前瞻性把握。第七，法学理论研究和指导不足。理论是实践的先导，法学是立法的支撑。但80年代初中期，无论是民法学，还是婚姻家庭法学，均处在创建和重构的理论稚嫩期，既有正确的真知灼见，也有误导的保守偏见，还有未曾涉足的盲区空白；对既有理论的顽固抱守和对文化继受的冷漠无知同时存在；虽然不乏仁智真谛，但囿于环境氛围而难成气候。其中，就未成年监护来说，当时的民法理论和婚姻家庭法理论译介、研析尤显单薄和微少。可以说，现行未成年人监护立法是在较为贫瘠的理论基础上炮制出来的。因而，这既有一份立法者的勇气和胆识，又有一份法学研究者的凄冷和责任！

五、中国未成年人监护立法必须考量的时代因素

作为社会制度的有机组成部分，未成年人监护制度是建立在一定社会经济基础之上的上层建筑，是该社会的未成年人保护形态在上层建筑领域中的集中体现，具有上层建筑或社会制度的共性特点，受到人类社会发展中固有规律的作用。一定社会形态下的未成年人监护的性质、内容、形式等特点，都有其特定的社会背景，并充分反映该社会的发展水平、物质生活条件和文化传统。在中国民法典中设计未成年人监护制度，应该在五大发展理念指导下，充分把握现实生活动态和改革发展前景，切实考量和回应三大因素。[5]279~292

第一，市场经济体制下劳动就业方式的改革，优化选择的劳动人事机制与巨大的就业人口过剩的压力，产业结构调整与下岗失业人员增长的冲突，特别是亿万流动人口背井离乡、新增婚育人口的持续待业，给未成年人的监护造成严峻的形势：一是父母为谋求自己的生存和职业，事实上也是为了家庭的生计和保障，往往面临着不得不暂时牺牲未成年子女的利益，使未成年子女的监护、教育、扶养受到威胁，父母监护能力遭遇客观上的风险而不能自救；二是父母自身处在下岗、失业或待业状态，尽管享受到最低生活保障，但不堪负荷对未成年子女的扶养和监护职责，即使勉为其难，实际上未成年子女的健康成长和生活学习也已受影响；三是亿万流动人口的未成年子女或者成为"流浪儿童"，随父母颠沛流离，四海为家，或者成为"留守儿童"，远离父母亲人，处境凄凉。对此，虽有父母的一份责任，但更多地需要政府和社会的关心、关爱和施救，需要强化国家保障和公益监护，而不能将此不幸推给儿童、家庭和父母、亲属。显然，现行监护法没有估计到这一形势，也没有相应的制度内容，缺乏现代监护规则的人文关怀和人本定位。

第二，在全面深化改革和推进依法治国的战略进程中，现代企业制度、党政机关管理体制与运行机制、事业单位分类管理与职责定位和城乡基层群众自治组织建设等已经发生了解构重构的巨大变革，并将进一步深化延展；社会建设、社会治理、社会保障、社会福利、社会救济和公共服务体系正在逐步建立健全。这一改革成果及发展趋势直接否定了现行监护法的部分内容。其一，现

行监护规范出台时期，企业、事业单位是一个小而全的社会，不仅是社会财富的生产者，还是一切社会保障职能的承担者，职工的生老病死和衣食住行等均有单位负责，职工的身后事务和未成年子女的抚养教育保障也由单位继续负担。这种企业办社会、职工及其子女都是"单位人"的模式严重背离了市场经济和现代社会治理的规律，必须予以摒弃。随着政企分离、政社分离、社企分离的逐渐到位，职工及其未成年子女的社会保障体系必然剥离单位，企事业单位不能担任监护人，也不能担任监护指定人。而且，市场经济是竞争性经济，在市场中，企事业单位经受着优胜劣汰、破产倒闭、兼并重组、关停并转和经营困难等巨大风险，不可能提供未成年人监护的稳定长效保障机制。新的监护模式必须从体制上、法律上、观念上彻底清除监护单位化的定式，将监护职责还原给政府和社会。其二，国家机关及公益化、事业化组织或单位，是国家的各级社会管理机构，担负着特定的社会管理职责，完全依靠国家财政支撑开展工作，必须保持利益上的高度中立性，即不得凭借管理职权谋求部门利益，也不得谋求机关工作人员的个人利益，不能将国家赋予的权力、职责转变成本部门的社会福利和保障手段，更不能越位将社会资源用来解决本部门及其公务员的福利待遇。历史及现实中的一些做法是国家机关职能和角色的严重错位，必须尽快全面加以改革清理。因此，国家机关不能担任其公务员的未成年子女的监护人，也不能担任指定监护人；在法律上要完成公务员在公务之外向"社会人"的转变。其三，居民委员会、村民委员会乃基层群众性自治组织，以群众性、自治性、民主性为特点，其经济财力、人员组成、工作方式、职责范围和法律地位决定了它根本不能作为未成年人的监护人，也不能担任监护指定人，充其量只能担任监护监督人。

第三，应该看到，中国社会的现代化是向工业化、信息化同步趋进，社会分工体系已形成相当规模并将进一步拓展，社会化、专业化的公共服务网络已渗透到国民生活的各个领域，社会保障机制、城市公益事业和城乡福利资源已基本搭建起来，其规模和水平大大超过了 20 世纪 80 年代。于此之中，我国的近 3 亿未成年人实际上多数时间是离开父母和家庭，享受社会提供的服务和保护，享受全日制入托教育和义务教育，甚至是全托照顾和寄宿学习；父母作为监护人，家庭作为监护职责的时空场所，在一定程度上似乎只具有形式意义；实质上幼儿园、托儿所、学校、医院等社会性公益主体在实际地完成监护工作，履行监护职责；这些覆盖人口未成年阶段全程的社会监护机构负载着更重的责任，也当然存在更大的监护风险。如何在这一社会形势下，有效规制和调整未成年人家庭监护与社会监护、父母亲属监护与公益服务机构监护的关系，合理配置不同主体之间的权利、义务、责任和各种各样防不胜防的监护责任风险，已是一个不能回避的现实问题，但现行监护法内容中没有做出应答，民法典监护规范设计应予积极回应。

六、中国未成年人监护立法的基准

针对未成年人监护制度的立法完善，法学界已提出不少趋于共识的理论思路和建议，但其视角多侧重于监护之具体法律问题的制度建构和遗缺补充，而对有关立法重构的宏观基础定位问题少有涉及。为弥补这一空缺，笔者现就中国未成年人监护制度在立法上应把握的六个规律、五个原则和五个关系[5]297~302提出粗略意见，以之作为基础定位的思考方向，求诸学界同人的呼应和指正。

（一）未成年人监护立法应遵循六个规律

任何一项法律制度既有社会的客观需求，也有其特定的制度逻辑和规律机制，正确认识和把握这种内在规律，是实现法的科学性和社会效能性的前置基础。就中国未成年人监护立法来看，至少要注意认识和遵循以下六个规律。

一是社会发展水平规律。包括社会生产力发展水平、社会的结构性要素变化、社会保障和福利水平、社会义务教育和公益服务水平、社会劳动就业水平、国民生活和家庭收入水平、城市化建设与城镇化发展水平、人口流动迁徙动态等。不同的社会发展水平，对未成年人监护有不同的要求，未成年人监护和保障随社会发展而发展。

二是未成年人从出生到成年的人生成长规律。具体包括年龄规律、生理和心理发育规律、智力和识别能力规律、行为能力和责任能力规律、学习和教育规律、社会化规律等。

三是未成年人在社会生活中可能遭遇的生活状态规律。包括父母的生存状况、父母的能力状况、父母的人身自由状况、父母的婚姻状况、家庭结构状况、亲属关系状况、亲属的监护和扶养能力状况等。

四是监护制度的发展规律。包括亲权与监护的分离整合规律，从家庭主义到个人主义再到国家主义的规律，监护的公法化、社会化规律，亲属法定监护逐步消亡规律等。找出这些规律的共性和必然性，对指导我国的监护立法极富理论意义和实践意义。①

五是监护本身的内涵规律。现代社会中，一个未成年人的生活空间、场所很多，从广义上讲包括家庭监护、学校监护和社会监护，但严格的法律意义上的监护有特定内涵。把握这一内涵，对确定监护人的职责和责任至关重要。

六是现代民法确认和调整的民事活动规律。如事实行为与法律行为规律，有效民事行为、无效民事行为与效力待定民事行为规律，代理行为规律，法律行为的形式要件规律，权利保护与交易安全维护的关系规律等。

（二）未成年人监护立法应坚持五项基本原则

一项较为系统的法律制度必须有自己的基本原则。该基本原则既是立法指导思想的集中反映，又是贯穿制度始终的基本精神，还是制度实施和操作运行的基本准则。要使21世纪的现代未成年人监护制度及其监护立法贴近发展的前沿，充满时代的气质，须坚持以下五项基本原则。

一是未成年人最大利益原则，或曰以未成年人利益为中心的原则。该原则不仅为法、德、瑞士、日本等大陆法系民法典所确立，而且在20世纪60年代以来，为美国、英国、加拿大等英美法系国家普遍奉行[10]，更为当今国际社会儿童保护与发展事业所公认，是《儿童权利公约》之"儿童优先"原则的具体表现和实践。

二是父母、近亲属和国家三位一体的职责原则。未成年人监护，从根本的、全局的、长远的利益来看，首先是国家和政府职责，必须以国家为主导，以政府职能部门为职责主体；在现阶段和今后相当长时期，家庭仍是未成年人监护的常态组织形式，父母是首选法定监护人，要继续赋予父母强制性、义务性监护职责；至于其他近亲属，则应以自愿为前提，以其实际监护能力为基础，赋予自愿性监护职责。基于此，我国未来的监护在总体架构上应为三个类型：父母法定监护和遗嘱指定监护；基于自愿而被指定的近亲属自愿监护；政府兴办

---

① 学者指出："监护涉及的对象，无论是未成年人，还是无民事行为能力人、限制民事行为能力人或残疾人，都更是应受到社会保护、国家保护的群体。所以公的权力的介入已日益成为世界各国立法者的共识。此点对完善我国监护法也是很有意义的。""随着社会的发展而越来越注重个人权利的情况，使个人的权益日益受到法律的重视，农业社会中以家庭作为法律调整基本单位的情况已转变为以个人作为法律调整的主体。国家公权日益深入地介入家庭内部关系。"参见杨大文主编：《亲属法》，法律出版社1997年版，第312~316页。

的社会福利机构代表国家的监护。

三是男女平等和父母共同监护原则。在未成年人监护法中，无论是监护人，还是被监护人，法律给予的主体资格和权利、义务、责任，必须严格遵行男女平等原则，不得有任何性别偏重或歧视。对于父母监护，无论是非婚生子女父母，还是养父母、有事实上抚养关系的继父母，抑或离婚父母，都要尽可能维护父母共同监护，只是在具体监护方式和职责配置上有所区别而已。这既是未成年人利益和健康成长的要求，也是当今世界各国逐渐通行之态度。

四是家庭自治与国家公权全程干预、监督原则。家庭自治，是人类个体家庭产生以来承担未成年人扶养、教育和监护职责的普遍性历史样态，仍然是现今社会中的常态模式，自有其情感基础、心理基础、利益基础和功能基础，也有其伦理道德的内在强制，在立法上应给予充分的尊重和信赖。但是，从未成年人利益出发，在赋予家庭自治的同时，必须强化国家的公权干预，通过政府职能部门和司法机关实施有效的监督和监控，保留国家公力的随时介入；一切有关未成年人监护的纠纷，均应通过国家公权机构来解决。从中国社会的历史与现实来看，是家庭自治有余，公权干预不足，因而更应注意后者。

五是积极的社会救助原则。未成年人的人身空间更多地在社会之中，在各种各样的社会场所，享用着各方面的社会服务和资源；同时，作为有独立人格的民事主体，其人身权益和财产权益处于动态的民事活动之中；即使监护人的职责行为，也是在与社会的互动中体现和完成的。因此，在"三位一体"的监护职责基础上，还必须坚持积极的社会救助原则，调动一切社会力量和因素，关爱未成年人，保护未成年人，协助和监督对未成年人的监护。

（三）未成年人监护立法应把握好五个关系

一是在立法的技术定位上，把握粗疏与细密的关系。应该改变现行法的概括性、抽象性及简略性的纲要形式，摒弃以往"宜粗不宜细"、"先粗后细"的立法技术倾向，使规范体系归于详尽、明确和具体；针对监护法的强行法特点，合理恰当地配置法律规范所必要的假定、处理、制裁三个要素，引入法律责任机制，建立健全相应法律规范的责任保障体系，使制度的整体构造和单元结构完整，疏而不漏，一般性、典型性的法律控制模式既有概括性和透明性，又不失具体的针对性和操作性。

二是在立法的价值定位上，把握个人与社会的关系。一方面，未成年人监护内在机理决定了其制度设计必须把握好未成年人与社会、监护人与国家的利益关系，其价值定位在于通过监护人和国家的监护职责实现与保障未成年人的利益及社会利益，这应该是我国监护立法的出发点。另一方面，未成年人监护法作为民法的组成部分，它与民法共同的作用似乎是将确认和调整的私人利益关系归属到权利主体，建立民事权利体系，保障私权，从而反映其权利法的根本属性。但是，当代民法的不断发展已突破了这一传统定式，以往的私权绝对和私权神圣已走向私权相对和私权有限，社会本位的价值日益凸显，未成年人监护法在很大程度上成为这一演进趋势的直接表现和典型印证。中国未成年人监护法应注意反映这一规律和发展方向。

三是在立法的文化定位上，把握传统与继受的关系。中国的未成年人监护立法，不仅是一项紧迫而深远的现代法制建设工程，而且是一项多元而广阔的历史性法文化建设。围绕这一建设工程，必然交织着继受性法文化的吸纳、传统性法文化的继承和时代性法文化的创新三位一体的交融同构。整个立法活动的运行，既不能是对传统文化的直接继承，也不能搬用外国某一法文化模式来奉为圭臬，更不能是传统法文化与继受法文化的简单嫁接或联姻，而应该是在现代法文化的构造中把握社会发展需要所形成的法文化建树与更新，从而介于传统法文化和继受法文化之间，既有对传统法文化一定程度的扬弃和超越，又有对继受法文化的筛选和驾驭。

四是在立法的导向定位上，把握现实性与前瞻性的关系。"立法者应该把自己看作一个自然科学家。他不是在制造法律，不是在发明法律，而仅仅是在表述法律，他把精神关系的内在规律表现在有意识的现行法律之中。如果一个立法者用自己的臆想来代替事情的本质，那么我们就应该责备他极端任性。"[11]183因此，我国未成年人监护立法，必须实事求是，从实际出发，尊重社会现实和中国国情，厘清特殊或个别，紧扣时代脉搏，把现实生活中存在的客观规律正确地反映到法律规范之中，防范立法与现实的脱节或错位，这是立法导向的现实性定位。但是，立法不仅要解决昨天、今天发生的问题，更要解决明天的问题，因此，科学地确保法律的稳定性、导向性价值的立法，必须具有一定的前瞻性或超前性；要把客观实际看成是运动发展的，与时俱进，准确认定和顺应时代发展、变化的步伐和需要，预测和把握社会发展的规律走向，赋予立法广阔的发展空间和持续的活力。

五是在立法的内容定位上，把握人身与财产的关系。未成年人监护是人身监护与财产监护的统一整体，既有身份伦理价值，又有财产利益属性；既有婚姻家庭法底蕴，又有民事活动的财产法内涵；既有主体能力机制，又有交易安全秩序；既有公平自愿机理，又有社会保障效能。因而在立法内容上要合理配置，不能厚此薄彼，要改变现行法重人身、轻财产的现象，加强对监护中财产关系的规制和调整；在维护未成年人人身权益的同时，充分保护监护人、被监护人的财产权利，保障市场交易安全，使未成年人监护制度的各项功能均得以完整全面地释放。

此外，基于监护启动、指定、变更和终止的动态运行规律，反映家庭自治和国家公权（行政权、司法权）干预的双重性能，按照以国家（政府职能部门）为主导、以父母监护为法定强制、以近亲属监护为自愿加指定、以政府性社会福利机构监护为补救和全程监护监督的新型监护模式的内在要求，中国未成年人监护法在立法上还必须做到公法与私法兼顾、实体法与程序法结合，从而形成独具特色的"混合法"态势。

【参考文献】

[1] 史尚宽. 亲属法论 [M]. 台北：荣泰印书馆，1964.

[2] 林秀雄. 论未成年人之监护人及"民法"第 1094 条之修正 [A]. 谢在全. 物权、亲属编论文集 [C]. 北京：中国政法大学出版社，2002.

[3] 吴煜宗. 近代·家族·法 [A]. 谢在全. 物权、亲属编论文集 [C]. 北京：中国政法大学出版社，2002.

[4] 陈惠馨. 亲属法诸问题研究 [M]. 台北：月旦出版社股份有限公司，1993.

[5] 曹诗权. 未成年人监护制度研究 [M]. 北京：中国政法大学出版社，2003.

[6] [美] W. 古德. 家庭 [M]. 魏章玲译. 北京：社会科学文献出版社，1986.

[7] [美] 马斯洛. 动机与人格 [M]. 许金声，等译. 北京：华夏出版社，1987.

[8] [美] 马克·赫特尔. 变动中的家庭——跨文化的透视 [M]. 宋践，等译. 杭州：浙江人民出版社，1988.

[9] 邱鹭风. 关于完善我国监护制度的探讨 [J]. 南京大学法律评论，1998（3）.

[10] 雷文玫. 以"子女最佳利益"之名：离婚后父母对未成年子女权利义务行使与负担之研究 [J]. 台湾大学法学论丛，1999（3）.

[11] 中共中央马克思恩格斯列宁斯大林著作编译局. 马克思恩格斯全集（第 1 卷）[M]. 北京：人民出版社，1956.

（原文刊载于《中华女子学院学报》2016 年第 2 期，并被中国人民大学《复印报刊资料》全文转载）

未成年人监护的实证考察与制度反思

但淑华　黄　晶

（中华女子学院法学院）

未成年人是国家的未来，却也是家庭与社会中的弱者。作为保障未成年人合法权益、实现未成年人生存权与发展权的重要制度安排，未成年人监护制度的实施效果不仅事关未成年人的身心健康，更攸关家庭和睦、社会和谐和国家发展。近年来，我国留守儿童、流浪儿童、流动儿童等社会问题日益严重，监护人残害、虐待甚至性侵害被监护未成年人的恶性案件也时有发生，这使我国未成年人监护制度的科学性备受质疑。有鉴于此，笔者以 100 份未成年人监护民事案件判决书①为样本开展实证研究，以考察我国未成年人监护制度的实际运行效果，判断其与立法意图、民众期待、社会现实、应然价值等的吻合程度，并以此为基础进行相应的制度反思。

一、未成年人监护案件的基本情况

（一）案件类型分布②

在最高人民法院 2011 年印发的新版《民事案件案由规定》中，涉及未成年

---

① 笔者对中国裁判文书网上公布的裁判日期为 2014 年 1 月 1 日至 2015 年 12 月 31 日，案由为"监护权纠纷""申请确定监护人""申请变更监护人"和"申请撤销监护人资格"的民事案件判决书进行了随机抽样，每种案由各抽取 25 份，总共 100 份判决书。

② 为了解未成年人监护案件类型的总体分布情况，笔者对中国裁判文书网上公布的裁判日期为 2014 年 1 月 1 日至 2014 年 12 月 31 日，上述四种监护权案件案由中的未成年人监护案件数量进行了统计。除本项之外，本文的其他统计分析均以注①所说的 100 份判决书为样本进行，特此说明。

人监护的三级案由有四个：一个为"婚姻家庭纠纷"下的"监护权纠纷"，另三个则是"监护权特别程序案件"下的"申请确定监护人""申请变更监护人"和"申请撤销监护人资格"。故而在司法实践中，未成年人监护案件的类型主要是这四种。就中国裁判文书网公布的2014年审结的这四类案件而言，数量最多的是监护权纠纷案件，占比约为65%；其后依次为申请确定监护人案件、申请撤销监护人资格案件和申请变更监护人案件。

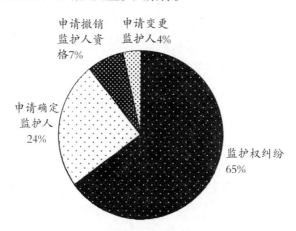

图1　未成年人监护案件类型分布

（二）被监护人父母及诉讼当事人

绝大多数未成年人监护案件存在被监护人父母缺位的情形。在100份研究样本中，被监护人父母双方均死亡或下落不明的有14例，父母一方死亡或下落不明的有69例，其中又以父亲一方死亡或下落不明的居多（60例）。在另外的17起案件中，被监护人的父母虽未缺位，但有的因客观原因长期无法履行监护职责，也有因双方离婚而引发诉讼等情形。

就未成年人监护案件中的诉讼当事人进行考察不难发现，其与被监护人的父母状况具有很强的对应关系。研究样本中有六成案件的诉讼当事人双方分别为被监护人的父母一方和另一方的亲属。其中，发生在被监护人母亲与祖父母、伯叔姑等父方亲属之间的案件占研究样本的57%，而发生在被监护人父亲与外祖父母、舅姨等母方亲属之间的案件仅占3%。这说明受传统观念的影响，现实生活中孩子仍然易被看作父家的血脉延续，母亲监护权的实现面临重重障碍。此外，在被监护人父母双方缺位的情况下，父方亲属与母方亲属之间的诉讼占研究样本的10%，主要表现为祖父母与外祖父母之间的纠纷，也有个别案件是伯叔姑与舅姨之间的纠纷。发生在被监护人的父母与祖父母之间、养父母与生父母之间、村（居）委会或救助站等与监护人之间的诉讼也有所存在。

（三）当事人争议焦点

在研究样本中，绝大多数当事人关注和争议的焦点集中于对未成年人的人身监护问题上，包括监护人是否与被监护人共同生活，是否妥善照顾被监护人并对其进行科学的管理和教育，保护其身心健康等。仅在 1 起案件中，原告明确主张被告存在对被监护人财产保护不力的重大过失；另有 5 起案件，申请人或原告在起诉书或庭审中提到了被监护人的财产问题，隐含着被申请人或被告（原监护人）有图谋、擅自挪用被监护人财产或对被监护人财产不当处分之意。

（四）法院判决及其理由

就法院判决结果而言，在研究样本中有 45 起案件法院驳回了申请人的申请或原告的起诉，维持了原监护人的监护资格；有 52 起案件则是在撤销原来监护人的同时，另行指定了新的监护人；另有 1 起案件是在监护人缺位的情况下，法院确定了监护人；还有 2 起案件是在维持原来监护人的同时增加了新的监护人。

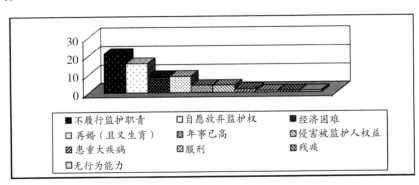

图 2　法院判决撤销或变更监护人的理由

在法院撤销原监护人资格、指定新监护人的 52 起案件中，法院撤销或变更监护人的最主要理由是原监护人监护不能，占此类案件的 52%。其具体表现为原监护人经济困难、年事已高、患有不适宜履行监护职责的重大疾病、残疾、欠缺行为能力和正在服刑等。原监护人监护不力，即不履行监护职责的案件数量也不在少数，占此类案件的 40%，紧随监护不能之后居法院判决理由的第二位。另外，判决理由为原监护人自愿放弃监护权和侵害被监护人权益的案件分别占此类案件的 31% 和 8%。①

二、未成年人监护制度适用中存在的主要问题

(一)适用的法律依据混乱

我国现行法律中有关未成年人监护的规定散见于《中华人民共和国民法通则》（以下简称"民法通则"）、《中华人民共和国婚姻法》（以下简称"婚姻法"）等法律法规和司法解释中，体系杂乱，内容零散，缺乏足够的系统性和逻辑性，导致司法实践中未成年人监护案件的法律适用具有很大的不确定性。在研究样本中，适用度最高的法律条文是民法通则第十六条，研究样本中有 78% 的案件适用该条文来确定未成年人的监护人。民法通则第十八条规定了监护人的监护职责和责任，有 38% 的案件适用了该条文。由于这两个条文的规定非常笼统、粗略，不具有可操作性，所以很多案件也适用或同时适用了《最高人民法院关于贯彻执行〈中华人民共和国民法通则〉若干问题的意见》（以下简称"民通意见"）第一部分中"关于监护问题"的一些具体解释。此外，婚姻法、《中华人民共和国未成年人保护法》（以下简称"未成年人保护法"）、《中华人民共和国妇女权益保障法》（以下简称"妇女权益保障法"）等法律及其司法解释中有关未成年人监护的规定在研究样本中也有适用。《关于依法处理监护人侵害未成年人权益行为若干问题的意见》（以下简称"意见"）正式实施以后，其中的一些条文也成为法院判决是否撤销监护人资格的重要法律依据。

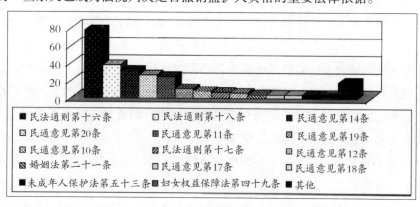

图 3　未成年人监护案件中的法律适用情况

---

① 有的案件中法院判决理由不止一项，故几种情形的百分比总和超过了 100%。

与此同时，未成年人监护案件案由确定的随意、不规范也加剧了法律适用的混乱程度。最高人民法院制定《民事案件案由规定》的目的之一是促进人民法院在民事审判工作中统一适用法律[1]31，但因涉及未成年人监护的四种案由之间的界限不够明晰，司法实践中不同法院对其把握标准各异，以致案由的确定较为随意。一些案情极为相似的案件，在有的法院被作为"监护权纠纷"案件处理，在另一些法院则被作为"申请撤销监护人资格""申请变更监护人"或"申请确定监护人"案件，而在处理结果上，也无外乎撤销原监护人资格，同时指定新的监护人和维持原监护人资格，驳回申请或起诉两种情形。由于"监护权纠纷"是普通程序案件，其余则是"监护权特别程序案件"，案由的不同必然带来程序规则适用上的区别。此外，在本次抽样的"监护权纠纷"和"申请变更监护人"案件中，有一些是被监护人父母离婚后，未与被监护人共同生活的一方认为对方未善尽监护职责，因而主张变更监护人的诉讼。但夫妻离婚并不影响其对子女享有的监护权，当事人要求变更的实际上是子女的直接抚养权而非监护权，因此这类案件的案由应该是"变更抚养关系纠纷"。这反映出一些法官在监护与抚养这两个概念上的混淆，也必然造成在法律适用上的混乱。

（二）单位、村（居）委会未发挥预期作用

依据民法通则和民通意见的相关规定，未成年人的父、母所在单位或未成年人住所地的村（居）委会在未成年人监护中主要承担着三项职责：一是当有监护资格的人之间对由谁担任监护人存在争议时，负责指定其中一人或数人为未成年人的监护人；二是在未成年人无人监护时，直接承担监护职责，担任其监护人；三是当未成年人的监护人不履行监护职责或者侵害被监护人合法权益时，向法院申请撤销该监护人的资格。然而实证研究表明，由于缺乏处理监护事务的人力、物力、财力等条件和必要的专业知识，未成年人的父、母所在单位或住所地的村（居）委会在未成年人监护中履行职责的情况并不理想，未能发挥立法者预期的作用。具体表现为：

1. 诉讼前经过指定监护人程序的案件较少，且指定质量不高

民法通则第十六条第三款规定："对担任监护人有争议的，由未成年人的父、母的所在单位或者未成年人住所地的居民委员会、村民委员会在近亲属中指定。对指定不服提起诉讼的，由人民法院裁决。"民通意见第16条将其进一步解释为：对于担任监护人有争议的，应当先由有关组织予以指定，未经指定而向人民法院起诉的，人民法院不予受理。这即是说，当有监护资格的人之间

对由谁担任监护人存有争议时，单位、村（居）委会指定监护人是向法院提起诉讼必经的前置程序。然而出于对单位、村（居）委会指定监护人的中立性、专业性和权威性的质疑，很多当事人在出现争议后不经指定而径行向法院提起诉讼，法院为有效定纷止争，在受理案件时往往也并不严格遵循指定监护前置的要求。在研究样本中，仅有26起案件在起诉前经过了指定监护人的程序，而且这些案件均为未成年人住所地的村（居）委会指定，无一例由未成年人父母所在单位指定的情形。而在经过村（居）委会指定监护人的前述案件中，又有31%的案件因指定不当或被指定的监护人不能妥善履行监护职责而被法院撤销指定。

2. 无单位、村（居）委会担任未成年人的监护人

当不存在具有监护资格的自然人时，依民法通则和有关司法解释，未成年人父、母所在单位或住所地的村（居）委会或者民政部门可以直接担任监护人，但事实上未成年人的父、母所在单位或住所地的村（居）委会通常不愿主动担任监护人，法院往往也更倾向于判令民政部门担任监护人。在研究样本中，无一例由未成年人的父、母所在单位或住所地的村（居）委会担任监护人的情形，即为适例。

3. 村（居）委会申请撤销监护人资格的案件很少

在监护人不履行监护职责或侵害被监护人合法权益的情况下，包括未成年人父母所在单位和住所地村（居）委会在内的其他有监护资格的人或单位均可向法院提出申请，要求撤销该监护人的资格。但在研究样本中，申请撤销监护人资格的绝大多数是有监护资格的自然人，即被监护人的近亲属，申请人为有关单位或组织的仅有5例。其中，由民政部门及其下设的救助机构、社会福利机构申请撤销的为3起，由未成年人住所地村（居）委会申请撤销的为2起，没有未成年人父母所在单位申请撤销的案例。

（三）未充分尊重当事人和被监护人的意思

1. 立法赋予监护人的意思自治空间有限

我国当前未成年人监护人的产生方式主要有两种：一是法定监护，即依法律的明确规定，在一定范围的人员中直接确定监护人；二是指定监护，即由未成年人的父母所在单位、住所地的村（居）委会或人民法院等第三方来确定监护人的人选。无论哪种方式，都未能体现监护人的意思。尽管民通意见规定有监护资格的人之间可以协议确定监护人，也允许监护人将监护职责部分或者全

部委托给他人，从而在一定程度上赋予了监护人自主决定监护事务的权利，但由于协议只能在法律规定的有监护资格的人之间进行，委托监护也不能使监护人彻底抽身于监护关系之外，所以事实上监护人的意思自治空间仍然相当有限，其选择监护人的意愿和处理监护事务的能力并未得到充分尊重与信赖。

2. 忽视被指定人的意思

在未成年人住所地的村（居）委会和人民法院指定监护人时，有时会忽视被指定人不愿承担监护职责的意思，强行将其指定为监护人。这在研究样本中有两种典型表现：一是当同时存在两个顺序的有监护资格的人，顺序在前的人不愿意担任监护人，而顺序在后的人愿意担任监护人时，指定机关严格依照民法通则第十六条规定的监护人的顺序，将顺序在前者指定为监护人；二是在指定第三顺序的"关系密切的其他亲属"担任监护人时，不注意征求其意见，甚至漠视其反对意见，这在未成年人住所地的村（居）委会指定中尤为突出。

在前一种情形，由于依民通意见第14条之规定，只有当前一顺序有监护资格的人无监护能力或者对被监护人明显不利的，人民法院才可以从后一顺序有监护资格的人中择优确定，所以指定机关的做法尚属于法有据，只是不尽合理。但在后一情形，被监护人的父母、祖父母、外祖父母、兄姐以外的其他亲属对被监护人并不负有法定抚养义务，其承担监护责任以"愿意"为前提，不顾其反对，强行指定其担任未成年人的监护人实际上已经违反了民法通则第十六条的规定。在缺乏有效外部监督的现实情况下，很难想象这些不愿担任监护人的被指定人会妥善履行监护职责，充分保障被监护人的合法权益。

3. 不注意征求被监护人的意见

民通意见第14条规定："人民法院指定监护人时……被监护人有识别能力的，应视情况征求被监护人的意见。"在司法实践中，被监护的未成年人的意见并未得到充分重视。大多数法院是依照民法通则对民事行为能力的划分，仅在被监护人具有限制民事行为能力，即年

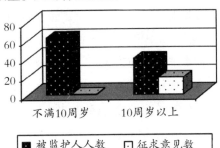

图4 法院征求监护人意见情况

满10周岁时，才征求其对于监护人指定的意见。从研究样本看来，法院在指定监护人时，对不满10周岁的被监护人，仅有1起案件征求了其意见（该被监护人为5岁），征求意见率不足2%；对10周岁以上的被监护人，征求意见率也仅

为 48%。

（四）国家对未成年人监护干预不足

国家对未成年人监护的干预主要体现在两方面：一是监护监督，即通过立法、行政、司法等措施对监护人履行监护职责的情况进行监督；二是代位监督，即国家在必要的情况下直接承担监护职责，担任未成年人的监护人。我国现行未成年人监护制度对这两方面有所涉及，但因其规定不尽具体、合理，实际上国家干预的范围和力度仍显不足。

1. 监护监督制度不健全

现行法仅对监护人监护不当的法律责任及人民法院根据申请撤销监护人资格做了原则性规定，但缺乏监督机构、监督事项、监督程序、监督职责等方面的具体规定，监护人的监护活动几近处于放任的"无监督"状态，由监护人任意为之。民通意见规定了学校、医院、村（居）委会、社会工作服务机构等单位及其工作人员对于未成年人受到监护侵害的强制报告义务，在一定程度上弥补了我国监护监督制度的不足，但其主要针对监护侵权的情况，未将监护人因为客观因素形成的监护不能、监护不力等情形包括在内，而且从实际效果上来说，民通意见侧重于事后处置，在事前预防方面意义不大。如前所述，在研究样本中，监护人监护不力的情形远多于监护侵权，这些情形几乎借由其他有监护资格的亲属提起诉讼而进入司法视野。不难设想，如果未成年人没有其他有监护资格的亲属，抑或有监护资格的亲属不提起诉讼，则国家公权力缺乏主动介入未成年人监护的路径，这些行为将无法被及时发现并受到有效规制，以致被监护人的合法权益难以保障。

2. 国家代位监护的适用范围有限

依民法通则第十六条第三款规定，在没有该条第一款、第二款规定的监护人时，由未成年人的父、母所在单位或住所地的村（居）委会或者民政部门担任监护人。可见，我国并不缺乏代位监护的法律依据，但其规定主要存在以下问题：其一，代位监护仅适用于不存在法律规定的有监护资格的人，即监护人缺位的情形，无法适用于其他妨碍或影响被监护人权益的情形；其二，未成年人的父、母所在单位或住所地的村（居）委会可以成为代位监护的主体，但如前所述，单位和村（居）委会缺乏担任监护人的主动性和积极性。因此在实践中，国家代位监护的适用范围极其有限。在 100 份研究样本中，仅有 3 起案件适用了代位监护制度，且均系由民政部门担任未成年人的监护人。

三、未成年人监护的立法完善

（一）未成年人监护立法的基本原则

未成年人监护立法应确立儿童最大利益、家庭自治和国家适度干预三项基本原则。三者之中，儿童最大利益原则是最为核心和首要的原则，家庭自治和国家干预的目的均是实现儿童最大利益。

1. 儿童最大利益原则

自 1989 年联合国《儿童权利公约》确立"儿童最大利益原则"以来，许多国家开始将其作为有关未成年人立法的基本原则，并相应地修改了原有的一些法律术语和法律体例。我国作为《儿童权利公约》的缔约国之一，在未成年人监护立法方面自然应当践行公约的精神，履行对国际社会的承诺，从概念用语到制度设计均遵循儿童最大利益原则的要求。

尽管《儿童权利公约》并未明确界定儿童最大利益原则的具体内涵，在不同国家、不同历史文化传统和不同社会发展状况之下，该原则的确切含义和适用标准也有所不同，但是"把儿童作为独立权利主体来对待、保护"，"承认儿童享有自治权"[2]62已经成为当今各国在理解和实践"儿童最大利益原则"时的共识。儿童与成人一样是法律上的独立主体，其权利独立于父母或其他成人的权利。立法、行政、司法机关的工作人员和其他处理未成年人事务的人员须站在儿童的立场，尊重其意思，做出最符合其发展和心理需要、最有利于其身心健康成长的选择，而非简单依照自己的认知标准来代替儿童做出自认为符合其"最大利益"的判断或决定。

监护对未成年人的权益实现具有至关重要的影响，任何单位或自然人在处理监护事务时都应充分征询并尊重被监护的未成年人的意见。征询意见的对象不限于年满 10 周岁的未成年人，因为表达对于监护事务的意见并非民事法律行为，无须未成年人具有限制民事行为能力，只需其具有一定的辨别、理解和表达能力即可。唯因未成年人心智尚未完全成熟，易受外界环境和他人影响，有关主体对其意见应"按照其年龄和成熟程度给以适当的看待"①。

2. 家庭自治原则

家庭自治是人类个体家庭产生以来承担子女抚养、教育和监护职责的普遍

---

① 参见《儿童权利公约》第 12 条第 1 款。

历史样态，即便在当代社会中也仍然是监护的常态模式。家庭自治有其情感基础、心理基础、利益基础和功能基础，维护家庭自治是维持家庭功能所必需的。[3]95家庭自治原则彰显了法律对人性的关怀，具体到未成年人监护中，就是要尊重各方当事人对于监护的自主决定。无论是父母对于监护事务的安排，还是有监护资格的人对于由谁担任监护人的协议，又或是没有法定监护义务的人愿意或不愿意担任监护人的意思等，只要不构成权利滥用且对被监护人的权益并无不利影响，都应得到尊重。

3. 国家适度干预原则

盖因"法不入家门"等传统观念根深蒂固之影响，我国现行未成年人监护立法和司法实践中仍然存在过分倚重私下的家庭监护的倾向。家庭监护固然能为未成年人提供适宜其成长的家庭环境，具有其他监护形式不可比拟的优越性，但是随着我国市场经济体制的确立和家庭结构、家庭规模、家庭观念等的深刻变化，过分倚重家庭监护无疑将使未成年人监护停留在家庭自治的较低层次。

未成年人不仅是家庭人，也是社会人，是国家未来的公民。未成年人能否健康顺利地成长直接影响到社会的关系与秩序，也关系到国家的建构和发展壮大。未成年人监护不仅是父母或家庭的职责，也是社会和国家的责任。国家应凭借各种社会公权手段和社会公共机制协助、监督父母或其他亲属履行监护职责，并在监护人缺位、监护不能、监护不力甚至侵犯未成年人权益，未成年人得不到最基本的生存保障时直接介入未成年人监护，使未成年人受到良好、不间断的照顾和保护。

国家虽然有权对未成年人监护实施干预，但仍需尊重当事人的家庭生活自主权，干预应适度。以下两个原则可用以检验国家干预的适度性：一是法律保留原则，即国家对未成年人监护的干预具有法律上的依据，以法律手段进行，而非不法干预；二是比例原则，即国家干预在时点、方式与程度上与保障未成年人权益的需要相对称，而非过度干预。

（二）完善未成年人监护具体制度的建议

未成年人监护制度的完善涉及立法理念、立法定位、立法技术和立法用语等诸多方面，本文限于篇幅无法一一论及，仅以对100份研究样本的实证调研结果为事实前提，就具体制度的完善提出一些设想。

1. 修正指定监护制度

选任合适的监护人是监护制度有效运行及充分保护被监护人合法权益的关

键。[4]9鉴于指定监护人的权威性、专业性和严肃性，笔者认为，选定监护人时，应由人民法院作为唯一的指定机关，取消未成年人的父母所在单位和住所地的村（居）委会的指定权限。

一方面，将未成年人的父母所在单位作为监护指定机构带有强烈的计划经济时代的烙印和单位负载社会、政府职责的特色。随着经济体制改革的不断深化，个人与单位之间的联系日益松动，单位对个人家庭事务的管控能力也不断下降。研究样本中无一例由未成年人的父、母所在单位指定监护人的事实足以说明：由单位作为监护人的指定机构已经明显不符合客观事实。

另一方面，在村民、居民彼此熟悉、关系亲密的熟人社会中，由村（居）委会指定监护人具有熟悉情况、便于监督的优势，有利于保护被监护人的利益，但随着熟人社会向陌生人社会的转型，这种传统优势日渐降低。而且村（居）委会指定的专业性不足，有时甚至具有较强的主观倾向，更多地照顾本辖区村民、居民的意愿或利益。这从研究样本中当事人寻求村（居）委会指定的比例偏低和村（居）委会指定质量不高的事实可窥一斑。此外，村（居）委会作为村民、居民自我管理、自我教育、自我服务的基层群众性自治组织，对辖区内的村民、居民纠纷只具有调解职能，不具有裁决权力。① 村（居）委会作为监护指定机关，实际上是在有监护资格的各方当事人存在争议且不能达成协议时做出具有强制性的裁决，有悖其组织性质与功能定位。

2. 增设遗嘱监护制度

遗嘱监护是指未成年人的父母中后死亡一方以遗嘱形式为其子女选定监护人。大陆法系国家多采用狭义监护制度，即监护制度与亲权制度互相分离。未成年人之监护既然被视为亲权之延长，则后死之监护人自应有权做成遗嘱而指定监护人，以期在亲权人死亡后能使该监护人代为照顾未成年子女之身体及管理其财产。[5]395

"亲子间自然之爱出于天性。"[6]695父母和子女之间大多具有自然血缘关系和情感上的紧密联系，寻求并实践子女的最大利益可谓父母的天性。一般而言，父母不仅不会损害子女的合法权益，还会尽其所能为子女选定最恰当的监护人。遗嘱监护既能弥补现有法定监护人范围不足的弊端，又可以避免有监护资格的

---

① 参见：《中华人民共和国村民委员会组织法》第二条和《中华人民共和国城市居民委员会组织法》第二、第三条。

人之间相互争夺监护权或推卸监护职责，从而促进未成年人得到良好的教养和保护，有其存在的必要性和合理性。

法律在推定父母为善意，赋予其通过遗嘱为未成年子女指定监护人权利的同时，也不得不预见到现实中可能有父母利用遗嘱监护侵害未成年子女权益的特例，也可能有被指定人不适宜担任监护人的情形，因此有必要对父母指定监护人之遗嘱进行司法审查。未成年人的父母双亡后，法院经被指定的监护人或其他有监护资格的自然人、组织申请，应审查遗嘱是否有侵害未成年人权益之虞，指定的监护人是否适格，进而做出遗嘱有效、开始监护或遗嘱无效、另行确定监护人的判决。[7]250~251

3. 加大国家干预的范围和力度

（1）完善监护监督制度

未成年人在监护关系中处于受保护的被动地位。[8]48由于未成年人本身的特性，其难以知晓自己享有哪些权利，也没有能力判断监护人是否适当履行职责或自己的权益是否受到侵害，更缺乏在事实上或法律上为自己主张权利的可能性。只有建立有效的外部监督机制，才能确保监护人正确全面、忠诚勤勉地履行监护职责，充分保障未成年人的合法权益。

就监护监督的主体而言，首先，民政部门和未成年人住所地的村（居）委会可以担任监护监督人。民政部门在日常工作中能够了解被监护人的实际情况，方便对监护进程进行监督，能及时有效地根据实际情况保护被监护人的利益。村（居）委会虽然不具有公共管理职权，却不妨作为政府与被监护人之间的沟通组织，利用其最接近被监护人的优势对监护人进行监督。为了使监督落到实处，民政部门或村（居）委会可以指定专人负责辖区内的监护监督事务。其次，人民法院是执行监护监督事务的司法机关，从设立监护人、约束和批准监护行为、解除监护、审查监护监督人履行职责情况等方面全面介入监护关系。[4]10

监护监督人负责监督监护人履行监护职责的情况。具体而言，在人身监护方面，监督监护人是否尽到抚养、保护和教育被监护人的义务，是否促进了被监护人的身心健康发展，有无不当管教、惩戒被监护人，甚至实施家庭暴力或虐待、遗弃被监护人的情形；在财产监护方面，监督监护人是否妥善保管了被监护人的财产，有无不当处分行为。当监护人的行为违反法律规定或侵害被监护人的人身、财产权利时，监护监督人应申请人民法院撤换监护人；当监护人缺位时，应请求人民法院重新指定监护人。

（2）健全国家代位监护制度

监护监督是国家从外部对家庭监护进行的间接干预，而对暂时脱离家庭环境或暂时不适宜在家庭环境下继续生活的未成年人，国家须以更积极的姿态进行干预，直接担任其监护人，为其提供特别保护与协助。

民政部门代表国家履行监护职责，其可以通过行政委托的方式，将各地儿童福利院、救助管理站等社会福利机构作为监护执行机构；也可以采用家庭寄养方式，将未成年人委托给符合条件的家庭养育、照料。基于前述单位、村（居）委会不宜作为监护指定机构同样的理由，单位、村（居）委会不适宜也不应当代表国家担任代位监护人。

国家代位监护的对象是具有下列情形之一的未成年人：一是监护人缺位，即没有法律规定的有监护资格的近亲属，也没有其他亲属、朋友愿意担任监护人。二是有监护资格的人均有监护不能或不适格之情形，即虽然存在法律规定的有监护资格的人，但其或是在事实上不具有监护能力，如在监狱服刑、患有严重疾病等，或是在法律上不能承担监护职责，如欠缺民事行为能力，又或是具有不适宜担任监护人的情形，如年事已高、因故被撤销监护人资格等。

出现适用国家代位监护情形的，未成年人的近亲属、青少年保护机构可直接向法院提出申请；公安机关在执行职务过程中发现上述情形的，应向青少年保护机构提出建议。法院受理后根据实际情况做出裁定，裁定生效，未成年人的监护权则发生暂时或永久转移。在国家代位监护期间，若未成年人的法定监护人重新具备了为未成年人提供恰当适宜监护条件的能力，或已有的威胁未成年人健康成长的因素消失时，经当事人申请，并经法院核实及询问未成年人个人意见后做出裁定，法定监护权可以恢复。

需要说明的是，国家代位监护制度的运行有赖于监护监督制度的完善和落实，即通过对未成年人家庭监护状况的监督与及时反馈，为国家担任未成年人的监护人提供依据。

四、结语

家庭监护与国家监护是未成年人监护的两方面。迄今为止，家庭依然是自然人成长和生活的最好环境，因而也应是未成年人监护职责的首要承担者。在通常情况下，法律规定、法院指定或被监护人父母遗嘱指定的监护人在家庭环境中对未成年人进行保护与教养，国家仅在家庭外围间接为其提供协助、开展监督，使监护人能善尽监护职责。只有在家庭监护力所不及之处，国家才直接代行监护人职责。如此这般，通过家庭监护与国家监护的彼此配合、家庭自治与国家干预的互动拉锯，使被监护未成年人的最大利益得以真正实现。

【参考文献】

[1] 孙佑海，吴兆祥，黄建中. 2011 年修改后的《民事案件案由规定》的理解与适用 [J]. 人民司法，2011（9）.

[2] 曹贤余. 儿童最大利益原则下的亲子法研究 [M]. 北京：群众出版社，2015.

[3] 吴用. 人权保护对国际未成年人监护法律制度的影响 [J]. 中国青年政治学院学报，2010（2）.

[4] 林建军. 我国成年监护法律之缺失与完善——以民事审判实践为依据 [J]. 中华女子学院学报，2014（5）.

[5] 陈棋炎，郭振恭，黄宗乐. 民法亲属新论 [M]. 台北：三民书局，1990.

[6] 史尚宽. 亲属法论 [M]. 北京：中国政法大学出版社，2000.

[7] 王竹青，杨科. 监护制度比较研究 [M]. 北京：知识产权出版社，2010.

[8] 叶榅平. 罗马法监护监督制度的理念及其意义 [J]. 华中科技大学学报（社会科学版），2009（6）.

（原文刊载于《中华女子学院学报》2016 年第 2 期，并被中国人民大学《复印报刊资料》全文转载）

现代成年人监护制度的立法变革及启示

——以法律价值分析为视角

陈　苇　姜大伟

（西南政法大学民商法学院）

自第二次世界大战结束以来，随着社会经济的不断进步和发展，联合国倡导的基本人权保护观念日益深入人心，许多国家社会情势发生了显著变化，原有法律已滞后于社会的实际需要，许多国家遂相继对立法予以修正和调整。在成年人监护法领域，自法国于 1968 年颁布第 68—5 号法律废除禁治产及准禁治产制度，将传统成年人监护及辅助制度细化为法院保护、财产管理及监护三种类型始，大陆法系许多国家和地区相继对本国（地区）成年人监护法进行改革和修正，如德国于 1992 年废除禁治产制度，将成年人监护及辅佐制度一元化为成年人照管制度；日本于 2000 年废除禁治产及准禁治产制度，代之以法定监护（监护、保佐、辅助）及意定监护制度；我国台湾地区亦于 2008 年废除禁治产制度，改以监护宣告和辅助宣告取代之。[1] 在 21 世纪，我国正值制定民法典之际，成年人监护制度是民法典的重要组成部分，如何使其体现现代成年人监护立法的先进理念，满足我国当前身心障碍者①的实际需求，是亟待解决的课题。本文以成年人监护立法的价值取向为研究视角，考察其立法变革的社会背景及理论基础，论证制度蕴含的价值理念，进而检视我国现行成年人监护制度，提出完善立法之建议，以供立法机关参考。

---

① 本文所指身心障碍者，谓因精神、智力或身体因素导致丧失或部分丧失意思能力的成年人。

一、现代成年人监护立法变革的社会背景及理论基础

（一）社会背景

1. 现代精神医学的发展与实践

成年精神障碍者是成年人监护的重要对象之一。对于罹患精神障碍的成年人，其是否需要设立监护的依据在于该成年人的意思能力状况，而判断成年人意思能力之有无，则需要满足医学要件及法学要件。医学要件即确定成年人精神障碍的性质、内容及预后的精神医学诊断，法学要件即在明确成年人的医学诊断后，分析其对行为的性质及后果的辨认程度。医学要件是法学要件成立的前提，法学要件是对医学要件的确认，二者缺一不可。[2]75

随着精神医学理论的发展和临床精神医学的实践，人们逐渐发现，心神丧失或精神耗弱者并非任何时候皆不能认识、理解和处理事务，即使是某些经常处于心神丧失状态的成年人，对一些简单日常生活行为（如购置日用品）有时仍存在一定的辨识能力。因此科学评定精神障碍者行为能力的总体原则即在于，结合其精神疾病的不同发病阶段及考量其程度轻重，评估其是否具有独立判断是非和理智处理私人事务的能力。在现代精神障碍鉴定的司法实践中，行为能力评定一般包含两种情形，即一般民事行为能力评定及特定民事行为能力评定，前者是对精神障碍者是否具备进行所有民事活动的能力予以评价，但实践中这一类型的鉴定并不多见，后者则是对精神障碍者是否具备进行某一特定民事活动的能力做出的评估，实践中大部分属于此类鉴定。[2]214~215

从现代精神医学的理论和实践观之，传统成年人监护法以禁治产宣告直接剥夺精神障碍者全部或部分行为能力的制度设计，与精神医学实践发现的精神障碍者的现实情况相悖，确有改革的必要，而精神医学的理论和实践则为改革成年人监护法提供了医学依据。

2. 老龄化社会的现实吁求

据联合国近期发布的《全球人口展望：2012》统计，第二次世界大战以后，随着许多国家社会经济的发展和人民生活水平、医疗水平的不断提高和改善，全球人口出现了低自然增长率、人口结构趋于老化的局面。当前，全球老年人口有 8.41 亿，在 2100 年时将增长 3 倍，高达 30 亿。目前，发达国家 23% 的人口为 60 岁以上的老年人，预计到 2050 年其比例将达到 1/3。发展中国家也开始出现老龄化趋势，预计到 2050 年发展中国家老年人口将比现在多 1/2。目前在

世界 190 多个国家和地区中，已约有 60 个国家进入老龄化社会。[3] 从国别看，法国是世界上最早出现人口老龄化现象的国家，1865 年其 65 岁以上的老人已占 7%，而到 1990 年已达总人口的 14%；日本是世界上人口平均寿命最长的国家（2000 年女性平均寿命为 84.6 岁，男性为 77.72 岁），从 1996 年起就已经进入老龄化社会，预计到 2025 年，65 岁以上老人将占 27%。[4] 在我国，据全国老龄委办公室公布的数据显示，截至 2011 年年底，中国 60 岁及以上老年人口已达 1.85 亿人，占总人口的 13.7%。预计到 2013 年年底，中国老年人口总数将超过 2 亿；到 2025 年，老年人口总数将超过 3 亿；到 2033 年将超过 4 亿，平均每年增加 1000 万老年人口。① 人口日益老龄化将使许多国家政府重新审视原有法律和政策，以因应时势之发展。

在成年人监护法领域，高龄者因年龄因素可能会在精神或智力上有所耗弱，对私人事务的处理会出现辨别能力不足的情况，但不同高龄者其辨别能力不足之程度亦不相同，而传统禁治产宣告整齐划一地剥夺或限制当事人的行为能力，一旦高龄者被宣告为禁治产人，则意味着其不能参加所有被禁止的民事活动，这显然与其剩余意志相悖，与其有相应辨别能力的事实不符。为保护高龄且意思能力不足者的切身利益，尤其尊重其处理私人事务的自决权利，传统成年人监护法应当被适当修正。

（二）法理基础

1. 法律家长主义的检讨与反思

法律家长主义，又称"父爱主义"[5]464，其理论预设的前提是，社会人皆理性人、经济人，趋利避害是其本质特征，但因种种客观情势之影响，社会人并非在任何时候都能预见其最大利益，为保护其利益不致损失，或社会亦不因其行为而蒙害，法律上必要干预即成可能。法律家长主义在学理上有硬家长主义与软家长主义之分：前者认为，为使当事人免受伤害及可能的利益损失，即便是当事人充分选择并予以认可，法律亦得违背其意志，限制和干预其害及自身的活动，即所谓"强制爱"；后者认为，法律应对当事人在认知和意志上无欠缺并充分掌握了信息的基础上做出的自愿决定予以尊重，而对在认知和意志上欠缺且掌握信息残缺不全或根本错误的情势下做出的决定，应予以限制和干预，

---

① 参见老龄委：《2013 年年底中国老年人口总数将超过 2 亿》。资料来源：中国新闻网，http://news.daynews.com.cn/gnxw/1607656.html，访问时间：2013 年 7 月 3 日。

因为这种决定并非真正自愿且存在损及利益的风险。此即在事实上帮助当事人提升自治和自决的能力。

在成年人监护法领域，早期在法律硬家长主义"强制爱"理念的指引下，传统立法成为禁锢和剥夺身心障碍者自由的工具。从古罗马《十二铜表法》到法国《拿破仑法典》，对身心障碍之成年人均置监护人或辅助人。被监护人或被辅助人从事法律行为尤其是财产行为的能力全部或部分被剥夺，如其实施被限制的民事行为，必须由监护人或辅助人代理或经其同意。于是，在处于监护人的他治状态下，被监护人自治几无可能。法律以保护被监护人利益为名，漠视其可能在具体事务中尚存的部分意思能力，使其人格尊严未受到应有的尊重。

在现代社会，随着尊重和保护身心障碍者基本人权意识的觉醒，许多国家逐渐认识到，身心障碍者的个人感受和主观意愿必须得到尊重，在监护人他治的场域里，应有受监护人自治之空间，传统成年人监护之法律硬家长主义的"强制爱"理念应予以检讨。许多国家遂摒弃法律硬家长主义理念，而以法律软家长主义"尊重自治"理念为指导，在立法中引入尊重身心障碍者主观意愿之因素，仅在必要时国家得采取措施以保护其个人利益和第三人利益，使现代成年人监护法更具人性化色彩。

2. 新理念的提出

20 世纪中叶以来，伴随国际人权运动的发展及人权意识的日益深入人心，个体人格尊严愈来愈受到尊重和保护，社会弱者利益亦得到政府的关注和保障。在此背景下，身心障碍者的人权保障问题亦随之受到国际社会的关注和思考，为此联合国还专门制定一系列旨在保护身心障碍者基本权利和反歧视的人权公约及宣言。如 1982 年联合国《关于身心障碍者的世界行动纲领》第一章开宗明义地规定，关心身心障碍者的世界行动的目标是，促使身心障碍者得以充分参与社会生活与发展，并享有平等地位。① 此蕴含着尊重残障者"自我决定权"、维持其"生活正常化"的新理念，从而也为现代成年人监护法的改革铺垫了坚实的理论基础。

尊重身心障碍者"自我决定权"，即在其剩余意思能力的范围内，以不损害个人利益和第三人利益为限，承认和尊重其对私人事务的处理能力。维持身心

---

① 参见联合国：《关于身心障碍者的世界行动纲领》，1982 年。http://disable.yam.org. tw/book/export/html/554，访问时间：2013 年 6 月 10 日。

障碍者"生活正常化"，即社会应承认在其意思能力范围内可以参与和行使相关民事活动的权利，以体现社会对身心障碍者的尊重。在传统成年人监护法领域，对于心神丧失及精神耗弱之成年人，其所实施的法律行为全部或部分无效，剥夺其参与社会事务的全部或部分权利，无形中将其与社会相阻隔。身心障碍者只能接受"被保护"的事实，无法参与到正常的生活之中。而"尊重自我决定权"及"维持生活正常化"理念的提出，为现代成年人监护改革明确了方向。尊重和保护人格尊严的人权观，是现代成年人监护立法的指导思想。20 世纪 90 年代以来，基于"保护被监护人利益与尊重被监护人意愿相结合"的立法原则[6]51~52，德国于 1990 年、1997 年及 1998 年先后三次修改成年人监护制度，日本也紧随其后于 1999 年修改立法，通过了成年人监护的四部法案①，以期彰显以人为本、私法自治的精神，更好地维护被监护成年人的权益。

综上所述，法律软家长主义"尊重自治"理论及尊重身心障碍者"自我决定权""维持生活正常化"理念，共同构成了现代成年人监护立法改革的理论基础。"自我决定权"及"维持生活正常化"理念是成年人监护立法改革中任意监护制度之设立及行为能力制度之修正的正当性前提；而法律软家长主义在充分尊重障碍者"自治"的基础上又主张一定程度的"干预"理论，则为公权力介入成年人监护制度提供理论依据；二者相得益彰，共同为保护身心障碍者权益提供法理支撑。

二、现代成年人监护立法变革的主要内容

（一）传统成年人监护立法之考察

传统成年人监护立法主要体现在禁治产及监护宣告制度的设计中。

从禁治产之体例看，立法大致有三类。[7]119其一为依宣告对象之不同，有禁治产与准禁治产宣告之区分。对心神丧失者宣告为禁治产人，对精神耗弱、浪

---

① 这四部法案分别是：《关于修改民法的一部分的法律》（平成 11 年法律第 149 号），《关于任意监护契约的法律》（平成 11 年法律第 150 号），《关于监护登记等的法律》（平成 11 年法律第 152 号），《关于伴随施行〈关于修改民法的一部分的法律〉修改完善相关法律的法律》（平成 11 年法律第 151 号）。参见宇田川幸则：《日本成年人监护制度修改刍议》，载徐显明、刘瀚主编：《法治社会之形成与发展》（下），山东人民出版社 2003 年版，第 950 页。

费人等则宣告为准禁治产人，如日本变革前之立法。① 其二为对有障碍之成年人一律宣告为禁治产人，但对其行为能力做出界分。因心神丧失而被宣告之人，无行为能力；因精神耗弱、浪费或酗酒而被宣告之人，有限制行为能力。如德国变革前之立法。② 其三为对心神丧失或精神耗弱之成年人一律宣告为禁治产人，无行为能力；而对有浪费或酗酒等恶习之成年人并无规定。如我国民国时期立法。③

从禁治产之内容看，许多国家立法对禁治产宣告的条件、事由、程序及后果予以明确规定，下文以较具代表性的法、德两国立法为例做具体分析。

1804 年《拿破仑法典》采《法学阶梯》之三编制体例，成年监护制度主要规定在"人法编"中。对经常处于心神丧失状态之成年人，经利害关系人向法院提出申请并经公示后，则宣告为禁治产人，并置监护人，即使此种状态偶有间歇，亦不例外。对精神耗弱及浪费人则宣告为准禁治产人，并置辅助人。禁治产人所为法律行为无效，其身体及财产均受监护人之监督和保护，本人完全丧失决定权。准禁治产人因并非完全丧失意思能力，法律并未全部剥夺其行为能力，但在进行诉讼、和解、借款、受领动产原本及交付受领凭证、让与及就财产设立抵押权等重要法律行为时，得经辅助人协助或同意，否则无效。④

1900 年《德国民法典》采《学说汇纂》之五编制体例，成年监护制度主要规定在"民法总则"及"亲属编"中。精神障碍之成年人经利害关系人向法院申请并经公示，对心神丧失之精神病人则受禁治产宣告而成为无行为能力人，对精神耗弱、有浪费及酗酒恶习者或因药物中毒而致判断能力受损者，则受准禁治产宣告而成为限制行为能力人。无行为能力人及限制行为能力人，法律均置监护人对其身体和财产予以保护。无行为能力人所实施的法律行为，除纯获利益外，应视为无效，其参加民事活动应由监护人代理进行；限制行为能力人

---

① 如 1896 年《日本民法典》第 7 条规定，因心神丧失为常态之人，家庭法院得应本人、配偶、四亲等内的亲属监护人、保护人或检察官之请求，为禁治产宣告；其第 11 条规定，对精神耗弱及浪费人，得为准禁治产宣告，而设置保护人。

② 如 1900 年《德国民法典》第 6 条规定，精神病而为禁治产宣告者，无行为能力；其第 104 条规定，因心神耗弱、浪费及酗酒而为宣告者，有限制行为能力。

③ 如 1930 年《"中华民国"民法》第 14 条第 1 项规定，对于心神丧失或精神耗弱致不能处理自己事务者，法院得因本人、配偶、最近亲属二人或检察官之声请，宣告为禁治产。

④ 参见：1804 年《拿破仑法典》（李浩培等译，商务印书馆 1979 年版）第 489、501、502、509、513 条之规定。

实施的法律行为，除纯获利益外，未经监护人事前允许或追认，应视为无效。对因存在聋、盲、哑等身体障碍，不能亲自处置特殊事务之成年人，法律并未剥夺其行为能力，而是置辅佐人以协助进行，且须经尚有判断能力的身体障碍成年人同意。①

（二）变革后的成年人监护立法之考察

自20世纪70年代以来，许多国家变革后的成年人监护立法均废除禁治产制度，并以能更加体现人性化的制度设计取代之，规则趋于细化，能够满足不同程度的精神、智力及身体障碍成年人参与民事活动的基本需求。以下仍以法、德两国立法为例论证之。

变革后的法国现代成年监护法，废除禁治产及准禁治产制度，将原有成年监护及辅助制度细化为法院保护、财产管理及监护三种类型。② 第一，法院保护。对因精神或身体官能损坏需要受到暂时法律保护或需要他人代理完成特定行为的成年人，法院得决定对其实行法院保护。受法院保护的成年人保留行使其权利，但不得实施专由其指定代理人实施的行为，其订立的契约与缔结的义务，得因显失公平而撤销。代理人得向法院或受法院保护的成年人报告代理情况。第二，财产管理。对于并非完全不能自行实施的行为，但因精神或身体官能损坏，在重大民事活动中需要持续得到他人指导与监督的成年人，且经认定实行法院保护仍不能给予充分保护时，可以宣告实行财产管理。法院指定财产管理人，并置财产管理监督人。第三，因精神或身体官能损坏之原因，如法院保护及财产管理措施均不能有效保障身心障碍成年人的利益，则由法院设立监护人，并置监护监督人。除法律或习惯准许被监护人自行完成行为之外，所有民事行为均由监护人代理，法官在判决书中可以逐一写明被监护人有能力单独完成的行为，或需要监护人协助完成的行为。另外，变革后的法国成年人监护法还新设"将来实行保护的委托"制度，即允许成年人在精神或身体官能正常的情况下，可以对将来因精神或身体官能损害无法保护自己利益时，事先委托一人或数人为其代理人。委托书应以公证文书或私署文书为之。

变革后的德国现代成年监护法，创设成年照管制度，取代原有的禁治产宣

---

① 参见：1900年《德国民法典》（陈卫佐译，法律出版社2006年版）第6、104、107、1896、1909、1910条之规定。

② 参见：《法国民法典》（罗结珍译，北京大学出版社2010年版）第425、433、435、440、447、454、473、477条之规定。

告制度。根据规定①，照管之设立，须满足如下条件。第一，成年人存在因精神、智力或身体障碍而不能处理事务的客观事实。第二，尊重成年人的自由意愿。在成年人有意思能力时，法院不能违反其自由意愿而依职权设立；成年人不同意设立照管的，唯依医院鉴定书确认其属精神错乱而无法准确表达意思时，方可设立，且身体障碍成年人的照管人只能依其申请而选任。第三，符合必要性原则。成年人在健康状态下已授权他人为自己行为能力不健全时之代理人，该授权有效；唯在该意定代理人不能以被照管人最佳利益为原则处理事务时，仍须设立照管。照管设立后，如被照管人仍有行为能力，在做出属照管人职责范围外的事务时，无须得到照管人允许；在做出纯获利益、日常生活细微事务及具有人身性质的意思表示（如结婚、订立遗嘱）时，亦无须允许。另外，在照管人选上，法律规定包括自然人照管人、社团照管人及机关照管人三类，并置照管监督人，照管人有获取报酬的权利。照管的时间限制，最长为七年，从做出照管选任时起算。[8]463

（三）变革前后的成年人监护立法之比较

1. 立法目的之比较

传统禁治产及行为能力宣告制度虽亦以保障身心障碍者权益为初衷，注重维护社会交易安全，为社会发展亟须积累资本提供安全高效的交易环境，为早期资本主义的经济发展创造强有力的制度条件，但如前所述，在被监护人尚存某些意思能力的情况下，对尊重被监护人的意思自治不足，漠视身心障碍者的内心感受和人格尊严。诚如有的学者指出，禁治产及行为能力宣告制度，过分限缩身心障碍者自我决定的机会，忽略其剩余行为能力的存在，不利于对其利益的最佳保护。[9]263唯其如此，禁治产制度实应废除，成年人监护立法改革势在必行。而现代成年人监护立法更注重对身心障碍者权益之维护，尊重其尚存的意思能力，赋予其在力所能及的范围内参与民事活动的自由，尽可能使其生活达致平常化状态。

2. 立法内容之比较

从立法内容看，现代成年人监护制度与传统禁治产制度存在如下区别。

第一，适用对象范围的区别。传统禁治产制度适用对象大致分为两种，即

---

① 参见：《德国民法典》第104、105、1896、1897、1899、1900、1901、1903、1908条之规定。

精神障碍者及生活有一定不良癖好者。前者主要包括心神丧失和精神耗弱，后者包括浪费者、酗酒者及其他行为不端导致家庭生活困难者。[10]64 而改革后的现代成年人监护制度的适用对象则相应扩大，立法将因身体障碍、智力或精神障碍者、身体功能失常或个人官能衰退等不能保护自己利益、欠缺意思能力的人都纳入保护范围。改革后的成年人监护标准降低，特别是将因身体残障而不能依其意志独立处理自己事务的人亦纳入保护范围，使得更多弱势群体获得有效的保护。[11]60

第二，宣告后法律效力的区别。在传统禁治产制度中，一旦成年人受禁治产宣告，则意味着将丧失行为能力，其民事活动中的一切事务均委之于监护人，即便是购买日用品等日常生活行为亦被归为无效。对于受准禁治产宣告的成年人，则意味着将丧失部分行为能力，对于民事活动中的特殊事务均悉由辅助人代理。改革后的成年人监护法废除禁治产及无民事行为能力制度，根据成年人精神、智力及身体障碍程度之不同，将原有监护类型细化，以求符合成年被监护人的实际情况，例如身心障碍者实施的购置生活用品等日常生活行为，具有法律效力。

第三，是否允许当事人意思自治的区别。在传统禁治产制度中，禁治产由与本人有利益关系的人或公权力机关提起，一旦成年人受禁治产宣告，其行为能力将被剥夺或限制，人身或财产利益将会受到监护人或辅助人的支配，完全处于一种被动的状态。改革后的成年人监护制度，允许成年人在身心正常的状态下预先对将来可能发生身心障碍时无法保障自己利益设置委托，由其选任的受托人代为履行监护职责。这充分尊重了当事人的意思自由，有利于保护本人利益。

3. 立法理念之比较

现代成年人监护的立法设计彰显了以人为本，尊重和保护人权的基本理念。身心障碍之成年人亦作为社会主体之一员，其同样享有根据自己意愿决定参与某项民事活动之自由，奈因精神、智力或身体障碍等因素，其参与民事活动之效果可能与理想预期相去甚远，甚至还存在损害自己利益和第三人利益之虞。禁治产制度其设计初衷在于保护成年被监护人利益及社会交易安全。但传统成年人监护制度将身心障碍者简单机械化地宣告为禁治产或准禁治产人并相应剥夺其行为能力，使其丧失或部分丧失参与民事活动的可能机会，违悖了私法意思自治的精神和保护人权的现代理念。现代成年人监护立法改革废除禁治产宣告制度，允许身心障碍者根据自己意愿选任监护人，并根据其意思能力的不同情况，更加细化监护类型，允许其参与某些日常生活范围内的民事活动等，体现了尊重和维护身心障碍者人格尊严及自我决定权等保护人权的现代理念。

三、现代成年人监护立法变革的价值取向

法的价值是任何法律在创制时必须被考量的因素，人类对法的价值追求，是法律发展的动力，人类的法律实践和法律认知无不以一定的价值理念作为基础和动因。[12]36德国学者拉德布鲁赫认为，法律是人的创造物，只能根据蕴含其中的人的理念，即创造目的或价值来理解。[13]41成年人监护立法自不待言。对成年人监护自罗马《十二铜表法》之创设始，经过以设立禁治产宣告制为标志的近代成年人监护法的发展，再到现代成年人监护废禁治产宣告制而采取的系列变革，皆体现着立法者的价值判断，蕴含着法以追求平等、自由、公平、秩序为目标的价值理念。

（一）平等：现代成年人监护立法价值追求的逻辑基点

平等是法所追求的重要价值目标之一，要求尊重人的同等主体地位，尊重人的人格独立和尊严，反对特权，反对歧视。成年人监护立法的变革进程，即反映出法对平等价值的孜孜以求。

在传统成年人监护法领域，法律虽确认人之人格独立，受法律平等保护，但对心神丧失及精神耗弱者而言，因禁治产宣告制度的设立，这几乎成为奢望。成年人一旦被宣告为禁治产人，则相应地被剥夺其全部或部分行为能力，其参与民事活动的机会可能丧失殆尽，只能委任于监护人，由其代为管理和处理财产事务，无形之间将其隔绝于社会之外，成为"透明人"。如法国《拿破仑法典》第489条规定，成年人经常或偶有间歇处于智愚、心神丧失或疯癫状态者，得宣告为禁治产人，其所为一切行为，如无监护人协助，依法均归无效。日本旧民法第7条亦规定，禁治产人无行为能力，其任何法律行为均为无效，即使日常生活行为亦不被认可。同时传统成年人监护法还设立禁治产宣告公示制度，置身心障碍者隐私利益于不顾，严重漠视其人格尊严。如法国《拿破仑法典》第501条有将禁治产宣告的判决揭贴于法庭及公证处悬挂的揭示牌之规定，日本旧民法亦有将禁治产宣告登记于户口簿之规定。由此可见，传统成年人监护法禁治产宣告之规定，使身心障碍者丧失参与社

会活动的可能机会，并使其人格变相减弱等，成为社会歧视的对象，因此，传统成年人监护法是不平等的，充满着歧视色彩。

现代成年人监护法废除禁治产宣告制度，对身心障碍者允许其从事与精神智力程度相适应的民事活动，仅在个案审查时发现其于行为时并无相应的意思能力，该行为应予以撤销。如改革后的《法国民法典》第425条规定，凡经医疗认定因精神或身体官能损坏致其意思能力全部或部分丧失的成年人，应受法律保护，但设立保护措施时应尊重其基本权利和尊严，以精神原因主张其实施的行为无效时，应证明其实施行为当时存在精神紊乱。日本新民法第9条规定，成年被监护人的法律行为可以撤销，但其购置日用品等日常生活行为除外。同时现代成年人监护法亦改革了禁治产宣告公示制度，以尊重身心障碍者的人格尊严，使其在社会交往中不被歧视。如日本新民法废除被监护人户口簿登记制度，并通过关于监护登记等的法律，新设成年人监护登记制度，为受监护人设立监护登记档案，以尊重其隐私利益。现代成年人监护法的种种改革举措，其趣旨即在于赋予身心障碍者参与社会事务的均等机会，使其在某种程度上融入社会之中，在力所能及的范围内实现一定的生活自治。现代成年人监护法深深蕴含着平等理念，正是基于对这一理念的执着追求，身心障碍者人格及其利益得到平等保护的价值目标才逐步实现。

（二）自由：现代成年人监护立法制度设计的本旨依归

哈耶克认为，自由是一种状态，即在社会中，一些人对另一些人的强制被减少到最低限度，人们免受他人专断意志的控制，或独立于他人的专断意志。自由意义的法一方面确认和保障人的自由，反对肆意干预，专权暴政；另一方面又对自由予以必要限制，防止恣意妄为，极端任性。成年人监护的立法变革生动地展现了法以自由理念为指导，尊重成年被监护人的自我决定权，逐步推动实现成年被监护人生存发展权利从不自由到一定程度上自由的实践进程。

根据传统成年人监护法，身心障碍者一旦被宣告为禁治产或准禁治产人，则意味着会陷入极度不自由的状态中。首先，该身心障碍者将被剥夺全部或部分行为能力，其实施法律行为得经监护人或辅助人代理、同意或追认，其财产上全部或部分事务概由他人处理决断，其人身亦处在照顾之中。如法国《拿破仑法典》第509、510条规定禁治产人在法律上被视为幼儿，禁止其处理任何财产，同时按其疾病性质及资力，亲属会议决定禁治产人留居家中或送精神病院、医院治疗。这意味着身心障碍者参与民事活动的自由被剥夺殆尽。其次，国家通过立法已将监护人选及其顺序确定。如法国《拿破仑法典》第506、507条规定，夫当然为被宣告禁治产之妻的监护人。妻可以被亲属会议任命为夫的监护人，但此任命若损害妻之利益时，可以请求法院救济。除配偶、直系尊血亲和卑血亲外，任何人在履行监护职务届满十年时，应由他人更替职务。由此可见，传统成年人监护法对于被监护人可能尚存的意思能力尊重不够，未保护实现其根据尚存的意思能力参与和处理民事活动的权利。

与传统成年人监护法相比，改革后的成年人监护法则以充分尊重身心障碍者自决权并保障其行动自由为目标，在制度设计上进行革新。首先，废除禁治产宣告并修正行为能力制度，赋予身心障碍者在意思能力范围内有从事相应民事活动的自由。如法国于1968年颁布第68—5号法律废除禁治产及准禁治产制度，将旧有成年监护及辅助制度细化为法院保护、财产管理及监护三种类型。1992年改革后的《德国民法典》第105条a款规定，身心障碍者实施的给付金额小的日常生活交易行为，在不损害其利益的前提下有法律效力。日本法则废除无行为能力的类型划分，规定成年被监护人实施的法律行为除购置日用品等日常生活行为外可以撤销，并非当然无效。其次，身心障碍者在有相应意思能力的情况下，对选任监护人有选择和同意权，并可以在身心健康时为日后身心出现障碍时委任监护人。德国法称之为授权防老规则，日本法则称之为任意监护，与法定监护相佐。最后，设立监护以必要性和补充性为原则，以尊重身心障碍者对私人事务的决定权。如《德国民法典》第1896条规定，监护人在履行监护职责时，须尊重成年被监护人的意思，并须照顾其身心状态和生活状况。现代成年人监护法的改革措施，使身心障碍者自主决定生存和发展权利的愿望获得满足，在一定程度上实现了身心障碍者的"自治"之自由。

（三）公平：实现成年被监护人最佳利益的有力保障

公平是法律所追求的重要价值目标，其趣旨在于实现权利、义务与责任的合理分配。现代成年人监护的立法变革亦须以公平为理念，以平衡监护人与被监护人、被监护人与第三人的利益，实现成年被监护人最佳利益之有力保障。

在成年人监护法领域，公平价值主要蕴含在如何保证监护人以保护成年被监护人最佳利益为目的进行财产监护的制度设计中。传统成年人监护法虽剥夺成年被监护人全部或部分行为能力，使其丧失或部分丧失自主处理财产之权，同时设置监护人或辅佐人以监护或辅佐之，且为保全其财产利益，并规定监护人或辅佐人管理财产时应尽义务和相应责任，同时置监护监督人以监督监护人的行为，这有利于对成年被监护人利益的公平保护。如法国《拿破仑法典》第509条规定，监护人管理财产应尽善良管理人之注意义务，并对因管理失当所致损害负赔偿责任。亲属会议须指定监护监督人，于成年被监护人利益与监护人利益相冲突的情形下，代表成年被监护人的利益进行活动。另外还对财产管理费用做出规定，以消除监护人不仅履行监护义务而且还承担因日常管理需要支出的费用之疑虑，更有利于保护成年被监护人的利益。这虽一定程度上体现了对公平价值目标的追求，但其在某些方面并未完全实现公平价值，如缺乏对辅助人设置辅助监督人的设计，在辅助人实施损害准禁治产人利益行为之情形下，对准禁治产人而言是不公平的。同时还欠缺对监护人给予报酬的规定，监护人的监护行为是一种劳动和付出，但无相应之报酬，因此对其是不公平的，不利于监护人积极主动地提供监护服务，继而影响被监护人利益之维护。

改革后的成年人监护法为实现公平保护的目标，对传统立法存在的制度缺陷进行弥补和修正。首先，允许身心障碍者实施与其剩余意思能力相适应的民事行为，但为公平保护被监护人及第三人利益，监护人可以撤销身心障碍者实施的民事行为。其次，根据监护类型设置相应监护监督人。如1968年修正后的《法国民法典》即根据监护类型设置了财产管理监督人及监护监督人。1999年日本新民法同样依其监护类型分别设置了成年人监护监督人、保佐监督人及辅助监督人。最后，设立监护人报酬制度，给监护人适当经济补偿，以激励其积极地履行监护义务。如修正后的《法国民法典》设立给予司法委托代理人经济补贴制度，1999年日本新民法规定家庭法院得视监护人及被监护人资力等状况，从被监护人财产中给予监护人相当报酬。德国法同样有给予照管人费用补偿及报酬的规定。改革后的成年人监护法在制度设计上更趋完善，使公平保护成年被监护人利益的价值目标获得了制度上的保障。

（四）秩序：寻求个人与社会利益的有机统一

秩序本质上表现为不同利益主体在相互角逐与较量的过程中，形成的具有连续性、反复性及可预测性的状态。法对秩序价值的追求，主要通过划定、分配和调整不同主体间的利益分配格局并以暴力或规范的方式作用于利益主体来实现的。[12]400成年人监护法的制度设计即体现出法律在身心障碍者与社会之间划定利益空间，并设立相应规范以实现立法者对当时社会所需秩序的追求。然从不同时期成年人监护的立法设计来看，在传统与现代之间，其所追求的秩序内涵在本质上有迥异之别。

传统成年人监护法所追求的秩序注重社会交易秩序的维护，以保证交易安全快捷，以期推动社会经济发展所需积累大量原始资本的进程。禁治产宣告制度的确为社会经济发展需要的安全快捷的交易秩序提供了法律保障，但它过分维护社会交易利益，而将身心障碍者的个人利益限缩在狭小的利益空间内，阻碍和抹杀其自由生存和发展之权，严重割裂了个人利益与社会利益的有机统一。同时传统禁治产宣告制并不能适应老龄化社会的现实需求。高龄者精神或智力障碍是随着年龄的增长而不断出现的，而且障碍程度亦因人而异，显然不能完全为整齐划一的禁治产宣告制所调整。

现代成年人监护法尊重身心障碍者对自我生活的决定权利，赋予其参与民事活动的机会和空间，依其精神、智力及身体障碍程度分别设置不同的更加细化的监护类型，满足不同身心障碍者尤其是高龄者的现实需求，以使其个人利益得到最大限度的维护。由此可见，改革后的成年人监护法所追求的秩序价值，不仅注重维护社会交易秩序的稳定和安全，而且将这种秩序的稳定性及安全性建立在尊重和保护个人利益的基础之上，重新在社会利益和个人利益之间划定、分配和调整利益格局，使二者达至均衡和谐的统一状态。

四、对完善我国成年人监护立法的启示

（一）我国成年人监护立法之检视

我国现行成年人监护制度主要规定在 1986 年《中华人民共和国民法通则》及其适用的司法解释中。从其制度设计看，主要规定了成年人监护对象①、监护

---

① 根据我国民法通则第十七条及最高人民法院《关于贯彻执行〈中华人民共和国民法通则〉若干问题的意见（试行）》第 5 条规定，我国成年人监护对象为精神病人（含痴呆症人）。

人选任及其资格①、监护顺序及其职责②、监护类型及监护监督③等内容。以现代成年人监护法所蕴含的价值理念考量，我国成年人监护法尚存不足，亟须修正以因应我国社会发展之需要。

第一，从现代成年人监护的平等价值看，我国成年人监护制度存在如下不足。首先，没有将监护类型细化，不能使部分尚存意思能力的身心障碍者行使"自决权"，不能彰显法律平等地保护民事主体行使权利的精神。当前我国正面临着老龄人口日益增多的社会情势，据2010年人口普查结果统计，60岁以上老年人口1.78亿，占总人口的13.26%，比2000年上升2.93个百分点。而全国城乡失能老年人口（包含部分失能和完全失能）约为3300万，其中完全失能老年人口1054万，占总体老年人口的6.31%。到2015年，我国老年人口将突破2亿，是世界上老年人口最多的国家。[14] 老龄者因年老而引起智力减退、精神耗弱等精神或智力障碍，以致判断能力不足，无法正常处理部分事务，而亟须他人予以辅助。我国现行成年人监护制度尚未细化监护类型，不能平等保护身心障碍者行使民事权利。其次，行为能力宣告制限制身心障碍者全部或部分行为能力，剥夺或部分剥夺其参加民事活动的可能机会。身心障碍者一旦被宣告为无民事行为能力人，即使简单的日常生活交易行为亦须他人代理，陷入机会不平等之中。

---

① 最高人民法院《关于贯彻执行〈中华人民共和国民法通则〉若干问题的意见（试行）》第11条规定，监护人的监护能力应根据监护人的身体健康状况、经济条件及与被监护人在生活上的联系状况等因素确定。

② 根据我国民法通则第十七条及最高人民法院《关于贯彻执行〈中华人民共和国民法通则〉若干问题的意见（试行）》第14条规定，我国成年监护人的监护顺序依次为：配偶、父母、成年子女、其他近亲属、关系密切的其他亲属朋友、精神病人的所在单位或住所地的村（居）委会或民政部门。根据民法通则第十八条规定及最高人民法院《关于贯彻执行〈中华人民共和国民法通则〉若干问题的意见（试行）》第10条规定，监护人的职责包括：保护被监护人的人身、财产及其他合法权益，代理被监护人进行民事活动，对被监护人进行管理教育，担任被监护人的诉讼代理人。监护人除为被监护人利益外，不得处理其财产。在怠于履行或不当履行监护职责时，应承担责任，给被监护人财产造成损失的，应予赔偿。

③ 根据我国民法通则第十七条及最高人民法院《关于贯彻执行〈中华人民共和国民法通则〉若干问题的意见（试行）》第15、16、17及22条规定，我国成年人监护类型为：法定监护、指定监护、约定监护及委托监护。根据我国民法通则第十八条及最高人民法院《关于贯彻执行〈中华人民共和国民法通则〉若干问题的意见（试行）》第20条规定，在监护人怠于履行或不当履行监护职责时，其他有监护资格的人或单位均可向法院提起要求变更监护人之诉或要求监护人承担民事责任之诉。

第二，从现代成年人监护的自由价值看，我国成年人监护制度存在如下不足。首先，我国民事行为能力整齐划一的三元化划分，使精神障碍者陷入行为能力全部或部分被剥夺之不利境地，这意味着其自由处理私人事务的权利被限制，民事活动将由法定代理人代理或征得其同意。无行为能力之精神病人将不能参加一切民事活动，其所为法律行为无效，这显然与精神障碍者可以从事日常生活行为的事实相悖。其次，监护类型单一，缺乏任意监护制度。我国现行法规定了法定监护及指定监护两种类型，对体现受监护人意志的任意监护类型并无规定。在监护开始后，只能依据法定监护顺序，选任监护人，即使被监护人尚存意思能力，对此也无选择余地。值得思考的是，我国法律将配偶作为第一顺位监护人，但当配偶已为高龄者，且其自身尚需保护时，如何履行监护职责不无疑问。

第三，从现代成年人监护的公平价值看，我国成年人监护制度存在如下不足。首先，监护人职责规定过于简单抽象，不利于被监护人利益的公平保护。我国现行法虽规定监护人应以被监护人利益为目的，保护其人身、财产及其他合法权益，但对监护人的职责权限及具体方式则语焉不详。在监护人疏于管理或滥用职权的情势下，被监护人利益存在被损害的风险。其次，监护监督机制不健全。我国现行法虽规定法院可根据有监护资格的人或单位的申请，撤销监护人资格，但对如何行使监督权并无规定，实际上形成"人人都有权管，人人却都不管"的现象。没有健全的监护监督机制，被监护人利益难谓公平保护。另外，缺乏监护人报酬的规定，不利于激励监护人履行监护职责，对监护人亦难谓公平。

第四，从现代成年人监护的秩序价值看，我国现行成年人监护制度同传统禁治产宣告制相似，存在着未合理划定、分配和调整个人利益同社会利益之间的利益格局之不足。我国行为能力宣告制将精神病人依其精神障碍程度类型化为无行为能力人及限制行为能力人，不能使其利用尚存的一定意思能力行使自决权，未经监护人代理、事前同意或事后追认，其所实施的法律行为无效。此种制度设计的理念在于过分追求社会交易秩序的稳定及安全，以牺牲身心障碍者个人利益为代价，将社会利益最大化目标发挥至极致。曾有新闻报道，某村镇政府制作铁笼将患有精神障碍的男子裸身囚禁两年余，其目的即在于谋求安全稳定的社会秩序。① 从现代成年人监护法蕴含的秩序价值理念审视，我国现行成年人监护法有待矫正。

（二）我国成年人监护立法之完善

综上所述，我国成年人监护立法亟待完善。笔者认为，完善我国成年人监护法应当以现代成年人监护的价值理念为指导，并参酌国外先进立法，拟订因应我国社会情势的制度设计。

第一，修正民事行为能力制度，适度扩大监护范围。我国民事行为能力三分法的制度设计并不符合成年人行为能力的客观事实，身心障碍者在一定范围内仍可以实施与其精神智力相适应的行为如购置日用品等日常生活行为。鉴于尊重客观事实，应借鉴国外立法经验，废除成年人无行为能力宣告制度，赋予其限制行为能力，许可其参加与精神智力程度相适应的民事活动，其所实施的法律行为可以依法撤销。同时，对成年人监护对象应予扩大，不同程度的智力障碍者及因身体障碍导致意思能力不足者应予以囊括，在必要时可以监护法予以救济，以保障其合法权益。

第二，细化监护类型，引入任意监护制度。为保障身心障碍者的最佳利益，现有监护类型应予细化，在立法体例上可以借鉴日本法的规定，对心神丧失、经常性缺乏意思能力的成年障碍人，置监护；对精神或智力耗弱、意思能力显然不足者，置保佐；对非精神或智力耗弱但意思能力不足者，置辅助。根据身心障碍者障碍程度的轻重缓急及意思能力的剩余状况，在必要性及补充性原则的限度内，设置保护措施，以弥补其意思能力之不足。同时，增设任意监护制度，一方面在成年障碍人意思能力剩余的限度内，允许其自行选任监护人，并不拘泥于监护顺序。另一方面认可成年人为预防日后出现身心障碍需他人照顾的情势，在身心健康状态下提前做出的委任他人作为监护人的安排决定。在出现身心障碍事由时，受托监护人应履行监护职责。

第三，明确监护职责，完善监护监督制度。鉴于对我国现行成年人监护类型细化为监护、保佐及辅助的构想，应同时明确监护人、保佐人及辅助人的各自职责范围，以公平保护身心障碍者及第三人的合法权益。同时，监护人应以保护被监护人的人身、财产及其他合法权益为宗旨，在料理被监护人的生活及

---

① 参见《村镇政府做铁笼，将精神病男子裸身关两年多》，载网易公益网，http://gongyi. 163. com/13/0704/10/92UE9IT1009363EC. html，访问时间：2013 年 7 月 4 日。

财产事务时，应尊重其意思，并需考虑到其身心状态及生活状况。被监护人可以实施与其意思能力相适应的民事行为，如日常生活行为，但监护人为其利益考虑，可以撤销。保佐人在特定范围内对被保佐人实施的特定法律行为有代理权及同意权，如金钱行为、物权行为、债务行为、赠予行为及继承行为等，未经同意的法律行为可以撤销，但并不损害受保佐人利益的除外。辅助人的职责范围可以和受辅助人协商确定，仅根据受辅助人需要，在特定民事活动中有代理权及同意权。另外，完善我国监护监督制度，建议由村（居）委会及民政部门担任监护监督人。废除现行法有关在精神病人无监护人时，由其所在单位或住所地村（居）委会及民政部门担任监护人之规定，改为在精神病人无监护人时，由其住所地福利机构（如敬老院、养老院及福利院）担任监护人[①]，村（居）委会及民政部门专司监护监督人职责。在村（居）委会及民政部门各设置专职人员负责履行监护监督职能，民政部门专职监督人员负责指导村（居）委会的专职监督人员的日常工作。

第四，增订监护人报酬制度，明确监护变更的实体及程序要件。建议规定监护人享有获取报酬的权利，其报酬来源可以从被监护人财产中支付，在被监护人无财产时也可以由当地民政部门支付。另外，应明确监护变更的实体及程序要件。法律应对因监护人辞任、解任及失格等可能引起监护变更的事由予以明确规定。建议规定监护人应依法履行监护职责，不得辞职，但有正当理由的除外，如监护人因年老、疾病、残疾等身体因素不能履行职责，或监护人居所变动以致不便履行监护职责，或因经济生活原因不能履行监护职责等。此外，建议规定监护人在怠于履行监护职责，或其监护行为损害被监护人正当权益时，即丧失监护资格，由其他监护人或监护监督人向法院提出变更监护之诉。在程序上，建立监护监督人定期走访制度。监护监督人应每月定期到被监护人住所地了解、察访监护人履职情况。如发现监护人怠于履行或不当履行职责时，应立即将上述事由报告给法院，并提出新的监护人选，在未确定新监护人时，监护监督人应暂为履行监护职责。

---

①　据媒体报道，目前全国城乡共有各类社会福利机构42057家，社区服务机构9319家，星光老年之家2.5万个，便民利民网点93.7万个，城镇老年人福利机构和社会力量举办的社会福利机构已呈现蓬勃发展的局面。因此，笔者认为，目前让社会福利机构担任监护人已具备现实基础。参见《中国城乡已有各类社会福利机构四万余家》，载搜狐新闻网，http://news.sohu.com/20081104/n260437452.shtml，访问时间：2013年7月4日。

【参考文献】

［1］林秀雄. 论我国新修正之成年人监护制度［J］. 月旦法学杂志，2009（1）.

［2］闵银龙. 司法精神医学［M］. 北京：法律出版社，2012.

［3］季晓莉. 全球面临老龄化与人口激增挑战［EB/OL］. 中国经济导报网，http：// www. ceh. com. cn/jryw/2013/215825. shtml，2013-07-10.

［4］王妍. 日本养老有法可依［EB/OL］. 新华网，http：//www. xinhuanet. com/，2013-01-26.

［5］张文显. 二十世纪西方法哲学思潮研究［M］. 北京：法律出版社，1996.

［6］陈苇. 中国婚姻家庭法立法研究［M］. 北京：群众出版社，2000.

［7］史尚宽. 民法总论［M］. 北京：中国政法大学出版社，2000.

［8］迪特尔·施瓦布. 德国家庭法［M］. 王葆莳译. 北京：法律出版社，2010.

［9］龙卫球. 民法总论［M］. 北京：中国法制出版社，2001.

［10］李宜琛. 民法总则［M］. 胡骏勘校. 北京：中国方正出版社，2004.

［11］叶欣. 现代成年人保护制度的民法研究［M］. 武汉：武汉大学出版社，2011.

［12］卓泽渊. 法的价值论［M］. 北京：法律出版社，2006.

［13］沈宗灵. 现代西方法理学［M］. 北京：北京大学出版社，1992.

［14］陈璐，吕一凡. 失能老年人口长期护理需求巨大［EB/OL］. 全国老龄委网，ht-tp：//www. cncaprc. gov. cn/contents/37/21358. html，2013-03-01.

（原文刊载于《中华女子学院学报》2014 年第 1 期）

我国成年监护法律之缺失与完善

——以民事审判实践为依据

林建军

（中华女子学院法学院）

　　成年监护制度是一项重要的民事法律制度，事关被监护人个体利益、家庭和睦乃至社会和谐，但囿于《中华人民共和国民法通则》（以下简称"民法通则"）制定时社会生活条件与认识水平的局限，成年监护法律制度存在明显缺陷。完善监护立法，需要置身于司法，将适用和检验法律的司法活动作为修正现行相关立法的重要路径，在司法实践中检验监护立法的质量，在司法实践中探寻监护立法的问题。基于此，本文对司法裁判结果进行实证考察，将实证调查数据作为事实前提，探究我国成年监护法律的缺失与完善。

　　为获知上述问题，笔者选取法院判决书作为样本加以研究。因为判决书作为法院依法解决当事人纷争的书面处理决定，承载着适用法律、解决冲突、宣示正义的重要功能，是法院适用法律的权威载体，也是解读法律适用状况的重要窗口。笔者以 A 市 11 家基层法院 2003 年至 2012 年十年间涉及成年监护问题的 50 份判决书为样本，考察有关成年监护法律的适用状况。判决书显示，50 件成年监护案件的立案案由集中于"婚姻家庭纠纷"和"监护特别程序案件"两大类二级案由①，其中，"监护特别程序案件"总计 47 件，占绝大多数。而从上

---

①　根据最高人民法院《民事案件案由规定》，涉及监护问题的案由中，二级案由总计有三大类，分别是"婚姻家庭纠纷""侵权责任纠纷"和"监护权特别程序案件"，此次随机抽样的 50 件案件的案由分别是"婚姻家庭纠纷"3 件和"监护权特别程序案件"47 件，但没有"侵权责任纠纷"。再具体到上述二级案由项下与监护问题有关的三级案由，"婚姻家庭纠纷"项下仅有"监护权纠纷"，"侵权责任纠纷"项下仅有"监护人责任纠纷"，"监护权特别程序案件"项下则包括"申请确定监护人""申请变更监护人""申请撤销监护人资格"三类案由。

述两类二级案由项下的三级案由看，婚姻家庭纠纷项下案由为"监护权纠纷"的案件3件，监护特别程序案件项下案由为"申请确定监护人""申请变更监护人"和"申请撤销监护人资格"的案件分别为8件、24件和15件。

表1　案件在法院诉讼时的民事立案案由

被监护事由	案件数（件）	所占比重（%）	是否经过宣告	案件数（件）	所占比重（%）
精神残疾	27	54	宣告为无民事行为能力人	5	10
			宣告为限制民事行为能力人	5	10
			未经宣告	17	34
智力残疾	11	22	宣告为无民事行为能力人	1	2
			未经宣告	10	20
老年痴呆症	4	8	宣告为无民事行为能力人	2	4
			未经宣告	2	4
脑血栓	5	10	宣告为无民事行为能力人	2	4
			宣告为限制民事行为能力人	1	2
			未经宣告	2	4
植物人	1	2	未经宣告	1	2
未列明被监护人状况	2	4		2	4
总计	50	100		50	100

一、我国成年监护制度之不足

（一）被监护人的范围过窄

成年监护制度的目的旨在弥补无民事行为能力、限制民事行为能力成年人行为能力的不足，保护其合法权益；同时约束其行为，防止对社会或他人造成损害。依此，成年被监护人应该指所有无民事行为能力或者限制民事行为能力的成年人，但从我国民法通则第十七条的规定看，却仅限于无民事行为能力或者限制民事行为能力的精神病人，范围明显过窄。

本次调研样本显示，相当比例的精神病人以外的无民事行为能力人或者限制民事行为能力人因监护问题引发纠纷。在50份判决书中，除了27件（10件宣告为无民事行为能力人或限制民事行为能力人、17 件未经宣告）确属成年精神病人的监护纠纷外，另外分别有 11 件、5 件、4 件、1 件是因智力残疾、脑血栓、老年痴呆、植物人等事由引发的监护纠纷，这其中有 6 人被宣告为无民事行为能力或限制民事行为能力人。显然，审判实践中，相当比例的被监护人不属于精神疾患，而是因智力残疾、脑血栓等原因导致意思能力欠缺或丧失，由此产生申请确定监护人、变更监护人等监护纠纷。值得注意的是，随着我国老龄化时代的到来，高龄者因身体机能衰退等原因需要监护的问题也会日益凸显。对此，虽然当事人不属法定被监护人的范围即并不属于精神病人，但实际上此类监护纠纷已经进入司法通道被法院受理。

表 2　被监护人需要监护的事由及其案件数量

被监护事由	案件数（件）	所占比重（%）	是否经过宣告	案件数（件）	所占比重（%）
精神残疾	27	54	宣告为无民事行为能力人	5	10
			宣告为限制民事行为能力人	5	10
			未经宣告	17	34
智力残疾	11	22	宣告为无民事行为能力人	1	2
			未经宣告	10	20
老年痴呆症	4	8	宣告为无民事行为能力人	2	4
			未经宣告	2	4
脑血栓	5	10	宣告为无民事行为能力人	2	4
			宣告为限制民事行为能力人	1	2
			未经宣告	2	4
植物人	1	2	未经宣告	1	2
未列明被监护人状况	2	4		2	4
总计	50	100		50	100

（二）选任监护人漠视被监护人的意思能力

根据民法通则的规定，选任监护人包括法定和指定两种情形，即监护人的产生要么基于法律明确规定，要么基于村（居）民委员会或被监护人所在单位等第三方的指定，而被监护人自身对监护人选任的意愿被忽视，被监护人的自我决定权被剥夺。这一做法和我国将被监护人限定为无民事行为能力或限制民事行为能力的精神病人不无关系。但现实生活中，且不说因患病或高龄等原因导致无民事行为能力或限制行为能力的被监护人完全胜任在意思能力健全时选定自己的监护人，即便是精神病人，其中相当一部分属于间歇性精神病人，这部分人处在缓解期时完全具备选任自己监护人的能力。

本次调研样本显示，审判实践中，因没有法律规定，法官并不当然征求有一定识别能力的被监护人的意愿，但确有部分法官征求并充分尊重了有识别能力被监护人的意愿，由于被监护人对自身状况的了解远胜他人，故而该做法既有利于被监护人，也更容易为各方当事人所接受。样本中有 3 件案件的法官征求了有一定识别能力被监护人的意见，并主要根据被监护人意愿做出判决。例如一份判决书中写明：被监护人"向本院表示，李某某一直在北京对其进行照顾，不同意章某某作为其监护人"，"且诉讼中章某某、李某某均认可被监护人为限制民事行为能力人，说明被监护人有一定的识别能力，被监护人本人亦同意由李某某担任监护人"①。

（三）所在单位指定监护人不合理

根据民法通则的规定，指定监护一般发生在没有法定监护人或对担任监护人有争议的情况下。民法通则第十七条规定："对担任监护人有争议的，由成年精神病人所在单位或者住所地的居民委员会、村民委员会在近亲属中指定。对指定不服提起诉讼的，由人民法院裁决。"

50 份调研样本中，就监护纠纷诉至法院前监护人产生的方式而言，指定监护的共 29 件，其中村（居）民委员会指定的 21 件，所在单位指定的 7 件，居民委员会和所在单位共同指定的 1 件。另有 21 件或通过残疾证书认定或未经指定，其中残疾证书认定的有 6 件；未经指定直接诉至法院的 7 件；之前经过法院裁判，再次起诉至法院的 8 件。从中看出，单位指定所占比重较小，在单位指定的 7 件案件中，指定存在不严肃、不规范且缺乏权威性等问题。一个案件中被指定的监护人认为被监护人单位的指定没有本人签字，不认可指定效力，故提起诉讼。另一案件中，被监护人所在单位先同意将申请人指定为监护人，之后在其他有监护资格的人不同意指定并向该单位提出申请的情况下，所在单位答复，监护"属于家庭内部问题，应由你们（指有监护资格的人）共同协商

---

① 这里提及的当事人均隐去了实际姓名。

确定"。规定所在单位指定是一种计划经济时期的产物，造成社会职能分工的混乱，"意味着我们的监护模式还处在'家庭人''亲属人''单位人''地方人'的传统褊狭私域，'国家人''社会人'的现代身份并未获得确认"[1]。就目前情况看，单位的传统职能已经弱化，根本不胜任指定监护人，即使指定，因所在单位没有司法审查权，缺乏专业性，权威性大打折扣，也很难被当事人切实遵从，更何况还有相当一部分当事人并没有工作单位。

表3 案件诉至法院前监护人产生的方式及其案件数量

监护人产生方式			案件数（件）	比重（%）
村（居）民委员会指定	居民委员会指定	19	21	42
	村民委员会指定	2		
所在单位指定			7	14
居民委员会和所在单位共同指定			1	2
残疾证书中认定			6	12
未经指定，直接诉至法院			7	14
之前经过法院裁判，再次诉至法院			8	16
总计			50	100

（四）监护事务不明确，且监护人的权利义务不对等

1. 监护事务不明确

监护事务即监护的内容，一般分为人身监护和财产监护，而我国现行法律对监护人的监护事务仅仅只是做出了概括性的规定，即民法通则规定监护人应当履行监护职责，保护被监护人的人身和财产及其他合法权益。《最高人民法院关于贯彻执行〈民法通则〉若干问题的意见》（以下简称《意见》）第10条规定："监护人的职责包括：保护被监护人身体健康，照顾被监护人的生活，管理和保护被监护人的财产，代理被监护人进行民事活动，在被监护人合法权益受到侵害或者与人发生争议时，代理其进行诉讼。"上述关于监护事务的规定非常笼统，缺乏操作性。如关于财产的监护，是否需要登记造册，监护人是否可以受让、处分被监护人财产等，均没有明确法律规定。

本次调研所涉50份判决书显示，监护人怠于履行监护权、滥用监护权甚至侵害被监护人权益的现象较为普遍：如有的监护人擅自出售、出租被监护人的住房，而收益未用于或未全部用于被监护人；有的侵吞、藏匿、转移、私分被

监护人的财产；有的藏匿被监护人的证件，等等。但因为法律规定的监护事务不够明确具体，监护人出现上述行为时，很难依法对监护人追责。实践中，监护人管理被监护人财产多数没有登记造册，出现问题时，往往是一笔"糊涂账"。

2. 监护人权利和义务不对等

我国民法通则及《意见》均未明确规定监护人的权利，只是在民法通则第十八条提及，"监护人依法履行监护的权利，受法律保护"，对监护人具体应该享有哪些权利没有明确的规定，对监护过程中监护人的实际付出如何补偿也没有在法律上进行合理的制度设计，监护成了监护人只尽义务没有权利、"吃力不讨好"的负担。这种将监护制度义务化、监护人缺少必要权利保障的做法，导致审判实践中常常出现两种不正常的情况：有监护资格的人要么在被监护人有财产或者有预期财产利益时竞相争抢监护权，意图通过争夺监护权争夺被监护人财产；要么在被监护人没有财产或者部分被监护人侵害他人利益需要给予损害赔偿时互相推诿。

表4 监护人侵犯被监护人财产权益的主要表现形式及其案件数量

侵权事由 案由	藏匿、转移、侵吞被监护人财产	擅自出卖被监护人房屋	意图擅自出卖被监护人房屋	擅自出租被监护人房屋，将租金据为己有	擅自将被监护人房屋过户到自己名下	居住在被监护人房屋	侵吞被监护人房屋拆迁款	意图获取被监护人房屋拆迁款
监护权纠纷	1							
申请确定监护人			1					
申请变更监护人	2			1	2	1	1	
申请撤销监护人		2		2		1	1	1
总计	3	2	1	3	2	2	2	1

（五）监护监督制度不健全

监护监督人是指对监护人的监护活动负有监护监督责任的人，是监护制度中的重要内容，也是各国立法通例。在成年监护制度中，由于被监护人本人欠缺民事行为能力，监护人难以受到来自被监护人的内部监督。我国现行法律没有设立监护监督人，民法通则第十八条规定："监护人不履行监护职责或者侵害被监护人的合法权益的，应当承担责任。"但对由谁监督及如何行使监督权没有做出明确规定，对监护活动又缺少必要的外部监督和制约，导致监护人的监护事务完成情况实际处于"有监护无监督"的状态，监护没有监管必然影响到监护实效。

调研所涉及的 50 份判决书显示，尽管相当一部分监护人对被监护人不管不问甚至侵害被监护人合法权益，尤其是监护人肆意处分被监护人财产的情况较为普遍，却长期无人监管，以致变本加厉：有的监护人侵吞被监护人住房拆迁款几十万元，却拒付被监护人几千元医疗费；有的监护人将被监护人房产卖掉，致使被监护人露宿街头以捡破烂为生；更有甚者，有的监护人对被监护人缺乏必要监护，被监护人用菜刀将自己的手指砍掉……而由于缺乏必要的外部监督，被监护人自身属于无民事行为能力或限制民事行为能力人难以自我救济，其他有监护资格的人即使提起诉讼，也很难找到证据，从而使监护人的上述种种失职甚至侵权行为无法及时发现并受到有效规制，被监护人的合法权益难以得到保障。从调研样本看，总计 39 件涉及原告申请变更监护人和申请撤销监护人资格两类纠纷中，有 17 件因证据不足、没有直接证据等原因，法院未支持原告一方诉讼请求。

二、我国成年监护制度之完善

（一）扩大被监护人的范围

成年监护制度应扩大被监护人的范围，使之涵盖全部有实际需要的成年人，特别是适应老龄化的发展趋势，将高龄者纳入成年监护对象。因为高龄者随着年龄的增长，意思能力必然不断衰退，为有效保护其利益，使其老有所养，法律应对其予以特别保护。建议在监护相关立法中，扩大被监护人的范围，除原有精神病人外，增加无民事行为能力或限制民事行为能力的智力残疾者、老龄痴呆患者、高龄者等成年人。简而言之，只要是无民事行为能力或限制行为能力的成年人，均应纳入监护制度。

（二）选任监护人应增设意定监护，并征求有识别能力的被监护人的意愿

由于被监护人本人对自身情况最为了解，尊重其意愿既有利于选任出被监护人最信任且对其最有利的人，符合监护制度设立的初衷，也符合民法精神，并回应了人口老龄化冲击下高龄老人监护（许多高龄老人意思能力尚存）的需要。因此，为尊重被监护人的意思能力，建议立法增设意定监护。

所谓意定监护，是在当事人意思能力健全时，依照自己的意愿预先选任信

赖的亲朋作为自己一旦能力丧失或衰退时的监护人，在本人出现丧失或部分丧失意思能力的事由后，由事先选任的监护人承担监护事务。现有的成年监护制度禁锢了被监护人的自我决定权，对其进行强制保护；意定监护则充分尊重被监护人的个人意愿，承认其自主决定权，有利于实现被监护人意思自治的最大化，实现其自己希望的生活。目前，这种意定监护已被德国等很多国家所采纳。"德国关于成年监护制度改革的重点是希望通过'法律上的照管制度'保护、援助被照管人，并充分尊重被照管人的意思和自我决定权，实现被照管人的最佳利益和维持其正常化生活。"[2]

此外，在通过法定、指定或意定等形式确定了监护人之后，如果出现监护纠纷，在变更或撤销监护人时，同样应充分尊重被监护人残存的意思能力，最大限度地征求有一定识别能力的被监护人的意愿，只要该意见不违背成年被监护人的利益，须依从之。

（三）取消所在单位指定监护的做法，统一由村（居）民委员会指定

选任合适的监护人是监护制度有效运行及充分保护被监护人合法权益的关键，有必要对此设定法定机构，确立法定程序。鉴于所在单位指定缺乏严肃性、专业性和权威性，特别是随着我国市场经济的发展和单位社会功能的剥离，单位对个人的社会支持相对削弱，难以胜任指定监护人之职能，为充分保护被监护人的利益及保障监护指定的严肃性，建议取消由精神病人所在单位行使监护人指定权的做法，而统一由村（居）民委员会指定监护人。

城镇地区的社区居民委员会和农村地区的村民委员会是我国基层群众自治组织，是维护社区或地域共同体人际关系和秩序、化解社会矛盾的重要形式，村（居）民委员会分布在基层，遍布城乡，覆盖广泛，数量众多，便于及时掌握辖区内居民或村民情况，同时，随着我国市场经济的发展，社会支持由主要依赖单位逐步转向多元化结构，社区对个人的支持相对增强，从而使村（居）民委员会有理由成为指定监护的重要主体。

（四）明确规定监护事务

1. 明确监护人的监护事务

在人身监护方面：尊重被监护人的意愿，在不损害被监护人利益的前提下，尽量尊重并满足被监护人的意愿；看护被监护人身体，将被监护人送入限制人身自由的场所，进行绝育手术等，必须经过监护监督人同意。

在财产监护方面：在监护开始阶段，造具并向监护监督机关提交被监护人

财产的清单；妥善管理被监护人的财产，未经监护监督人同意，不得处分之；禁止监护人受让、承租被监护人的财产或接受该财产的抵押、质押；定期向监护监督人报告被监护人的财产状况；当被监护人恢复行为能力时向其移交财产；处分被监护人房屋等财产，应经监护监督人同意。

2. 明确监护人的权利

人身监护方面：（1）规定监护人享有交还请求权。当精神病人被人劫掠、诱骗、拐卖、隐藏时，享有请求交还被监护人的权利。（2）被监护人身份行为的同意权，如限制民事行为能力人职业的许可，法律行为的补正等，都由监护人为之。

财产监护方面：（1）规定监护人享有报酬请求权。监护人为履行监护职责付出了艰辛劳动，漠视其付出显然违背民法公平原则，也会挫伤监护人的积极性。可借鉴其他国家的规定，尊重监护人对监护劳务报酬的合理诉求，赋予监护人报酬请求权，以此作为驱动监护人履行监护职责的动力。至于监护报酬从哪里支出，通观世界其他国家的做法，如果被监护人有财产则可从中拨付；如果被监护人没有财产或财产不足，鉴于无行为能力人和限制行为能力人的保护问题也是社会问题，国家有责任来承担，一般通过设立专项基金或由国家财政补贴来加以弥补。（2）规定监护人对被监护人的民事法律行为有代理权及撤销请求权，但被监护人对日常生活的法律行为及纯获利的法律行为仍然有效。

（五）增设监护监督人，明确监护监督事务

确立监护监督制度，由监护监督人监督监护人依法履行监护职责，对监护人危害被监护人人身、财产权益的行为及监护人的监护能力等事项进行监督。监护监督制度已成为各国立法通例。我国可建立司法监督、民政部门或村（居）民委员会监督并存的监督机制。首先，人民法院是执行监护监督事务的司法机关，从设立监护人、约束和批准监护行为、解除监护、审查监护监督人履行职责情况等方面全面介入监护关系。其次，民政部门或村（居）民委员会可以担任监护监督人。村（居）民委员会了解被监护人的实际情况，方便对监护进程进行监督，能及时有效地根据实际情况保护被监护人利益。具体可由民政部门或村（居）民委员会指定专人负责本辖区内的监护监督情况。

明确规定监护监督事务。在人身监护方面，监督监护人对被监护人的人身控制是否合理与必要，有无侵犯被监护人人身权益，以保证监护人在日常生活、就医等方面确实保障被监护人的身心健康。在财产监护方面，"监护人处分被监护人的财产等重大事项有无报告并经过同意，管理财产行为和财产处分结果是否符合被监护人的利益；在监护人缺位时，请求重新选任监护人"；发现监护人违反监护义务时，及时向有关机构报告情况，申请撤换监护人等。[3]

【参考文献】

[1] 黄忠. 从留守儿童问题看我国监护制度之改进 [J]. 西北人口，2009（3）.

[2] 刘金霞. 德国、日本成年监护改革的借鉴意义 [J]. 中国青年政治学院学报，2012（5）.

[3] 陈苇，李欣. 私法自治、国家义务与社会责任——成年监护制度的立法趋势与中国启示 [J]. 学术界，2012（1）.

（原文刊载于《中华女子学院学报》2014 年第 5 期）

论国家监护的补充连带责任

——以亲权与监护的二元分立为视角

熊金才　冯　源

（汕头大学法学院，厦门大学法学院）

中国学术界对家庭暴力问题的关注，大致是在 1995 年北京召开第四次世界妇女大会前后，呼吁国家制定防治家庭暴力专项法，则是 2000 年以来的研究目标。2000 年 7 月开始国家监护是指国家公权力对监护事务的介入，如监护人资格的确定与任选、监护的设立、变更与终止、监护监督与辅助及直接代行监护等。① 国家监护制度的工具性价值是借助资源的二次分配调整失衡的权利义务关系，实现社会公平与正义；其目标价值是通过保障被监护人生存权与发展权，实现被监护人个人与社会的全面发展。国家监护的法理依据是监护的公益性与监护责任的社会连带性及亲权与监护的二元分立，实质是监护的公法化，形式包括直接监护（国家直接代行监护）与间接监护（国家监护监督与辅助），核心要素是政府通过资金介入并承担相应的国家监督职责[1]，调整效果取决于监护责任的顶层设计与制度规范。国家监护制度随社会类型演进而发展，随家庭保障社会化及亲权与监护的分离由应然走向必然，迄今已在世界范围内得以广泛建立。在我国社会分层与分化加剧，家庭保障功能不断外移，父母监护能力

---

① 国家监护的上位概念是"监护的公法性"，判定标准主要包括以下四方面：其一，监护的规范形式具有明显的强行性、义务性，不断注入公法的性能，使得公法性、社会法性的专门法律得以制定；其二，监护的主体包括代表国家行使公共权力和职责的主体；其三，通过实体和程序双重规范的安排，使监护关系的产生、变更和实际运作中，不断限制监护人的个人意志，强化国家意志；其四，国家是被监护人利益的代言人，是监护人的决定、指定、撤销、免职的权力人。参见李霞：《监护制度比较研究》，山东大学出版社 2004 年版，第 252 页。

的局限性日渐显现[2]，亲权监护缺位，监护不能、不力或不利等情形日益普遍的社会背景下，健全国家监护制度，确认监护的多重责任原则，明晰国家监护责任的性质，强化国家监护责任的制度规范，是被监护人生存权与发展权保障的需要，也是被监护人个人与社会全面发展的当然要求。

一、国家监护责任的补充性与连带性

国家监护责任的补充性源于国家对亲权和被监护人家庭权的尊重，其视监护为亲责，视家庭为儿童生存与发展的直接和第一责任主体①，从而对国家以公权力对原属于私法领域的监护事务的全面介入形成一定程度上的制约。根据儿童权利保护相关法律的规定和精神，国家监护的补充性主要体现在以下四方面。第一，对家庭完整性的尊重与维护。如《联合国儿童权利公约》（以下简称《儿童权利公约》）第五条和第十八条第 1 款对儿童保护家庭本位观及家庭权的尊重，及该法第九条对儿童保护家庭完整权的尊重等。第二，对亲权监护的监护监督责任。国家监护监督之目的是促使亲权人诚实履行监护义务，防止亲权人侵犯被监护人权益。如国家对家庭暴力、忽视或者家长拐带、软禁行为等承担调查、监督和干预之责任。第三，为处于困境中的儿童及其家庭提供救助的义务，即监护补充责任。如 1959 年《儿童权利宣言》指出："社会和公众事务当局应有责任对无家可归和难以维生的儿童给予特殊照顾，采取国家支付或者其他援助的办法以使家庭人口众多的儿童得以维持生活乃是恰当的。"第四，国家对亲权监护不力或不利之情形承担补充责任。如《儿童权利公约》第十八条第 2 款规定的国家监护补充责任。②

在亲权与监护二元一体的制度设置下，国家仅对亲权监护承担补充责任。其中，国家对监护承担的补充责任概括可分为下列三个梯级。（1）国家监护监督义务。对有亲权监护且并无损害被监护人利益之情形，国家承担监护监督义务，不替代承担监护责任。《儿童权利公约》第十九条规定："缔约国应采取一

---

① 《世界人权宣言》第十六条指出，家庭是天然的和基本的社会单元，并应受社会和国家的保护。

② 《儿童权利公约》第十八条第 2 款规定："为保证和促进本公约所列举的权利，缔约国应在父母和法定监护人履行其抚养儿童的责任方面给予适当协助，并应确保发展育儿机构、设施和服务。"第十八条第 3 款规定："缔约国应采取一切适当措施确保就业父母的子女有权享受他们有资格得到的托儿服务和设施。"

切适当的立法、行政、社会和教育措施，保护儿童在受父母、法定监护人或其他任何负责照管儿童的人的照料时，不致受到任何形式的身心摧残、伤害或凌辱，忽视或照料不周，虐待或剥削，包括性侵犯。"（2）国家监护补充责任。对有亲权监护但监护不力或不利之情形，国家承担监护补充责任，即通过社会性、政府性和公共福利性的监护机构给相关儿童提供保障[3]，以填补亲权监护之不足。对暂时脱离家庭环境的被监护人，或为其最大利益暂时不宜在该环境中继续生活的被监护人，国家有责任提供特别保护和协助。（3）国家监护补充连带责任。对亲权监护缺位、监护不能等情形，如父母双亡、失踪或丧失行为能力等，国家直接代行监护义务。① 监护方式包括但不限于寄养、收养、代行监护或者必要时安置在适当的育儿机构中（如国家设立的儿童照护机构、政府资助的社区之家及有资质的志愿组织等）。[4]《法国民法典》第411条第1款规定："如果没有设置监护，监护法官将监护职责交由在社会救助儿童方面有管辖权限的公共行政部门负担"。[5]136

国家监护的连带性是指国家为被监护人最大利益与亲权人对监护承担连带责任。国家监护的连带责任彰显社会本位和福利国家理念，是经济社会发展、社会结构变迁及儿童权利演进等多重因素共振促成的结果。社会发展为国家以公权力的形式介入监护事务提供了理论支撑；经济发展为国家对监护承担连带责任奠定了物质基础；社会结构变迁过程中由于制度缺失导致社会分层与分化的加剧致使部分亲权人监护不能或缺位，国家对这部分被监护人承担连带责任是国家先行行为产生的监护义务；儿童权利的演进要求国家为儿童生存与发展提供救助和福利，进而强化了国家监护的连带责任。亲权与监护分立促进监护的公法化及社会化，国家为被监护人利益对被监护人生存权与发展权保护承担连带责任。

亲权与监护二元分立状态下国家对被监护人生存权保护承担连带责任。（1）国家对被监护人生命权保护的连带责任。由于被监护人在生理、心理、社会角色及在经济与社会活动中的地位等方面的差异（如幼弱性、依赖性、不成熟性），其生命权更易于受到侵害，需要国家与家庭共同承担连带责任，二者无

---

① 参见：Alabama Statutes. Section 30 – 3 – 4. 1；New Mexico Statutes 40 – 9 – 2；South Carolina Children's Code，Section 63 – 3 – 530A – 33；Utah Code 30 – 5 – 2；Code of Virginia，title20，124. 1 and124. 2.

先后主次之分。（2）国家对被监护人健康权保护的连带责任。该责任包括但不限于：维持被监护人及其家庭的健康和福利所需要的生活水准①；发展医疗和康复设施；提供医疗援助、保健和救助②；消除疾病和营养不良现象，包括环境污染的危险和风险；向父母和被监护人介绍有关被监护人保健、营养、卫生及防止意外事故的基本知识等。（3）国家为被监护人救助与收养承担的连带责任。国家有义务推进社会救助与保障体系建设，建立被监护人转移的社会对接机制，使暂时或永久失去正常、良好家庭环境的被监护人能获得尽可能接近家庭照料般的物质与情感照顾。③ 为此目的，国家有义务健全被监护人替代性安置机制，如寄养、收养及公共机构和志愿组织安置等。

国家对被监护人发展权保护承担连带责任。被监护人发展权的核心含义在于被监护人个人整个身心潜能和个性的充分自由发展，拥有充分发展其全部体能和智能的权利，包括身体、心理、认知及个性的健康发展。被监护人发展权以生存权保障为前提，通过受教育权、参与权、劳动权及财产权等的享有得以实现。影响被监护人发展权的因素既包括与被监护人生活及学习密切相关的具体的人、事、物等微环境，也包括被监护人生存的宏观经济社会环境。1986 年联合国《发展权宣言》强调"人是发展进程的主体"，认为"发展权是一项不可剥夺的人权"，"创造有利于人民和个人发展的条件是国家的主要责任"。国家对被监护人发展权的连带责任主要体现在下列几方面。（1）保障被监护人受教育权的实现。如提供平等的接受教育的机会，实行免费的、强制性的基础教育，尊重私人教育开展的自由及人道的学校纪律设计等。（2）保障被监护人参与权的实现。如确保被监护人有权对影响到其本人的一切事项自由发表自己意见，并视其年龄和成熟程度给予适当的看待；确认被监护人有权享有休息和闲暇，

---

① 《世界人权宣言》第二十五条规定："人人有权享受为维持他本人和家庭的健康和福利所需的生活水准，包括食物、衣着、住房、医疗和必要的社会服务；在遭到失业、疾病、残疾、守寡、衰老或在其他不能控制情况下丧失谋生能力时，有权享受保障。"

② 《经济、社会与文化权利国际公约》第十条规定："儿童和少年应予保护免受经济和社会的剥削。雇佣他们做对他们的道德或健康有害或对生命有危险的工作或做足以妨害他们正常发育的工作，依法应受惩罚。各国亦应规定限定的年龄，凡雇佣这个年龄以下的童工，应予禁止和依法应受惩罚。"

③ 参见：Human Rights Committee, General Comment 17 (Thirty-fifth Session, 1989), Reproduced in: Compilation of General Comments and General Recommendations Adopted by Human Rights Treaty Bodies. UN Doc HRI /GNE/I, pp22 – 24, para. 6 (1992).

从事与其年龄相宜的游戏和娱乐活动及自由参加文化生活和艺术活动。（3）保障被监护人劳动权与财产权的实现。如对适龄的被监护人提供职业教育，保护被监护人免受经济剥削和从事任何可能妨碍或影响其身心健康的或社会发展的工作；保护被监护人的财产不受侵犯等。

二、国家监护补充连带责任的缘起

从监护制度的历史发展看，现代意义上的亲权与监护制度均起源于古罗马法，其制度设计基于不同的功能安排和价值取向。亲权更侧重于调整家庭内部的亲子关系，更注重私益的保护。监护可能更多地被理解为一种社会治理模式，相对具有公益的色彩。亲权在古罗马谓之"家父权"，以家父对家子人身与财产两大方面的绝对支配为重要特征：人身方面，家父对于家子有生杀予夺的权利①，其中惩戒权包括监禁、体罚、卖往国外甚至死刑；财产方面，一切财产均归家父所有，由其全权处置。[6]古罗马设置监护之目的是保护家族的财产利益，其针对自权人而设，在家父本人不堪管理家政时，需要监护人为其辅佐或代表，以期补充家父行为能力之不足。不平等的社会意识形态似乎是亲权被极大限度张扬的阶段，监护被淹没在家父权之中，成为社会治理的权宜之计。

自由资本主义时期，自由、平等与人权理念的发展使得人们似乎对支配色彩强烈的"亲权"这一名词有所忌讳，因而采取避而不谈的态度，或者对其加以变造，去除其本质上的不平等色彩。在这一阶段，监护制度受到青睐，因其在适当的社会情势之下更加注重对义务的强调和个人意志自由的尊重，具有平等色彩。这一时期虽然各国均强调对监护制度的利用，但是不同的国家具体做法各异：大陆法系区分监护与亲权，对于未成年人的保护从父母的角度出发，首先用亲子关系调整，无父母任亲权人的方适用监护制度；而英美法系从保护被监护人的角度出发采用统一的大监护制度：对需要保护的未成年人，法律提供数种监护途径，父母是首选的自然的监护人，所以父母对于子女的权利义务总是被置于监护制度中。[7]无论是大陆法系，还是英美法系，对于亲权去不平等化的改造随处可见，与此同时更加强调对儿童利益的保护：1959年《联合国儿

---

① 在古罗马，家父对于家子享有遗弃权、出卖权、出租权、损害赔偿权、惩罚权、杀害权、强制已婚子女离婚权、出养权、解放权、强制子女劳动权。参见徐国栋：《论民事屈从关系——以菲尔麦命题为中心》，载《中国法学》2011年第5期。

童权利宣言》采用了儿童最佳利益原则；英国在 1989 年制定的《儿童法》引入了亲责的概念取代传统的亲权概念；现行的《法国民法典》除仍然沿用亲权这一制度术语外，在实质内容上主要表现为父母对未成年子女的照顾、保护；在德国，1979 年《德国民法典》使用"父母对子女的关怀照顾"替代"父母对子女的强权支配"。

社会本位和福利国家思想的深化及经济发展为国家对监护承担补充连带责任提供了理论支撑并奠定其物质基础。首先，生产力的进步使国家建立与经济社会发展相适应的社会保障制度成为可能。国家通过加大对社会保障事业的投入实现资源的二次分配并带来家庭分工结构的调整，也在一定程度上促成了亲权或亲属权及监护的分工与合作。其次，家庭作为物质的家、精神的家与肉体的家之三位一体功能在现代社会出现了分离，家庭更加倾注于精神生活而将部分其他功能交由社会承担，如美国除了哥伦比亚地区、艾奥瓦州、蒙大拿州、罗德岛、犹他州、华盛顿特区、北弗吉尼亚州、内布拉斯加州之外，几乎所有的州都建立了较为完善的公共监护制度，其中由独立政府机构承担此项职能的有 7 个州，由政府机构兼职承担的有 12 个州，以招募志愿者或者签订合同的方式由私人机构承担的有 12 个州，由非提供社会服务的政府职员承担的有 12 个州。[1]

亲权与监护的适度分离为国家监护补充连带责任的承担预留了空间，即监护与亲权重合的部分仅仅在于父母子女关系，优先以亲权进行调整，不足部分再以国家监护的方式予以保障，其功能体现为：第一，承认父母与子女天然的血缘关系，注重家庭法的伦理色彩与亲权的身份性，因而更加强调亲子关系的特殊性，本质上认可亲权是一种义务性的权利，同时限缩国家直接代行监护的空间；第二，在未成年子女保障方面，在亲权力所不逮的区域以监护进行调整，强调未成年人的国家监护，本质上认可监护是一种单纯的义务，同时可以将其他亲权无法涵盖的人身关系容纳进监护的庞杂体系，更加凸显国家对于公民个人的社会责任，为国家承担直接代行监护及监督监护与协助之补充连带责任提供理论依据和实践基础；第三，亲权与监护两大制度相互独立而又部分重合，相互补充而又互相不能替代的范式有助于各自效益的最大化，防止过多强调监护而引发国家干涉个人私权的风险，亦能防止过多强调亲权而损害被监护人的利益。①

国家对监护承担补充连带责任的方式包括国家直接代行监护和国家监护监督与协助模式，其在亲权力所不逮的领域通过国家监护补充连带责任保障被监护人个人安全和社会安全之底线。国家监护的形式根据被监护人最大利益原则可视情形在直接监护与间接监护之间相互转换。以未成年人之监护为例，对暂时脱离家庭环境的儿童，诸如由于父母的虐待或忽视，或父母暂时缺乏监护能力而由国家直接代行监护的儿童，在上述情形消失后，可以转换为国家监护监督与协助，将儿童交由原监护人监护。国家通过定期检查、评估等方式促使监护人履行监护义务。国家视监护人及其家庭的具体情形给予被监护人及其家庭经济救助、提供临时照护安排或责令监护人积极履行监护职责。如英国《1989年儿童法》规定的地方当局对儿童及其家庭的资助、照护与监督、儿童保护、社区之家、志愿组织与志愿者之家、已注册的儿童之家、对寄养儿童的私人安排、儿童看护与日间照护及该法对有关儿童正在遭受或可能遭受重大伤害时，由地方当局或其他经授权者申请法院签发的照护令和监督令等。② 与之相对应，对于采取监护监督与协助的未成年人，监护人继续监护会损害被监护人身心健康、人格健全及危及被监护人生命安全，通过监护监督与协助不足以保障被监护人安全的，应当基于被监护人最大利益原则，根据法律规定和法定程序剥夺监护人的监护权，改由国家直接代行监护，使相关儿童脱离不利的生活环境。

国家监护责任缘起于经济社会发展促成的亲权与监护在一定程度上的分离，而国家监护的补充连带责任则源于国家对亲权制度有益性的认可。纵观古罗马的监护制度到现代监护制度的发展历程，从中不难发现，物质文明和精神文明相对发达的国家（或称现代国家）的监护制度已经完成了由早期的"为监护人的监护"到"为被监护人的监护"及由家族的监护转变为家庭监护和由国家承担监护补充连带责任的转变，被监护人的地位经历了由权利客体向权利主体的演进历程（其转变过程大致相近于亲权向亲责转变的过程），被监护人权利保护机制经历了由非法律控制手段（如道德、伦理及宗教等）到法律制度保障的过

---

① 其实近些年对儿童利益最大化的强调似乎也带来了一些负面的效果，比如李天一案等等，可见儿童利益最大原则是不是也存在相应运用的尺度也是一个值得深思的问题。参见冯源：《论儿童最大利益原则的尺度——新时代背景下亲权的回归》，载《河北法学》2014 年第 6 期。

② 参见：Part Three to Part Ten. Children Act 1989（1989 c. 41）.

程，被监护人权利保障范围经历了从生存权到发展权、由救助到福利的演变过程，被监护人的权利保障主体经历了由家庭、家族到国家社会的演进历程，国家责任承担的性质经历了由监护监督与协助到补充责任、补充连带责任和连带责任等多重责任机制的过程。这种演变的制度代表体现于大陆法系国家的《法国民法典》《德国民法典》《日本民法典》与以英国、美国为代表的英美法系国家的监护立法确立的"儿童最大利益原则"为基础的国家责任。

三、国家监护补充连带责任在国外的立法

国家监护理念早在古罗马时期已经产生并付诸实践。彼得罗·彭梵得曾经评价罗马法的监护制度，说"它变成了一种纯粹的保护制度，逐渐发展为一种义务性的职责，同时由于国家常常干预这一职责的授予并且监督它的形式而成了公共职务"[8]。古罗马的国家监护制度在国家监护监督及直接代行监护权方面都有相应的实践。古罗马的监护制度主要规定于《十二表法》第五表的"继承与监护"中。

国家代行监护权，主要体现于古罗马的官选监护。古罗马的监护主要有遗嘱监护、法定监护、官选监护和信托监护四类。① 如果遗嘱监护、法定监护、信托监护都无法实行，国家将承担未成年人监护责任，这是一种补充责任，是法律规定的国家义务。通过利害关系人②申请而启动，人数灵活机动，以保护未成年人的利益为准。官选监护主要规定于古罗马的《阿梯流斯法》，后又通过《优流斯和提求斯法》做了进一步的扩大适用。根据古罗马法的规定，如果某人完全无任何监护人，在古罗马城，由内事裁判官和平民保民官的多数依据《阿梯流斯法》为他指定一个监护人；而在行省，则由行省总督根据《优流斯和提求斯法》为他指定一个监护人。[9]官选监护不同于其他三种监护制度，是国家代行

---

① 法定监护主要基于法律的直接规定，包括宗亲监护、家长监护和恩主监护三大类型；遗嘱监护可以排斥法定监护，主要尊重家长对处于其权力之下的未成年子女的意志自由；信托监护是一种比较特殊类型的监护，按照查士丁尼的说法，"因为一位家长，对未成熟的子女、孙子女或其他卑亲属解除对他们的家长权，他即成为他们的法定监护人；如果家长死亡时遗有儿子，后者就成为他自己的儿子，或兄弟姐妹，或死者的其他卑亲属的信托监护人"。参见查士丁尼：《法学总论——法学阶梯》，张启泰译，商务印书馆1989年版，第35页。

② 利害关系人指未适婚人本人、其亲属及朋友。参见柴英：《基于国家主义的古罗马未成年人监护制度的变迁》，载《江海学刊》2011年第3期。

家长权的一种方式，即当家庭已经无法承担未成年人照护之职责，国家理应承担未成年人监护之社会责任。这种独特的制度设计对后世相关的制度具有深刻的影响，开启了国家监护主义的先河。对此，林秀雄先生曾经评论道："官选监护人制度，最明显表现出，监护乃为未成年人利益之公的义务，亦即，监护与其为权利，宁可谓为未成年人利益之义务。"

在国家监护监督方面，古罗马有一系列保障措施，明确监护人的责任，强制监护人诚实的行为，真正站在被监护人的立场管理其财产：根据裁判官法的规定，除了遗嘱制定和经调查指定的监护人外，其他监护人就职时，应以要式口约的形式承诺妥善管理被监护人的财产，并提供保证人；监护人在管理被监护人的财产之前，须编造被监护人的财产目录，监护终了时应该办理清算和移交；被监护人在适当的时机可以对监护人提请监护之诉和管理之诉，要求其对财产监护不当的行为承担赔偿责任；设立执行监护人与名誉监护人等不同种类，以便相互监督。对于某些重要事项，被监护人行为必须经过全体监护人同意方可发生效力；亲属会议有权对监护人进行监督，选任合适的监护人或者解除不称职的监护人。[10]此外还有一系列的辅助监督措施，主要借助官方及社会民众的力量：前者主要体现为官员通过确认、调查、指定、监督监护人、接受被监护人的担保、褫夺监护及对不诚实的监护人予以处罚等；后者主要体现为普通民众可以提请"控告嫌疑监护人之诉"①，这是一种导致破廉耻的众有诉讼，可以针对所有类型的监护人，只要他没有诚实执行管理和照顾之监护义务而受到怀疑。[11]

英国17世纪法院的判例正式确立了"国家监护"制度。此后，法院在未成年人监护问题上就一直充当着国家监护制度的守护者和代言人，甚至在某些时候，法官被认为是身居父母地位的人，大凡涉及未成年人的监护问题，司法都有最终的判定权。[12]英国监护制度的发展主要历经三个阶段。第一个阶段是父权绝对主义的阶段，不仅与早期罗马法的家父权相类似，也带有英国法自身的特色。早期英国法上的监护制度与财产的流转密切相关，英国法早期奉行长子继承制，财产的世袭流转和社区内土地利益的生产性等因素都被考虑进监护制度的设计之中，因而女性被排除于监护权的行使范围之外。这一阶段是严格奉

---

① 参见《十二表法》第八表"私犯"第20项规定："监护人不忠实的，任何人都有权诉请撤换；其侵吞受监护人财产的，处以双倍于该财产的罚金。"

行父亲监护权至上的，国家监护主义的理念并无存在的空间，国家对于父亲行使监护权并无太多干涉，除非父亲做出了令人无法容忍的、严重伤害子女身体的行为。从这个角度理解，国家对于父亲行使监护权是存在少许监督的。第二阶段是父母监护权并重的阶段。随着女性主义社会思潮的传播及妇女地位的提升，加之维护家庭关系、社会关系稳定的现实需要，母亲对于子女的监护权逐步得到认可。英国1839年《儿童监护法案》与1873年、1886年监护法均能体现这一立法价值取向，但这一阶段监护职责仍旧被局限于家庭之内。第三阶段是国家监护理念开始逐渐盛行的阶段。18世纪之后，英国加大了对监护的司法干预，将未成年子女的监护权统一授予大法官行使。大法官行使此等权利的基础并不是为了限制父母对子女的权利，而是为了补充后者行使的不足，类似于国家家父，并在这个时期确立了子女最大利益原则。

　　德国的未成年人监护立法从家庭内部逐渐转向外部，重视国家对于未成年人监护责任的承担，监护制度公法化、国家化的倾向明显，监护立法的理念也经历了从个人主义到国家主义的嬗变。起初，监护带有浓厚的父权色彩，监护人对被监护人的人身和财产都享有广泛的权利。中世纪之后，法院、监护官署在未成年人监护上发挥了巨大的作用，国家对于未成年人监护事务的干涉逐渐加强，最终在1900年《德国民法典》中建立了比较完整的监护体系。其1922年《帝国少年福利法》开启了国家代行监护的先河，设立了未成年人的公职监护人。此后20世纪80至90年代的一系列立法使得监护制度公法化、监护责任国家化和社会化的取向表现得更加浓厚和充分。[1]　其一，1947年及1980年的《德国民法典》取消了血亲的法定监护和亲属会议制度，淡化了监护和血缘的关系，强调国家对于未成年人的监护责任。监护包括：遗嘱指定监护、监护法院指定监护、青少年局监护和社团监护，后三类是国家代行监护权的体现。指定监护由法院依照职权进行，考虑选择人身或者财产状况比较适宜的主体担任监护人。一般来说，监护法院选择的任何人都有义务承担监护责任，满足拒绝理由的除外。除了国家将监护转而委托以个人的方式代行监护权，也可以委托机

---

　①　包括1990年的《关于重新规范儿童和青少年救助法的法律》《关于改革对成年人的监护法和代管法的法律》，1995年的《孕妇和家庭救助修改法》，1997年的《废除法定官方代管和重新规定辅助法的法律》《子女身份改革法》，1998年的《修改照管法及其他规定的法律》等。参见陈慧馨：《亲属法诸问题研究》，台湾：月旦出版公司1993年版，第293～296页。

构代为行使，比如交与社会援助儿童部门或者青少年局负责。其二，德国法强化对于监护人的监护监督，监护监督本身构成国家监护的另一个侧面的内容。1980 年《德国民法典》规定了监护人的忠实义务及过错责任、督促其履行责任的辅助性措施，并通过设立监护监督人保障监护人履行职责。总之，德国通过法院系统和青少年局这两大主要的机关对未成年人实施国家监护，法院能够全程、深入性地介入未成年人的监护事务，青少年局则代表国家承担监护的实体性职责，对监护法院选定监护人有建议权、同意权或者在某些情势下直接作为未成年人的监护人。至此，德国国家监护体系完全建立，其和亲权变造为父母照护权的做法遥相呼应，亲子关系立法完全以子女的利益为本位。

以上论述表明，起源于罗马法的国家监护理论和实践，在现代国家的立法中得到了进一步的确认，并在国家代行监护与国家监护监督两个层次上予以落实。儿童权利保护的国际化趋势及《儿童权利公约》所确定的儿童权利保障的儿童最大利益原则、平等保护原则、儿童参与原则和多重责任原则均强调国家在儿童权利保障中的补充连带责任。如《儿童权利公约》第五条和第十八条第 1 款对儿童保护家庭本位观及家庭权的尊重及该法第九条对儿童保护家庭完整权的尊重强调的是国家监护的补充责任。《儿童权利公约》第十八条第 2 款和第 3 款规定的是国家监护的补充连带责任，即国家监护监督责任和国家保障儿童发展权发展育儿机构、设施和服务的责任。《儿童权利公约》第四十二条至第四十五条对儿童权利保护的政府责任与监督机制的规定则强调的是国家监护的连带责任。事实上，在《儿童权利公约》所规定的儿童权利体系中，国家对儿童各项具体权利的保护，或承担次要责任，或承担主要责任，但无论国家承担的是次要责任还是主要责任，均不是按份责任，而是补充责任或连带责任。

四、我国国家监护制度的未来展望

在我国社会结构变迁和社会分层与分化加剧的背景下，因个人、家庭、社会及国家制度缺失等因素造成的亲权与监护分离的现象愈益普遍，监护缺位、监护不能、监护不力或不利等已不是个案，而当下我国的国家监护制度缺失、体系不健全、运行不通畅、保障不得力，被监护人权益乃至生命权被侵犯的案件频发。究其根源，如下几点应为主因：制度设置上，亲权与监护不分，监护是亲权人或亲属权人的责任，国家义务被虚置；体系构建上，缺乏行之有效的国家直接代行监护机构；国家间接监护监督与协助因缺乏制度保障而运行不畅，且主体与客体不明确，内容与措施不明晰，调查、评估、救助、处理等机制不健全。上述缺失致使被监护人权益被侵犯或监护人及其家庭需要帮助时无法获得及时、有效和制度化的救助。因此，选择性借鉴国外或其他地区国家监护之成功制度安排，构建与我国经济社会发展相适应的多层次国家监护制度体系，以弥补亲权监护之不足是我国监护制度完善的迫切要求。

第一，促成亲权与监护的合理分离。亲权与监护的合理分离有助于明晰家庭与国家对监护各自承担责任的界限，通过对监护主体权利义务的规定更有效地调整监护行为，最终有助于构建监护有效运行的长效机制。亲权与监护适度分离的法理依据在于亲权属于第一性义务，而监护属于第二性义务。亲权重视私益，强调血缘关系，表现为父母对子女人身和财产享有的权利，既是一种义务性的权利，又属于父母的天然职责，属于第一性的义务。监护却是一种单纯的义务，强调责任的承担，带有社会公益性的色彩，只能作为亲权行使不能或不力的补充，属于第二性的义务。正如有些国外学者所指出的那样："监护于我们而言是干涉性的、非私益的，不针对个别人的制度设计，它尽可能减少个人意志及由此而强调的对个人的尊重。"[13] 亲权与监护价值基础迥异，需要完全不同的立法来进行规整，在此基础上需要解决以下几个问题：亲权与监护所涉及主体及主体相应的人身、财产权利义务是否有不同的范围；亲权与监护立法监督程度是否应该进行区分；亲权与监护产生基础及辅助保障制度是否不同。

第二，明确国家监护的补充连带责任。从监护制度的顶层设计上，应当基于监护的公益性、连带性及被监护人利益之考量，根据我国社会转型期社会分层与分化的状况及其制度成因，明确家庭与国家在监护中各自应当承担的义务，强化国家对监护的补充连带责任。监护制度从家族监护、家庭监护发展至国家监护补充连带责任经历了漫长的历史时期，是经济发展、观念变迁和社会治理模式创新共振的结果。我国社会变迁过程中社会结构的变化、家庭结构的多元化及家庭监护功能的弱化等与日渐发展的人权意识、社会本文思想、福利国家理念之冲突日渐明显，监护问题凸显。只有通过制度设计强化国家对监护的补充连带责任，才能有效保障被监护人的安全和社会安全之底线，实现个人与社会共同发展的法律价值目标。

第三，构建国家直接代行监护体系。亲权与监护界限明晰之后，需要解决的首要问题是在监护缺位情形下，国家如何履行代为监护的补充责任，而其中的前提是要建立合格的国家直接监护组织。"国家监护的成功依靠几大有利因素。国家监护必须独立于私益机构且不与其发生利益冲突，国家监护人切不可同时承担监护人及监护监督人两种角色。国家监护机构必须有充足的雇员及资金保障，一个机构所监护的人数不得超过 500 人，机构内部的专业雇员每人负责人数不得超过 30 人，否则将形同虚设。"[14]依据上述标准，我国目前尚未形成符合资质的国家直接监护代行机构。国有企业股份制改造后，单位已经不再是或至少不是合格的监护义务责任人；居委会、村委会作为群众性基层自治组织，其性质、功能定位及人力、物力和财力配置均不足以承担代行监护之职责；而我国的志愿组织及新型社区建设又面临体制机制障碍，尚无法发挥代行监护的功能；现行国家专门监护机构如未成年人救助中心及国家建设的福利机构等功能定位不明确，人、财、物配置及制度规范同样不能满足国家代行监护的要求。为此，借鉴其他国家或地区的国家直接代行监护组织体系的成功经验，改造和构建基础自治组织、新型社区、志愿组织、公立儿童福利机构、社会福利机构或其他国家专门机构等，赋予其代行监护的功能并通过立法提供制度保障是国家直接监护的当务之急。

第四，完善国家监护监督与协助制度。在存在监护人的情形下，如何通过国家干预和协助，保障监护人能够忠实地履行职责并保全其履行监护职责的能力，是国家监护监督与协助的义务。这同样是一个繁杂的体系，如监护监督的主体与内容，监护协助的调查、评估与实施和管理，国家间接监护与直接监护的转换及条件，等等。通常监护监督机关是专门化的职能机关，负责监护的裁决，监护人的选任、辞任、变更，监护人资格剥夺和重大事务的批准等。德国专门设立监护法院履行监护监督机关的职责。在美国，虽然各州做法不同，但是很多州都建立了监护监督的正当程序，以期重新审查监护指令，也可以解决当监护环境或者监护人发生改变时引发的相关问题。由监护人定期对被监护人的人身和财产状况进行报告的制度在近些年已经得到立法普及。[15]再如英国《1989 年儿童法》详细规定了地方当局国家监护监督与协助职责，包括：调查、评估，为儿童及其家庭提供经济帮助、日间照护、指定个人顾问及制订通道计划等。①

---

① 参见：Part Two to Part Four, Children Art 1989（1989 c. 41）

【参考文献】

[1] Dorothy Siemon, Sally Balch Hurme, Charles P. Sabatino. Public Guardianship: Where Is It and What Does It Need [J]. *Clear-inghouse Review*, 1993—1994, Vol. 27, Issue 6 (October 1993).

[2] 蒋月. 论儿童、家庭和国家之关系 [J]. 中华女子学院学报, 2014 (1).

[3] 曹诗权. 未成年人监护的制度关联与功能 [J]. 中华女子学院学报, 2014 (1).

[4] United Nations General Assembly. Article 20 of the UN Convention on the Rights of the Child [EB/OL]. http: //www. ohchr. org. UN Office of the High Commissioner for Human Rights, 1989 – 11 – 20.

[5] 法国民法典 [M]. 罗结珍译. 北京: 北京大学出版社, 2010.

[6] 朱月明. 罗马法上的亲权及其启示 [J]. 山东省青年管理干部学院学报, 2010 (4).

[7] 陈苇. 外国婚姻家庭法比较研究 [M]. 北京: 群众出版社, 2006.

[8] (意) 彼得罗·彭梵得. 罗马法教科书 [M]. 黄风译. 北京: 中国政法大学出版社, 2005.

[9] 徐国栋. 优士丁尼《法学阶梯》评注 [M]. 北京: 北京大学出版社, 2011.

[10] 周枏. 罗马法原论 [M]. 北京: 商务印书馆, 1994.

[11] 叶榅平. 罗马法监护监督制度的理念及其意义 [J]. 华中科技大学学报 (社会科学版), 2009 (6).

[12] 何燕, 杨会新. 国家监护视域下未成年人民事司法救济 [J]. 河南社会科学, 2012 (12).

[13] Winsor C. Schmidt, Jr. Wingspan of Wingspread: What is Known and Not Known about the State of the Guardianship and Public Guardianship System Thirty Years after the Wingspread National Guardianship Symposium [J]. *Stetson Law Review*, 2001—2002, Vol. 31.

[14] Winsor C. Schmidt, Pamela B. Teaster, Erica F. Wood, Susan A. Lawrence, Mana S. Mendiondo. Development and Trends in the Status of Public Guardianship: Highlights of the 2007 National Public Guardianship Study [J]. *Mental & Physical Disability Law Reporter*, 2009, Vol. 33.

[15] Susan Miller, Sally Balch Hurme. Guardianship Monitoring: An Advocate's Role [J]. *Clearinghouse Review*, 1991—1992, Vol. 25.

（原文刊载于《中华女子学院学报》2014 年第 4 期，并被中国人民大学《复印报刊资料》全文转载）

05

反家庭暴力法研究

立法防治家庭暴力的五个基本理论问题

蒋　月

（厦门大学法学院）

家庭暴力严重危害个人、家庭和社会的安全，必须有完备的国家立法，才能有效遏制家庭暴力的发生，切实帮助受害人，已是多数人的共识。制定防治家庭暴力法，必然涉及下列五个基础理论问题：如何合理界定家庭暴力的边界与类型？如何确定家庭暴力的主体资格与空间范围？公权力干预家庭生活的正当性和可行性何在？家庭暴力防治法是什么性质之法？家庭暴力防治法采取何种立法模式最为经济合理？本文试图对以上问题做逐一探讨，从解决家庭暴力的目的出发，借鉴域外法经验，厘清思路，提出意见。

一、家庭暴力的界定：区分界限与类型

判断一个人的行为是家庭暴力还是处理特定关系或情形时的合理举动，应当以一个理性人的正常反应来判定，以是否会使对方心生恐惧，担忧个人或家人健康及人身安全为基本标准。家庭暴力的形式众多，可能是肉体的、性的、心理的、情感的、语言的、经济上的暴力，既有直接殴打，又包括精神伤害、纠缠不休、精神恐吓等严重困扰；既可能是直接伤害对方，也可能是通过毁损财产或不提供饮食方式控制对方的精神或情绪。肢体暴力行为与其他形式的暴力之间有较大差别，精神暴力比较隐晦。不同类型的暴力行为，其产生原因和可能解决的方案也不尽相同。

（一）家庭暴力的边界与伤害"级别"

判断家庭暴力的边界、不当对待的伤害程度或者"级别"，是区分家庭成员或者特定关系人处理矛盾时的合理行为与家庭暴力之切割点。特定关系人之间

因故发生争吵，为解决矛盾而采取的合理言行，属于正常范围，而不是家庭暴力。相反，施暴者为了实现对受害人的控制，以伤害对方的手段或方式而使自己在愿意的时间以自己希望的方式实现本人的意志，满足自己的需要，则构成家庭暴力。

1. 构成家庭暴力的四要素。凡家庭暴力，均包含下列四个要素：愤怒、伤害意图、伤害行为、伤害后果。如果特定主体实施行为同时具备前述四要素，该行为就构成家庭暴力；反之，缺乏其中任一要素，则不能被称为家庭暴力。家庭暴力是意图或者被认为有意对家庭成员或特定关系人造成伤害的行为，一定包含有伤害行为。[1]3 一个人受到其他家庭成员的无意伤害，即使后果严重或者行为人被追究了法律责任，仍不是家庭暴力问题。

2. 家庭暴力中是否存在"可被接受的暴力"与"不可被接受的暴力"之区分？社会曾经普遍接受家庭成员的攻击是家庭生活一部分的观念。即使在当代，仍有部分人相信家庭暴力中的一部分是可以被接受的。所谓"可被接受的暴力"，是指在亲密关系人之间争执时或者父母等人管教孩子过程中常见的、被广泛认为不会造成伤害的可接受之行为。例如，徒手打孩童的臀部、掌掴等。"不可被接受的暴力"，是指会直接造成或者极可能导致对方受伤害的行为，例如，拳打脚踢、烫伤、殴打、刺伤等。

以笔者之见，凡家庭暴力，均是"不可被接受的暴力"，不应该有"可接受的暴力"。如果一个人的行为，以理性人的反应来判断，属于合理范围内的，应不属于家庭暴力。超出了合理限度，将构成家庭暴力。家庭暴力，是实际发生的或以威胁方式，"针对家庭成员个人或其财产，实施使其或使其他家庭成员惧怕的或者使得家庭成员产生健康或人身安全上的紧张感的行为"；在"具体情形中，某人是否'相当担心或惧怕个人健康或人身安全'，以该情形下一个理性人的反应来判断"。① 一旦构成家庭暴力，即使所造成的伤害是轻度的，也应当受到相关法律规制。若对家庭暴力实施"双重标准"，将模糊问题的焦点，使得解决问题的方法失去效用。[1]1

（二）家庭暴力的类型

根据不同标准，家庭暴力可做不同分类。最常见有二分法、三分法和四分

---

① 澳大利亚《1975 年家庭法》第 4 条，参见陈苇等译：《澳大利亚家庭法》（2008 年修正），群众出版社 2009 年版，第 35 页。

法。事实上，一种类型的暴力往往伴随着其他类型的暴力，受害人常常不只受到一种类型暴力的伤害。

1. 二分法：以作为与不作为为标准，将家庭暴力区分为暴力与疏忽。暴力是指意图或者被认为有意对他人造成伤害的攻击性言行。暴力是将愤怒直接发泄到受害人身上，牵涉到身体、心理或性的伤害。疏忽是指不当对待，通过对受害人漠不关心、拒不履行义务而达到伤害受害人身体或心理的效果。欧洲委员会将家庭暴力解释为："任何发生在家庭成员间足以危害生命、身体与心理健全、人身自由，或严重妨碍人格发展的行为或疏忽。"[1]5

2. 三分法：根据暴力直接侵害的对象目标，将家庭暴力区分为身体暴力、性暴力、精神暴力。这是最常见的分类。

（1）身体暴力。这是指直接导致肢体疼痛或伤害的行为，主要有：推、掌掴、打、拉扯头发、咬、扭绞手臂、拳打脚踢、以物品攻击、烧、刺、射、投毒等，还包括强迫行为和人身限制。

（2）性暴力。这是指违背另一个人的性意愿和性自主权强迫实施并导致性伤害的各种情形，主要包括：未经同意的性接触、剥削性或强迫性的性接触、攻击性器官、强迫观看与性有关的画面或行为、贬低受害人人格的性行为等。

（3）精神暴力。这是指施以言语或非言语上的威胁，使他人心生恐惧而遭受心理伤害及生活在可能遭受暴力的阴影下的各种行为，主要包括：控制或限制交友，工作，外出，强迫孤立，关禁闭，强迫观看暴力画面或行为，胁迫、威胁伤害身体或他人，恐吓，威胁自杀，骚扰，伤害宠物，毁损财物等方式致使受害者感受心理痛苦，又包括惯常性的矮化、丑化、贬损、羞辱、蔑视或者以其他方式伤害他人自尊心的行为。

3. 四分法：根据伤害程度不同，将家庭暴力区分为轻度、中度、重度和生命威胁。轻度家庭暴力，是指轻微的、偶发的不当对待，或者不产生长期的生理、心理或性的伤害行为。中度家庭暴力，是指比较经常的或者较严重的不当对待，但尚不至于造成长期的不良影响的行为。重度家庭暴力是指长期持续地或者频繁地不当对待，或者虽非频繁却造成严重的生理或心理伤害后果的言行。生命威胁，是指急性的严重导致性命之虞的伤害或者长期持续的生理和心理伤害导致性命之虞的伤害。

虽然家庭暴力可以区分类型进行讨论，单独讨论身体暴力时暂不考虑精神与心理伤害因素，然而，事实上，所有形式的家庭暴力都是息息相关的。身体暴力必然伴随着精神痛苦，性暴力与身体暴力、精神暴力之间同样紧密关联。"多重伤害"可见诸所有形式的家庭暴力。

二、家庭暴力的界定：主体资格与空间范围

合理界定家庭暴力概念，必须首先解决下列两个问题：一是相关主体资格，即行为人与受害人之间的关系，哪些人之间发生的暴力属于家庭暴力；二是空间范围，即在哪些地方发生的暴力应纳入家庭暴力。在我国现有法律框架下，"家庭"是指一定范围内亲属组成的生活共同体。界定家庭暴力时，关于"家庭关系"或者"家庭成员"的界定，是严格遵守现行婚姻家庭法有关规定，还是适当扩大保护范围，将相互之间具有或者曾有恋爱、同居、婚姻等特定关系人之间发生的暴力均涵盖其中？对这些问题的回答，应当符合防治家庭暴力的宗旨。

（一）域外法对主体资格的界定

观察域外法，无论在欧洲或亚洲，立法定义家庭暴力时，相关主体以家庭成员为主，但不仅限于家庭成员，或者广义解释"家庭成员"，反家暴法中的"家庭成员"与家庭法上的"家庭成员"并非同一概念。在大多数西方工业化国家，家庭暴力的主体不仅包括婚姻配偶、同居伴侣等彼此具有亲属身份者，而且包括已经终止这类关系的当事人。在英国，家庭暴力是指彼此是或者曾经是家庭成员、其他亲属及特定关系之人实施身体的、心理的、性的暴力。[2]107

1. 大陆法传统国家和地区反家暴立法中的当事人主体资格。在欧洲大陆，德国反家暴立法是以亲属关系为主线界定家庭成员，并对亲属关系做了适当扩张解释。在德国，2006年制定的《暴力保护法》中，"家庭成员"是指"有亲属关系的成年人"，包括夫妻或同居者，无论他们是否已离婚或已经长期脱离关系，也包括他们的儿女。在法国，反家暴立法界定家庭成员时，特别强调家庭暴力受害人的特性，主要针对已婚女性配偶及其子女。法国国民议会于2010年6月通过的《预防家庭暴力法》规定，家庭成员，主要是指"配偶和子女，尤其是女性成员"。

在亚洲，日本2001年《防止配偶暴力与保护受害人法》① 第1条对配偶暴

---

① 本文所引《防止配偶暴力与保护受害人法》，是2007年的修正案，自2008年1月11日起生效。

力做了如下定义："本法所谓配偶暴力是指配偶一方（非法攻击或威胁他方的生命或身体，以下同）导致的身体伤害，或者配偶一方的言语和举止给另一方造成相当的心理或身体伤害（在本段，以下统称为"身体伤害"），因配偶一方实施暴力而致配偶另一方获准离婚或者被宣告婚姻无效的情形下，继续遭受到前配偶的暴力之伤害。"① 该法案仅调整婚姻暴力，未涉及其他家庭成员、亲属等人之间的暴力。不过，该法将前配偶之间的暴力纳入家庭暴力，可以说明，日本反家庭暴力法的适用对象不限于有合法婚姻关系或家庭关系之人。

韩国立法防治家庭暴力，也不限于当事人之间现在是否仍具有家庭成员关系。韩国国会于 1997 年 12 月 13 日发布并于 1998 年 7 月 1 日施行第 5436 号《家庭暴力犯罪处罚特别法》②，第 2 条第 3 项规定"家庭成员"包括：（1）配偶（包括事实婚姻中的配偶）和曾经为配偶者；（2）本人或者配偶的直系尊卑亲属（包括事实上的养父母子女关系），或曾经是此关系者；（3）是或曾是继父母子女关系者或者是其父合法配偶的私生子者；（4）共同生活的其他亲属等。韩国家庭暴力立法以"共同生活的亲属"为标准界定"家庭成员"，比较宽泛，不同于西方法上以"亲密关系"为标准的界定。

2. 英美法传统国家和地区反家暴法的适用对象。在英国，反家庭暴力法不仅适用于家庭成员，而且适用于"关联人"。根据《1996 年住宅法》第 140 条规定，具有下列任何情形之一的两个人互为家庭成员：配偶或者以夫妻名义共同生活；一个人是另一个人的父母、祖父母、子女、孙子女、兄弟、姐妹、叔、舅、姑、姨、侄子女、侄甥或侄女，半血缘视同全血缘，子女包括继子女。[4]266《1996 年家庭法》引入了"关联人"这一重要概念，极大地扩大了反家庭暴力法的适用对象范围。根据《1996 年家庭法》第 3 条、第 4 条、第 62 条规定，关联人是指下列人员：夫妻、前配偶、同居者、订婚者、曾经的婚约当事人、亲属、儿童的父母、共居者（但雇工、承租人、寄宿者、搭伙者除外），还包括彼此现有或者曾经有密切的持续稳定个人关系之人。[4]231,255~257 同居者是指二人虽然未婚，但以夫妻身份同居或性别相同的二人以伴侣身份同居的人。《2004 年家庭暴力和犯罪及受害人法》第 5 条第（4）款规定："某人即使不居住在该家庭，

---

① See Act on the Prevention of Spousal Violence and the Protection of Victims（Act No. 31 0f 2001），http：//www. cas. go. jp/jp/seisaku/hourei/data/APSVPV_ 2. pdf，2012 – 03 – 01.

② 1999 年、2002 年先后两次完成对该法的修正。

但其在一定期间经常光顾该家庭的，因此有理由认为其属于该家庭成员的，应视其为该家庭成员。"[4]441~442 凡"关联人"均有权申请"互不妨害令"等民事保护令，施暴者或者可能施暴者受相关法庭命令约束。

在美国，示范法和各州立法对于家庭暴力多采用广义的定义。《家庭暴力示范法》① 第102条规定，家庭暴力是"家庭或共居成员之间发生的身体伤害、遭受身体伤害的恐惧、导致家庭或共居者被迫陷于性活动或者受到陷入性活动的威胁或强迫"。所称"家庭或共居成员包括下列人员：现在是或者曾经是配偶；现在或曾经共居者；正在或者曾经约会者；曾经有或现在有性关系者；现在有血缘关系或收养关系者；现在有或者曾经有婚姻关系者；有共同子女之人；现在是或者曾经是配偶关系之人的未成年子女"②。各州家庭暴力法对于家人或共居者的定义，基本上与示范法相同，有些州的保护范围更大。

在新加坡，《妇女宪章》涉及家庭暴力时，将"家庭成员"界定为与某人有下列关系的人员：配偶或原配偶、子女、父亲、母亲、岳父或岳母、兄弟或姐妹、其他亲属，或者法庭认为或者基于特定环境应当视为某人的家庭成员之人。③

在普通法国家和地区，反家庭暴力法将有或者曾经有"亲密关系"之人纳入保护对象范围，这一经验值得我国内地立法借鉴。

（二）我国立法对家庭暴力当事人资格的应有界定

家庭暴力，主要是指发生在家庭内的暴力，但也不限于家庭成员。家庭暴力不仅可能发生在夫妻之间、父母子女之间，祖孙之间、婆媳之间、岳婿之间等法定亲属之间，而且也发生在前夫与前妻之间、前女婿与前岳父母之间、前儿媳与前公婆之间，同居者之间、恋人之间、情人之间，以其他名义在一起共居的人之间也可能发生暴力。结合反对家庭暴力的实际，借鉴域外立法经验，我国制定防治家庭暴力法时，应当将具有下列情形之一者，均赋予相关主体

---

① 《家庭暴力示范法》（*Model Code on Domestic and Family Violence*），并非真正的联邦法案，而仅是为促进各州及哥伦比亚特区反家庭暴力制定法的发展而起草的建议法案文本。不过，它对于相关司法活动、各州立法都会产生影响。

② See Sec. 102, Model Code on Domestic and Family Violence, 转引自高凤仙：《家庭暴力防治法规专论》，五南图书出版股份有限公司2007年第2版，第225页。

③ Women's Charter (Chapter 353) 64, Revised Edition 1997, Printed by the Government Printer, Singapore.

资格。

1. 具有家庭关系之人。将有家庭关系之人相互之间发生的暴力纳入家庭暴力，是对家庭暴力主体的最基本的理解。防治家庭暴力法应调整有家庭关系之人相互间发生或可能发生的暴力。

在我国现行法律中，一般情况下，家庭不具有法律人格。家庭虽是我国宪法、婚姻法等法律明文使用的术语，然而并未享有法律主体资格，更未被法律规范定义。唯有农村土地承包法承认家庭是个法律单位，赋予其某些法律人格。同时，现行婚姻法中出现"家庭成员"概念，但未界定哪些人相互为家庭成员。按照婚姻法、继承法，"家庭成员"实际上与"近亲属"同义。最高人民法院《关于贯彻执行〈中华人民共和国民法通则〉若干问题的意见（试行）》第十二条规定："民法通则中规定的近亲属，包括配偶、父母、子女、兄弟姐妹、祖父母、外祖父母、孙子女、外孙子女。"[①] 近亲属通常在或长或短时期内共同生活在一起，即使不同居一室，却也往来密切，他们相互之间发生的暴力，属于家庭暴力。

2. 具有非家庭成员资格的亲属，即关系较远的亲属。在我国现行法律上，旁系血亲（兄弟姐妹除外）及姻亲，不属于近亲属。这些亲属之间发生的暴力，应当认定为家庭暴力。亲属相互之间关系具有一定"亲密性"或不可选择性，因而区别于其他社会成员关系，他们之间发生的暴力，也有别于一般街头暴力。最高人民法院的司法解释也对近亲属间盗窃、侵犯财产犯罪案件规定了不同于一般社会上作案的处理原则。

3. 具有特定关系之人。引入"特定关系人"概念，涵盖现有或者曾经有婚姻关系、同居关系、恋爱关系等亲密关系的当事人，将他们之间发生的暴力纳入家庭暴力予以防治。基于家暴防治法的立法精神和主旨，对于具有同居、恋爱及其他亲密关系的相关者，可准用家暴防治法相关规定。从实际情况看，有相当数量的暴力案件发生在具有或曾有亲密关系人之间，例如，前夫与前妻、前男友与前女友、同居者等，防治家庭暴力应当保护这些人的正当权益。婚姻法学界多数人主张，对于具有恋爱和同居等特定关系及曾经有过配偶关系等亲

---

① 我国法律规范文件第一次引入"特定关系人"概念是在最高人民法院、最高人民检察院 2007 年《关于办理受贿刑事案件适用法律若干问题的意见》中。该意见第十一条规定："本意见所称'特定关系人'，是指与国家工作人员有近亲属、情妇（夫）及其他共同利益关系的人。"

密关系的当事人之间，应当准用家庭暴力防治法的相关条款。例如，《中华人民共和国家庭暴力防治法（专家建议稿）》第十条规定："具有恋爱、同居等特定关系或者曾经有过配偶关系的当事人之间的暴力行为，准用本法。"[6]按照反家庭暴力的立法宗旨，如此规定很有必要。

针对家庭暴力，立法应当明文规定哪些情形构成"特定关系"。主要包括：曾经有婚姻、恋爱、同居关系之人，曾经有亲属关系之人，曾经有共居关系之人等。"特定关系"可以从亲密关系的特点，如共同相处的时间、地点、方式、持续时间等确定。通过上述方式，将有或曾有"亲密关系"的人之间发生的暴力纳入家庭暴力予以调整，为这类受害人提供平等的人权保护。需要强调的是，把非婚同居者等人纳入防治家庭暴力法的保护范围，并不等同于将非婚同居关系"合法化"。

（三）空间范围：在哪些地方发生的暴力应纳入家庭暴力？

对家庭暴力的界定，原则上应以"家庭场所"为标准。凡在家庭场所范围内发生的暴力，均称为家庭暴力；否则，则不属于家庭暴力。所称"家庭场所"，主要指当事人私人生活空间范围，不限于典型的家庭生活空间。例如，父母因子女违反校规而在校园内采取殴打方式"教育"子女的，是家庭暴力的非典型情形之一。家庭成员在旅行途中相互之间发生暴力，虽然暴力发生地点已不属于家庭空间，但仍属于家庭暴力。

凡具有前述主体资格之人相互之间发生的暴力，不论是发生在家里还是家外，均应当纳入家庭暴力。否则，将可能陷入"形式主义"。然而，具有前述特定关系的人，因为职业活动或者劳动关系，相互之间发生冲突而引发暴力的，不宜纳入家庭暴力。否则，有泛家庭暴力之嫌。

三、公权力干预家庭生活的正当性和可行性

家庭是社会的基本细胞，是宪法保护的对象。家庭仍是基本社会结构中的基本制度，国家对家庭负有保护义务。20世纪40年代以来，随着人权运动的发展，为保障每个个体在私人领域中仍保有尊严、自由和人权，国家积极介入家庭中，并借由国家提供的各项福利来促进家庭及其成员的生存与发展，据之形成了相关社会政策。国家加大对家庭生活的干预，反家庭暴力成为国家责任。现在，越来越多的国家和地区采取立法方式防治家庭暴力，以维持应有的秩序与安全。

（一）国家干预家庭暴力的正当性

保护私人生活领域的人权，是立法防治家庭暴力的突破口和充分理由。长久以来，家庭暴力"被视为人行使权力、控制家庭成员的一种方式，这些行为已被接受并合理化，往往不受法律制裁"[1]1。即使到了近代，人们对起诉婚内或其他亲密关系间的暴力行为仍有强烈的抵触情绪。但是，保护人权观念引发了立法、司法及其他公共政策对家庭暴力之态度，其立场发生了历史性变化。

1. 家庭暴力侵犯人权。公权力干预家庭暴力的充分理由，就是受害人与施暴者一样，都是人，享有人权。无论是在公共领域还是在私人领域，人人均应受到尊重，平等享有权利。尊重人权，"是普遍的最低限度的道德标准的要求。"[7]7家庭暴力侵犯了一个人应有的尊严、自由与安全，侵害了他人的健康权、生命权。

现代社会，任何组织与团体都不具有绝对的自治权利，家庭也不例外。一旦涉及人的权利，家庭自治就应当让位于普适性的法律，以确保家庭成员的法定权利不遭到侵犯。[8]凡涉及人权等基本问题，家庭自治就必须受到一定限制。

2. 家庭暴力与其他类型暴力在本质上无区别。在本质上，家庭暴力与其他暴力没有区别，不能因为该暴力发生在"家庭"里，就想当然地将其归入私领域而予以"宽容"甚至忽视。家庭本应是安全的港湾，生活在其中的人彼此不设防。如果将配偶关系或者家庭关系视为实施暴力的"证照"，恰恰践踏了人们心中的"善"。家庭暴力的危害超出了家庭范围，具有很大社会危害性，国家有责任积极介入，有效防范。如果将家庭暴力仍视为私人事务而拒绝干预，则将纵容暴力。

3. 家庭暴力的危害严重。个人和社会因为家庭暴力而付出的代价十分庞大。对受害人而言，家庭暴力的伤害往往从身体伤害到心理伤害，损害健康，引发心理疾病，即使身上伤疤消失、骨折愈合，但感情的阴影特别是无助、自卑和惧怕的情绪将会持续很长时间且难以克服。对社会而言，家庭暴力则导致医疗开支增加等经济损失，还可能引发严重的刑事犯罪。2001—2009 年年初，福建省厦门市发生涉及家庭暴力的刑事案件 34 件，致死 21 人。福建省厦门市中级人民法院在 2005—2007 年审结因家庭暴力引发的 12 件杀人案件中，13 名受害人死亡，8 名被告人被判处死刑，其余被告人被判处 10 年以上有期徒刑或无期徒刑。

家庭暴力有一定"传承性"，可能从家庭内延伸到家庭外。家庭是每个人最初的学习场所。"孩子走出家庭面对他人、面对问题时惯有的感受、想法及采取的处事方式，往往是其早年在家里习得的。这可能包含了温馨、平和的气氛，也可能是苛刻甚至是暴力的互动。""有证据显示，父母之间的暴力会影响到下一代"，在婚姻暴力中成长的孩子，会"认为那些令人反感的行为是控制社会与物质世界的一般作风，并且延续使用这种手法至成年"[1]32。

4. 家庭暴力的受害人和加害人均需要帮助。当家庭或特定关系遭遇或者可能遭遇家庭暴力，除了当事人应当努力认识面临的问题或危机，提高应对压力的能力和找寻解决问题的办法外，国家和社会应当积极提供帮助，既帮助受害人，也帮助施暴者。施暴者如果得不到有效帮助戒掉施暴习惯，家庭暴力将会不断延续，即使施暴者离开原来的家庭或者伤害对象后，也可能会在日后关系中伤害新的伴侣或家人。

简而言之，为了维护人权，特别是为妇女、儿童提供有效保障，国家不能放任家庭完全自治。现代家庭法开始了尊重家庭自治与适度公权力干预之间的角力。虽然国家公权力介入家庭暴力也非完美无缺，但它带来的利益至少大于其"消极怠工"。

（二）公权力干预家庭暴力的界限与规范

国家公权力干预家庭暴力，无疑是有原则和限度的。那么，适度的界限应当划定在哪里呢？一是立法应当明确规定公权力干预家庭暴力的条件与程序；二是对公权力行使设定限度，以防滥用。公权力干预家庭暴力，旨在预防家庭暴力发生，阻止正在发生的任何家庭暴力，"治疗"家庭暴力当事人之伤，修复人际关系。

1. 积极干预原则。在法律规定的框架内积极防治家庭暴力。有效防治家庭暴力是公权承担的职责和义务。立法应当要求公权力积极作为，以实现干预，使其成为家庭暴力受害者的有力保护者。

2. 程序正当原则。公权力在介入家庭暴力事件之前或之后应当遵循程序正义，避免与当事人发生利益冲突。对公权力的行使设定标准，以避免其滥用，损害当事人或他人的合法利益。

3. 相称原则。即公权力介入家庭暴力采取措施可能造成的不利利益，必须不超过它所要保护的利益本身。

4. 重在预防原则。对家庭暴力进行早期干预非常重要，故重在事先防范，由于家庭暴力中施暴者与受害人关系的特殊性，很多受害者不愿意通过司法途径惩罚加害者。早期干预，可以有效减少家庭暴力造成的损害，同时保持必要的事后惩罚。

5. 同时帮助受害人和施暴者原则。既应当帮助受害人摆脱家庭暴力，又应当帮助施暴者改掉施暴恶习，有效打破施暴的链条，否则只要施暴源存在，受害人将"前赴后继"，形成恶性循环。

四、家庭暴力防治法的性质

在我国，提到立法，法律人习惯于问：这是什么法？公法还是私法？民法还是刑法？婚姻家庭法？妇女法？……反家庭暴力是尊重和保护人权价值之下的新思维、新行动，已经超越了传统大陆法部门法划分的意识和路径。"实践永无止境，探索和创新也永无止境。"[9]法律改革也无止境，否则，法律将停止发展。为有效防治家庭暴力，我国立法不宜固守旧传统，而有必要顺势而变。

（一）立法防治家庭暴力：一种突破传统部门法划分理论的法律创新

解决家庭暴力，最重要的方面是及时制止暴力而非其他。及时制止家庭暴力，是受害人的主要期待。一般情况下，家庭暴力受害人只要求"停止暴力"，教育加害人改正打人的"坏习惯"，而非使施暴者陷入刑事程序，留下违法犯罪记录。一方面，施暴者与受害人相互是亲属，特别是非婚姻的亲属关系，都具有终身性。另一方面，施暴者常常是家中的赚钱人，中断其经济来源，家庭将面临"雪上加霜"。同时，家庭暴力受害人很难做出"离家"决定。对于遭受婚姻暴力的妇女，离婚通常不是她的最优选项，更非唯一选择，另外诸如儿童照料、老人照护等制约着她，使她不能"只为自己着想"。遭受家庭暴力的老人或儿童为躲避暴力而离家的可能性更小。

针对家庭暴力的特殊性，必须采取不同于传统法的新思路、新措施，才能有效预防家庭暴力发生，及时制止家庭暴力。否则，防治家庭暴力法可能会仅仅是"原则性宣示"而缺乏操作性。英国防治家庭暴力，注重预防，并根据个人或问题发展的特定阶段可能产生的不同专业回应，区分三个级别应对处理家庭暴力。初级预防是预防家庭暴力的发生。二级预防是指在发生问题的早期阶段加以处理，能减轻并遏制问题发展，也可能防止家庭暴力发生。三级预防则是指在问题发生后设法减轻伤害，特别是预防重复受害和发生最严重的后果。[1]277从社会局立即提供建议、指派社工提供咨询、行为治疗或预防式中间治疗等不同预防策略到警察介入等，所有回应都是为了预防和及时制止家庭暴力。

"早期处理对暴力行为模式的发展是很重要的，若能早期预防，成效将更为理想。"[1]277 日本《防止配偶暴力与保护受害人法》借鉴欧美反家庭暴力法的成功经验，赋予警察"径行逮捕权"，警察发现家庭暴力，或违反保护令的现行犯时，应径行逮捕；虽非现行犯，但警察认为其有重大嫌疑涉嫌家庭暴力罪，且有继续侵害家庭成员生命、身体或自由的危险，可以采取 1954 年《警察法》等法授权警察采取的任何措施，符合逮捕条件的，也应径行逮捕；同时引入"保护令"，赋权法院基于受害人申请而下达保护令，自保护令生效之日起六个月内，禁止配偶或原配偶一方接近受害人住所、受害人停留的其他场所，或者游荡在受害人的住所、工作场所或者经常经过的地方，以保护遭受或者可能遭受严重家庭暴力的受害人。①

我国制定防治家庭暴力法，应当将预防和及时制止家庭暴力作为主要目标，采用综合治理方案，强化对家庭暴力的惩处，以遏制家庭暴力泛滥。

（二）防治家庭暴力法属于什么性质之法

家庭暴力防治法突破了大陆法传统部门法的划分理论。按照传统刑法，不构成犯罪的违法行为，不属于刑法调整范围，不能导入刑法。按照传统民法学、婚姻家庭法学，防治家庭暴力法就不可能规定行政拘留等行政强制措施，更不可能引入逮捕权，不可能规定罪名和刑罚。然而，用"温情脉脉"的"软法"来防治家庭暴力，是难以奏效的。家庭暴力中，大多数的行为是一般违法行为，尚不构成犯罪，甚至够不上治安处罚。公权力不能等施暴者"打够了"、"打狠了"致使受害人伤、残、死亡，才"有理由"出手相救！

家庭暴力防治法是一种诸法合体式立法。为及时制止家庭暴力，该类立法涉及刑法、民法、婚姻家庭法、行政法、刑事诉讼法、民事诉讼法等部门法，从程序到实体，从民事、行政到刑事措施一并规制，其内容不能简单地界定为其中某个部门法。防治家庭暴力，若只限于传统民事法范畴，其最大弊端是只能提供民事救济，无法帮助受害人摆脱暴力或者远离危险场所。这种无法阻断暴力侵害的状况达不到反家庭暴力、保护受害人人权的基本要求。若立法仅提供刑法规范，可以很好地防治家庭暴力犯罪的发生，然而家庭暴力犯罪与普通刑事犯罪有明显区别，即受害人与施暴者之间有着或者曾经有着亲密关系，受

---

① See Article 8, 10, Act on the Prevention of Spousal Violence and the Protection of Victims（Act No. 31 of 2001），http：//www. cas. go. jp/jp/seisaku/hourei/data/APSVPV_ 2. pdf. 2012－03－01.

害人基于各种复杂心理而不敢或者不情愿维护自己的合法权益，使得家庭暴力不断，法律"无法通行"。防治家庭暴力不是单纯的家庭法问题，需要警察介入、社区干预及司法干预，涉及实体法和程序法。

家庭暴力防治法原则上可归入家庭法范畴。防治家庭暴力立法，立法防治家庭暴力是基于人权保护而实现的法律创新。不过，基于这类暴力发生在"家里"，如果非要为家庭暴力防治法找到"定位"，原则上应将其纳入家庭法系列。

（三）使用"家庭暴力"概念及专门法是否将导致法律评价之不公允

对于使用"家庭暴力"概念及制定专门法防治，有两种担忧。第一种担忧是，采用"家庭暴力"概念，将弱化暴力行为的"恶"或社会危害性，故而不妥。第二种担忧是，使用"家庭暴力"术语，夸大了行为的社会危害性，立法防治似乎无大必要。

采用"家庭暴力"概念，是否能客观评价该类行为及其后果，关键在于立法的价值取向和制度设计。"家庭暴力"一词，体现了该类暴力的主要特征，强调防治手段和措施的针对性。对待家庭暴力，应当采用"零忍耐"的立场和态度。一方面，是因为当事人之间关系具有特殊性，即当事人相互之间具有或者曾经具有特定人身关系，且这种关系具有一定长期性甚至终身性。家庭暴力，主要是发生在家庭居所内，一个人为了控制或操纵另一个人而采取不法暴力行为时，受害人特别是儿童往往"无处可逃"或者"不能逃跑"。另一方面，使用"家庭暴力"概念，是要否定将暴力视为家庭生活一部分的传统，强调家庭暴力也是某种类型的暴力，其社会危害性不亚于街头暴力。

"家庭暴力"的危害客观存在，个人、家庭、社会为之付出的代价之大实难估计。可能有人不赞成动用专门立法资源防治家庭暴力，甚至认为家庭暴力防治法要把男人赶出家庭，"是一个可怕的法律"[3]92。然而，这种观点没有充分意识到一个残酷事实，即施暴者是在家里对家人或共居者施暴，故意致伤甚至致死！加害人享有人权，没错，但其无权在家里伤害他人。受害人享有人权，有权享有安静、安全的生活。为避免暴力的继续或者发生更严重的暴力，必要时，将施暴者与受害人隔离开来，是最经济的安全措施，既是对受害人的保护，也使施暴者有悬崖勒马的机会。因此，防治家庭暴力，并专门立法防治家庭暴力，是必要的、合理的，而非浪费公共资源。

五、家庭暴力防治法的立法模式

我国宪法第三十三条第三款"国家尊重和保障人权"及第四十九条第四款

"禁止虐待老人、妇女和儿童"的规定，为立法防治家庭暴力提供了明确的宪法依据。自从 2001 年以来，婚姻法等国家法明文禁止家庭暴力，并设立了若干救济措施。许多省、市通过了防治家庭暴力的地方专门法，然而，现有立法预期效果显然不理想。现实中，家庭暴力问题仍然比较严重。究竟采取哪种立法模式，才能既快又好、既经济又合理地干预家庭暴力呢？借鉴域外法防治家庭暴力的经验，我国大陆地区未来应以单独立法模式最为可取。

（一）英美法国家或地区：制定防治家庭暴力的一系列专门法

在英国，从《1976 年家庭暴力与婚姻诉讼法》赋权民事法庭发布制止家庭暴力命令，及允许警察直接逮捕违反民事保护令之被告人，到《1989 年儿童法》针对儿童保护，建立照护令、监督令、评估令和紧急保护令制度，保障儿童得到正常照管和抚养，免受家庭暴力伤害，再到《1996 年家庭法》引入"停止侵扰令"、互不妨害令、占有令和针对成年人的紧急保护令，《1997 年保护免受骚扰法》《2004 年家庭暴力与犯罪及受害人法》等，针对预防和制止家庭暴力，建立了包括刑事犯罪及处罚在内的一系列全新的制度。[10]106~116

美国立法集中有效地干预家庭暴力始于 20 世纪 70 年代。立法者认为，如果法律仅仅处罚施暴者的暴力行为，而不寻求防止将来发生暴力行为与保护受害人的途径，就不能为受到严重虐待的配偶提供有效救济，因为施暴者"拒绝改变"，"不愿停止施暴，不愿放弃对配偶的控制权，也不允许受虐配偶建立安全与独立的家庭"[3]13。为此，美国多数州立法机关广泛修改民法、刑法，使受害人得到恢复与补偿，以期消除家庭暴力。各州立法机关制定与修正的法案主要有：民事保护令、家庭暴力逮捕法、家庭暴力监护权、强制监护调解法、被害人权利法、受虐妇女经验专家证言法则等。[3]13

印度为解决社会上长期存在的家庭暴力问题，于 2006 年 10 月开始实施首部《家庭暴力法》，禁止丈夫向妻子索要大量嫁妆，禁止男子殴打、威胁妻子或者朝着妻子或同居女伴吼叫，打骂妻子将被判监禁一年，保护妇女有留在家庭里的权利。[11]

（二）大陆法传统国家与地区：制定防治家庭暴力的综合性专门法

法国《预防家庭暴力法》，保护处于家庭中遭受肢体暴力、强制婚姻及性骚扰阴影下的女性。该法案内容主要有三项创新，即准许法官使用"保护裁定"、确立"精神暴力"罪名及批准实施"电手镯"试验。受害者因遭遇家庭暴力、强迫婚姻或性暴力而向司法机关请求帮助时，法官可即时裁定受害者与施暴者分开生活，并裁定孩子的临时抚养权；"保护裁定"期限为四个月，如受害人在此期间决定离婚的，可以申请延长"保护裁定"的期限。"电手镯"试验是给家庭暴力的施暴者佩戴为期三年的"电手镯"，而潜在受害者则拥有一个感应器。当潜在受害者有可能受到暴力侵害时，其所拥有的感应器便可发出报警信号，使潜在受害人提前得知不利信息，从而设法避开家庭暴力危险。保护措施还包括对因受家庭暴力困扰而离开住所的女性提供临时住所及为她们安排照料子女，等等。[12]

在日本，2001 年颁行《防止配偶暴力与保护受害人法》，既引入了民事保护令，又设定了家庭暴力罪和违反保护令罪；既规定了什么是家庭暴力，又规定了有关机构的职责。① 该法中，既有民事法条款，又有行政法条款、刑法条款，是"诸法合体"式综合性立法。

韩国于 1997 年 12 月通过《家庭暴力预防和受害人保护法》，规定了什么行为构成家庭暴力、相关主体、家庭的保护与维持、国家和地方政府的责任、咨询中心的建立及职责、庇护机构、尊重受害人意愿、监控、医疗庇护、渎职罚金等内容，其中就包括有定罪及刑事处罚条款。[13]

在中国台湾，《家庭暴力防治法》采用综合立法模式。其内容既包括民事保护令，又包括对违反法院裁定或命令之行为的定罪量刑。例如，第三章"刑事程序"专章，规定了家庭暴力罪和违反保护令罪，赋权"警察人员发现家庭暴力罪之现行犯时，应径行逮捕之，并依刑事诉讼法第九十二条规定处理"；第六章"罚则"规定，凡违反法院做出的下列裁定者，构成违反保护令罪，处三年以下有期徒刑、拘役或科或并科新台币十万元以下罚金：（1）禁止实施家庭暴力行为；（2）禁止骚扰、接触、跟踪、通话、通信或其他非必要的联络行为；（3）迁出住居所；（4）远离住居所、工作场所、学校或其他特定场所；（5）完成加害人处遇计划。②

综合来看，针对防治家庭暴力的实际需要，综合立法是最合理、最经济的模式。

---

① See Act on the Prevention of Spousal Violence and the Protection of Victims (Act No. 31 of 2001), http://www.cas.go.jp/jp/seisaku/hourei/data/APSVPV_ 2. pdf, 2012 – 05 – 10.

② 《家庭暴力防治法》第二十九条至四十二条、第六十一至六十三条，参见高凤仙编著：《家庭暴力防治法规专论》，五南图书出版股份有限公司 2007 年第 2 版，第 309 ~ 315 页。

（三）我国的法律实践：分散立法与专门立法相结合

1. 现行国家立法未能及时有效制止家庭暴力。我国婚姻法、妇女权益保障法、治安管理处罚法及刑法中均有多个条款涉及家庭暴力防治。解决家庭暴力主要有下列三种途径：一是通过民事损害赔偿请求权请求民事责任；二是通过行政处罚给予施暴者行政强制措施；三是构成刑事犯罪的，追究其刑事责任。然而，十余年过去了，法律干预家庭暴力成效并不明显。其主要原因有三。第一，现行法欠缺预防和制止家庭暴力的有效措施。传统法律重在事后救济，且大多数是在暴力行为重复多次或者发生严重伤害或后果之后，才对施暴者实施制裁，才救济受害人。对轻微的家庭暴力事件，即使发生，也不能制止，更无法有效地防范家庭暴力的继续或更严重暴力的发生。第二，对于尚未构成犯罪的家庭暴力，依现行法似呈"无计可施"之状。施暴者有恃无恐，甚至在警察面前施暴，叫喊："我就打人了，你能把我怎么样？"第三，缺乏整体系统规范。防治家庭暴力，不仅要干预暴力行为，还要为受害人提供紧急庇护、法律援助、辅导与咨询、24 小时电话服务、教育课程等一系列服务，以减轻受害人的伤害，阻断暴力源。然而，现行国家法防治家庭暴力过于原则、简略，缺乏切实可行的干预措施和辅导机制，受害人不易寻求到有效的社会救助与支持。同时，家庭暴力的界定过于严格，家庭暴力取证难、认定难；各有关机构的职能、分工规定不明确，"告诉"才处理的规定使得家庭暴力施暴者轻易逍遥法外；欠缺对政府提供相应公共服务的责任规定。

作为大陆法传统的国家，我国的部门法立法框架下，多个部门法都有必要涉及家庭暴力内容，但这还不够！还需要一部专门法来全面规范家庭暴力的调整。

2. 地方法经验：制定专门法防治家庭暴力。近十年来，地方立法预防和制止家庭暴力，一致采用单行立法或专门规范模式。它们在帮助受害人、惩罚施暴行为、提供社会支援和服务等方面，做了许多有益尝试。截至 2011 年年底，已有 30 余个省、市制定了防治家庭暴力的地方专门法。然而，受我国现行国家法约束，地方反家庭暴力法难有大作为。例如，界定的家庭暴力范围偏窄，对施暴者或责任主体的处罚措施过于笼统，缺乏操作性；绝大多数是原则性、号召性的规定，可操作性条款少；对于法律程序、举证责任、救助措施等基本法层面的现有规定难以有实质性的突破，未能有效解决法院处理家庭暴力案件中遇到的举证难等问题，使得防治家庭暴力的成效不乐观。但是，如此众多的地方规定，均无一例外地采用单独立法或专门规范模式，说明专门规制模式的可接受程度很高，是可行的。

（四）本文观点：制定家庭暴力防治法

从域外法经验及我国实践看，单独立法模式最为经济、合理。将各种干预、保护措施集中在一部法中予以规定，犹如一只握紧的拳头，能够迅速出击，击中目标，达到应有效果。而分散立法，犹如一只张开的手掌，条款规定之间难以无缝对接，也可能因为所谓法律性质不同而致程序转换、机构转换，转来转去，令当事人不知所措。正是基于法律创新与便于实施，工业国家和地区法律防治家庭暴力时，多数采用单行立法模式。特别是日本、韩国和中国香港、台湾地区防治家庭暴力立法，采用独立的综合立法模式，对中国内地立法有更大启示。我国地方立法防治家庭暴力，同样采用了专门立法。实践证明，集中规范家庭暴力防治，法律适用效果好，也最为合理。

法学界多数研究成果赞同采用专门立法模式。最高人民法院中国应用法学研究所于 2008 年 3 月编写了《涉及家庭暴力婚姻案件审理指南》，内容涉及家庭暴力的界定、基本原则与要求、人身安全保护措施、证据、财产分割、子女抚养和探视、调解等，虽"不属于司法解释，而是为法官提供的参考性办案指南"，"不能作为法官裁判案件的法律依据，但可以在判决书的说理部分引用，作为论证的依据和素材"。该审理指南主要借鉴了域外法关于运用民事、刑事、行政手段"综合治理"家庭暴力的路径，推动司法实验产生了良好的社会效果。中国法学会于 2010 年 2 月提出《家庭暴力防治法（专家建议稿）》，内容涉及家庭暴力的总则、行政干预、社会干预、民事干预、刑事干预、证据、法律责任及附则等，也采用综合立法模式。

综上所述，我国未来制定家庭暴力防治法，应当采用独立的综合立法模式。只有从民事、刑事、行政方面，从程序到实体，从措施到责任，相互衔接，做统一规定，提供周到救济，既预防暴力发生，又及时制止暴力，以保护受害人及其家庭，帮助加害人，形成系统周全的反家庭暴力责任体系，才能达成防治家庭暴力之目的。

【参考文献】

［1］Kevin Browne，Martin Herbert. 预防家庭暴力 ［M］. 周诗宁译. 台北：五南图书出版公司，2008.

［2］ *Domestic Violence: A Guide to Civil Remedies and Criminal Sanctions* ［M］. L. C. D. . Transfer from Rebecca Probert, Cretney's Family. Sweet & Maxwell, 2003.

［3］高凤仙. 家庭暴力防治法规专论［M］. 台北：五南图书出版股份有限公司，2007.

［4］英国婚姻家庭制定法选集［M］. 蒋月，等译. 北京：法律出版社，2008.

［5］家庭及同居关系暴力条例［EB/OL］. 香港法律咨询中心，http：//www. hklii. hk/chi/hk/legis/ord/189/，2012 – 03 – 29.

［6］中华人民共和国家庭暴力防治法（专家建议稿）［EB/OL］. 中国法学网，http：//www. iolaw. org. cn/showNews. asp? id = 22729，2012 – 03 – 20.

［7］A. J. M. 米尔恩. 人的权利与人的多样性——人权哲学［M］. 夏勇，张志铭译. 北京：中国大百科全书出版社，1995.

［8］周安平. 基于性别的家庭暴力及其人权问题研究［EB/OL］. http：//cms. szu. edu. cn/course/jingpin2008/jingjifa/E_ ReadNews. asp? NewsID = 944，2010 – 10 – 29.

［9］胡锦涛. 在纪念中国共产党第十一届三中全会召开 30 周年大会上的讲话［EB/OL］. 人民网，http：//cpc. people. com. cn/GB/64093/64094/854490l. html，2008 – 12 – 19.

［10］蒋月. 英国防治家庭暴力与保护受害人立法述评［J］. 政法论丛，2011（2）.

［11］盛玉红. 打骂妻子坐牢一年，丈夫不得索要大量嫁妆，印度首部《家庭暴力法》生效［N］. 检察日报，2006 – 10 – 28.

［12］尚栩. 法国通过针对家庭暴力的法律草案［EB/OL］. 搜狐新闻网，http：//news. sohu. com/20100630/n273182218. shtml，2012 – 05 – 20.

［13］全国妇女研究所. 妇女研究参考资料（八）［EB/OL］. 反家庭暴力网，http：//cyc6. cycnet. com：8090/0 thermis/stopdv/content. jsp? id = 7298，2012 – 04 – 20.

（原文刊载于《中华女子学院学报》2012 年第 4 期，并被中国人民大学《复印报刊资料》全文转载）

家庭暴力专项立法与妇女权益保障研究述评
（2000—2012）

薛宁兰

（中国社会科学院研究生院）

中国学术界对家庭暴力问题的关注，大致是在 1995 年北京第四次世界妇女大会前后，呼吁国家制定防治家庭暴力专项法，则是 2000 年以来的研究目标。2000 年 7 月开始运作的反对针对妇女的家庭暴力对策研究与干预项目，到 2005 年 8 月取得一系列成果，出版"反对家庭暴力理论与实践"丛书，包括会议论文集、实证调研论著、家庭暴力干预培训系列教材、家庭暴力防治法基础性建构研究等。这些成果对于从性别视角认识家庭暴力产生、存在的社会机制，家庭暴力发展的一般规律，多机构合作干预模式等，都奠定了可资参鉴的实证研究与行动研究基础。学界对家庭暴立专项立法的研究与推动自始便与妇女权益保障有着难以割舍的联系，甚至可以说，中国反家庭暴力立法推动始于学界对针对妇女家庭暴力的持续研究。反家庭暴力立法与妇女权益保障既相互关联，又相互促进。通过检索 2000—2012 年国内期刊发表的论文 135 篇、博士论文 5 篇、硕士论文 71 篇、报纸文章 25 篇，结合此间出版的专著和会议论文集等，笔者发现，许多学者阐述家庭暴力立法必要性与相关制度构建时，自觉或不自觉地将其与妇女权益保障结合起来。

一、家庭暴力专项立法的必要性

中国法律明确禁止家庭暴力，对家庭中的弱势群体——妇女、儿童和老人给予必要法律救济，始于 2001 年婚姻法修正案。2005 年、2006 年，立法机关先后修订妇女权益保障法和未成年人保护法，增加禁止对妇女实施家庭暴力、禁止对未成年人实施家庭暴力的原则性规定。2012 年修订后的老年人权益保障法也增加了禁止对老年人实施家庭暴力的条款。这些规定宣誓性强、操作性弱，为此，相关立法研究一直致力于推动国家立法机关制定反家庭暴力的专门法律。妇女 NGO 组织坚持不懈地推动反家庭暴力国家立法，全国妇联连续四年在"两会"上建议将反家庭暴力法纳入国家立法计划。制定反家庭暴力法已列入全国人大立法规划[1]，但对于反家庭暴力是否需要专门立法，在学术界仍存有思想障碍。有学者将之归纳为"不应当干涉说"和"不需要规定说"。[2]吴洪教授与马海霞所持观点可归为后者。他们认为："我国已经形成了一套完整的、层次分明的、位阶清晰的全方位的反家庭暴力的法律体系。""在我国目前现有的反家庭暴力法律框架内，完全可以运用法律手段解决家庭暴力问题。"[3]多数学者对制定专门的反家庭暴力法还是持赞同态度的。他们主要从法理层面、政治意义和国际意义三方面展开对专门立法必要性的论述。

1. 专门立法的法理基础。学者们分析了我国现行反家庭暴力立法对家庭暴力受害人权利救济之不足，认识到反家庭暴力法有独特的调整对象和调整手段。认为它从基本原则、体系架构、特有的预防救济措施到法律责任体系，都表明是一部集实体法规范与程序法规范、民事法律规范、刑事法律规范与行政法律规范于一体的社会法。对家庭暴力问题分散立法的方式不能有效保护受害人权益，若要对现有法律分别修订，会牵涉面过大，消耗时间过长。再者，如果通过司法解释与部门规章解决家庭暴力问题，存在着降低法律保护等级、难以协调各机关职责的问题，并且有可能引发有关解释越权、立法机关没有妥当履行职权等宪法性问题。[2]可见，专门立法可避免现行法律在治理家庭暴力上的分散与疲软状态，以提高法律遏制家庭暴力的效度。[4]

2. 专门立法的政治意义。一方面，制定家庭暴力防治法是保护弱势群体权益，维护婚姻家庭和睦稳定，有利于社会和谐的需要。[1][5]为了维护家庭成员，特别是妇女、儿童、老人合法权益，国家不能放任家庭的完全自治。国家公权力适度介入家庭暴力所带来的利益是大于其"消极怠工"的。[6]另一方面，反对家庭暴力是现代国家治国理政工作中不可忽视的内容。家庭暴力专门立法也是构建中国社会核心价值体系的重要机会，反家庭暴力法鲜明地将"家和万事兴"作为当代中国核心价值体系的重要内容，使"打到的媳妇，揉到的面"，"棍棒底下出孝子"等封建父权思想退出当代婚姻家庭道德体系。[2]

3. 专门立法的国际意义。中国政府是联合国《消除对妇女一切形式歧视公约》、1995 年第四次世界妇女大会《北京宣言》和《行动纲领》的签署国，负有消除家庭暴力、保护妇女人权的国际义务和国家责任。目前，以专门立法防治家庭暴力已是国际趋势，对家庭暴力进行专门立法的国家达九十多个，七个国家制定有反性别暴力专门法。制定家庭暴力法不仅是对我国现行法律体系的完善，也是我国履行缔结的相关国际公约义务，体现中国特色社会主义制度优越性的需要。[7]24

二、反家庭暴力法的价值取向与基本原则

制定法律最重要的是立法理念和基本原则。反家庭暴力法的立法理念，即价值取向，是其立法目的或本位的体现。李明舜指出，我国对家庭暴力的防治既需要制定专门立法，更需要形成一个专门的法律体系。在这一法律体系中，反家庭暴力法是主干法，具有"纲领性"和"综合性"。他认为，依法治家、以德治家是我国反家庭暴力法应当坚持的方针，建设和维护平等、和睦、文明、稳定的婚姻家庭关系是反家庭暴力法的宗旨。[7]薛宁兰将家庭暴力法的价值取向解释为反家庭暴力法的本位。她认为，反家庭暴力法应以保障受害人权利为本位。妇女、儿童、老人或基于性别或基于年龄，加之社会历史文化传统等因素影响，他们在家庭中是易受到暴力侵害的劣势一方。基于此，我国反家庭暴力立法应当具有性别视角、儿童视角和老年人视角。[8]

立法的社会性别分析是社会性别主流化的重要方面，也是一种全新的法律分析视角。一些论文从这一视角出发，阐释我国的反家庭暴力立法。有学者认为，2001 年最高人民法院适用婚姻法若干问题的解释（一）对家庭暴力的界定，与我国政府所签署和承诺的《消除对妇女的暴力行为宣言》等一些国际文书中对家庭暴力的界定有一定距离；现行法律对女性在社会上和家庭中的人身权利保护采取了双重标准；我国对家庭暴力缺乏有效的刑事司法干预机制。为此，立法界定家庭暴力概念时要突破传统观念框架，同时，还需增设民事保护令制度，制定合理的证据规则，完善对家庭暴力的刑事立法。[9]还有学者侧重对现行刑事立法进行分析，认为受公私领域划分和家庭私有化观念的影响，我国法律对家庭暴力类案件的刑罚相对较轻。法律对虐待罪等亲属犯罪案件实行自诉的规定，完全漠视了受害人的弱势地位。将自诉权赋予这些缺乏能力的受害者，使虐待罪等家庭暴力犯罪启动刑事诉讼程序的可能性因国家公权力的缺席而大大降低。[10]

家庭暴力防治法的基本原则是具体法律规范的思想基础，也是制定家庭暴力防治法必须坚持的信念及期望达到的目标。[11]《家庭暴力防治法（专家建议稿）》从人权保护、儿童利益优先和社会性别视角出发，认为我国家庭暴力防治法的基本原则有如下五项：禁止一切形式的家庭暴力；政府主导，多机构合作；早期干预，预防为主；受害人本位；教育、矫治与惩罚相结合。① 陈明侠认为，我国制定反家庭暴力法时应遵循：（1）"零容忍"原则，即反对、禁止和消除一切形式家庭暴力。（2）受害人本位原则，即立法应根据家庭暴力的特殊性，对受害人的权益给予充分的保护，做出有利于受害人的公正、合理的规定。（3）"预防为主，早期干预"原则，即通过宣传、倡导等反对家庭暴力的各种措施，增强公民反对家庭暴力的自觉意识，形成对家庭暴力"零容忍"的良好社会氛围；对已发生的家庭暴力事件及时采取干预措施。（4）政府主导、多机构合作原则。（5）教育、矫治与惩罚相结合原则。

三、对家庭暴力概念的学理解读

2001 年，我国修订后的婚姻法首次明确规定"禁止家庭暴力"。最高人民法院其后发布的适用婚姻法司法解释（一）对家庭暴力含义做出解释。② 本阶段，学者对家庭暴力概念的研讨，多针对该司法解释。

许多婚姻家庭法教材对司法解释（一）第一条含义做学理解释。有的教材认为，本条将家庭暴力的受害主体和侵害客体做出广义解释。其中，受害主体包括夫妻，也包括其他家庭成员；暴力侵害的客体包括身体和精神方面的权利，也包括性权利。[12]32 有的教材也认为，家庭暴力应当是一种表之于外的作为（行动）。虽然它可以造成受害人心理上的伤害，但是没有任何外部表现的心理活动并非作为，而是一种不作为，不可能成为家庭暴力的一种形式（手段）。在这个问题上，应当对手段和后果加以区别。再者，将前配偶、同居者或前同居伴侣间的暴力也列入家庭暴力范围，不符合我国国情。[13]46 也有教材指出，这一概念包含了三个要点："一是将家庭暴力明确限定为身体上的暴力及因身体暴力引发的精神伤害；二是强调有伤害结果，将日常生活中偶尔的打闹、争吵从家庭暴

---

① 参见该专家建议稿第三条、第四条、第六条、第七条。
② 司法解释（一）第一条指出："婚姻法中的家庭暴力是指行为人以殴打、捆绑、残暴、强行限制人身自由或其他手段，给其家庭成员的身体、精神等方面造成一定伤害后果的行为。"

力中剔除出去；三是将家庭暴力受害者的主体限定为夫妻之间及家庭其他成员之间。"[14]64个别教材概括学术争论后，也阐释了作者的见解，认为：第一，将家庭暴力的主体限定在家庭成员间，符合我国伦理道德和文化传统，也会更有利于保护处于非婚同居状态下的妇女等弱者的合法权益。第二，"性"应当成为家庭暴力的客体。家庭暴力的客体与家庭暴力的后果是两个不同范畴。虽然，性暴力的后果可以体现为对受害人身体、精神方面造成损害，但不能用家庭暴力的后果替代家庭暴力的客体。性是性自由权的客体，并非身体权的客体。第三，冷暴力不构成家庭暴力。暴力是一种作为，冷暴力实际上就是非暴力，这一提法有损于妇女权益保障。"精神"不能成为家庭暴力的客体，辱骂行为的客体虽然是精神，但是辱骂行为并非暴力行为。因此，与其说"冷暴力""精神暴力"构成家庭暴力，倒不如说，当它们具有持续性或经常性特点时，构成"精神虐待"。[15]69~74

在已发表的相关论文方面，滕曼从比较法角度，通过对比国内外关于家庭暴力内涵的主要法律规定和观点，认为各国法律对家庭暴力主体界定有很强的民族性，但将家庭暴力主体做宽泛化界定不符合中国人的伦理道德观与中国的文化传统。中外在家庭暴力侵害的具体对象上基本达成一致，包括对身体、性、心理或情感方面的伤害。但也涉及如何界定其内涵的问题，特别是对"心理""精神"或"情感"的界定。她认为："由于心理伤害、精神伤害或者情感方面伤害不如身体伤害及性伤害那么直接和客观、那么容易认定，因此对其应做限制性的解释。"[16]87张学军引介美国学者观点，认为家庭暴力是指"由共同生活的人所为的，对家庭其他成员导致严重伤害的任何行为或懈怠"[17]。李霞认为，要准确界定家庭暴力的内涵，须首先明确家庭暴力中的"家庭"。主张借鉴英美等国家立法例，对"家庭"做广义界定。它不仅包括依婚姻、血缘和法律拟制而形成的家庭，还包括具有"亲密关系或曾有过亲密关系"的人，如（前）男友、（前）性伴侣、同居者或者（前）夫。法律宜将这些人扩大解释为家庭成员。她还建议，从家庭暴力侵犯的客体角度，可将家庭暴力分为身体上的暴力、性暴力和精神暴力；对家庭暴力的认定，可以采取"程度加频率"的方法。[18]李春斌建议，我国借鉴大陆法系典型国家或地区民法或家庭暴力专项立法成熟经验，以"近亲属"概念界定家庭暴力的主体，并对近亲属概念做扩张解释，将具有同居、恋爱及其他相关亲密关系者或者曾经有过配偶关系的人包含在家庭暴力的主体范围内，可以准用条款做立法表达，以体现我国家庭暴力法保护受害人权益的立法理念和精神。[19]金眉主张,家庭暴力的主体范围不能仅限于合法婚姻家庭范围内,而应扩大到事实婚姻家庭和所有的同居家庭;精神暴力应成为独立的一类家庭暴力,法律应对其伤害后果的认定有明确规定。她提出,对非犯罪性的家庭暴力,对受害人身体伤害程度的认定可以根据是否有抓痕、红肿、瘀伤等来判断。同时,还应关联地看待不同的暴力行为所导致的相互增强危害性的效果。[20]李洪祥认为,司法解释(一)对"家庭暴力"的定义,与国际公约等法律文件相比存在许多不足。这不仅大大削弱了反家庭暴力的力度,而且也不利于保护受害者的权利。他提出,我国立法中的家庭暴力概念应包括主体、客体、方式、行为环境和程度等方面。他赞同反家庭暴力法专家建议稿从身体、精神、性或财产四方面界定家庭暴力的范围,认为"家庭暴力是指家庭成员之间实施或威胁实施的损害身体、精神、性或财产的行为"。家庭成员具体包括配偶、父母、子女及其他近亲属。对于家庭成员之间暴力行为的场合,应不限于家庭的私人生活范围,也可包括公共场合。[21]李明舜建议,我国制定家庭暴力防治法时应合理界定家庭暴力概念,从概括性、全面性、确定性和普适性四方面进行考虑,以便为该法与其他法律、法规的衔接留有余地,并为司法实践提供明确的指导规范和操作标准,实现家庭暴力立法的目的。[22]

在相关的著作方面,陈敏认为司法解释(一)第一条存在两个缺陷:(1)将家庭暴力严格限定在家庭成员之间,不能涵盖所有的受害人;(2)以伤害后果作为衡量施暴人行为是否构成家庭暴力,不利于保护受害人。她提出,以加害人的暴力行为已经成为一种行为模式作为构成家庭暴力的认定标准。[23]3~5周安平认为,司法解释(一)在界定家庭暴力时,没有将性暴力纳入其中。再者,将造成一定后果作为国家干预家庭暴力的前提,实为将家庭暴力混同一般暴力,使其危害性被掩盖;应对家庭概念做多元解释,将各种亲密关系的伴侣纳入家庭范畴之中,从而在一切形式的家庭中防治对妇女的暴力。[24]154~159薛宁兰指出,司法解释是对应受惩治的家庭暴力的界定,难免会在主体、表现形式、后果等方面缩限家庭暴力的范围。[25]272~273

显然,我国学者对法律上的家庭暴力的理解,与相关国际人权法律文书趋于一致。

四、民事保护令的性质及其制度建构

民事保护令制度源自 20 世纪 70 年代的英国和美国,是对家庭暴力受害人

的特殊救济制度[26]，目前为许多国家和地区立法采纳。2003年2月，提交全国"两会"的家庭暴力防治法专家建议稿，对民事保护令制度有专节设计。2008年3月，《涉及家庭暴力婚姻案件审理指南》（以下简称"审理指南"）规定，在涉家庭暴力的婚姻案件审理过程中，人民法院可以做出人身安全保护裁定，以保护家庭暴力受害人的人身安全。随后，应用法学研究所选择全国九个基层法院开展了审理指南试点工作。

学者们对民事保护令性质的探讨，主要围绕以上两个无法律拘束力的文件展开。有学者指出，建议稿、审理指南对于民事保护令性质的界定，分别形成了"命令说""强制措施说"，但两说均有偏颇之处。[27]还有学者认为，审理指南将人身安全保护措施归类为民事强制措施，扩大了保护令的功能，而申请人提出申请必须依附于离婚诉讼，则使保护令制度失去独立性特质，难免将许多家庭暴力受害人排除在申请民事司法救济行列之外。[28]因此，审理指南中的"人身安全保护措施"不能等同于国际通行的"民事保护令"。它是我国家庭暴力防治法出台之前，为试点法院发出人身安全保护裁定找到现行法依据的应急举措。他们认为，民事保护令制度是独立的解救受害人于暴力危难之中的临时性救济措施。张平华从目的、手段、程序、执行等方面进一步阐释了民事保护令与妨害民事诉讼强制措施之间的区别。他认为，传统救济措施成本高昂，偏重事后救济，以填补损害为基本手段。而保护令具有全面的功能，是公认的预防家庭暴力的最有效方式。"全面保障权利、遏制家庭暴力是保护令的基本功能；而维持家庭稳定、保障选择自由是派生功能。"他将民事保护令的性质界定为"人身权请求权的特殊实现方式"。他建议，在制定反家庭暴力法的同时，民法典婚姻家庭编中也应增加对民事保护令的一般性规定，以"理顺保护令与人身权请求权、家庭暴力防治法与民法的关系"。[27]

这一主张颇具新意，值得学界和立法机关高度关注。早在2002年，由中国法学会婚姻法学研究会负责起草的民法典婚姻家庭编通则一章，从确立对家庭暴力受害人民事保护措施的角度，对民事保护令做了原则性规定："实施家庭暴力、虐待家庭成员危及生命健康的，受害者可以请求法院发布停止侵害的民事禁令。"[29]2004年，厦门大学徐国栋教授主持的"绿色民法典草案"第三分编婚姻家庭法也设专章规定"家庭暴力的防治与救助"，对民事禁令等有所设计。[30]222以上观点和立法尝试，为今后我国建立民事保护令制度时关注不同法律之间的衔接和体系化提供了范本。

　　学者们对如何构建我国反家庭暴力的民事保护令制度，提出若干设想。有学者主张，我国大陆地区应借鉴英美国家及台湾地区民事保护令制度的成功实践，将民事保护令制度通过立法形式固定下来，使之与传统法律规定相互配合。[31]还有学者提出构建中国式的保护令制度，认为我国应当汲取其他国家和地区保护令立法经验，同时充分利用本土法治资源，设立以"人身保护、行为矫治"为主要内容，多机构协同合作的家庭暴力防治基础体系。[32]175薛宁兰、胥丽提出，从实体内容和程序规范两方面确立民事保护令制度，建立"事先预防为主、事后惩罚为辅"的防治家庭暴力立法模式。[28]由国内从事反家庭暴力立法研究学者集体编撰的《家庭暴力防治法制度性建构研究》一书，着重对"家庭暴力防治法"项目建议稿条文做出释义。建议稿对民事保护令制度专节做出全面系统的建构，内容包括：概念、种类、申请人范围、管辖、审判、效力、执行等。它为立法机关今后开展这一法律的起草工作提供了有益参考。

五、妇女受虐杀夫的定罪量刑

　　2000年以来，妇女长期受虐后伤害或杀死施暴丈夫现象，开始引起学界关注。① 由于我国现行法律、司法解释没有对此类现象的定罪量刑做出规定，致使各地法院审理时认定不一，量刑幅度悬殊。学者讨论聚焦在两方面：一是妇女受虐杀夫是否构成正当防卫，我国刑法规定的正当防卫要件应否修改？二是妇女受虐杀夫是否构成量刑的法定从轻情节？

---

① 这方面的论著主要有陈敏：《关注绝望的抗争——"受虐妇女综合征"的理论与实践》，2000年11月2日《中国妇女报》；宋美娅、薛宁兰主编：《妇女受暴口述实录》，中国社会科学出版社2003年版；刘梦：《中国家庭暴力研究》，商务印书馆2003年版；刘巍：《从"以暴抗暴"谈"受虐妇女综合征"理论在中国的借鉴》，载荣维毅、黄列主编：《家庭暴力对策研究与干预——国际视角与实证研究》，中国社会科学出版社2003年版；陈敏：《受虐妇女综合征专家证据在司法实践中的运用》，载陈光中、江伟主编：《诉讼法论丛》（第九卷），法律出版社2004年版；陈敏：《呐喊：中国女性反家庭暴力报告》，人民出版社2007年版；刑红枚：《受虐妇女杀夫的原因——对四川省某女子监狱的调查报告》，载《四川警察学院学报》2010年第4期；王俊、王东萌：《家庭暴力中女性以暴制暴的犯罪成因》，载《云南民族大学学报》（哲学社会科学版）2012年第1期。

2003 年发生在河北省宁晋县的"刘某某杀夫案"① 引起学界对源自美国和加拿大"受虐妇女综合征"理论的讨论。有论文认为,我国刑法中的正当防卫强调"必须是对正在进行的暴力犯罪"实施防卫,没有充分考虑妇女长期受虐史和因长期受虐而产生的特殊心理状态;主张我国司法应借鉴发达国家实践经验,将妇女的受虐史或受虐妇女综合征作为证明其行为是正当防卫的可采证据,并在量刑时视情节依法减轻或免除其刑事责任。[33]75还有论文从大多数家庭暴力行为具有连续性、紧迫性、长期性的特点出发,认为应当以综合说来判断某一杀夫行为是否属于正当防卫。对不法侵害的解释,除单一的一次性侵害行为外,应当包括:连续性、紧迫性、长期性的不法侵害。对于连续性、紧迫性及长期性的不法侵害,不能孤立判断其是否正在进行,而应当将其作为一个完整的行为实施过程来判断。"受虐妇女综合征"理论中的"暴力循环"和"学会无助",在理解女性的防卫行为中具有重要意义,对我国司法实践有可借鉴之处。[34]也有论文指出,我国刑法对正当防卫必备要件的规定过于苛刻,缺乏性别视角,没有充分考虑妇女的长期受虐史和特殊的心理状态,有必要将"受虐妇女综合征"作为专家证言引入我国正当防卫的可采证据,使妇女获得公正的审判,增强正当防卫的权威性与实效性。[35]

更多的学者对"受虐妇女综合征"持谨慎态度。首先,产生于 20 世纪 80 年代初期的"受虐妇女综合征"理论本身具有不确定性和局限性。在有关妇女受虐经历的专家证词中,除分析妇女本身对暴力的心理反应外,还需着重对建构该妇女生活的整个社会和文化环境进行分析与解剖,从而提出强有力的导致妇女杀害施暴人的个人和社会因素的证词。在美国,目前"受虐妇女综合征"专家证词已被"暴力及其后果"这一更为准确的术语所取代。[36]这不只是词语的区别,更是对有关家庭暴力的性质、危害与社会干预认识的深化和反家庭暴力理论发展的标志。其次,采用"受虐妇女综合征"理论会产生三大弊端:(1)如果立法将妇女受虐杀夫行为定性为正当防卫,无异于向社会昭示,即便

---

① 刘栓霞 1990 年经人介绍认识张军水,嫁到宁晋县东马庄村。从结婚第二年开始的 12 年里,丈夫用尽家里可以使用的工具打她,而她一次次地选择忍让和迁就。2003 年 1 月 15 日,刘栓霞再次被丈夫用斧头砍伤。17 日,她终于忍无可忍,在给丈夫做的饭中投入毒鼠强,张军水吃后不久便咽气身亡。2003 年 7 月 9 日,宁晋县法院一审判决刘栓霞有期徒刑 12 年。该案由于众多媒体介入,引起法学界对家庭暴力和"受虐妇女综合征"理论的关注。参见宋燕:《一个人和她的战争》,http://bjyouth.ynet.com/article.jsp?oid=3040902;赵凌:《受虐杀夫 挑战传统正当防卫》,《南方周末》2003 年 7 月 3 日。

实施行为时"不法侵害"并未发生，受虐妇女也"有权"预先自救杀人；（2）"受虐妇女综合征"对不曾患有此症的受虐妇女来说毫无意义，因此，不具有司法适用上的普遍性；（3）适用这一理论将对被鉴定人今后生活产生不利。她们有可能被社会视作"非正常人"，受到歧视。[37]

对于妇女受虐杀夫案件的量刑，学界一致认为应当从轻、减轻或免除处罚，但所持理由不完全相同。除前述正当防卫说外，还有两种学说：（1）大陆法系"期待可能性"理论。屈学武建议："在刑法总则的排除犯罪事由之外，增设特定的、因为适法期待不能或适法期待可能性较小而启动的'阻却责任事由'或'减轻责任事由'。……将期待可能性设定成'法定'的而非'超法规'的阻却责任事由或减轻责任事由。"她认为，法院可根据案情，确认此类犯罪行为，属于"没有守法期待可能性"或"期待可能性较小"的行为，进而阻却或减轻行为人的刑事责任。（2）被害人过错说。张娜认为，审理此类案件采用被害人过错说符合刑罚的基本理念和精神，在量刑时应予以考虑。[38]期待可能性理论具有合理性和可借鉴之处，但是，它的引入将会影响我国犯罪论体系的调整，难以短时间内完成。虽然，我国刑法典及其相关法律解释对因被害人过错能否减轻被告人刑事责任尚无明确规定，但在指导性刑事政策文件中已经有所体现。①再者，从刑罚理念和基本精神看，对受暴女性"以暴制暴"犯罪从轻、减轻或免除处罚有充分的理由。目前亟须出台相关立法和司法解释，将此类女性犯罪作为法定的从轻、减轻或免除处罚的情节。

杨清慧则从公正性、功利性、合法性三方面综合论证了受虐妇女报复性犯罪轻刑化的根据，建议近期由最高法院制定专门的司法解释，在量刑过程中"综合考虑受虐妇女的社会危害性、人身危险性、受暴史等可宽宥情形的适用。重点对家庭暴力的连续性、紧迫性、长期性及严重性的标准做出严格的解释"。"不能因为民意而加重对被告人的处罚，但是可以因为民意并综合考虑其他因素而减轻对受虐妇女的处罚。"[39]条件成熟时，可在刑法总则中将此种情形下的女性犯罪作为法定从轻或减轻处罚的情形。

---

① 2010年10月1日全国法院试行的《人民法院量刑指导意见（试行）》指出，因被害人的过错引发犯罪或对矛盾激化引发犯罪负有责任的，可以减少基准刑的20%以下。转引自张锐：《受虐妇女以暴制暴案量刑之权衡》，《人民法院报》2010年11月17日。

六、评析

2000 年以来的十余年间，以妇女权益保障为导向的家庭暴力专项立法研究为立法机关开展专门立法澄清了许多观念误区，提供了可资借鉴的制度性设计。如果说，20 世纪 90 年代针对妇女家庭暴力问题的研究，主要以开展相关调研，揭示此种基于性别暴力的存在程度的话，那么，2000 年以来的研究则有所深入，从引介域外立法经验的比较法研究，进入创建中国本土干预模式和法律政策倡导的行动研究层面。

（一）反对家庭暴力为什么需要专门立法

经过多年努力，2012 年，反家庭暴力专项法终于列入全国人大立法规划。面对学界质疑之声，笔者以为，对制定反家庭暴力专项法必要性的认识，既要站在国际人权法的高度，又要立足于中国实际。一方面，目前越来越多的国家和地区已颁布实施了反家庭暴力专门法，中国政府在这方面应当有所作为；另一方面，当前我国已有 29 个省、市、自治区颁行了预防和制止家庭暴力的地方法规和规范性文件，各地反家庭暴力的立法与实践迫切需要在国家层面制定一部综合性的，包含预防、制止、救助、惩戒与矫治的，具有针对性和可操作性的家庭暴力防治法。

基于家庭暴力特点和国际社会反家庭暴力立法经验，专门立法可弥补一般性立法的结构性不足，确立不同于民法、行政法、社会救济法、刑法、诉讼法对公民人身权保护和救济的一般措施与程序的特有法律制度。尽管，各国及一些地区普遍设立的民事保护令制度，成为家庭暴力防治法中特有的民事司法救济措施，却在我国现行民事诉讼法中尚未形成制度。

2012 年，我国修改后的民事诉讼法未采纳有关部门和学者建议，在特别程序中增加专节规定"申请民事保护令"的相关内容[40]，而是在原民事诉讼临时性救济措施（财产保全和先予执行）的基础上，增加行为保全措施。依现行民事诉讼法第一百条，民事诉讼中对当事人一方采取行为保全措施的目的有二：一是保证人民法院做出的民事判决能够得到执行；二是保护另一方当事人免遭其他损害。就后一种功能而言，它确实可以起到"防止不法行为继续进行、防止损失扩大或者造成不可挽回的损失"的作用，故可适用于因家庭暴力侵害而产生的民事纠纷案件。[41]148~149 现行民事诉讼法第一百〇一条还规定，情况紧急时，利害关系人可以在诉前向法院提出申请。这确实可以起到解救家庭暴力受害人于暴力侵害危难之中的作用。但该条对当事人提请法院采取这一措施做出限制：第一，申请人提供担保是法院启动诉讼保全的必要条件，否则，法院应裁定驳回申请；第二，申请人应当及时（法院采取保全措施后 30 日内）将其与被申请人的实体争议提交诉讼。逾期提交者，人民法院将解除保全措施。在家庭暴力情形下，受暴人虽可在诉前向法院申请对施暴人采取行为保全措施，但依照上述规定，该措施除保护受暴人，更是为确保即将开始的民事诉讼判决得以顺利执行。可见，民事诉讼法确立的行为保全制度在功能和适用条件方面均有别于民事保护令制度，它除适用于因家庭暴力侵害引起的民事诉讼外，还可适用于扶养权纠纷、侵害肖像权、隐私权、名誉权等精神权利纠纷、相邻权纠纷、环境危害侵权纠纷等案件。仅从民事保护令制度的特有功能出发，我国也确实有必要制定反家庭暴力法。

（二）已有研究成果对立法的借鉴意义

行动研究不同于传统的学术研究，它采取将研究与行动结合起来的方法，最终通过有目的、有计划的行动，探索解决实际问题的办法。2000 年以来，推动国家制定家庭暴力防治法的研究，始终具有鲜明的通过预防和制止家庭暴力，推动建立平等、和睦婚姻家庭关系，以实现社会正义的目标指引。因此，在立法机关已经着手制定家庭暴力防治法期间，学者应当注重已有研究成果的转化，以期对立法选择产生实质影响；立法机构应当努力汲取既有法理基础又符合中国国情的立法建议。笔者认为，已有研究可在以下方面，对我国制定中的反家庭暴力专项法产生影响。

1. 反家庭暴力法宗旨与目的的立法表达

宗旨和目的是任何一部法律开篇需明确的内容。基于学者对反家庭暴力法立法理念、价值取向的认识，笔者以为，在我国现行法律体系中，婚姻法、妇女权益保障法、未成年人保护法、刑法、治安管理处罚法等法律，是预防和惩治家庭暴力的一般法，家庭暴力防治法是特别法，具有优先于其他法律适用的效力。不仅如此，家庭暴力防治法还是我国反家庭暴力法律体系中的主干法。从法的普适性和公正性出发，凡是遭受家庭暴力的人，无论男女老幼，都是家庭暴力防治法的保护对象，实际情形却是 90% 以上的家庭暴力受害人是妇女、儿童、老人及残疾人。反家庭暴力法必然要关注对这些人群的暴力及其特点，以制止家庭暴力，保护、救济受害人为本位，并以此确立指导思想和基本原则。

反家庭暴力法保护救济的受害人权益是限于婚姻家庭权利，还是也包括获得社会救济的权利，是值得思考的问题。笔者以为，反家庭暴力法不是家庭法，它某种程度上是对家庭暴力受害人的社会救助法。如果将它的目的限于保护受害人的婚姻家庭权益，实无专门立法之必要。再者，从受害人的实际需求看，除要求恢复受侵害的人身权和财产权外，另外还有许多利益诉求，如获得专门机构庇护、医疗救助、就业扶持、住房优惠、受教育权实现，等等。由于家庭暴力防治法是特别法，保障受害人权益这一立法目的便不是针对家庭成员的一般性保护，而是专门性保护。总之，将反家庭暴力法的宗旨表述为"保障受害人权益"与其性质相符合。

2. 家庭暴力概念的法律界定

许多学者认识到，家庭暴力概念具有一定的地域性和文化性，各国及地区法律并没有给出统一的定义。相关国际法律文件、国际条约机构、不同国家及地区立法在"家庭暴力"定义中对家庭、家庭成员的扩大解释，将暴力形式做包括身、心、性、财产的宽泛界定，都为我国确立既符合国际标准，又具有中国特色的家庭暴力概念，提供了有益参照。由于家庭暴力概念的法律界定，反映了立法者对家庭暴力本质属性的认识，也直接决定着反家庭暴力法的适用范围，因此，制定家庭暴力防治法时必须全面考虑各种因素，合理界定家庭暴力概念的内涵与外延。

目前，我国学者对家庭暴力这一概念的讨论，已触及几个关键要素：家庭、家庭成员、表现形式及国家对私人暴力的态度。立法者需关注学界已有研究（包括实证分析与调查），从中提炼出家庭暴力的一般规律与中国元素。笔者以为，家庭暴力防治法中的家庭暴力定义主要涉及三个要素。一是主体范围。该法除以具有婚姻和血缘关系的亲属为主外，也不能无视具有恋爱、同居、扶养、照料或委托监护关系等特殊身份关系者之间的暴力。二是家庭暴力的形式。除列举殴打、捆绑、伤害、侮辱、恐吓等作为形式外，还应囊括那些不作为的暴力，例如，对未成年人、老年人等负有法定抚养赡养义务的家庭成员，遗弃或严重忽视需要照料或供养的年幼或年老家庭成员的不作为。三是行为侵害的对象。身体、性和精神是家庭暴力侵害的主要对象，至于加害人对受害人财产的侵害和对受害人的经济控制，是否要列入家庭暴力范围，目前似不具有广泛认可的社会基础，可暂不纳入法律规制的家庭暴力范围中。

3. 民事保护令制度的中国式转化

在大陆法系、英美法系国家立法中，民事保护令的类型可根据救济范围大小、救济时间长短、适用条件严格与否，分为通常保护令、暂时保护令及应对紧急情形的紧急保护令。前述审理指南中的人身安全保护措施，只属于临时保护令范畴。在外国法中，各种类型保护令的内容很丰富，包括：禁制令（包括命令禁止施暴及禁止接触）、迁出令（命令相对人迁出居所）、远离令（命令加害人远离被害人居所或工作场所）、决定令（不动产暂时占有权、子女暂时监护权、探望权）、给付令（如命令给付租金、扶养费等）、防治令（命令加害人完成处遇计划），等等。① 法官可依据被害人及加害人需求，在不侵犯加害人合法权益的情况下，给予受害人一种或多种救济。

目前情形下，我国设立家庭暴力法中的民事保护令制度时，应当在实体和程序两方面确立公权力介入家庭暴力的限度，以平衡保护令的申请人与被申请人的各方利益。例如，在实体上可确立采取这一措施应遵循的基本原则，如法律保留原则和比例原则；在程序上，通过设立申请保护令的完整诉讼程序，强化被申请人的诉权保障，从而防止保护令功能被扩大化。② 再者，保护令制度是英美法中特有的制度，实为特殊的禁令。在我国，从民事诉讼角度看，法院将以裁定方式发出此类命令，为此，立法时可不采用"民事保护令"之名，而用"人身安全保护措施"来代指这一制度。

4. 确立救助受害人、惩戒加害人的特有制度

基于妇女、儿童、老人、残疾人是家庭暴力主要受害人的社会现实，笔者以为，制定这一法律时应对不同人群遭受家庭暴力的表现形式及特点有所认识。例如，从儿童的依赖性和脆弱性特质出发，立法应确立给予未成年受害人优先和特殊保护的原则，确立强制报告制度、监护人资格中止或撤销制度、国家监护制度，以体现该法的儿童观。[42]135~146再如，针对时有发生的妇女受虐杀夫现象，该法可以确立对家庭暴力早期预防和干预措施，将人权教育、反家庭暴力知识纳入学校教育内容；确立包括社区心理辅导咨询、庇护场所在内的一系列受害人救助制度；对此类犯罪可在证据规则、民事、刑事责任中确立若干具有

---

① 参见：1996年联合国《家庭暴力示范立法框架》、1998年我国《台湾家庭暴力防治法》等，载陈明侠等主编前引书第366~379页；夏吟兰：《婚姻家庭继承法》第608~621页。

② 对此，张平华在前引《认真对待民事保护令——基本原理及其本土化问题探析》一文中有专门论述，应引起立法者重视。

性别意识的条款。① 与此同时，对加害人的惩戒与矫治措施也是必需的，如建立对加害人的告诫制度和行为矫治制度等。

【参考文献】

［1］夏吟兰. 制定家庭暴力防治法，促进社会和谐［J］. 妇女研究论丛，2012（3）.

［2］王世洲. 反对家庭暴力，建设和谐社会［J］. 妇女研究论丛，2012（3）.

［3］吴洪，马海霞. 对制定《反家庭暴力法》的反思［J］. 中华女子学院学报，2012（4）.

［4］王歌雅，司丹. 家庭暴力的法律规制与道德救赎［J］. 中华女子学院学报，2012（4）.

［5］关于加快反家庭暴力法立法进程的提案［J］. 中国妇运，2012（4）.

［6］蒋月. 立法防治家庭暴力的五个基本理论问题［J］. 中华女子学院学报，2012（4）.

［7］李明舜. 制定反家庭暴力法的几点思考［J］. 中华女子学院学报，2003（2）.

［8］薛宁兰. 反家庭暴力立法应关注的三个基本问题［EB/OL］. http://www. wsic. ac. cn，2012 - 03 - 08.

［9］曾晓梅. 从社会性别视角看我国家庭暴力立法［J］. 前沿，2006（10）.

［10］王丹. 反家庭暴力立法的社会性别分析［J］. 中华女子学院学报，2011（1）.

［11］陈明侠. 制定家庭暴力防治法的基本原则［J］. 妇女研究论丛，2012（3）.

［12］王洪. 婚姻家庭法［M］. 北京：法律出版社，2003.

［13］杨大文. 亲属法［M］. 北京：法律出版社，2003.

［14］夏吟兰. 婚姻家庭继承法［M］. 北京：中国政法大学出版社，2004.

［15］余延满. 亲属法原论［M］. 北京：法律出版社，2007.

［16］滕曼. 家庭暴力的内涵及其法律特征［A］. 中国法学会，英国文化委员会. 防治家庭暴力研究［C］. 北京：群众出版社，2000.

［17］张学军. 试论家庭暴力的概念、原因及救助［J］. 金陵法律评论，2001，（秋季

---

① 例如，2010 年中国法学会反家庭暴力网络组织起草的《家庭暴力防治法（专家建议稿）》在证据规则中，将"受虐妇女综合征"作为减轻受害人刑事责任和民事责任的事实情节及证据；在民事责任中规定："被认定为存在受虐妇女综合征的家庭暴力受害人致家庭暴力施暴人身体或者财产损害的，可以减轻或者免除民事责任"；在刑事责任中，将"因长期受虐或者不堪忍受家庭暴力而故意杀害、伤害施暴人构成犯罪的"，可作为法定从轻、减轻处罚或者免除处罚的情节。转引自夏吟兰主编：《婚姻家庭继承法》第 27 ~ 31 页。

卷）.

[18] 李霞. 家庭暴力法律范畴论纲——基于社会性别的角度 [J]. 社会科学研究, 2005 (4).

[19] 李春斌. 论家庭暴力防治立法中"家庭成员"之界定 [J]. 中华女子学院学报, 2011 (5).

[20] 金眉. 论反家庭暴力的立法缺失 [J]. 法学家, 2006 (2).

[21] 李洪祥. "家庭暴力"之法律概念解析 [J]. 吉林大学社会科学学报, 2007 (4).

[22] 李明舜. 反家庭暴力法应合理界定家庭暴力的概念 [J]. 妇女研究论丛, 2012 (3).

[23] 陈敏. 呐喊：中国女性反家庭暴力报告 [M]. 北京：人民出版社, 2007.

[24] 周安平. 性别与法律：性别平等的法律进路 [M]. 北京：法律出版社, 2007.

[25] 薛宁兰. 社会性别与妇女权利 [M]. 北京：社会科学文献出版社, 2007.

[26] 黄列. 家庭暴力：从国际到国内的应对（下）[J]. 环球法律评论, 2002,（夏季号）.

[27] 张平华. 认真对待民事保护令——基本原理及其本土化问题探析 [J]. 现代法学, 2012 (3).

[28] 薛宁兰, 胥丽. 论家庭暴力防治法中的民事保护令制度 [J]. 中华女子学院学报, 2012 (4).

[29] 巫昌祯, 李忠芳. 民法典婚姻家庭编通则一章的具体设计 [J]. 中华女子学院学报, 2002 (4)

[30] 徐国栋. 绿色民法典草案 [M]. 北京：社会科学文献出版社, 2004.

[31] 钱泳宏. 我国反家庭暴力应引入民事保护令制度 [J]. 南通大学学报（社会科学版）, 2009 (4).

[32] 郝佳. 论保护令在家庭暴力法律防治中的作用 [A]. 夏吟兰, 龙翼飞, 郭兵, 薛宁兰. 婚姻家庭法前沿——聚焦司法解释 [C]. 北京：社会科学文献出版社, 2010.

[33] 陈敏. 我国家庭暴力受害人的司法保护 [A]. 李明舜. 妇女法研究 [C]. 北京：中国社会科学出版社, 2008.

[34] 季理华. 受虐妇女杀夫案中刑事责任认定的新思考 [J]. 政治与法律, 2007 (4).

[35] 钱泳宏. "受暴妇女综合征"理论对我国正当防卫制度的冲击 [J]. 温州大学学报（社会科学版）, 2008 (5).

[36] [美] 波拉·F. 曼格姆. 受虐妇女综合征证据的重新概念化：检控机关对有关暴力的专家证词的利用 [J]. 环球法律评论, 2003（夏季号）.

［37］屈学武.死罪、死刑与期待可能性——基于受虐女性杀人命案的法理分析［J］.环球法律评论，2005（1）.

［38］张娜.家庭暴力下受暴女性犯罪量刑问题的思考［J］.法制与社会，2008（11）.

［39］杨清惠.受虐妇女报复性犯罪轻刑化处罚之根据［J］.青少年犯罪问题，2010（1）.

［40］肖建国.民事保护令入法的必要性和可行性［J］.公民与法，2012（3）.

［41］奚晓明.中华人民共和国民事诉讼法修改条文适用解答［M］.北京：人民法院出版社，2012.

［42］薛宁兰，王丽.家庭暴力防治法应有之儿童观［A］.夏吟兰，龙翼飞.家事法研究（2012年卷）［C］.北京：社会科学文献出版社，2012.

（原文刊载于《中华女子学院学报》2014年第3期，并被《新华文摘》及中国人民大学《复印报刊资料》全文转载）

论我国家庭暴力概念

——以反家庭暴力法（征求意见稿）为分析对象

夏吟兰

（中国政法大学民商经济法学院）

家庭暴力的概念是反家庭暴力法的重要内容之一，是制定反家庭暴力法必须解决的核心问题。家庭暴力概念的内涵主要包括家庭暴力的主体及其范围、构成家庭暴力的行为类型及其具体形式等。法律概念应当是"对各种法律事实的概括，并基于此种概括抽象出它们的共同特征而形成的权威型范畴"[1]。界定家庭暴力概念，应当是在对涉及此类行为的种种情形及法律事实进行分析概括，抽象出它们的共同特征之后进行提炼的结果。对家庭暴力概念的界定应当具有概括性和确定性，有明确的内涵和外延，同时又要具有包容性和开放性，为反家庭暴力法与其他法律、法规的衔接留有余地，以便发挥法律的整体效应。[2]家庭暴力概念中对主体范围及其行为类型的界定，体现了立法者对家庭暴力的认识、定位及对受害者的保护范围及保护力度。2014 年 11 月 25 日，国务院法制办公布了《中华人民共和国反家庭暴力法（征求意见稿）》（以下简称"征求意见稿"），向社会公开征求意见。本文以征求意见稿中拟定的家庭暴力概念为分析对象，试图通过对我国相关法律法规的梳理、域外法的比较研究、反家庭暴力理念及司法实践的分析，力证我国家庭暴力概念对主体范围及其行为类型的界定应当在现有法律法规的基础之上采用概括与列举相结合的方式，明确规定且适当扩大主体范围与行为类型，以达到制止家庭暴力、保护受害人合法权益的立法目的。

一、我国现行法律法规对家庭暴力概念规定之演进

我国现行婚姻法没有明确规定家庭暴力的概念，之后颁布的相关法律法规对于家庭暴力的概念或未明确规定，或规定的概念过于狭窄，难以全面涵盖涉及家庭暴力的主体及行为。

2001 年修订的婚姻法明确规定禁止家庭暴力，将实施家庭暴力作为诉讼离婚中法官认定感情确已破裂准予离婚的法定事由之一，并对因家庭暴力导致离婚的无过错一方规定了损害赔偿等救济措施，但对家庭暴力的概念却未作规定。同年出台的《最高人民法院关于适用〈中华人民共和国婚姻法〉若干问题的解释（一）》（以下简称"婚姻法司法解释（一）"）第一条规定："'家庭暴力'是指行为人以殴打、捆绑、残害、强行限制人身自由或者其他手段，给其家庭成员的身体、精神等方面造成一定伤害后果的行为。持续性、经常性的家庭暴力构成虐待。"这一规定将家庭暴力界定为发生在家庭成员之间的身体暴力及因身体暴力所引起的具有一定身体及精神伤害后果的暴力行为。此一概念开创了中国家庭暴力概念之先河，对家庭暴力的主体、行为类型及其表现形式做出了明确规定。但鉴于当时的司法实践及理论研究之限制，家庭暴力的概念狭窄，且对于家庭成员的范围、构成，婚姻法司法解释一也未做出进一步的具体规定。

此后，相继修订的妇女权益保障法、未成年人保护法、老年人权益保障法、残疾人权益保障法对禁止家庭暴力均做出了原则性、宣誓性的规定，并进一步规定了对家庭暴力的保护机制，但对家庭暴力的主体范围及其行为类型仍未做出明确规定。

我国各省、市、自治区颁布的反对家庭暴力的地方性法规大多沿用了婚姻法司法解释一的定义。但也有一些地方性法规对构成家庭暴力的概念做出了突破性的规定，有的明确了家庭成员的范围，有的将性暴力作为构成家庭暴力的行为之一。如《海南省预防和制止家庭暴力规定》（2005 年 9 月 28 日）中界定了家庭成员的范围："本规定所称的家庭成员是指夫妻、父母（养父母）、子女（养子女）及有扶养关系或者共同生活的继父母、继子女、祖父母、外祖父母、孙子女、外孙子女和兄弟姐妹等。"《湖南省人民代表大会常务委员会关于预防和制止家庭暴力的决议》（2000 年 3 月 31 日）中规定："本决议所称家庭暴力，是指发生在家庭成员之间的，以殴打、捆绑、禁闭、残害或者其他手段对家庭成员从身体、精神、性等方面进行伤害和摧残的行为。"福建省政法委等六部门

联合下发的《关于福建省预防和制止家庭暴力的意见》（2004 年 7 月 28 日）中规定："本意见所称家庭暴力是指施暴人以殴打、捆绑、残害、威胁、强行限制人身自由或者其他手段，给家庭其他成员的身体、精神、性权力等方面造成伤害的行为。"当然，地方性法规的法律位阶过低，它对全国性的反家庭暴力立法而言只有先行先试的意义。

近日国务院法制办公布的《中华人民共和国反家庭暴力法（征求意见稿）》第二条规定了家庭暴力的概念："本法所称家庭暴力，是指家庭成员之间实施的身体、精神等方面的侵害。本法所称家庭成员，包括配偶、父母、子女及其他共同生活的近亲属。具有家庭寄养关系的人员之间的暴力行为，视为家庭暴力。"这一条规定中对家庭暴力概念的界定，是在我国上述法律法规的基础上总结司法实践的经验，经过抽象概括发展而来。笔者认为对家庭暴力概念的界定，不仅应以现行的法律法规为依据，考虑中国国情、本土资源，而且还要顺应社会的发展变化，充分借鉴国外的立法经验及国际社会反家庭暴力法的发展趋势。

二、家庭暴力概念之比较法分析

国际社会反对家庭暴力始于反对针对妇女的暴力，并逐渐将针对妇女的家庭暴力从一般暴力中区分出来。

1985 年在国际层面的两个发展使人们开始关注家庭暴力问题。一个发展是在《内罗毕提高妇女地位前瞻性战略》里认定对妇女的暴力为和平的一个主要障碍；另一个发展则是第七次预防犯罪和犯罪者待遇大会的决议，即家庭暴力往往是掩盖下的虐待，严重破坏妇女的个人和社会的发展，并且违反社会利益。[3]

在 1993 年世界人权大会通过的《维也纳宣言和行动纲领》中首次体现了对妇女的暴力是对人权的侵犯这一理念。同年，联合国大会通过的《消除对妇女的暴力行为宣言》进一步指出："在家庭内发生的身心方面和性方面的暴力行为，包括殴打、家庭中对女童的性凌辱、因嫁妆引起的暴力行为、配偶强奸、阴蒂割除和其他有害于妇女的传统习俗、非配偶的暴力行为和与剥削有关的暴力行为。"《消除对妇女的暴力行为宣言》认为："对妇女的暴力行为是严酷的社会机制之一，它迫使妇女处于屈从于男性的地位。"① 1995 年第四次世界妇女

---

① 参见：《消除对妇女的暴力行为宣言》序言、第 2 条。

大会的成果文件《行动纲领》及 2000 年联大特别会议通过的《实施〈北京宣言〉和〈行动纲领〉的进一步行动和倡议》专门列举了对妇女的暴力行为，其中最主要的形式是对妇女的家庭暴力。

1996 年联合国人权委员会第 25 届会议通过了特别报告员拉迪卡·库马拉斯瓦米女士（Radhika Coomaraswamy）起草的《家庭暴力示范立法框架》。这一示范立法框架概述了家庭暴力全面立法的重要元素，为家庭暴力立法提供了宝贵的指导。立法框架确立的家庭暴力的概念为："无论是在家庭内部还是在其他的人际关系中针对妇女施加的暴力都是家庭暴力。"联合国妇女地位委员会于 2013 年 3 月 15 日通过《消除并阻止对妇女和女童一切形式暴力决定》，建议各国"通过制定、强化并执行禁止伴侣间暴力、明确惩罚措施并建立充分保护的法律法规来处理并消除这种暴力行为"。

在国际公约和国际文件的影响下，世界各国各地区大多对于家庭暴力的概念做出了明确的规定。其中，对于主体及其范围的规定主要可归纳为以下三种立法例。[4]

一是限定性规定，将家庭暴力的主体限定为家庭成员，并将家庭成员的范围限制为列举的法定亲属。如韩国《惩治家庭暴力专项法案》（1997 年 12 月 13 日）将家庭暴力定义为：造成家庭成员身体、精神和性伤害的行为。同住家庭成员可以寻求家庭暴力保护：配偶（包括任何法定结婚的人）和任何有配偶关系者；任何是或曾是其或其配偶的直系尊亲属或后代的（包括法定领养、血亲关系，此后类同）；任何与其继父母有或曾有父母子女关系的，是或曾是其父亲法定配偶的私生子的；任何有直系亲属关系并且共同居住的亲属。[5]460 2001 年该法修订时扩大了家庭成员的范围，将家庭成员的范围修改为：配偶（包括事实婚当事人，以下亦同）或曾为配偶者；自己或配偶的直系血亲卑亲属（包括事实上的养亲子关系，以下亦同）或曾为上述关系者；继父母子女关系或嫡母或庶子关系者，或曾为上述关系者；同住亲属。[6]651

二是扩大性规定，将家庭暴力的主体从家庭成员扩大至亲密关系，或以亲密关系取代家庭成员。如南非 1998 年的反家庭暴力法案保护以下关系中的人不遭受家庭暴力：婚姻；同居或曾经同居但并未结婚；同居或曾经同居的同性伴侣；已订婚或约会中，或双方自愿的亲密关系或性关系；通过血缘、婚姻或领养联系起来的家庭成员及同住一个屋檐下的人。

三是延展性规定，将家庭暴力从家庭成员、亲密关系延展至共同生活的照料者，或以暴力发生的空间或事实来判定。如印度尼西亚《关于消除家庭暴力的法律》（2004 年第 23 号法律）将家庭暴力延展至家庭雇工。[7]该法第 2 条规定的家庭成员包括：丈夫、妻子和孩子；与户主同住，并与第 1 款中的个人因血缘、婚姻，或者因为接受共同哺乳、照看及监护而产生家庭关系的人；与户主同住的家庭成员。[6]750巴西 Maria da Penha《女权保护法》（2006）第 5 条包括了在"家庭单位"中实施的暴力，即在共享的永久性空间中犯下的暴力，无论是否有家庭纽带。[5]81

从上述规定中可以看出，域外反家庭暴力法对家庭暴力主体的界定有从亲缘关系逐渐扩大延展的趋势。首先，各国各地区家庭暴力主体的范围仍然以亲缘关系为主，即以婚姻关系、血亲关系、姻亲关系为中心。其次，同居关系、伴侣关系已被一些国家视为家庭暴力的重要关系，纳入反家庭暴力法中。最后，各国的亲属关系、亲密关系已不再局限于当下，前配偶、前同居者、前伴侣等均已扩大至家庭暴力的主体之中。而对于雇用的照料者是否纳入家庭暴力的主体仍有不同的争议，争议的关键在于家庭雇工能否视为家庭成员，目前有些国家已将他们从家庭暴力的主体中排除。如南非法律明确且特意将业主与租户、家政从业人员与雇主从符合受到家庭暴力保护的关系清单中排除。但新西兰的残疾人虐待问题专家则认为，国家家庭暴力法应把雇用的照料人纳入考虑范围，基于其在残疾人生活的角色和随之而来的虐待风险。因此，遭受虐待的残疾人曾特别主张把雇用的照料人纳入定义。[8]笔者认为，家庭暴力的主体范围不应包括家政工，家政工不是家庭成员，也不是亲密关系。家政工与雇主之间不具有以控制对方为目的的暴力行为的周期性、反复性及相互依赖性的特点，且作为受雇者，他们受到合同法、劳动法、侵权法、刑法等法律的保护，一旦发生违反合同法、劳动法的规定，或受到暴力侵害的，可以立即解除合同，离开雇主并请求法律保护。而雇主如果遭受家政工的暴力或虐待，也同样可以立即解除劳动合同，并请求法律保护。

三、我国家庭暴力概念中主体范围应适当扩大

我国反家庭暴力法的概念首先必须明确规定家庭暴力的主体及其范围。但征求意见稿中规定的家庭暴力的主体范围偏于狭窄，应适当扩大。确定家庭暴力概念中的主体及其范围既要考虑法律概念的确定性、包容性，也要考虑法律概念的开放性与先进性。

（一）应当根据婚姻法和婚姻法司法解释一的规定，明确家庭成员是家庭暴力的主体

征求意见稿将家庭成员作为家庭暴力概念中的主体，比较容易被社会理解并接受。对于何谓家庭成员及家庭成员的范围，调整民事法律关系的民法通则及调整婚姻家庭法律关系的婚姻法均无明确规定。一般而言，同居一家共同生活的近亲属是家庭成员。[9]64在反家庭暴力法中确定家庭成员的范围应考虑中国的国情及与现行法律规定的衔接，将亲属关系中的近亲属作为划定家庭成员范围的基本标准。

民法通则及其司法解释①未规定家庭成员，但对近亲属的范围有明确规定：近亲属包括配偶、父母、子女、兄弟姐妹、祖父母、外祖父母、孙子女、外孙子女。婚姻法也未明确对家庭成员做出规定，但在第三章"家庭关系"中规定的相互间有权利义务关系的亲属包括夫妻、父母、子女、祖父母、外祖父母、孙子女、外孙子女、兄弟姐妹。尽管民法通则及其司法解释与婚姻法规定的近亲属的范围在表述和排序上略有不同，但其实质内容是相同的。我国法律规定的具有权利义务关系的近亲属包括婚姻关系、血亲关系、拟制血亲关系，他们以爱情或亲情为纽带，大多共同生活，同财共居，或相互间有抚养、扶养、赡养的关系，对他们之间的关系，法律应当给予特殊的保护。

根据民法通则及婚姻法的上述规定，法律上具有权利义务关系的近亲属不包括姻亲关系，但笔者认为应将直系姻亲纳入家庭暴力的主体范围。一方面，直系姻亲在亲属法的理论上是亲属关系中的重要组成部分，现代各国大都根据亲属产生的原因，将亲属划分为配偶、血亲和姻亲三类。许多国家的亲属法中对直系姻亲均有明确规定。如《德国民法典》"亲属编"第1590条规定，配偶一方的血亲与另一方互为姻亲。姻亲关系的系和等，按照使姻亲关系结成的血统关系的系和等定之。即使姻亲关系所由建立的婚姻已解除，姻亲关系也存续。[10]492另一方面，直系姻亲在社会生活中是关系相当密切的亲属。尤其在中国现实的国情下，公婆、岳父母与儿媳、女婿共同生活帮助子女照看孙子女、外孙子女的情形非常普遍，而且因多年的独生子女政策，直系姻亲间的关系更为亲密，互动频繁。在公婆、岳父母年老需要照顾时独生子女的家庭往往需要承

---

① 参见：《民法通则》第十七条，最高人民法院《关于适用民法通则若干问题的意见》第12条。

担更大的责任。因此，作为家人，无论他们是否共同生活，直系姻亲之间均存在发生家庭暴力的可能性，如果将他们纳入一般的暴力行为，不利于对老年人权利的保护和救助，只有将他们纳入家庭暴力的主体，才能更有利于对老年人权益的保护。

征求意见稿中对有权利义务关系的近亲属进行了限缩，除配偶、父母、子女外，其他近亲属之间实施的暴力行为以同居生活为条件，不同居生活的不属于家庭暴力，而属于一般暴力。那些有着婚姻、血缘和姻亲关系，但不是共同生活的近亲属，例如不同居一家的儿媳女婿与公婆岳父母，成年已婚单过的兄弟姐妹、不在一家共同生活的祖孙之间发生的暴力，因此被排除在外。显然这一规定既不符合亲属法原理，也不符合社会生活实际。对于家庭成员范围的确定，在现行婚姻法修改完善之前，可以参照最高人民法院《关于贯彻执行〈中华人民共和国民法通则〉若干问题的意见（试行）》第 12 条规定做出的界定，并适当扩大，在反家庭暴力法中明确列举规定为：配偶、父母、子女、公婆、岳父母、儿媳、女婿、兄弟姐妹、祖父母、外祖父母、孙子女、外孙子女。

（二）要顺应社会的发展变化将同居关系及前配偶关系纳入反家庭暴力法的主体范围中

同居关系及前配偶关系在中国现有的法律框架内不属于家庭成员，也不受婚姻法的调整和保护。但是，随着社会观念特别是婚恋观念的发展变化，同居关系目前在中国是比较普遍的现象，不仅有年轻人的"试婚式"同居，也有老年人的"无奈式"同居。据一项全国人口"性"随机抽样调查显示：2000 年试婚或同居者仅占所有未婚者的 6.9%，而 2006 年就上升成为 23.1%。据广东省民政厅 2003 年的调查，在全省 1976 万多个家庭中，近十分之一即 200 万个家庭是由没有办理结婚登记的同居伴侣组建的。[①] 同居也被称为非婚同居，是同居者之间未履行结婚登记程序，持续、稳定地共同生活，并以组织共同生活为目的。[11]515 同居虽然没有婚姻的名义，也不是法律意义上的夫妻关系，却是一种以持续公开的共同居住为基本模式的共同生活关系，在感情、经济及性等方面形成了相互依赖的生活共同体，其生活的实质内容与婚姻关系几乎是相同的。与

---

① 我国迄今没有关于非婚同居全国性的调研与数据，这些数据均来自学者或相关机构的调研。参见潘绥铭主编：《中国性革命成功的实证》，万有出版社 2008 年版，第 48 页；王薇：《非婚同居法律制度比较研究》，人民出版社 2009 年版，第 92 页。

恋爱、约会关系相比，同居关系具有公开性和持续性，更易举证。当前，我国虽然还没有调整同居关系的法律，但现实生活中，同居者之间发生的暴力行为是客观存在的，反家庭暴力法不应完全忽视。同时，离婚后的暴力普遍存在，一些家庭暴力受害人离婚之后继续受到前配偶的伤害、跟踪或骚扰，暴力关系并未随着婚姻关系解体而终止。施暴者在离婚后还会有心理优势，并继续以"前配偶"的身份通过实施暴力的方式控制、纠缠对方，在传统观念下这种暴力行为也为社会所容忍。

有立法者认为，有恋爱、同居、前配偶等关系人员之间发生的暴力行为，与一般社会成员之间发生的暴力行为没有实质区别，应由治安管理处罚法、刑法等法律调整。① 对此笔者不敢苟同。笔者认为同居关系、前配偶关系者之间发生的暴力行为与一般的暴力行为有重要的区别，而与家庭成员之间发生的暴力行为有共同的特征。

同居关系及前配偶关系与夫妻关系之间暴力行为的共同特征主要体现为双方关系的依赖性，暴力行为的周期性、反复性、隐蔽性且以控制对方为目的。一是双方之间具有依赖性。具有同居关系及前配偶关系的当事人双方之间正在或曾经共同生活，存在或曾经存在着情感的、经济的、相互扶助的依赖关系。二是此类暴力行为反复发生，具有周期性。具有同居关系及前配偶关系的当事人之间发生的暴力与婚姻关系当事人之间发生的暴力相同，是反复发生且具有周期性规律的，大多经历了双方关系的紧张期、暴力期和平静期的反复循环。而且此类亲密关系之间的暴力大多发生在居住地或其他相对隐秘的地方，暴力行为具有隐蔽性，外人难以知晓。三是加害人实施暴力行为的动机是控制对方。与一般的暴力不同，施暴本身不是目的，而是施暴方为达到控制受害方的目的而采取的手段。殴打的效果不能仅仅被看作针对受害人身体的实际暴力，还应该包括怎样通过威胁、利用受害人害怕受到伤害的恐惧心理来控制受害人。[12]216

鉴于同居关系及前配偶关系与夫妻关系之间发生的暴力行为有共同特征，应当将同居者与前配偶纳入反家庭暴力法的主体范围中。否则，此类亲密关系或曾有亲密关系者之间的暴力行为将不能得到有效遏制。

---

① 关于《中华人民共和国反家庭暴力法（征求意见稿）》的说明，参见：《中国妇女报》2014 年 11 月 26 日 A2 版。

（三）要考虑与国际反家庭暴力立法的趋势相一致，借鉴国外立法通行的范例

1996 年，联合国经济及社会理事会人权委员会通过的《家庭暴力示范立法框架》，建议各国立法界定家庭暴力时"采用尽可能宽泛的有关家庭暴力行为及在家庭暴力中的各种关系的定义"。目前，绝大多数国家和地区的反家庭暴力法确定的主体范围既包括亲属关系（婚姻关系、血亲关系、姻亲关系），也包含同居关系、伴侣关系等亲密关系，并且不限于当下的关系，前配偶、前同居者、前伴侣关系也包含其中。更大范围、更全面地保护家庭暴力的各种受害人，有利于对各种形式的家庭暴力进行全方位的预防、救助和制裁。据《国际妇女百科全书》介绍，高达50%的男人在他们的妻子或恋人提出分手或实际分手后，会继续以殴打或其他形式威胁或恐吓她们，迫使她们留在自己身边或回到自己身边，或者对她们的离去进行报复。我国也有相关资料发现，与配偶暴力相比，恋人和离异配偶间暴力的发生率更高，后果更严重。[13]2因为他们之间没有法律的保障，体力强势的一方更可以通过暴力行为胁迫控制弱势的一方。

考虑到中国的国情，与现行法律法规的衔接及公众的接受程度，难以将所有的恋爱、约会、同居、伴侣等亲密关系均纳入法律调整的范围，直接将同居关系、前配偶关系纳入家庭成员的范围也不可行。因为这不符合法律概念的抽象概括原则，不符合我国的法律体系逻辑，也难以被公众所理解与接受。但可以考虑将具有一定确定性且易于举证的同居关系、前配偶关系之间发生的暴力行为视为家庭暴力，将其纳入准用条款。征求意见稿第二条第三款即属于准用条款①，建议将第三款改为："具有同居关系、前配偶关系及家庭寄养关系的人员之间的暴力行为，视为家庭暴力。"根据准用条款，非家庭成员的上述受害人也可以申请专门机构的庇护、心理辅导、法律援助、人身安全保护裁定等各种救助措施，以便于及早干预、制止和制裁此类暴力行为，以便更好地保护受害人的权益，防止家庭暴力升级，维护社会的和谐稳定。

反家庭暴力法不是婚姻家庭法，是社会法[14]，它的主体范围可以不与婚姻家庭法完全一致。将调整范围通过准用的方式扩展至同居关系及前配偶关系，不表示法律承认了他们是合法的婚姻关系或仍然存在婚姻关系，只是鉴于他们

---

① 将有家庭寄养关系的人员之间的暴力行为视为家庭暴力，有利于被寄养人尤其是未成年人利益保护，值得称道。

之间发生的暴力与家庭暴力具有共同特征，从保护受害者利益的角度，对受害者提供相同的保护、救济措施。这是国际反家庭暴力立法经验的总结，且已在其他国家及地区实施，并取得了良好效果。

四、性暴力应纳入我国家庭暴力概念的行为类型

家庭暴力概念中的行为类型是确定家庭暴力的重要内容。征求意见稿将家庭暴力的行为类型限定为身体暴力和精神暴力，略显狭窄，且对身体暴力及精神暴力的具体表现形式未做明确规定，能全面反映及规范实施家庭暴力的各种行为，也不利于司法实践中对家庭暴力行为的认定及其具体操作。

关于家庭暴力的行为类型及其具体表现形式，联合国人权委员会制定的《家庭暴力示范立法框架》规定为："所有这些由家庭成员对家庭中的妇女施加的以性别为基础的肉体上的、精神上的及性的侵害行为，从简单的攻击到严重的肉体上的殴打、绑架、威胁、恐吓、强迫、盯梢、口头上的侮辱谩骂、强行或非法闯入住宅、纵火、损坏财产、性暴力、婚内强奸、因嫁妆或聘礼引起的暴力、女性生殖器残害、强迫卖淫、对家务工作者的暴力及具有上述行为倾向的行为都可视为'家庭暴力行为'。"① 联合国关于"反对针对妇女暴力立法良好实践"报告中指出，家庭暴力立法应当包含对家庭暴力的综合定义，包括身体、性、心理和经济暴力。②

各国对于家庭暴力的类型及具体表现形式的规定，因其文化传统、社会习俗、经济发展水平的不同而有所差别，但近年来有逐渐趋同之势。就立法技术而言，主要存在概括性规定、列举性规定及例示性规定三种。一是概括性规定，即只对家庭暴力类型做抽象的概括性表述，而不具体列举其表现形式。《意大利民法典》第 342 条第 Ⅱ 项规定："家庭暴力是配偶或共同生活一方的行为对配偶或共同生活者另一方的身体、精神的完整性或自由造成严重损害的行为。"[15]88 二是列举性规定，即不对家庭暴力行为做抽象的概括性表述，而是列举具体的行为方式，凡在法定的相应主体间发生所列举的行为即可被认定为家庭暴力。例如，马来西亚《家庭暴力法》第 2 条对法律的解释中就明确列举了"故意、

---

① 参见：《家庭暴力示范立法框架》第 3 条、第 11 条。
② 参见：联合国专家小组会议报告《反对针对妇女暴力良好立法实践》，2008 年 5 月 26 至 5 月 28 日，第 26 页。

蓄意或试图使受害人陷于害怕遭受身体伤害的恐惧中"，"通过一些明显或可能导致身体伤害的行为，使受害人遭受身体伤害的行为"，"用武力强迫或威胁受害者做一些不愿做的动作或行为，如性交，而受害者本来是有权拒绝这些行为的"，"限制或阻止受害者按自己的意愿行事"，"故意损害或破坏受害人财产"①五项家庭暴力行为。例示性规定是概括性规定加列举性规定，即在对家庭暴力行为进行抽象的概括性表述之后列举具体行为方式或附加兜底条款。如南非《反家庭暴力法》第 1 条中，就在列举肉体虐待、性虐待、经济虐待、恐吓、损害财产等九项家庭暴力行为之后，附加规定任何其他的针对原告的控制和虐待行为均构成家庭暴力。②就目前反家庭暴力立法的趋势而言，多数国家和地区采取了概括性规定加列举性规定的例示主义。一方面对家庭暴力的主体及类型进行抽象性概括：造成家庭成员身体、精神和性伤害的行为是家庭暴力；另一方面再对家庭成员的范围及具体施暴的情形做出明确的列举性规定，通过列举性规定使其成为具有明确指引性和确定性的法律规范与操作标准，从而增强反家庭暴力法的可操作性。例示主义既有利于法官和司法工作者执法，也有利于公民知法守法。

根据国际反家庭暴力的理论研究及立法经验，以家庭暴力行为所侵犯的客体权益为标准进行分类，家庭暴力的行为类型主要可以分为身体暴力、精神暴力、性暴力和经济暴力四种。

在家庭暴力行为类型中增加性暴力，其理由有四。第一，性暴力是性别间暴力的典型形式，是基于性别而产生的暴力，且主要是丈夫违反妻子的意愿，强行实施性行为或性虐待。第二，性暴力的隐蔽性和特殊性决定了对其认定的复杂性，但夫妻间的同居义务并不导致任何一方有权利采用违法或犯罪手段强制对方履行义务。换言之，法律不应认可民事权利主体以非法行为实现其权利的合法性。[16]第三，性暴力对受害人身心的损害后果非常严重、时间持久且难以平复。婚姻生活中的性暴力包括婚内强奸、性虐待、性蹂躏等，它是对受害人身心健康、人格尊严的严重侵害，对受害人的影响和伤害比单纯的精神暴力与身体暴力更为严重。第四，长期的性暴力使受害者遭受了难以言说的屈辱，

---

① 参见：马来西亚《家庭暴力法》（1994 年第 521 号法案），载于中国法学会反家暴网络（研究中心）资料室编：《反对家庭暴力资料集》，2006 年 4 月。
② 同上。

成为引发以暴制暴的诱因。由于夫妻间的性行为是婚姻家庭关系中最为私密之事，加之"家丑不可外扬"传统观念的制约，许多妇女在遭受性暴力之后只能默默承受痛苦。对这种有损人格尊严的暴力侵害，如果不纳入法律规制范围，极易形成家庭暴力的恶性循环，并成为一些女性实施"以暴制暴"违法犯罪行为的直接诱因。鉴于性暴力在家庭暴力中的特殊性及危害性，应当将性暴力明确界定为家庭暴力的行为类型之一。

家庭暴力是损害家庭成员身体、精神和性的行为，其表现形式多种多样。在确定家庭暴力的行为类型之后，反家庭暴力法还应进一步列举实施家庭暴力的具体表现形式，以增强法律的可操作性与可执行性。

五、结论

我国反家庭暴力法对家庭暴力概念的界定应当采取概括性规定与列举性规定相结合的例示主义，明确规定家庭成员是家庭暴力的主体，并将配偶、父母、子女、公婆、岳父母、儿媳、女婿、兄弟姐妹、祖父母、外祖父母、孙子女、外孙子女均列举为反家庭暴力法所称之家庭成员。同时将同居关系、前配偶关系、寄养关系纳入准用条款，将他们之间发生的暴力视为家庭暴力，进行延伸保护。在具体行为的界定上应从施暴者的主观意图、客体及损害事实角度，将身体暴力、精神暴力、性暴力均纳入家庭暴力的行为类型。关于家庭暴力概念的界定，笔者具体建议如下。

家庭暴力是指发生在家庭成员之间损害身体、精神、性的暴力行为。包括但不限于：

（1）实施或威胁实施身体上的侵害及限制受害人人身自由的行为；

（2）以恐吓、侮辱、谩骂、诽谤等方式造成受害人精神损害的行为；

（3）实施或威胁实施性暴力及其他违背受害人意愿的性行为的行为；

（4）其他损害家庭成员身体、精神、性的行为。

本法所称家庭成员包括：配偶、父母、子女、公婆、岳父母、儿媳、女婿、兄弟姐妹、祖父母、外祖父母、孙子女、外孙子女。

具有同居关系、前配偶关系及家庭寄养关系的人员之间的暴力行为，视为家庭暴力。

【参考文献】

[1] 梁慧星. 民法解释学 [M]. 北京：中国政法大学出版社，2000.

[2] 李明舜. 反家庭暴力法应合理界定家庭暴力的概念 [J]. 妇女研究论丛，2012 (3).

[3] 黄列. 家庭暴力从国际到国内的应对 [J]. 环球法律评论，2002（春季号）.

[4] 夏吟兰. 家庭暴力概念中的主体范围分析 [J]. 妇女研究论丛，2014 (5).

[5] 陈明侠，夏吟兰，李明舜，薛宁兰. 家庭暴力防治法基础性建构研究 [C]. 北京：中国社会科学出版社，2011.

[6] 夏吟兰. 家庭暴力防治法制度性建构研究 [M]. 北京：中国社会科学出版社，2011.

[7] 联合国. 反对针对妇女暴力立法良好实践——专家小组会议报告 [R]. 2008.

[8] 联合国多机构支持中国反家暴立法工作组. 中国反家庭暴力立法国际经验交流会成果技术报告 [R]. 2014.

[9] 巫昌祯. 婚姻家庭法新论 [M]. 北京：中国政法大学出版社，2002.

[10] 德国民法典（第2版）[M]. 陈卫佐译. 北京：法律出版社，2006.

[11] 法国民法典 [M]. 罗结珍译. 北京：北京大学出版社，2010.

[12] [美] 谢丽斯·克拉马蕾，[澳] 戴尔·斯彭德. 国际妇女百科全书（上）[Z]. 国际妇女百科全书课题组译. 北京：高等教育出版社，2007.

[13] 陈敏. 涉家庭暴力案件审理技能 [M]. 北京：人民法院出版社，2013.

[14] 薛宁兰. 反家暴立法的宗旨及其对幸存者的救助 [J]. 妇女研究论丛，2014 (5).

[15] 意大利民法典 [M]. 费安玲，等译. 北京：中国政法大学出版社，2004.

[16] 冀祥德. 婚内强奸入罪正当化分析 [J]. 妇女研究论丛，2014 (5).

（原文刊载于《中华女子学院学报》2015年第2期，并被中国人民大学《复印报刊资料》全文转载）

适度加强公权力对家庭暴力的干预

——略论反家庭暴力法（征求意见稿）的不足与改进

李明舜　曲美霞　侯宗兵

（中华女子学院）

《中华人民共和国反家庭暴力法（征求意见稿)》（以下简称"征求意见稿"）及其说明全文公布，是我国反家庭暴力立法史上的里程碑，是全面推进依法治国的重要举措，是公权力干预家庭暴力的创新性立法实践。征求意见稿充分体现了公权力干预家庭暴力的正当性，回应了社会公众的热切期盼，体现了我国对人权的尊重和保障。征求意见稿有诸多值得肯定之处：明确了反家庭暴力法的根本目的是在于保护家庭、保护家庭成员的合法权益不受侵犯，为美满、幸福的婚姻家庭提供法律保障；坚持了反家庭暴力立法的正确方向；突出了家庭暴力的预防、处置和受害人的人身保护等立法重点，抓住了反家庭暴力工作的关键；创设了告诫制度、强制报告制度、临时庇护制度、强制矫治制度、人身安全保护裁定制度等，构建了反家庭暴力有效的制度体系，较好地呈现了制度创新与中国特色；强调对受害人的尊重和保护，体现了国家对弱势群体的人文关怀等。但是必须看到，征求意见稿在界定公权力干预家庭暴力的范围和强度方面还存在诸多问题，需要进一步完善和改进。

一、反家庭暴力法应适度扩充公权力干预家庭暴力的范围

反家庭暴力法对家庭暴力概念的界定，决定了公权力干预家庭暴力的范围，因此，反家庭暴力法对家庭暴力的界定的主体范围和客观表现形式都应适当扩大，以克服征求意见稿的重大不足。征求意见稿第二条："本法所称家庭暴力，是指家庭成员之间实施的身体、精神等方面的侵害。本法所称家庭成员，包括

配偶、父母、子女及其他共同生活的近亲属。具有家庭寄养关系的人员之间的暴力行为，视为家庭暴力。"对家庭暴力概念的界定，即直接决定了反家庭暴力法的适用范围，也反映了立法者对家庭暴力本质特征的认识[1]，因此制定反家庭暴力法时必须全面考虑各种因素，合理界定家庭暴力的内涵与外延。征求意见稿所确定的无论是主体范围还是客观表现形式都略狭窄。

（一）反家庭暴力法所确定的家庭暴力主体范围不应过窄，以便扩大受害者的保护范围

首先，征求意见稿把家庭成员限定为"包括配偶、父母、子女及其他共同生活的近亲属"是不当的。一是限定在共同生活不当。随着家庭关系的离散化，有些甚至多数近亲属并不在一起生活，共同生活的限制将极大地阻碍该法的实施。二是限定在近亲属不当。因为依现行法律解释近亲属，各个法律对近亲属解释不尽相同，近亲属范围难以确定；加之因女婿与岳父母、儿媳与公婆之间不是近亲属，但将其排除在家庭暴力之外明显不合适。其次，将同居者之间的暴力排除在家庭暴力之外亦属不当。同居关系和前配偶关系中，暴力行为比较多，同居和婚姻关系极其类似，例如双方都生活在一起，当事人双方存在或曾经存在情感的依恋关系等，只是没有履行合法的结婚登记手续。有人担心将同居关系中的暴力视为家庭暴力会间接承认同居关系合法，这种担心是不必要的，因为将同居关系中的暴力视为家庭暴力与是否承认同居关系合法没有必然的联系，即使在不合法的关系中，我们也不能允许侵害彼此的合法权利。况且，目前国际社会和很多国家与地区的立法对家庭暴力主体范围的界定，既包括因婚姻关系、血亲关系、姻亲关系而形成的亲属关系，同时也包含前配偶、同居者、伴侣间等亲密关系。我国的司法实践中对同居者之间的暴力也给予了高度重视。2015年3月2日最高人民法院、最高人民检察院、公安部和司法部发布的《关于依法办理家庭暴力犯罪案件的意见》（以下简称"两高两部意见"）中明确指出："发生在家庭成员之间及具有监护、扶养、寄养、同居等关系的共同生活人员之间的家庭暴力犯罪，严重侵害公民人身权利，破坏家庭关系，影响社会和谐稳定。"为此，建议未来反家庭暴力法能够将家庭成员界定为："本法所称家庭成员，包括配偶、直系血亲、直系姻亲及共同生活的旁系血亲和旁系姻亲。"同时规定："具有同居或曾经有过配偶关系者之间的暴力行为，准用本法。"当然，我们对家庭暴力主体关系的认定，既要突破传统意义上的家庭成员的范围，又不能任意地扩大和泛化，否则就会失去其特定的意义。[2]193

（二）反家庭暴力法对家庭暴力的客观表现形式的规定应当将性暴力包括在内

征求意见稿把家庭暴力仅仅限定在身体和精神侵害也是不当的。如果泛泛地说在我国现实发生的案件中，家庭暴力的主要形式是身体暴力和精神暴力还可以的话，那么把家庭暴力的表现形式仅仅限定在身体暴力和精神暴力的观点则是错误的，因为还有性暴力和经济控制没有被包括在内。其中，性暴力作为一种对受害人身心健康、人格尊严的严重侵犯行为，对受害人的影响和伤害比单纯的精神暴力和身体暴力都要严重。尽管在我国，许多人谈性色变，羞于启齿，但法律要解决问题，必须面对现实，不能视若无睹。此外，国外的立法里都已经把性暴力规定为家庭暴力的重要形式，例如，1993 年 12 月 20 日联合国通过的《消除对妇女的暴力行为宣言》中明确提出："对妇女的暴力行为"一词系指对妇女造成或可能造成身心方面或性方面的伤害或痛苦的任何基于性别的暴力行为，包括威胁进行这类行为、强迫或任意剥夺自由，而不论其发生在公共生活还是私人生活中。又如，英国《1996 年家庭法法案》对家庭暴力的界定是："个人为了控制或支配与之存在或曾经存在过某种亲属关系中的他人所采取的任何暴力或虐待行为（不论这种行为是肉体的、性的、心理的、感情的、语言的或经济上的）。"[3]29 我国的反家暴法如果在家庭暴力客观表现形式上遗漏了性暴力，不仅会对性暴力受害者的合法权益缺乏必要的尊重和保护，而且也会使这部法律的国际评价大幅降低。因此建议将征求意见稿的第二条第一款修改为："本法所称家庭暴力，是指家庭成员之间实施的身体、精神、性等方面的侵害。"

二、反家庭暴力法应适度加大公权力干预家庭暴力的力度

在适度加大公权力干预家庭暴力的力度方面，反家庭暴力法应在以下几方面加以改进。

（一）反家庭暴力法的总则中应表明对家庭暴力零容忍的态度

由于家庭暴力是人性之恶、家庭之痛、社会之患、文明之殇，因此，对于作为违法犯罪的家庭暴力行为，国家和社会应当采取零容忍的态度[4]，明确反对和禁止一切形式的家庭暴力，建议在未来的反家庭暴力法总则中增加有关"国家保护家庭成员依法享有的各项权益，禁止一切形式的家庭暴力"的规定，同时要求："家庭成员应当自觉维护和建设平等、和睦、文明的婚姻家庭关系，

不得侵犯其他家庭成员的合法权益。"尽管这些规定是宣示性的，但它标明了国家对家庭暴力的反对、谴责和否定的态度，对引导社会舆论和家庭成员树立正确的价值观有积极作用。

（二）反家庭暴力法应明确家庭暴力案件、人身安全保护裁定可以独立提起诉讼，以便加大家庭暴力的司法干预力度

征求意见稿第二十二条规定："人民法院应当依法及时受理和审理涉及家庭暴力的民事案件和刑事案件。"这一规定容易引起歧义，家庭暴力案件能否成为独立的案由尚存疑问。因此建议修改为："当事人以家庭暴力为由提起民事诉讼的，人民法院应当受理。"

需要特别注意的是，征求意见稿在专章规定人身安全保护裁定的同时，第二十七条规定："人民法院审理离婚、赡养、抚养、收养、继承等民事案件过程中，家庭暴力受害人可以向人民法院申请人身安全保护裁定。家庭暴力受害人在提起诉讼前，也可以向人民法院申请人身安全保护裁定。受害人在人民法院做出裁定后 30 日内不依法提起诉讼的，人民法院应当撤销裁定。受害人无法向人民法院申请人身安全保护裁定的，其法定代理人、近亲属可以向人民法院代为申请人身安全保护裁定。"这一规定意味着人身安全保护裁定是依附于其他法律诉讼而存在的。我们认为，人身安全保护裁定应该是一个独立的案由，不管有没有其他立案都应该可以申请，法院也应该受理。因为人身安全保护裁定和诉讼保全是两个性质截然不同的东西，诉讼保全的目的是保障诉讼的顺利进行，而人身安全保护裁定是要保护家庭暴力受害人的人身安全。从国外规定民事保护令的制度来看，民事保护令作为一个独立的案由和诉讼，不依赖于其他诉讼，也不以其他诉讼为前提。只有把人身安全保护裁定的依附性去掉，才能够达到人身安全保护的目的。因此建议将该条修改为："家庭暴力受害人申请人身安全保护裁定的，人民法院应当受理。受害人无法向人民法院申请人身安全保护裁定的，其法定代理人、近亲属或居住地的基层群众自治性组织、公安机关可以向人民法院代为申请人身安全保护裁定。"从申请的形式上明确："人身安全保护裁定申请可以书面或口头方式提出，以口头方式申请的，由人民法院记入笔录。"从证据条件方面也应规定较低的证明要求，只要申请人提供初步证据证明加害人有加害行为或加害危险的，就应及时颁布保护令；从执行主体来看，应充分发挥公安机关的作用，除了有关涉及财产给付的由法院直接执行外，其他保护、禁止、远离等内容应由公安机关执行。此外，人身安全保护裁定的法律

责任应当被进一步强化。它的法律责任不能仅仅依靠诉讼法中的强制措施和刑法中拒不执行人民法院的判决、裁定来保障，而且一旦违反人身安全保护裁定就应至少受到治安处罚，如果能够借鉴国外的立法通例，直接规定违反民事保护令罪，就可以大大提升人身安全保护裁定的权威性和有效性。

（三）反家庭暴力法应进一步完善强制报告制度，增加强制带离、强制矫治、强制教育、代为告诉等制度，以增强反家庭暴力手段的有效性

征求意见稿在规定"对家庭暴力行为，任何组织和公民有权劝阻、制止，或者向公安机关报案"的基础上，第十四条规定："下列机构在工作中发现无民事行为能力人、限制民事行为能力人或者因年老、残疾、重病等原因无法报案的人遭受家庭暴力的，应当及时向公安机关报案：（一）救助管理机构、社会福利机构；（二）中小学校、幼儿园；（三）医疗机构。"第三十九条规定："救助管理机构、社会福利机构、中小学校、幼儿园、医疗机构未依照第十四条规定向公安机关报案，造成严重后果的，对直接负责的主管人员和其他直接责任人员依法给予处分。"这两条是有关强制报告制度的规定。这一规定通过对特定机构和单位强制报告义务的规定，有利于及时发现发生在无民事行为能力人、限制民事行为能力人或者因年老、残疾、重病等原因无法报案的人身上的家庭暴力，对这一弱势人群的保护意义重大。但这一规定注重了属人管理，却忽视了属地管理，没有规定家庭所在的社区组织成为报告义务主体，这就会使强制报告制度的作用大打折扣。因此，建议把基层群众性自治组织和社会工作机构都列为报告义务主体。

在未成年人面临生命、严重的身体伤害、暴力威胁等紧急情况下，未成年人保护部门可以不经过父母同意，直接将未成年人带离家庭。当然，考虑到未成年人在家庭中生活、与父母在一起才符合其最大利益，因此对于家庭内发生的未成年人虐待案件常常需要权衡，要考虑将儿童带离家庭的必要性，避免儿童被不当带离。

对施暴者的矫治和强制教育也是必需的。建议除了第十二条规定的"监狱、看守所、拘留所等场所应当对被判处刑罚或者被依法拘留、逮捕的家庭暴力加害人依法进行法制教育、心理咨询和行为矫治"以外，对依法适用社区矫正的家庭暴力行为人，应当加强法制教育的内容，针对家庭暴力行为产生的原因及家庭暴力行为人的自身特点，开展矫治工作，提高适应社会的能力。被公安机关告诫、予以治安处罚或被人民法院适用人身安全保护裁定的加害人应当接受

防治家庭暴力的法制教育、心理咨询和行为矫治。

公安机关在处理人身伤害、虐待、遗弃等行政案件过程中，人民法院在审理婚姻家庭、继承、侵权责任纠纷等民事案件过程中，应当注意发现可能涉及的家庭暴力犯罪。一旦发现家庭暴力犯罪线索，公安机关应当将案件转为刑事案件办理，人民法院应当将案件移送公安机关；属于自诉案件的，公安机关、人民法院应当告知被害人提起自诉。对于家庭暴力犯罪自诉案件，被害人无法告诉或者不能亲自告诉的，其法定代理人、近亲属可以告诉或者代为告诉；被害人是无行为能力人、限制行为能力人，其法定代理人、近亲属没有告诉或者代为告诉的，人民检察院可以告诉；侮辱、暴力干涉婚姻自由等告诉才处理的案件，被害人因受强制、威吓无法告诉的，人民检察院也可以告诉。人民法院对告诉或者代为告诉的，应当依法受理。

（四）反家庭暴力法应进一步完善家庭暴力案件的证据制度，适当减轻受害人的举证责任

征求意见稿第二十三条："人民法院审理涉及家庭暴力的民事案件，应当合理分配举证责任。受害人因客观原因不能自行收集的证据，人民法院应当调查收集。"这一规定强调了应当合理分配举证责任和法院依职权取证，证据制度改革方面规划了正确的方向，迈出了极其重要的正确的一步。但这些规定显然还不够。适当减轻受害人举证责任是防治家庭暴力必须解决的问题。家庭暴力爆发时，一般家人亲戚以外的目击证人很少，加之亲亲相隐的影响使亲属之间指证困难。家暴受害人出于忍辱负重、恐惧或者不懂法等原因，也很少注意保护证据材料。加之家庭暴力受害人一般都是家庭成员中的弱势群体，其能力和资源相对匮乏。因此，反家庭暴力法有必要规定适合家庭暴力案件特点减轻受害人举证责任的证据规则。这一规则至少应包括以下内容：一是适当降低家庭暴力案件的证明标准；二是当受害人提供的证据达到一定程度时适用举证责任转移，加大加害人的举证责任；三是针对家庭暴力犯罪案件具有案发周期较长、证据难以保存、被害人处于相对弱势、举证能力有限及相关事实难以认定等特点，人民法院在处理家庭暴力自诉案件过程中，对于因当事人举证能力不足等原因，难以达到法律规定的证据要求的，应当及时对当事人进行举证指导，告知需要收集的证据及收集证据的方法；四是对于因客观原因不能取得的证据，当事人申请人民法院调取的，人民法院应当认真审查，认为确有必要的，应当调取。

（五）反家庭暴力法应明确规定法律责任，以加强对受害人的救济和保障

没有救济就没有权利，没有法律责任后果就没有威慑。因此，反家庭暴力法应当规定包括施暴者的民事、行政、刑事法律责任，特别是经告诫后拒不改正、再次实施家庭暴力的法律责任和违反人身安全保护裁定的法律责任。执法、司法机关工作人员怠于履职、不当履职的法律责任和社会救助机构疏于履职应负的法律责任；明确受害人因长期受虐而以暴制暴案件的从轻、减轻处理原则，对于长期遭受家庭暴力，在激愤、恐惧状态下为了防止再次遭受家庭暴力，或者为了摆脱家庭暴力而故意杀害、伤害施暴人，被告人的行为具有防卫因素，施暴人在案件起因上具有明显过错或者直接责任的，可以酌情从宽处罚。对于因遭受严重家庭暴力，身体、精神受到重大损害而故意杀害施暴人或者因不堪忍受长期家庭暴力而故意杀害施暴人，犯罪情节不是特别恶劣，手段不是特别残忍的，可以认定为刑法第二百三十二条规定的故意杀人"情节较轻"。在服刑期间确有悔改表现的，可以根据其家庭情况，依法放宽减刑的幅度，缩短减刑的起始时间与间隔时间；符合假释条件的，应当假释。

由于家庭暴力发生在私密空间，施暴者与受害者之间存在着有别于陌生人的特定的权利义务关系和亲密关系，因而制定法律防治家庭暴力就存在着更多需要权衡的因素。诸如，先进理念与传统文化和风俗习惯的尊重问题，家庭暴力概念的确定性与包容性的平衡问题，反家庭暴力措施的刚性规定与婚姻家庭维护之间的共存问题，反家庭暴力司法措施的强制性与尊重受害人意愿的取舍问题，反家庭暴力法中的制度创新与其他法律中相关规定的衔接问题，家庭暴力受害人的多元需求与有限资源的制约问题，公众对反家庭暴力法的殷殷期待与法律资源有限矛盾的解决问题等。如果这些问题和冲突解决得好，就会诞生一部理念先进、措施有效、易于操作的高水平的反家庭暴力法。

【参考文献】

[1] 李明舜. 反家庭暴力法应合理界定家庭暴力的概念 [J]. 妇女研究论丛，2012 (3).

[2] 夏吟兰，龙翼飞. 家事法研究 [M]. 北京：社会科学文献出版社，2014.

[3] 罗杰. 防治家庭暴力立法与实践研究 [M]. 北京：群众出版社，2013.

[4] 陈明侠. 制定家庭暴力防治法的基本原则 [J]. 妇女研究论丛，2012 (3).

（原文刊载于《中华女子学院学报》2015年第2期）

公安执法过程中妇女权益保障之主要困境及破解

——以反家庭暴力法制定为切入

姜 虹

（北京警察学院法律研究部）

公安机关作为国家行政机关承担着维护国家安全与社会秩序稳定的重任，承担着维护公民人身安全与财产安全的要责。公安执法行为因国家的授权具有强制性，因其根植于群众之中，与维护群众切身利益息息相关，故无论在危难之时还是在困难之刻，群众最寄希望于获得公安机关帮助，特别是那些在社会生活或家庭生活中处于相对弱势地位的妇女，在以一己之力无法使法律赋予的权利得以充分享有或保护时，更是将公安机关视为最直接、最便捷、最经济、最到位的救助或服务力量。公安机关在依法维护广大妇女合法权益时，也会遇到因法律授权缺陷、业务范围制约、其他部门配合乏力等问题的困扰与掣肘，导致某些公安执法行为不能完全使群众满意，特别是无法满足那些鼓起勇气向公权力求助的受暴妇女的需求，从而减损了公权救助私权的效力，降低了公安执法公信力。在反家庭暴力法制定之时，公安机关应当将过往执法维护受暴妇女合法权益时遇到的有关制度设计、队伍建设中最突出的困境提出，并提出破解方案，促使立法者利用此次立法之机完善相关立法，纠误止偏或正本清源，根据中国法治的国情厘定公安职权，促使公安执法更有利于受暴妇女权利救济的实现，促使公安执法行为符合法治中国的要求。

一、警民配比失调对相关女性权益保障的不利与补正

深处全面深化改革关键时期的中国，不仅要兴国安邦，更要民富安康，不仅要深化改革，更要平衡社会利益、调节社会关系、规范社会行为。化解社会

矛盾、维护群众（特别是其中处于弱势地位者）权益是国家不可推卸的责任，公安机关要成为发挥作用最为突出的公权力机关之一。但是，中国警民比例低于世界其他尤其是发达国家，已是老生常谈的问题，虽然政府不断优化配置，对公安机关进行内部挖潜，然而真正能够在一线开展工作的民警数量仍然差强人意。基层派出所警力少，任务重，"上有千条线，下面一根针"，"除了要处理刑事案件，还要负责户籍、治安甚至辖区内活动的保卫等工作……平均每个月工作 290 小时，每天要加班 4 个多小时"[1]，而作为全国警民比例最高的北京"派出所、刑侦等一线民警周加班时间达 26.8 小时"[2]，担负着维护首都安全与稳定、反恐、处置群体性或突发性事件、安全保卫等重大任务。传统男权观念以为，打击、惩处违法犯罪行为应以男性民警为主。随着社会矛盾涉及主体的多样性，违法犯罪人员及被侵害对象男女比例差距的缩小，警民比例的失衡，男女警比例的失衡也为公安执法工作带来较大的不利影响。

一方面，随着女性受害群体的加大，女性违法或犯罪嫌疑人人数的增加，原有女警的数量难以应对日益增多的相对人数量，造成从业女性警察劳动强度、应激系数和风险系数的增大与提升，从而导致对从业女性警察休息、健康等利益维护的不利，而且受传统社会性别观念的影响，女民警在公安机关所占比例不高，且警察院校对女生的招录也有一定比例要求，从而使女民警及其后备力量的数量长期处在一个非常不理想的状态。

另一方面，因警民比例的失衡亦带来对女性相对人法定权利保护的不利。其一，根据刑事诉讼法、治安管理处罚法的相关规定，检查妇女的身体，应当由女性工作人员或者医师进行，搜查妇女的身体，应当由女性工作人员进行，这里的"女性工作人员"都必须是具有执法权者。但是占全国人口总数 1.3‰的民警中女性警察为数很少，若由男性民警对妇女的身体进行检查，这不仅违反法律规定，更主要的是造成对女性犯罪嫌疑人或行政相对人人权蔑视，这有悖于我国就"尊重和保障人权"所做出的国际承诺。其二，在治安案件、交通事故损害赔偿案件的调解中，在刑事和解、刑事附带民事诉讼案件中处理民事赔偿部分的先期调解工作中及在民警以第三人身份帮助当事人进行民事纠纷调解或对家庭暴力案件的处理中，女性往往不希望打碎原有的家庭，只需要对施暴人进行震慑和对正在施行的暴力加以制止，她们亦希望女性民警参与其中，以期能够从女性特有角度审视案件，满足女性相对人的心理需求及其诉求，从而更有效地维护女性被侵害者的利益和化解矛盾，而这种愿望往往难以被满足，原因不言自明。

十八届四中全会提出依法治国的方略，要求建设职能科学、权责法定、执法严明、公开公正、廉洁高效、守法诚信的法治政府。而作为政府职能部门之一的公安机关也需要按照此要求进行职能配置与建设。首先，应当将公安执法工作严格限定在法律的框架下进行。根据人民警察法第六条的规定，按照职责分工，人民警察依法履行下列职责：（一）预防、制止和侦查违法犯罪活动；（二）维护社会治安秩序，制止危害社会治安秩序的行为；（三）维护交通安全和交通秩序，处理交通事故；（四）组织、实施消防工作，实行消防监督；（五）管理枪支弹药、管制刀具和易燃易爆、剧毒、放射性等危险物品；（六）对法律、法规规定的特种行业进行管理；（七）警卫国家规定的特定人员，守卫重要的场所和设施；（八）管理集会、游行、示威活动；（九）管理户政、国籍、入境出境事务和外国人在中国境内居留、旅行的有关事务；（十）维护国（边）境地区的治安秩序；（十一）对被判处拘役、剥夺政治权利的罪犯执行刑罚；（十二）监督管理计算机信息系统的安全保护工作；（十三）指导和监督国家机关、社会团体、企业事业组织和重点建设工程的治安保卫工作，指导治安保卫委员会等群众性组织的治安防范工作；（十四）法律、法规规定的其他职责。应当避免多头用警、随意用警、滥用警力的行为发生，严禁从事非警务活动，将有效的警力应用到法律授权的行政执法和刑事侦查活动中，将节约出的警力合理配置，从而有效地为群众服务，有效地维护社会治安秩序，特别是关系民生的、与群众生活息息相关的婚姻家庭领域，在法定职权范围内，做好反对破坏婚姻家庭文明和睦的家庭暴力行为，为受暴妇女提供有效的法律支持与救济。这里需要强调的是，对于公民的求助，公安机关应当予以帮助，即告知依法具有管辖权的机关，告知可以求助的机构或公益组织或人员，帮助当事人联系可以联系的亲属或可以联系的救助机构等，对于因为家庭问题导致的民事纠纷尚未达到违反治安管理的行为，对于请求帮助的人员，特别是妇女、儿童及老年人，民警只能以个人身份进行法律问题咨询，在对方请求下为其提供解决问题的建设性意见，向有关机构联系服务等，然而这仅仅是民警个人的帮助行为，这些意见或服务不具有法律的执行力。其次，在公务员队伍相对庞大但公安警力却低于国际社会发达国家的情况下，政府应进行深入调查研究，接纳社会学社会性别视角科研成果，有预期地、科学地进行顶层制度设计。就公安队伍建设而言，既需要随着形势的变化而适量增加相应的警力配比，从而与经济发展迅速国家的警民比例数相对应，同时也需要合理规划民警队伍内部男女比例，使得女警数量能够满足不断增长的执法实践的需求，最低也要达到满足行政法律、刑事法律中规定的对女性相对人执法规格的要求，即使警力数量能够满足案件办理时限的要求，满足接外警时民警最小作战单元的人数要求，满足由女性工作人员（或医师）对女性违法人、嫌疑人身体检查或搜查的要求，满足对家庭暴力受害妇女的救济需求。特别能够保证男女警力同时到达现场，对受暴妇女的求助需求进行柔性执法，且在法定权限内提供多样化的服务，如告知受害妇女法律授予的权利，告知其如何获取证据，如何有效躲避危险的暴力等，从而使受暴妇女在权益遭受损坏时真正获得国家法律予以的救济性补偿，以国家的公权力之强制弥补作为社会主体在平等相处上的欠缺。最后，在国家暂时无法增加警力投入的情况下，合理调配机关与基层一线的警力部署，科学调配男女警数量，从选任女警、培养女警和使用女警等环节入手，将从优待警与从严治警相结合，以培训、岗位练兵等多种方式提升女警业务水平和办案能力，通过内部合理配置与合理使用，降低女警从事事务性工作的比例，适当加大预审、侦查、基层派出所女民警的比例，缓解因女警不足导致的在岗女警高强度、高应激、高风险的工作状态，提高民警综合运用法律处理家庭暴力案件的素质，提高民警现场处置家庭暴力案件的艺术，提高民警对受暴妇女帮助的水平，达到执法严明、工作廉洁的目的。

二、公安机关在职权范围内合理分配警力救助受暴妇女措施的匮缺与补足

公安机关在惩处各类违法行为和打击犯罪行为的同时，应加大对关系群众切身利益的重点领域的执法力度，特别是对严重破坏家庭秩序稳定和和谐的家庭暴力行为，更需"零容忍"，坚决依法惩处和打击。公安机关在反对家庭暴力工作中，对于正在发生的暴力到现场依照执法程序对伤者进行救治、调查取证，对构成犯罪的案件立案侦查，这些都是以施暴人违反治安管理的规定或触犯刑律为前提，对于较为轻微暴力行为的公安干预方法几乎为零，特别是将一些受暴妇女对民警的求助限定在对其进行道义上或精神上的支持，对于一些受暴妇女取证或证据留存意识薄弱的案件，对于一些单纯行政处理不利于解决施暴人意识问题的案件，公安机关可以适用的手段较为单一，缺乏能将教育与实施惩罚相配合适用的手段，且公安机关在对家庭暴力的干预中，"往往对受暴妇女急于施予援手却忽略了她求助时最关心的问题；往往对施暴人依法责任承担的关

注大于对危害后果及可能再次出现家庭暴力高危程度的关注，往往在询问受暴妇女时对具体细节的关注大大超过了其对施暴人危险程度认识的关注；对正在发生的家庭暴力的阻止和查处关注远远大于对可能或潜在发生的家庭暴力高危程度的关注；对受暴妇女的现实救助（如阻止正在发生的暴力，向施暴人发放告知卡、向受暴妇女发放救助卡，对受暴妇女在办案过程中予以适当的情感支持等）远远大于对面临高危危险潜在受暴妇女救助方案的关注。"[3]176诸如此类问题的存在，会使公安干预因为不了解受暴妇女的需求而使被干预者产生反感或排斥，公安机关在干预中使用了拙力、牵扯了精力、耗费了警力，但并没有取得应有的效果，有时即便是花费了大量的警力，却得不到受暴妇女的理解与支持，所以，仍然是事倍功半。

对于上述公安机关在干预家庭暴力中存在的问题，如能得到很好的解决，提升公安机关对家庭暴力的判断水平，不仅能够满足向公安机关申请救助的不同目的及受暴妇女的不同需求，而且能够有效将危害性较强或极强的暴力案件做到事前预防，其取得的社会效果和法律效果会优于单纯的行政处理。故而建议在《中华人民共和国反家庭暴力法》（以下简称为"反家庭暴力法"）中增加对家庭暴力的危险进行评估的内容。公安机关可以借助专业的评估机构和专业的人士，使用专业的《暴力危险评估量表》① 对家庭暴力施暴人可能实施暴力的严重性及暴力的危险程度进行等级测评，为可能发生的家庭暴力的危险性及暴力可能导致的严重程度的判断提供更为客观、科学的数据。公安机关可依据这些数据提供的较为精确的危险分级分类，提前做好分级管理预案，针对被侵害人不同的需求制订不同的心理救助、安全救助或法律救助方案，最合理、最效益化地配属处置警力，更有效率地制止正在发生的暴力。[3]179

为了丰富公安机关处理轻微家庭暴力案件的能力，此次反家庭暴力法草案

---

① 《暴力危险评估量表》是干预家庭暴力的服务者对家庭暴力受害者以提问方式测定其对家庭暴力危险程度的自我认知，并以量表的形式对家庭暴力施暴人可能再次实施暴力的危险程度进行预测，以确定社会干预资源合理配置的一种评估的方式。1985 年美国约翰霍普金斯大学的杰奎琳·坎普贝尔创建了危险评估量表，中国台湾地区借鉴此量表进行不断改进，制定出符合台湾地区特点的《暴力危险评估量表》。中国亦在此量表的基础上，根据在新疆、河北等地进行采样测试的基础上，形成了较为适合我国大陆情况的《暴力危险评估量表》，并于 2012 年 5 月在北京举办的首次"家庭暴力直接服务者能力建设培训班"上，为八个省的实务工作者进行介绍并开始培训，以提高为家庭暴力被侵害人、施暴人和目睹儿童介入服务的专业能力。

第十九条中拟定的告诫制度,较好地处理了受侵害妇女救济申请主动权与公力救济之间的关系,可以有效地发挥公安机关对施暴人的教育、说服、警示功能,且将原有的口头教育强化为具有书面形式且被赋予了未来的证据作用,从而为受暴妇女未来可能的诉讼提供证据支持;基于告诫制度本身所具有的震慑性,由男性民警实施更能体现法律威严,因而使男女警力适用上所受限制系数降低。但反家庭暴力法中对告诫制度的设计尚有欠缺,为更好地发挥公安机关在干预中事前防范的作用,提高公安机关处置家庭暴力的水平,就告诫制度适用的前提应当予以完善:(1)对违反法律、法规的轻微家庭暴力行为或不宜直接做出行政处罚的家庭暴力行为,而非草案中所确定的尚未构成违反治安管理及犯罪的行为;① (2)加害人当场承认实施暴力或有证据证明加害人实施了家庭暴力;② (3)加害人主动消除或减轻违法后果,并取得受害人谅解,依法不予行政处罚或经双方当事人同意,且由公安机关调解处理后达成协议,依法不予行政处罚的。这三者是并列关系,缺一不可。借此,公安机关在预防和制止家庭暴力工作中,具有了保护、预防与惩处的三刃剑:它在科学分配警力投入、减少因行政处理不力带来的行政风险与成本、避免不必要的行政诉讼等方面具有积极作用之外,更重要的是在现有法律体系下,为那些不愿意离开家庭或拆散

① 根据法律规定,对于尚未构成违反治安管理的行为,公安机关无管辖权;而对于刑事案件,公安机关仅仅被赋有刑事侦查权,许多涉及家庭暴力犯罪的案件,因其行为不同涉及的案件罪名也是不同的,根据最高人民法院《关于适用〈中华人民共和国刑事诉讼法〉的解释》第一条的规定,对于下列人民检察院没有提起公诉,被害人有证据证明的轻微刑事案件:第一,故意伤害案(刑法第二百三十四条第一款规定的);第二,非法侵入住宅案(刑法第二百四十五条规定的);第三,侵犯通信自由案(刑法第二百五十二条规定的);第四,重婚案(刑法第二百五十八条规定的);第五,遗弃案(刑法第二百六十一条规定的);第六,刑法分则第四章、第五章规定的,对被告人可能判处三年有期徒刑以下刑罚的案件,被害人可以直接向人民法院起诉。但对其中证据不足、可以由公安机关受理的,或者认为对被告人可能判处三年有期徒刑以上刑罚的,人民法院应当告知被害人向公安机关报案,或者移送公安机关立案侦查,由此,这些刑事自诉案件便转为刑事公诉案件,公安机关对上述案件行使侦查权。故而,对反家庭暴力法中设立的告诫制度,必须明确其适用范围,不仅使公安机关执法有据可依,同时也有利于杜绝以告诫替代法律责任承担行为的发生。

② 因为家庭暴力告诫是公安机关对依法不予行政处罚的轻微家庭暴力加害人采取训诫教育警示的非强制措施,是一种行政指导行为,目的是促进施暴人改正违法行为。这种非具体行政行为不具有可诉性和可复议性,一旦误用会使被告诫的施暴人缺乏相应的救济途径,被告诫的施暴人一旦出现应激反应,则可能会带来不良的法律及社会后果,这是立法者在立法时应予预见和应对的问题。

家庭的受暴妇女，对因为不愿对施暴人实施自由罚、财产罚、声誉罚的轻微家庭暴力的受害妇女提供了一个新的救济途径，既可以保住现有的家庭，保护家庭成员整体的人身权益（特别是维护家庭整体的名誉），同时也可以避免家庭共同财产的损失；该制度还因为为受害妇女将来的维权诉讼提供证据支持而在前期的实践中广受受害妇女的欢迎。该制度对需要公权力救助的受害群体特别是受害妇女是一个强有力的信号——国家干预家庭暴力义不容辞，干预的方式与手段正愈来愈贴近符合受害女性的实际需要，作为家庭暴力干预首问机关——公安机关，应该以规范的执法行为和工作流程，将反家庭暴力法中授权给可以适用的告诫、人身安全保护令、受害人庇护场等各项制度，在与有权机关和社会团体、各界人士的合作下，依法及时制止正在发生的违法犯罪行为，做好受暴妇女的现场安抚，及时救助受伤妇女和安排伤情检验，同时与相关人员配合，做好受暴妇女的心理辅导、受困救助服务及近期安全保护等工作，同时通过社区法制教育和邻里守望，做好社区家庭暴力及易发暴力家庭的等级评估，对施暴人进行批评教育，在法定条件下给予告诫，借以保障受害妇女的长期安全，从而更有效地使受暴妇女依法被赋予的生命权、健康权、名誉权、财产权等各项法定权利得以保障，进而促进社会秩序的稳定和公共福祉的提升。

三、公安机关作为人身安全保护裁定执行主体的不适格与正位

公权力对家庭暴力干预的方式和手段，关系到国家对反对家庭暴力责任承担的力度，关系到对家庭暴力防治的力度，关系到对受害人保护的力度。在目前法律体制下，对家庭暴力受害人的救济措施主要集中在事后救济，且这些方式存在着滞后性、间接性、程序复杂性、权利实现高成本性等缺陷，受害人往往在暴力发生且产生损害后果时方能主张侵权之诉或追究施暴人的行政或刑事责任，即便受暴人是寻求民事救助，也往往需要依附于离婚、扶养、继承诉讼等相关民事诉讼行为而发生。尽管国家对家庭暴力实施"零容忍"，但事后的救济无法免除受害人（特别是受害妇女）所遭受的身心痛苦，从而使她们在正在遭受暴力时或暴力再次发生前获得有效的紧急保护的水平较低。为弥补法律在以上方面的缺失，反家庭暴力法借鉴美国《针对妇女的暴力法》《家庭暴力示范法》中的民事保护令，借鉴专利法、商标法、著作权法及 2013 年修订的民事诉

讼法第一百条规定的诉前行为保全规定①，吸收了最高人民法院及其应用法学研究所发布的《涉及家庭暴力婚姻案件审理指南》中有关人身安全保护裁定的试点成功经验，用专章设置了"人身安全保护裁定"，寄望于实现国家对家庭暴力受暴人救济的多重性、保护的全面性，使她们享受到法律面前的平等与被法律所保障的正义。

被受暴妇女视为保护伞的人身安全保护裁定，不仅能为她们带来暂时的宁静与安全，更重要的是他们因为有了国家的事前干预而恢复了一段时间的尊严与人权。但是，反家庭暴力法草案对"人身安全保护裁定"制度的设置具有两个重大缺失：其一，将人身安全保护裁定定位于附属离婚等诉讼行为；其二，未就人身安全保护裁定的执行问题做出明确规定，因而使"人身安全保护裁定"看上去"很美"但实现却很难。就最高人民法院指导基层人民法院开展的家庭暴力案件审理试点中颁发的"人身安全保护裁定"执行情况来看："人身安全保护裁定大体有3种执行模式：长沙市岳麓区法院签发的3个人身保护令，都是由政法委协调公安机关执行的；无锡市崇安区法院签发的2个人身安全保护裁定，是法院与公安机关配合执行的；重庆一中院签发的4个人身保护令，则是法院、妇联、民政3家配合执行的。"[4]这三种执行模式中，公安执行成为常态，公安没有参与是例外。"人身安全保护裁定应当由公安机关执行"似乎已成为学界的共识。还有学者将美英等国警察作为民事保护令执行主体作为论据。对此笔者不敢苟同[5]。第一，英美法系国家的警察体制与中国公安体制不同，前者因所隶属的部门不同而具有不同的职责，县级警察机关除执法职能外，更多的时候是作为法庭的仆人，而后者则是一个具有行政执法职能同时又被赋予了一定的刑事侦查职能的机关；前者对人身安全保护裁定的执行多为转介性的操作，即将违法人员从违法行为发生地带到治安法院交由治安法官以等候法官的处理，从已有的实践案例看，后者则是由辖区公安机关切实履行保护义务。这种不在统一语境下的类比适用，不符合中国法治国情，设想中的"切实履行"往往会

---

① 诉前保全，即人民法院在诉讼前或诉讼中，为了避免损失的发生或扩大，根据一方当事人的申请责令另一方当事人为一定行为或不为一定行为的民事强制措施，包括诉前的行为保全和财产保全两类。

因当事人违反司法裁定而使公安机关在执法中遭遇法条竞合之困境。① 一旦立法者构建的事前保护没有实际执行的主体，就如空谈给不了受暴妇女任何希望是一个道理。这种执法主体的设计思路，不仅使公安机关在执行中遭遇尴尬，还会造成司法权与行政权某种程度上的重叠，更会使国家对因受暴而寻求司法救济的妇女在人身安全保护上的作用大打折扣。第二，以因为有家庭暴力行为而导致离婚这样一种民事请求方式获得的人身安全裁定令，注重的是对受害人在离婚过程中民事权利的维护，将属于司法权定位及带有司法强制权性质的民事执行权交由公安行政机关行使，缺乏理论上的支撑。第三，公安机关执行人身安全保护裁定仅是靠有权部门的协调而非法律授权，公安机关依法行政的基础备受质疑，这与法治国家法治政府的时代要求相悖。第四，公安机关若执行附属于离婚案件的人身安全保护裁定，对违反司法裁定的行为公安机关无法依法做出判定和处罚。

对于任何一个社会来说，公安机关是不可或缺的，但公安机关在一个社会中对职权的实际运用状态，在相当程度上标志着这个社会法治文明的发展水平。常年的执法实践留给人们的观念是，至少向公安机关的求助会比向法院执行庭的申请执行更为便捷，至少拨打110会得到公权力的介入。但并非所有的经验都符合法治的精神。"法治意味着政府的全部活动应受预先确定并加以宣布的规则的制约——这些规则能够使人们明确地预见到在特定情况下政府将如何行使强制力，以便根据这种认知规划个人的事务。"[6]45国家设立公安机关及其相应的职权的目的是为权利服务，是适应维护治安秩序、保证公共安全的需要，国家过多赋权给公安机关且没有对其进行有效的控制和约束，一旦公安职权被滥用，势必造成对公民、对个体权利行使的制约甚至侵蚀。因此，公安机关在对受暴妇女的救助问题上，所使用的权力必须依据法律的授权，在帮助方式与帮助程度上都需要与保护受暴妇女权益的需要相对称，离不离婚、离不离家、孩子归属抚养、是否放弃继承权等应由受暴妇女个人意志决定，公安不得对此做出判

---

① 根据民事诉讼法第二百二十八条的规定，执行工作由执行员进行。依据该法第一百一十一条之规定，对拒不履行人民法院已经发生法律效力的判决、裁定的行为，人民法院可以根据情节轻重予以罚款、拘留；构成犯罪的，依法追究刑事责任。若公安机关执行人身安全保护裁定，当事人违反保护裁定的具体内容，公安机关依据民事诉讼法还是治安管理处罚法对违法行为进行处理？若依治安管理处罚法处理违反司法裁定的执行，尚于法无据。

定或决定；但就制止暴力、惩治暴力而言需要积极干预，因为这关系到对受暴妇女人权与尊严的维护，关系到社会秩序的稳定。随着法治的健全，随着行政组织和行政程序法律制度的完善，公安机关应当坚守法定职责必须为、法无授权不可为的原则，没有法律法规依据，即不得做出减损自然人、法人和其他组织合法权益或者增加其义务的决定，坚决杜绝不作为和乱作为的两种非法治的行为。

法律是治国安邦之重器，良法是依法善治之前提。立法者需理智思维、科学立法，必须结合中国国情，总结实践中形成的经验与教训，进而将一项好的设计变为真正能够维护受暴妇女权益、能够真正被实施的、被落到实处的制度。就人身安全保护裁定执行主体问题，笔者建议：第一，鉴于近些年人民法院体制改革合理配置了民事裁定的执行主体资源，应将保护令执行主体确定为司法机关。2001 年最高人民法院执行办就曾强调："为体现执行机构要为行使执行中的司法裁判权服务，因此在执行机构中必须有办理裁判的部门……"[7] 这种裁判是法律授权体制下的专业裁判，实现了执行实施权与执行审查权的相互统一协调，2012 年实行的《人民法院司法警察条例》第七条中第四、第七项，赋予了司法警察在生效法律文书的强制执行，在拘传、拘留等强制措施的执行中的法律职责，从而在法院系统内，合理配置执行官、执行法官、书记员和司法警察等司法资源，有助于司法判决、裁定从圣坛走到现实，有助于受暴妇女合法权利保障的实现。第二，人身安全保护裁定执行可由公安机关配合执行。由于公安机关是家庭暴力案件的首问公权力机关，掌握了公民职业、住所等基本信息情况，人民法院"为破解被执行人难找的问题，与公安机关联动通过公安身份管理系统查找被执行人信息"[8]，对于被执行人拒不执行法院裁判构成犯罪的行为，公安机关依据法律授权进行立案侦查。"把上帝的东西留给上帝、把恺撒的东西还给恺撒"便可以划清权责，从而明确执行人身安全保护裁定的执行主体。作为配合执行的公安机关，应当发挥深入社区、了解社区居民情况、当事人求助便捷等有利条件，勇于负责、敢于担当，为建立一个正常的家庭生活秩序、一个稳定和谐的社会生活工作秩序而坚决杜绝敷衍塞责，失职推诿。此外，笔者还建议将人身安全保护裁定与离婚诉讼相剥离，将其设定为一个特别的诉讼程序。因为人身安全保护裁定和在离婚诉讼过程中申请的行为或财产保全是两个性质截然不同的内容：诉讼保全是为了保证诉讼顺利进行，而保护裁定更加关注的是对家庭暴力受害人人身安全的保护，特别是对受暴的妇女、未成年人及老年人的人身安全具有特殊意义，附着于某项民事诉讼过程中的人身安全保护裁定，需要有双重严格的诉讼程序要求和申请条件要求，不利于仅仅因家庭暴力导致人身安全无法保障的受暴妇女等家庭弱势群体对救助的需求，而且也会使公安机关就禁止对施暴人的再次加害、禁止施暴人接近受害人的配合执行产生授权上的障碍。对人身安全保护令的上述补善，有利于人身安全保护令在实践中的执行，从而使人身安全保护裁定成为受暴妇女获得国家救助的良方，使立法者事前救济的理想化变成现实，把纸面上的墨迹变为实践中的准绳，使家庭暴力受害妇女能够从沉甸甸的铅字中获得国家救助的温暖与人文关怀。

四、公安机关在反对家庭暴力社会支持系统中的错位与纠偏

家庭暴力是基于人、社会、文化、习俗等原因形成的，已成为社会的大公害，反对家庭暴力已经成为一项复杂的社会工程，需要从道德意识到法律调整的共同调控，更需要由国家、社会组织和公民个人付出共同的努力。各国反家庭暴力的实践证明，不仅要有专项立法，更需要看多机构反家庭暴力合作机制能否实际运作。英国建立了包括警察局、法院、住房部门、社会服务部门、社区法律服务部门、医疗单位、检察机关、律师所、妇女援助机构、议员及自愿性团体等在内的合作机制，强调所有相关机构必须团结协作，一旦接到受害人的求助，任何一个机构都是一个工作点，都应以积极负责的态度开展工作，并主动与其他相关机构建立联系，取得工作的配合一致，从而不需要当事人再费尽周折逐一求助。[9]美国从 2002 年开始，政府每年拨款 319 亿美元用于司法部的反对家庭暴力项目，并为地方政府和非官方机构提供指导和资金外的支持，并在各地建立"家庭司法中心"，为家庭暴力的受害者提供司法援助，且扩大了社区和社会团体在防止家庭暴力为受害人提供咨询与其他服务的范围。[10]反家庭暴力法草案的出台，回应了社会公众的期盼，也吸纳了各国反家暴实践中的成功经验，建立起了由国家、非政府组织、个人等各方力量共同构筑的中国式反对家庭暴力的社会支持系统，将制裁施暴者、救济受害人、稳定家庭以社会秩序融为一体。在这个社会支持体系中，国家应承担起应有的责任，政府应采取一切措施预防和制止家庭暴力。草案第三条明确指出："反家庭暴力是全社会的共同责任。国家机关、社会团体、企业事业单位、基层群众性自治组织，应当依照本法和有关法律规定，做好反家庭暴力工作。"在随后的各章节中，分别阐述了国家机关、社会团体、企业、事业单位、基层群众组织应当承担的责任。

立法的初衷是好的，将国家责任以法律的形式确定下来，一方面向世界宣誓中国政府是负责的政府，对所承诺的国际责任绝不懈怠；另一方面，明确法治体制下国家所应承担的禁止家庭暴力、促进家庭和谐、保护家庭成员合法权益不受侵犯的职责与义务，只有国家承担起主要责任，反对家庭暴力的社会支持系统方能有效运转。但纵观草案对国家责任及反对家庭暴力社会支持系统的设计，笔者以为尚存在如下不足。其一，相关机构众多、相互独立，缺乏强有力的领导者，公安机关作为首问机关往往被推至协调关系的地位。草案规定，县级以上人民政府负责妇女儿童工作的机构应负责组织、协调、指导、督促有关部门做好反家庭暴力工作。该组织能否承担此项重任？妇联、妇儿工委属于非政府组织，不拥有国家公权力，虽然以保护妇女儿童合法权益为宗旨，但在实践中，更多的是通过协调、督促、指导等方式开展工作。在牵头无力的情况下，地方政府往往将公安推至前台，但该机关也无法完全对症施药。其二，实践中公安部门作为首问机关在反对家庭暴力工作中往往得不到其他相关部门的支持与配合，造成公安救助的乏力或实际效果的减损。如公安机关若将受暴妇女从家庭中解救出来，如何安置其短期内相对安全的生活？因公安机关中没有专业人员对受暴妇女更多的是进行法律宣传和相应对策的辅导，无法有效完成对受暴妇女的心理疏导与调试工作，故无法有效缓解受暴妇女的心理问题，难以帮助其走出心理阴影。草案中规定的人身安全保护裁定、庇护所等有效机制未能与有权机构的依法处置进行对接，执行中往往要由作为首问的公安机关自行协调，既形成警力支出，又使反暴社会支持系统仿若虚浮矫饰，没有起到应有的作用。且草案未对狭隘部门利益下的推诿扯皮的现象予以规范，故而使得社会支持系统在运作中往往会出现"肠梗阻"，受暴妇女要真正获得帮助，尚需动用更多的社会资源，但这也正是她们所缺乏的。此时，受暴妇女则将希望寄托于首问的公安机关，但公安在没有得到反家暴社会支持系统中有关机构的配合的情况下也很难满足受暴妇女的要求，从而使国家救助名实不符。其三，草案未对由政府主导的多机构合作有所规范，仅有的条款也属宣誓性的内容，可称得上有机制没规则或是有规则没罚则，草案中未见组织、协调、指导的机构如何开展相关工作的具体规定，也未见其因工作不力造成反家暴工作无法开展后的责任承担，更未见相关部门不服从协调的法律后果。公安机关不仅是处理家庭暴力案件的首问机关，更需要从预防到处置，从妥善安置受暴人到心理咨询等多层次多方位的救助，这些工作并非公安一家可以完全承担，反对家庭暴力的政府责任及有政府主导的社会支持体系的匮乏，使得一部分家庭暴力受暴人在容忍、克制、妥协等尴尬状态下偷生，还有一部分受害人则以暴制暴，制造了更多的社会悲剧，构成新的一种社会不稳定因素，从实际效果看，加大了公安机关社会治安秩序管控的难度与责任。

当道德水准滑坡触碰法律底线时，强化法律的调控作用，不仅可以使反家庭暴力法引导规范人们生活的规范，还有益于不断树立正义之威。因此，建议反家庭暴力法从以下方面加以完善。其一，借鉴国外立法经验，结合我国执法实践，将反家暴的组织协调机构设在政府职能部门。以美国为例，在其《针对妇女的暴力法案》颁布一年后，美国成立反对针对妇女暴力办公室（VAWA办公室）。"在联邦层面是设在司法部，在各州的形式是不一样的，有些州是设立在政府福利机构，也有些州是在州长办公室设立反对针对妇女暴力工作小组。在市级层面，有的市长非常重视，将反对针对妇女暴力办公室设立在市长办公室"[11]，这种部门在对各有权机关和非政府组织、群众团体及社工、慈善爱心人士的协调方面会更为有利，从而使公安机关从协调、调动社会资源等工作中节约出有限的警力，更好地为受暴妇女做那些在法律授权内应做的实实在在的工作。其二，各有权力机关、社会团体及组织、个人都不可能长久地脱离国家财政支持而单独承担财政重任，国家应将反家暴工作中相关部门开展工作所需经费以划拨财政预算的方式予以分配。家庭暴力受害人，特别是妇女、儿童及老年人，他们在家庭生活中处于的被控制状况不仅局限于身体、精神方面，而且在经济上的独立地位也处于弱势，国家应对受暴妇女等家庭弱势者的伤情鉴定、医疗救治、申请人身安全保护裁定等费用进行减免，或由专项基金进行支持，应当划拨专款建立庇护场所或支付指定庇护场所所需费用，承担部分受暴妇女等家庭经济弱势者受暴后应急的生活救助费用，在人身安全保护裁定尚未成为独立诉讼案由时，应对符合条件的家庭暴力受害人减收、免收或缓收诉讼费用，同时还应当对施暴人和受暴人各方进行的心理疏导与治疗向社会购买服务。这些经费的解决，可以为受暴妇女等家庭弱势者获得相关的国家救济以减轻压力或提供帮助，而且也有利于减免长期处在家庭暴力公权力首问地位的公安民警对相关费用的垫付或捐助。其三，强化法律对施暴人施暴行为的否定性评价；强化社会支持系统中各职能部门的法律责任。反家庭暴力法草案中对家庭暴力施暴人法律责任的承担与其他法律相比没有显示自身的特点，故而给公安执法带来一定困扰。国家对受暴人救助的目的是求得家庭所有成员平等的发展进而消灭暴力，所以，反家庭暴力法中更应强化对施暴人施暴行为的否定性评价，结合对家庭暴力零容忍的原则和该法中增设的特有制度，建议对家庭暴力施暴人增加如下法律责任：对多次实施家庭暴力未达到违反治安管理处罚标准的，建议参加社区教育活动，在社区接受心理矫治；对构成违反治安管理行为但未被治安处罚或因受暴人申请未予处罚的，公安机关对其实施告诫，违反告诫三次以上者，由公安机关进行治安处罚；对在人身保护令有效期内违反保护令且经警告不予悔改的，可由司法机关进行司法拘留，情节严重者，依法追究刑事责任；对未成年人、老年人、怀孕妇女实施暴力未达到承担刑事责任的，公安机关不得调解，应视为加重治安处罚的情节。有关政府法律责任部分，建议增加：对有权机构依法不履行职责的行为，对应当履行强制报告义务而未履行的行为，对应当有效评估家暴危险性而未履职的行为，对现场应当制止正在发生的家庭暴力而未制止的行为，对应当履行法律援助而未依法履行的行为，对有权机关推诿导致受侵害人权利进一步受损的行为，对因经费保障乏力导致对受暴人法律救助延迟或无法救济的行为，应当按照情节轻重，承担相应的法律责任。对法律责任的强化，目的是促进反家庭暴力社会支持系统各个环节作用的发挥，促使家庭暴力社会支持系统全面有效地运转，从而亦可助推其中每个环节，特别是公安机关干预家庭暴力的效力，让受暴人在国家和社会的支持下寻找到一个遮风避雨的安全岛，积蓄能量与家庭暴力抗争，最终达成消灭暴力，共建和谐之愿。

【参考文献】

［1］钟跃东，等. 广州人多数缺乏安全感，过半警力不在基层［EB/OL］. http：//news. sina. com. cn/c/2004 - 11 - 25/09504342400s. shtml，2014 - 12 - 26.

［2］安力. 北京每万人中就有民警 24 名，警民比例全国最高［EB/OL］. http：//www. chinanews. com/fz/2013/08 - 21/5188087. shtml，2014 - 12 - 10.

［3］姜虹. 引入家庭暴力危险评估机制，提升公安干预家暴的精准化［A］. 夏吟兰，等. 家事法研究（2013）［C］. 北京：社会科学出版社，2013.

［4］徐伟. 人身安全保护裁定全国发出 11 个［EB/OL］. http：//news. sina. com. cn/o/2009 - 06 - 15/084315791197s. shtml，2014 - 11 - 30.

［5］姜虹. 民事保护令执行主体的立法考量——以公安机关作为民事保护令执行主体是否适格为切入点［J］. 公安研究，2013（7）.

［6］Harolk. *The Road to Selfdom*［M］. Chicago：University of Chicago Press，1994.

［7］高执办．论执行局设置的理论基础［J］．人民司法，2001（2）．

［8］童兆洪．我国执行改革历程及发展进路［J］．中国审判，2009（12）．

［9］刘晓梅．英国反家庭暴力的立法、实践及其启示［J］．法学杂志，2006（3）．

［10］马忠红．中美警察干预和处置家庭暴力案件比较研究［J］．武汉公安干部学院学报，2010（1）．

［11］张雪梅．美国反对家庭暴力立法考察报告［EB/OL］．http：//www. chinachild. org/b/yj/2625. html，2014 - 12 - 25．

（原文刊载与《中华女子学院学报》2015 年第 1 期）